I0756202

Julius Evola

MÉTAPHYSIQUE DU SEXE

Julius Evola (1898-1974)

MÉTAPHYSIQUE DU SEXE

Metafisica del sesso – première édition,
Todi-Roma, Atanòr, 1958

Traduction d'Yvonne J. Tortat, Payot, Paris, 1976.

Publié par
OMNIA VERITAS LTD

www.omnia-veritas.com

INTRODUCTION

1. — Délimitation du sujet

Le titre de ce livre demande un éclaircissement au sujet du mot « métaphysique ». Ici, nous emploierons ce mot dans un double sens. Le premier sens est assez courant en philosophie où, par « métaphysique », on entend la recherche des principes et des significations ultimes. Une métaphysique du sexe sera donc l'étude de ce que, d'un point de vue absolu, signifient soit les sexes, soit les relations basées sur les sexes. Une telle recherche a peu de précédents. Une fois Platon cité, si l'on fait abstraction de certains aperçus possibles à retrouver chez des auteurs voisins de l'époque de la Renaissance, des théories de Boehme et de quelques mystiques hétérodoxes s'inspirant de lui, jusqu'à Franz von Baader, il faut arriver à Schopenhauer après lequel on peut seulement mentionner Weininger, et dans une certaine mesure, Carpenter, Berdiaeff et Klages. Dans les temps modernes, de nos jours surtout, endémiquement des ouvrages sur le problème des sexes, considéré du point de vue anthropologique, biologique, sociologique, eugénique, et enfin psychanalytique, se sont multipliés ; on a créé aussi un néologisme pour des recherches similaires — la « sexologie » ; mais tout cela n'a que peu ou rien à faire avec une métaphysique du sexe.

Dans ce domaine comme dans tout autre, nos contemporains ne se sont pas intéressés à la recherche des significations ultimes, ou elle a semblé vague et dépassée. On a pensé atteindre quelque chose de plus important et de plus sérieux en se tenant au contraire sur le plan empirique et plus étroitement humain, quand l'attention ne s'est pas concentrée sur les sous-produits pathologiques du sexe.

Ces remarques sont valables en grande partie aussi, pour ces auteurs d'hier et d'aujourd'hui, qui ont traité de l'amour, plus que du sexe en particulier. Ils se sont essentiellement tenus sur le plan psychologique et sur celui d'une analyse générale des sentiments. Même ce que des écrivains comme Stendhal, Bourget, Balzac, Solovieff ou Lawrence ont publié à cet égard, concerne bien peu les significations plus profondes du sexe. Du reste, la réference à l'« amour » — étant donné ce qu'on entend principalement aujourd'hui par ce mot, et étant donné l'effritement, d'ordre surtout sentimental et romantique, dans la plupart des expériences correspondantes — ne pouvait que créer une équivoque et restreindre la recherche à un domaine étroit et plutôt banal. Çà et là seulement, et nous dirions presque par hasard, on s'est approché de ce qui se rattache à la dimension en profondeur, ou dimension métaphysique de l'amour, dans ses rapports avec le sexe.

Mais dans cette étude, le mot « métaphysique » sera pris aussi dans un second sens, non sans rapport avec son étymologie, vu que, littéralement, « métaphysique » signifie la science de ce qui va au-delà du physique. Seulement, ici, cet « au-delà du physique » concernera non des concepts abstraits ou des idées philosophiques, mais bien ce qui peut résulter comme expérience non seulement physique, comme expérience trans-psychologique et trans-physiologique d'une doctrine des états multiples de l'être, d'une thropologie qui ne s'arrête pas, comme celle des temps plus récents, au simple binôme âme-corps, mais connaît les modalités « subtiles » et même transcendantes de la conscience humaine. Terre inconnue pour la plupart de nos contemporains, une connaissance de ce genre fut une partie intégrante des disciplines antiques et des traditions des peuples les plus divers.

D'elle, nous tirerons donc des points de repère pour une métaphysique du sexe, prise dans le second sens : comme constatation de tout ce qui dans l'expérience du sexe et de l'amour comporte un changement de niveau de la conscience ordinaire, « physique », et parfois même une certaine suspension de la conditionnalité du Moi individuel, et l'émergence momentanée ou insertion de modes d'être de caractère profond.

Que dans l'expérience de l'*eros* s'établisse un rythme différent, qu'un courant différent envahisse et transporte ou suspende les facultés ordinaires de l'individu humain, que des pertuis s'ouvrent sur un monde différent — cela, en tout temps on l'a observé ou entrevu. Mais chez ceux qui sont les sujets de cette expérience, il manque presque toujours une sensibilité subtile développée de façon à pouvoir cueillir quelque chose de plus que les simples émotions et sensations qui les saisissent ; il leur manque toute base pour s'orienter dans le cas où s'esquissent les déplacements de niveau dont nous venons de parler.

Ensuite, quant à ceux qui font de l'expérience du sexe une étude scientifique en se référant à d'autres et non à eux-mêmes, au sujet d'une métaphysique du sexe, prise en ce second sens particulier, les choses ne vont pas mieux. Les sciences susceptibles de fournir les références nécessaires pour l'exploration de ces dimensions potentielles de l'expérience de l'*eros,* ont été presque complètement perdues. Ainsi ont manqué les connaissances indispensables pour identifier en termes de *réalité* les contenus possibles de ce qui est pris habituellement « d'une façon irréelle », en ramenant le non-humain à des prolongements exaltés de ce qui est seulement humain, de la passion et du sentiment, de façon à ne faire que de la poésie, du lyrisme, du romantisme idéalisant et à amoindrir toute chose.

Avec ces observations, nous avons en vue le domaine érotique que nous pouvons appeler profane, lequel, à peu de chose près, est le seul que l'homme et la femme de l'Occident moderne connaissent, et que les psychologues et les sexologues d'aujourd'hui envisagent. Dans les significations les plus profondes que nous indiquerons dans l'amour en général, et jusque dans l'acte brutal qui l'exprime et le conclut, dans cet acte où, comme l'a dit quelqu'un, se forme un être multiple et monstrueux et où l'on dirait qu'homme et femme cherchent à humilier, à sacrifier tout ce qu'il y a de beau en eux (Barbusse) — il pourra se faire que la plupart ne s'y reconnaissent pas et pensent à des interprétations fantaisistes et arbitraires de notre part, personnelles, de caractère abstrus et « hermétique ».

Les choses peuvent sembler ainsi, uniquement à celui qui pose comme absolu ce qu'en général, il voit chaque jour autour de lui, ou expérimente en lui. Mais le monde de l'*eros* n'a pas commencé aujourd'hui, et il suffit de donner un coup d'œil à l'histoire, à l'ethnologie, à l'histoire des religions, à la mystériosophie, au *folklore,* à la mythologie, pour se rendre compte de l'existence de formes de l'*eros* et de l'expérience sexuelle, dans lesquelles des possibilités plus profondes furent reconnues et prises en considération, dans lesquelles des significations d'ordre trans-physiologique et trans-psychologique, comme celles que nous indiquerons, étaient suffisamment en relief. Des références de ce genre, bien documentées et concordantes dans les traditions de civilisations fort différentes, suffiront pour éloigner l'idée que la métaphysique du sexe soit une pure fantaisie. La conclusion à en retirer sera autre : on devra plutôt dire que, comme par atrophie, des aspects bien déterminés de l'*eros* sont devenus latents jusqu'à être presque indiscernables dans la plus grande majorité des cas ; que dans l'amour sexuel habituel, ne subsiste d'eux que des traces et des indices, si bien que pour les faire ressortir, il faut une intégration, une opération analogue à ce qu'est en mathématiques, le passage de la différentielle à l'intégrale. En effet, il n'est pas vraisemblable que dans les formes antiques indiquées, souvent sacrales et initiatiques de l'*eros*, ait été inventé et ajouté ce qui était tout à fait inexistant dans l'expérience humaine correspondante ; il n'est pas vraisemblable qu'on ait fait de celle-ci un usage auquel elle ne se prêtait en aucune façon, pas même virtuellement et en principe. Il est beaucoup plus vraisemblable qu'avec le temps, cette expérience se soit en un certain sens dégradée, appauvrie, obscurcie et atrophiée dans la très grande majorité des mâles et des femelles appartenant à un cycle donné de civilisation, essentiellement orienté vers la matérialité. On a dit avec justesse : Le fait que l'humanité fait l'amour, comme elle fait à peu près tout, c'est-à-dire stupidement et inconsciemment, n'empêche pas que son mystère continue à maintenir la dignité qui lui correspond[1]. Ici, il sera inutile d'avancer que, le cas échéant, certaines possibilités et certaines significations de l'*eros* ne soient attestées qu'exceptionnellement. Justement ces exceptions d'aujourd'hui (qui, du reste, comme nous l'avons dit, vont s'intégrer dans ce qui, en d'autres temps, présentait ce caractère à un moindre degré), fournissent la clef pour comprendre le contenu potentiel, profond et inconscient aussi du non-exceptionnel et du profane. C. Maudair, tout en n'ayant au fond en vue que les variétés d'une passion de caractère profane et naturel, dit avec juste raison que dans l'amour, on accomplit les gestes sans réfléchir, et que son mystère n'est clair que pour une infime minorité d'êtres... Dans la foule innombrable des êtres au visage humain, ajoute-t-il, bien peu sont des hommes et dans cette sélection, très peu nombreux sont ceux qui pénètrent le sens de l'amour[2]. En ce domaine comme en chaque autre, le critère statistique du nombre est dénué de toute valeur. On peut le laisser à la platitude d'une méthode, comme celle employée par Kinsey dans ses rapports bien connus sur le « comportement sexuel du mâle et de la femme dans l'espèce humaine ». Dans une recherche comme la nôtre, c'est l'exceptionnel qui peut valoir comme « normal » au sens supérieur.

Partant de là, on peut déjà délimiter les domaines sur lesquels se portera notre examen. Le premier domaine sera celui de l'expérience érotico-sexuelle en général, c'est-à-dire de l'amour profane tel que peut aussi le

---

[1] S. PÉLADAN, *La Science de l'Amour* (Amphithéâtre des Sciences Mortes). Paris, 1911.

[2] C. Mauclair, *La magie de l'amour*.

connaître un Armand quelconque et une quelconque Juliette, pour déjà rechercher dans cette expérience les « indices interstitiels » de quelque chose qui, virtuellement, dépasse le simple fait physique et sentimental. L'étude peut commencer par une quantité d'expressions constantes du langage des amants et par des formes typiques de leur comportement. Cette matière est donc déjà fournie par la vie quotidienne : il n'y a qu'à la considérer sous une nouvelle lumière pour obtenir des éléments indicatifs intéressants, de ce qui semble le plus stéréotypé et le plus banal.

Toujours en ce qui concerne la phénoménologie de l'amour profane, on peut glaner d'autres matériaux chez les romanciers et les dramaturges : on sait qu'à notre époque, leurs œuvres ont eu pour objet presque exclusif l'amour et le sexe. En effet, on peut admettre qu'à sa façon, cette production a aussi une certaine valeur de témoignage, de « document humain », parce que d'habitude, une expérience personnelle réellement vécue, ou du moins y tendant, constitue la matière première de la création artistique. Et ce que celle-ci offre en plus, pour être justement de l'art — dans ce qu'on fait sentir, dire ou faire aux différents personnages — ne se réduit pas toujours à une fiction et à une fantaisie. Au contraire, il peut s'agir d'intégrations, d'amplifications et d'intensifications, où est mis plus distinctement en lumière, ce qui dans la réalité — dans l'expérience personnelle de l'auteur ou d'autres — s'est présenté d'une façon seulement incomplète, muette ou potentielle. A ce point de vue, on peut trouver dans l'art et dans le roman une autre matière à considérer, elle-même objective, et qui souvent concerne des formes déjà différenciées de l'*eros*.

La recherche du matériel rencontre pourtant des difficultés particulières au sujet des données se rapportant à un domaine important pour notre étude, au domaine des états qui se développent dans les points-limites de l'expérience érotico-sexuelle, c'est-à-dire durant l'étreinte sexuelle. La littérature, ici, offre bien peu d'éléments. Jusqu'à hier, il y avait le veto du puritanisme. Mais, même dans les romans modernes les plus outrés, ce qui est banal et vulgaire prévaut sur la matière éventuellement utilisable pour nos buts : un exemple typique est *Lady Chatterley's Lover* de D. H. Lawrence, livre qui, dans ce domaine, à une certaine époque, a été considéré comme une sorte de *record*.

Pour recueillir directement du matériel, on rencontre ici une double difficulté, subjective et objective. Subjective, parce que non seulement avec les étrangers, mais même avec son partenaire masculin ou féminin, on n'aime pas à parler avec exactitude et sincérité de ce qu'on éprouve dans les phases les plus exaltées de l'intimité corporelle. Ensuite, la difficulté est objective, car ces phases correspondent souvent à des formes de conscience réduite (et c'est logique que, chez la plupart, il en soit ainsi), au point qu'il arrive parfois de ne pouvoir non seulement pas se rappeler ce que l'on a éprouvé, mais même ce que l'on a dit ou fait en de tels moments, quand ils se développent dans les formes les plus intéressantes. En effet, nous avons pu constater que les moments culminants, extatiques ou ménadiques de la sexualité, constituent souvent des solutions plus ou moins profondes de continuité de la conscience des amants, stades desquels ils reviennent à eux comme assommés ; ou bien, ce qui est simple sensation paroxystique et émotion, confond toute chose.

Grâce à leur profession, les psychiatres et les gynécologues se trouveraient dans une situation assez favorable pour recueillir un matériel utile, s'ils savaient s'orienter et s'intéresser à un tel ordre de choses. Mais il n'en est pas ainsi. Avec un extrême bon goût, l'école positiviste du siècle dernier en est arrivée à publier des planches de photographies d'organes génitaux féminins, pour établir de bizarres correspondances entre les femmes délinquantes, les prostituées, et les femmes des populations sauvages. Par contre, une récolte de témoignages à base introspective, au sujet de l'expérience intime du sexe, n'a semblé présenter aucun intérêt. D'ailleurs, quand dans ce domaine intervient une attitude à prétentions scientifiques « sexologiques », en général, les résultats sont des essais d'une incompétence plutôt grotesque : ici, comme ailleurs, la condition préalable pour comprendre une expérience est, en effet, d'en savoir quelque chose soi-même. Justement, Havelok Ellis[3] a remarqué que « les femmes qui, avec sérieux et sincérité, écrivent des livres sur ces problèmes (sur les problèmes sexuels) sont souvent les dernières auxquelles on devrait s'adresser comme représentantes de leur sexe ; celles qui en savent le plus sont celles qui ont le moins écrit ». Nous dirons même : ce sont celles qui n'ont pas écrit du tout— et ceci, naturellement, est en grande partie valable pour les hommes aussi.

Enfin, à propos du domaine de l'*eros* profane, pour nos buts, même la discipline la plus récente qui a fait du sexe et de la *libido* une sorte d'idée fixe, à savoir la psychanalyse, ne dit que fort peu, et nous l'avons déjà dit. Çà et là seulement, elle pourra offrir quelques indications utiles. Ses recherches, en général, sont déjà décalées au départ, à cause des préjugés d'école et d'une conception absolument déformée et contaminatrice de

---

[3] Havelok Ellis, *Studies in the psychology of sex,* v. III, Philadelphie, 1909, p. vii.

l'être humain. Et ici, il faut même dire que c'est justement parce que de nos jours la psychanalyse, avec un renversement presque démoniaque, a mis en relief une primordialité sub-personnelle du sexe, qu'il est nécessaire d'opposer à cette primordialité une autre, métaphysique, dont la première est la dégradation : et c'est exactement le. but fondamental de ce livre.

Tout cela, donc, à propos du domaine de la sexualité ordinaire, différenciée ou non, qui, comme nous l'avons dit, ne doit pas être identifiée tout court à chaque sexualité possible. En effet, il y a pour nous un second domaine, beaucoup plus important, correspondant aux traditions qui ont connu une sacralisation du sexe, un emploi magique, sacré, rituel ou mystique de l'union sexuelle, voire même de l'orgie, parfois dans des formes collectives et institutionnelles (fêtes saisonnières, prostitution sacrée, hiérogamies, etc.). Le matériel dont on dispose à cet égard est assez vaste, et le fait qu'il a largement un caractère rétrospectif, n'enlève rien à sa valeur. Ici aussi, tout dépend d'avoir ou ne pas avoir les connaissances adéquates pour procéder à une interprétation exacte, en ne considérant pas tous ces témoignages comme le font presque sans exception les historiens des religions et les ethnologues : avec le même intérêt « neutre » qu'on peut avoir pour des objets de musée.

Ce second domaine, avec sa phénoménologie relative à une sexualité non plus profane, admet lui-même une séparation qu'on peut faire correspondre à celle qui existe entre l'exotérisme et l'ésotérisme, entre les coutumes générales et la doctrine secrète. À part les formes, dont le type le plus connu est constitué par le dionysisme, par le tantrisme populaire et par les divers cultes érotiques, il y a eu des milieux qui non seulement ont reconnu la dimension la plus profonde du sexe, mais qui ont aussi formulé des techniques ayant des finalités souvent purement et consciemment initiatiques ; on a envisagé un régime spécial de l'union sexuelle pour conduire à des formes particulières d'extase, pour obtenir une libération du lien humain et une anticipation de l'inconditionné. Pour ce domaine spécial, il existe aussi une documentation, et la concordance assez visible de la doctrine et des méthodes dans les traditions variées, est assez significative.

En considérant ces différents domaines comme les parties d'un tout où ils s'intègrent et s'éclairent l'un l'autre, tant la réalité que le sens d'une métaphysique du sexe apparaîtront suffisamment prouvés. Ce que les êtres humains connaissent d'habitude, quand ils se sentent attirés l'un vers l'autre et quand ils s'aiment, sera restitué à l'ensemble plus vaste, dont ceci fait essentiellement partie. En raison de circonstances particulières, ce livre ne représentera guère plus qu'un essai. Dans d'autres ouvrages, nous avons déjà eu l'occasion de parler de la doctrine ésotérique de l'androgyne, ainsi que des pratiques sexuelles dont cette doctrine constitue la base. Pour la partie la plus nouvelle, qui est la recherche dans le domaine de l'amour profane, nous aurions dû disposer d'un matériel beaucoup plus riche, que, même en faisant abstraction des difficultés indiquées plus haut, une contingence toute personnelle nous a empêché de recueillir. De toute façon, nous espérons qu'il y en aura assez pour montrer une direction et pour donner une idée de l'ensemble.

2.— Le sexe dans le monde moderne

Avant d'entrer dans le sujet, il sera opportun, peut-être, de faire quelques brèves remarques se rapportant à l'époque où ce livre a été écrit. Le rôle que le sexe a dans la civilisation actuelle est connu de tout le monde, si bien qu'aujourd'hui l'on pourrait bien parler d'une sorte d'obsession du sexe. En aucun autre temps la femme et le sexe n'ont occupé ainsi le premier plan. Sous mille formes, femme et sexe dominent dans la littérature, dans le théâtre, dans le cinéma, dans la publicité, dans toute la vie pratique contemporaine. Sous mille formes la femme est présentée pour sans cesse attirer l'homme et l'intoxiquer sexuellement. Le *strip tease,* l'usage américain apporté sur la scène, du spectacle d'une jeune fille qui se déshabille peu à peu, en ôtant de son corps un à un, ses vêtements les plus intimes, jusqu'au minimum nécessaire pour maintenir chez les spectateurs la tension propre à ce « complexe d'attente », ou état de *suspense,* que détruirait la nudité immédiate, complète et impudente, a la valeur d'un symbole dans lequel se résume ce qui, dans les dernières périodes de la civilisation occidentale, s'est produit dans chaque domaine sous le signe du sexe. Les ressources de la technique ont été utilisées à cet effet. Les types féminins les plus fascinants et excitants ne sont plus connus, comme hier, que dans les espaces restreints des pays où ils vivent, ou se trouvent. Soigneusement sélectionnés et mis en vedette de toutes les façons, de nos jours, par le cinéma, les revues, la télévision, les dessins animés, etc., comme actrices, « étoiles » et *misses,* ils deviennent les foyers d'un érotisme dont le rayon d'action est international et intercontinental, tout comme leur zone d'influence est collective, n'épargnant pas les couches sociales qui, en d'autres temps, vivaient dans les limites d'une sexualité normale et anodine.

Il importe de mettre en relief le caractère de cérébralité de cette pandémie moderne du sexe. Il ne s'agit pas d'impulsions plus violentes qui se manifestent sur le seul plan physique, donnant lieu, comme à d'autres époques, à une vie sexuelle exubérante, non refoulée, et voire même au libertinage. Aujourd'hui, le sexe a plutôt imprégné la sphère psychique, y produisant une gravitation constante et insistante vers la femme et l'amour. C'est ainsi que sur le plan mental, comme teinte de fond, on a un érotisme qui présente deux caractères saillants : avant tout le caractère d'une excitation diffuse et chronique, presque indépendante de toute satisfaction physique concrète, parce qu'elle dure comme excitation psychique ; en second lieu, et en partie comme conséquence de cela, cet érotisme peut même coexister avec une chasteté apparente. Au sujet du premier de ces deux points, c'est un fait caractéristique qu'aujourd'hui, on pense beaucoup plus au sexe qu'hier, quand la vie sexuelle était beaucoup moins libre, quand la coutume limitant davantage une libre manifestation de l'amour physique, on aurait dû s'attendre justement à cette intoxication mentale qui, au contraire, est typique actuellement. Pour le second point, certaines formes féminines d'anesthésie sexuelle et de chasteté corrompue, ayant des rapports avec ce que la psychanalyse appelle les variétés narcissiques de la *libido,* sont très significatives. Il s'agit de ces jeunes filles modernes, chez lesquelles l'exhibition de leur nudité, l'accentuation de tout ce qui peut les présenter comme appât pour l'homme, le culte de leur corps, le maquillage et tout le reste, constituent le principal intérêt et leur donne un plaisir transposé, préféré au plaisir spécifique de l'expérience sexuelle normale et concrète, jusqu'à provoquer une sorte d'insensibilité pour cette expérience, et en certains cas même de refus névropathique. Ces types doivent être rangés parmi les foyers qui alimentent le plus l'atmosphère de luxure cérébrale chronique et diffuse de notre temps.

Tolstoï dit un jour à Gorki : « Pour un Français, avant tout, il y a la femme. Ils sont un peuple exténué, détraqué. Les médecins affirment que tous les phtisiques sont sensuels. » En laissant les Français de côté, demeure vraiment le fait que la propagation pandémique de l'intérêt pour le sexe et la femme marque chaque ère crépusculaire, et qu'à l'époque moderne, ce phénomène est donc parmi les nombreux qui nous disent que cette époque représente précisément la phase la plus poussée, terminale, d'un processus de régression. On ne peut moins faire que rappeler les idées formulées par l'antiquité classique, d'après une analogie avec l'organisme humain. Chez l'homme, la tête, la poitrine et les parties inférieures du corps sont respectivement les sièges de la vie intellectuelle et spirituelle, des impulsions de l'âme qui vont jusqu'à l'aptitude héroïque, enfin de la vie du ventre et du sexe. Trois principales formes d'intérêt, trois types humains, on peut même ajouter, trois types de civilisation, y correspondent. Il est évident que de nos jours, par régression, on vit dans une civilisation où l'intérêt prédominant n'est plus l'intérêt intellectuel ou spirituel, n'est même plus l'intérêt héroïque ou n'importe lequel se rapportant aux manifestations supérieures de l'affectivité, mais est celui, subpersonnel, déterminé par le ventre et le sexe. C'est ainsi que menace de devenir vraie la parole infortunée d'un grand poète, à savoir, que ce serait à la faim et à l'amour de donner sa forme à l'histoire. Le ventre est, actuellement, le fond des luttes sociales et économiques les plus caractéristiques et les plus désastreuses. Sa contrepartie est l'importance, indiquée plus haut, qu'ont de nos jours la femme, l'amour et le sexe.

L'ancienne tradition hindoue des quatre âges du monde, dans sa formulation tantrique, nous apporte un autre témoignage. Une caractéristique fondamentale du dernier de ces âges, de celui que l'on appelle l'âge obscur *(Kali-yuga)* serait que Kâli s'est réveillée en lui — c'est-à-dire, entièrement déchaînée — au point d'avoir cette époque sous son signe. Par la suite, nous aurons souvent à nous occuper de Kâli ; dans son aspect essentiel, elle est la déesse non seulement de la destruction, mais aussi du désir et du sexe. À cet égard, la doctrine tantrique formule une éthique et indique une voie que, dans les époques précédentes, on aurait dû condamner ou bien tenir secrète : transformer le poison en remède. Ce n'est toutefois pas le cas aujourd'hui, en considérant le problème de la civilisation, de se créer des illusions d'après des perspectives de ce genre. Plus loin, le lecteur verra à quel plan se rapportent les possibilités que nous venons de signaler. Pour le moment, il n'y a qu'à constater la pandémie du sexe comme un des signes du caractère régressif des temps actuels : pandémie dont la contrepartie naturelle est cette gynécocratie, cette prééminence tacite de tout ce qui, directement ou indirectement, est conditionné par l'élément féminin dont, en d'autres occasions, nous avons également indiqué les variétés du retour dans notre civilisation[4].

---

[4] Cf. J. Evola, *Révolte contre le monde moderne* ; Commentaire à J. J. BACHOFEN, *Le Madri e la virilità olimpica*, Milano, 1949, p. 14 sqq. C'est aussi un signe de la venue de « l'âge obscur » quand « les hommes deviennent soumis aux femmes et esclaves du plaisir, oppresseurs de leurs amis, de leurs maîtres et de celui qui mérite le respect » *(Mahânirvâna-tantra,* IV, 52).

Ce que dans cet ordre spécial d'idées, nous mettrons en lumière en fait de métaphysique et d'emploi du sexe, ne pourra cependant servir qu'à marquer une opposition, à fixer quelques points de vue. Ceux-ci étant connus, dans ce domaine aussi, apparaîtra directement la chute du niveau intérieur de l'homme moderne.

1. ÉROS ET AMOUR SEXUEL

3 — Le préjugé évolutionniste

Il est évident que la signification que l'on doit attribuer au sexe dépend de la façon dont, en général, on conçoit la nature humaine, voire de l'anthropologie particulière que l'on professe. Le caractère de cette anthropologie ne saurait pas ne pas se réfléchir sur le concept même que l'on se forme du sexe. Ainsi, le sens que peut présenter la sexualité, du point de vue d'une anthropologie qui reconnaît à l'homme la dignité d'un être non exclusivement naturel, sera, par exemple, nécessairement opposé à celui que lui attribue une anthropologie qui considère l'homme comme l'une des nombreuses espèces animales, et à une époque à laquelle — comme l'a dit H. L. Philp — il a semblé convenable d'écrire Sélection Naturelle avec des majuscules, comme on le faisait pour le nom de Dieu.

Le tableau de la sexologie, dans la période la plus récente, et aujourd'hui encore dans les traités à prétentions « scientifiques », se ressent de l'héritage du matérialisme du XIXe siècle, qui a eu pour prémisses le darwinisme et le biologisme, c'est-à-dire une image tout à fait déformée et mutilée de l'homme. De même que, selon ces théories, l'homme dériverait de l'animal par « évolution naturelle », ainsi la vie sexuelle et érotique de l'homme a été exposée dans les termes d'un prolongement des instincts animaux, et expliquée, dans son fond ultime et positif, par les finalités purement biologiques de l'espèce.

Ainsi la tendance moderne à ramener le supérieur à l'inférieur, à expliquer le supérieur par l'inférieur — dans le cas présent, l'humain par ce qui est physiologique et animal — s'est affirmée aussi dans ce domaine. Pour les palais plus délicats, la psychanalyse intervint ensuite, pour faire entrer en ligne de compte l'élément psychologique, mais en confirmant la même tendance. En effet, pour l'anthropologie psychoanalytique, c'est toujours un élément pré-personnel et sub-personnel — le monde de l'inconscient, de l'instinct, de l'« *Es* », des archétypes archaïques qui ramènent à une ancestralité primitive — qui constitue le fond de l'homme. C'est bien en fonction de ce fond ou sous-sol, que les psychanalystes prétendent expliquer tout ce que dans l'homme, on avait considéré précédemment comme vie psychique autonome : plus que jamais, quand il s'agit d'amour et de sexe.

Les prémisses d'où l'on partira ici, sont complètement différentes. Notre point de départ ne sera pas la théorie moderne de l'évolution, mais bien la doctrine traditionnelle de l'involution. Dans le cas en question, pour nous, ce n'est pas l'homme qui descend du singe par évolution, mais le singe qui descend de l'homme par involution. Comme pour De Maistre, pour nous aussi les peuples sauvages ne sont pas des peuples primitifs, au sens de peuples originels, mais bien les restes dégénérescents, crépusculaires, nocturnes, de races plus anciennes, entièrement disparues. Nous tiendrons pour certain ce que, du reste, ont récemment pressenti différents savants révoltés contre le dogme évolutionniste (Kohlbrugge, Marconi, Dacqué, Westenhöfer, Adloff) : même dans les espèces animales, il faut reconnaître les spécialisations dégénératives épuisées de certaines possibilités comprises dans l'être humain primordial, donc des sous-produits du véritable processus évolutif qui, dès le début, est centralisé dans l'homme. Cependant, l'ontogenèse — l'histoire biologique de l'individu — ne répète pas du tout la philogenèse — l'histoire présumée évolutive de l'espèce — mais parcourt à nouveau des possibilités éliminées, s'arrêtant à des ébauches et passant outre, en subordonnant ces possibilités au principe supérieur, spécifiquement humain qui, dans le développement de l'individu, se définit et se manifeste de plus en plus.

Les différences fondamentales de méthodes et d'horizons qui découlent de ces prémisses, apparaissent claires aussi pour notre problème. Nous n'envisagerons pas la sexualité humaine comme un prolongement de la sexualité animale, mais au contraire, nous considérerons et expliquerons la sexualité animale — en soi, chez les bêtes, et comme éventuellement elle se présente aussi chez l'homme — comme la chute et la régression d'une impulsion n'appartenant pas à la sphère biologique. Métaphysiquement, c'est ainsi que les choses nous apparaîtront à l'égard du soi-disant « instinct de reproduction » et de la « vie de l'espèce » elle-même. Ils ne représentent d'aucune façon le fait principal. Ils sont des dérivés.

4. — Amour et sexe

Après cette prémisse générale, délimitons l'objet principal de notre étude.

Ce n'est pas le fait sexuel dans ses aspects grossiers et physiques, qui le constitue. Puisque nous nous référons essentiellement à l'homme, c'est plutôt le phénomène plus vaste et plus complexe formé par l'amour, qui entre en question. Mais, comme c'est naturel, s'impose tout de suite ici une délimitation, parce qu'on peut parler d'amour au sens général, étant donné qu'il y a un amour pour les parents, un amour pour la beauté, un amour pour la patrie, un amour maternel, etc. ; il existe aussi une conception idéale ou sentimentale de l'amour, où celui-ci s'estompe dans la simple affection, dans la vie en commun intersexuelle ou dans l'affinité intellectuelle. Pour préciser, il convient donc d'employer le concept plus étroit d'*amour sexuel.* Nous examinerons donc une expérience humaine qui peut comprendre un ensemble de facteurs psychiques, affectifs, moraux, voire même intellectuels, dépassant le domaine biologique, mais qui a pour centre de gravité naturel l'union effective de deux êtres de sexe opposé, comme habituellement elle s'effectue dans l'étreinte sexuelle.

En fait, on a distingué différentes formes d'amour humain. On connaît bien la distinction de Stendhal au XIXe siècle, d'un amour-passion, d'un amour qui est principalement esthétique et affaire de goût, d'un amour physique et d'un amour basé sur la vanité. Une telle distinction est peu utilisable ; elle se base en partie sur les éléments périphériques, éléments qui apparaissent détachés de toute expérience profonde au moment où l'un d'eux, n'importe lequel, devient vraiment le facteur prédominant ; en partie, il s'agit seulement de la distinction des différents aspects du phénomène érotique pris dans son ensemble. L'amour qui peut intéresser notre recherche est essentiellement l'amour-passion — et celui-ci, au fond, est le seul qui mérite le nom d'amour. Pour lui, pourrait être valable la définition de Bourget qu'il existe un état mental et physique durant lequel tout s'abolit en nous, dans notre pensée, dans notre cœur, et dans nos sens : l'état l'amour[5]. L'amour physique, au sens indiqué par Stendhal, peut se présenter comme une variété distincte de l'amour dans la seule condition d'un processus de dissociation et de « primitivisation ». Normalement, il fait partie intégrante de l'amour-passion. Pris en soi, il

---

[5] P. Bourget, *Physiologie de l'amour moderne,* Paris, 1890. Comme corollaire (*ibid.*), l'amant qui dans l'amour cherche quelque autre chose en plus de l'amour, de l'intérêt jusqu'à l'estime, n'est pas un amant.

représente la limite inférieure de ce dernier ; mais cependant en conserve toujours la nature.

D'une manière générale, il importe ici de fixer ce point fondamental : que la différence entre notre conception et la conception « positiviste » est dans l'interprétation différente, non physique ou biologique, du sens de l'union sexuelle : parce que, du reste, nous voyons également dans cette union la fin essentielle et la conclusion de chaque expérience basée sur l'attraction entre les sexes, le centre de gravité de chaque amour.

Dans l'amour, des affinités idéales, dévotion et affection, esprit de sacrifice, manifestations élevées du sentiment, peuvent aussi jouer un rôle ; mais du point de vue existentiel, tout cela représente quelque chose d'« autre », ou quelque chose d'incomplet, si pour contrepartie, on n'a pas cette attraction qu'on a l'habitude d'appeler « physique », dont la conséquence est l'union des corps et le traumatisme de l'étreinte sexuelle. C'est à ce moment qu'on a, pour ainsi dire, la *précipitation,* le passage à l'acte et la consommation dans un point culminant ou *climax,* qui est son naturel *terminus ad quem,* de tout l'ensemble de l'expérience érotique en tant que telle. Quand, par attraction « physique », s'éveille l'impulsion sexuelle, les couches les plus profondes de l'être se meuvent, couches existentiellement élémentaires en comparaison du simple sentiment. L'amour le plus élevé entre les êtres de sexe différent est, en quelque sorte, irréel, sans cette espèce de court-circuit dont la forme d'apparition la plus grossière est le *climax* sexuel, mais il lui appartient de renfermer la dimension métaphysique et non individuelle du sexe. Certes, un pur amour peut aussi conduire au-delà de la limitation individuelle, par exemple par le dévouement continu et absolu et par chaque espèce de sacrifice de soi ; mais, comme une disposition spirituelle qui ne pourra fructifier d'une manière précise que sur un autre plan : non dans une expérience en acte, non dans une sensation et presque dans une fracture réelle de l'être. Dans le domaine dont nous parlons, les profondeurs de l'être, répétons-le, sont touchées et mises en mouvement seulement par l'union effective des sexes.

D'autre part : que souvent la sympathie, la tendresse et d'autres formes d'amour « non matériel » soient liées généralement à la sexualité, ne représentent souvent que des sublimations, des transpositions ou des déviations régressives infantiles — c'est là une idée qu'on peut inscrire à l'actif des recherches psychanalytiques et dont il convient de tenir compte.

Il faut cependant prendre position contre la conception qui fait apparaître comme un progrès et un enrichissement, le passage de l'amour sexuel à l'amour de nuance principalement affective et sociale, basé sur la vie à deux, avec le mariage, la famille, la progéniture et le reste. Existentiellement, dans tout cela on n'a pas un plus, mais un moins, une chute intensive de niveau. Dans ces formes, quoique obscur, le contact avec les forces primordiales est perdu ou se maintient seulement par réflexe. Comme nous le verrons, un amour porté sur un tel plan — sur le plan nietzschéen « trop humain » — n'est qu'un succédané. Métaphysiquement, avec lui l'homme se crée une solution illusoire pour ce besoin de confirmation et d'intégration ontologique, qui constitue le fond essentiel et inconscient de l'impulsion du sexe. Schiller écrivait : « La passion passe, l'amour doit rester. » En cela on ne saurait voir qu'un pis-aller et l'un des drames de la condition humaine. Car seule la passion peut conduire au « moment fulgurant de l'unité ».

5. — Eros et instinct de reproduction

Les considérations que nous venons de développer visent à indiquer le niveau intensif de l'expérience érotique qui, pour notre étude peut présenter un véritable intérêt, à l'exclusion des formes désagrégées ou incomplètes de cette expérience. Pour le reste, comme nous avons pris position contre la sexologie de direction biologique avec une critique que nous développerons tout à l'heure, de même, pour prévenir toute équivoque, nous accuserons l'erreur de ceux qui, récemment, presque dans une reprise de la polémique de Rousseau contre la « Culture » au nom de la « nature », se sont mis à prêcher une sorte de nouvelle religion naturaliste du sexe et de la chair. Le représentant le plus connu de cette tendance est D. H. Lawrence. Son point de vue est résumé dans les paroles qu'Aldous Huxley, dans *Point counter Point*, met dans la bouche de Campion, lui faisant dire que ce ne sont pas les appétits et les désirs « naturels » qui rendent les hommes si bestiaux — il ajoute : « non, bestiaux n'est pas le mot juste, parce qu'il implique une offense aux animaux — disons : trop humainement mauvais et vicieux » ; « c'est l'imagination, c'est l'intellect, ce sont les principes, l'éducation, la tradition. Laissez les instincts à eux-mêmes et ils feront très peu de mal ». Ainsi pour la plupart, les hommes sont considérés comme des dévoyés qui sont « loin de la norme centrale de l'humanité », soit quand ils excitent la « chair », soit quand ils la renient pour l'esprit. Lawrence a ajouté pour son propre compte : « Ma religion est la foi dans le sang et dans la chair, qui sont plus sages que l'intellect »[6]. Ce qu'il y a d'étrange, c'est que Lawrence a pourtant écrit des paroles non banales, comme les suivantes : « Dieu le père, l'impénétrable, l'inconnaissable, nous le portons dans la chair, dans la femme. Elle est la porte par laquelle nous entrons et sortons. En elle, nous retournons au Père, mais comme ceux qui assistèrent aveugles et inconscients à la transfiguration » ; de plus il a certaines intuitions justes au sujet de l'union qui s'accomplit par le sang. Au contraire, avec le point de vue ci-dessus indiqué, on tombe dans une équivoque fâcheuse, et d'une mutilation on fait un idéal de salut. Péladan a raison quand il écrit : « Dans l'amour le réalisme ne vaut pas plus que dans l'art. L'imitation de la nature, sur le plan érotique, devient l'imitation de la bête »[7]. Chaque « naturalisme » pris dans ce sens ne peut, en effet, signifier qu'une dégradation, parce que ce qui pour l'homme, en tant qu'homme, doit être considéré comme naturel, n'est pas du tout ce à quoi s'applique ce terme dans le cas des animaux ; c'est au contraire la conformité à *son type,* à la place qui appartient à l'homme en tant que tel dans la hiérarchie globale des êtres. Ainsi, ce qui chez l'homme définit l'amour et le sexe, c'est un ensemble de facteurs complexes qui, dans des cas déterminés comprend même ce qui, jugé d'après un critère animal, peut sembler perversion. Pour l'homme, être naturel au sens des paroles de Campion, équivaut seulement à se dénaturer. Chez l'homme, le sexe a une physionomie spécifique. Déjà il est libéré dans une très grande mesure — d'autant plus que l'individu est plus différencié — des liens et des périodes saisonnières de rut qu'on observe dans la sexualité animale (et ici, du reste, non sans raison, chez les femelles plus que chez les mâles). À n'importe quel moment l'homme peut désirer et aimer ; et ceci est un trait *naturel* de *son* amour.

En faisant un pas de plus, nous dirons que le fait de faire rentrer l'amour sexuel parmi les *besoins physiques* de l'homme, dérive également d'une équivoque. Au fond, chez l'homme, n'existe jamais un désir sexuel physique ; dans sa substance, le désir de l'homme est toujours psychique, le désir physique n'est qu'une traduction et une transposition d'un désir psychique. Ce n'est que chez les individus les plus primitifs que le circuit se ferme si rapidement que, dans leur conscience est uniquement présent le fait terminal du processus, comme une âcre concupiscence charnelle

---

[6] Cf. H. T. MOORE, *D. H. Lawrence's letters to Bertrand Russell,* éd. Gotham Book Mark, en particulier la lettre du 8 décembre 1915.

[7] Péladan, *La science de l'amour*. 26

co-active, univoquement liée à des conditionnalités physiologiques et, en partie, aussi aux conditionnalités d'ordre plus général qui sont au premier plan dans la sexualité animale.

Ici, il convient aussi de soumettre à une critique adéquate la mythologie que fait la sexologie courante, quand elle parle d'un « instinct de reproduction » et indique cet instinct comme le fait premier de tout érotisme. L'instinct de conservation et l'instinct de reproduction seraient les deux forces fondamentales, liées à l'espèce, qui agissent chez l'homme, non moins que chez les bêtes. La limite d'une théorie morne et plate est montrée par ces biologistes et psychologues positivistes qui, comme Morselli[8] lui-même, arrivent à subordonner un instinct à l'autre, en pensant que l'individu se nourrit et lutte pour se conserver, uniquement parce qu'il doit se reproduire, le but suprême étant « la continuité de la vie universelle ».

Il n'est pas question ici de s'arrêter sur l'« instinct de conservation » et d'en montrer la relativité, de rappeler combien de motifs et d'impulsions, chez l'homme en tant que tel, peuvent neutraliser ou contredire cet instinct, au point de conduire à sa destruction ou à des comportements qui en font absolument abstraction, et qui n'ont aucun rapport avec les « finalités de l'espèce ». Et dans certains cas, justement l'autre instinct, le prétendu instinct de reproduction chez l'homme ou chez la femme, peut avoir entre autres ce rôle neutralisant, et ne plus faire penser à sa santé ni à sa conservation.

Quant à l'« instinct de reproduction », il représente une explication absolument abstraite de l'impulsion sexuelle, étant donné que psychologiquement, c'est-à-dire en rapport avec les données immédiates de l'expérience vécue, elle est dépourvue de tout fondement. Chez l'homme, l'instinct est un fait conscient. Mais comme contenu de la conscience, l'instinct de reproduction est inexistant ; le moment « génésique » ne figure pas du tout dans le désir sexuel comme expérience, ni dans ses développements. La connaissance que le désir sexuel et l'érotisme, quand ils conduisent à l'union de l'homme avec la femme, peuvent donner lieu à la procréation d'un nouvel être, n'est qu'une connaissance *a posteriori*, c'est-à-dire, résulte d'un examen extérieur de ce que l'expérience, en général, présente avec une grande fréquence comme des corrélations constantes : corrélations, pour ce qui

---

[8] *Sessualità umana*, Milano, 1944.

concerne soit la physiologie de l'acte sexuel, soit ses conséquences possibles.

On en a une confirmation dans le fait que certaines populations primitives, qui n'ont pas entrepris cet examen, ont attribué la naissance d'un nouvel être à des causes sans aucun rapport avec l'union sexuelle. Néanmoins, ce qu'écrit Klages est tout-à-fait exact : « C'est une erreur, c'est une falsification voulue que d'appeler instinct de reproduction l'instinct sexuel. La reproduction est un effet possible de l'activité sexuelle, mais n'est pas du tout comprise dans l'expérience vécue de l'excitation sexuelle. L'animal l'ignore : seul l'homme la connaît »[9], et il l'envisage non quand il *vit* l'instinct, mais quand il subordonne l'instinct à une fin. Il est oiseux de rappeler combien nombreux sont les cas où la fécondation survenue chez la femme aimée n'a été ni cherchée, ni aucunement désirée. Et il ne manquerait pas de surgir une note de ridicule, si l'on voulait associer le facteur « génésique » à ceux qui sont habituellement considérés comme les modèles les plus hauts de l'amour *humain*, aux grandes figures des amants de l'histoire ou de l'art : Tristan et Yseut, Roméo et Juliette, Paolo et Francesca et aux autres, dans une situation à *happy end* et avec un enfant, même avec une nichée d'enfants comme couronnement. À propos d'un couple d'amants qui n'eut jamais d'enfants, un personnage de Barbey d'Aurevilly dit : « Ils s'aimaient trop, le feu dévore, consume et ne produit pas ». Interrogée pour savoir si elle n'est pas triste de ne pas avoir d'enfants, la femme répond qu'elle n'en veut pas : Les enfants ne servant qu'aux femmes malheureuses.

La vérité est celle que quelqu'un a exprimée par ces paroles humoristiques : « Adam, en s'éveillant, en présence d'Eve ne crie pas, comme un sénateur contemporain lui ferait dire : « Voici la mère de mes fils, la prêtresse de mon foyer. » Et même quand le désir d'avoir une progéniture a une part fondamentale dans l'établissement des relations entre homme et femme, ce sont des considérations basées sur la réflexion et sur la vie sociale qui entrent en jeu ici, et ce désir n'a rien d'un instinct, sinon dans le sens tout spécial, métaphysique, dont nous parlerons plus loin. Même dans le cas où un homme et une femme ne s'unissent que pour mettre au monde des enfants, ce n'est certainement pas cette idée qui les hantera dans l'acte de leur union, ce n'est certainement pas elle

---

[9] L. Klages, *Vom kosmogonischen Eros*, Iéna, 1930, p. 25.

qui les animera et les transportera dans leur étreinte sexuelle[10]. Il se peut que demain les choses aillent autrement et qu'en hommage à la morale sociale, ou même à la morale catholique, sur la ligne ayant pour limite la fécondation artificielle, on cherche à réduire ou tout carrément à éliminer le facteur irrationnel et perturbateur constitué par le pur fait érotique : mais bien plus encore, dans ce cas, il ne sera pas question de parler d'un *instinct*. Le fait vraiment premier est l'attraction qui naît entre deux êtres de sexe différent, avec tout le mystère et la métaphysique qu'elle implique ; c'est le désir de l'un pour l'autre, l'impulsion irrésistible à l'union et à la possession, dans laquelle agit obscurément — comme nons l'avons indiqué et comme nous le verrons mieux ensuite — une impulsion encore plus profonde. Dans tout cela, la « reproduction » est tout à fait exclue, comme fait de la conscience.

Ici trouvent place aussi quelques observations justes faites par Solovieff. Solovieff a relevé l'erreur de celui qui, précisément, pense que la raison d'être de l'amour sexuel est la multiplication de l'espèce, l'amour ne servant que de moyen. Beaucoup d'organismes tant du règne animal que du règne végétal se multiplient de façon asexuelle ; le fait sexuel intervient dans la multiplication non des organismes en général, mais des organismes supérieurs. C'est pourquoi le « sens de la différenciation sexuelle (et de l'amour sexuel) ne doit pas être recherché dans l'idée de la vie de l'espèce et de sa multiplication, mais seulement dans l'idée d'organisme supérieur ». De plus : « Plus on gravit l'échelle des organismes, plus la puissance de multiplication décroît, tandis qu'augmente la force de l'attraction sexuelle... Enfin, chez l'être humain, la multiplication a de moindres proportions que dans tout le reste du règne animal, tandis que l'amour sexuel atteint la plus grande importance et intensité. » Il apparaît donc que « amour sexuel et multiplication de l'espèce se trouvent en rapport inverse : plus l'un des deux éléments est fort, plus l'autre est faible », et en considérant les deux extrémités de la vie animale, si à la limite inférieure on trouve la multiplication, la

---

[10] Font exception les cas où, dans une sacralisation des unions, dans les civilisations antiques on tendait à une fécondation voulue et consciente liée à des structures symboliques et à des formules évocatoires (par exemple dans l'Inde et l'Islam). Nous reviendrons là-dessus. De toutes façons, dans ces cas aussi, dans le monde classique lui-même, on faisait des distinctions non seulement entre les unions tendant à cette fin et les autres, mais même entre les femmes à employer selon les buts. On attribue à Démosthène, dans le discours contre Neera, les mots : « nous avons des hétaïres pour la volupté, des concubines pour le soin journalier du corps, des épouses pour avoir des fils légitimes et pour garder fidèlement la maison. »

reproduction, sans aucun amour sexuel, à la limite supérieure, au sommet, dans toutes les formes de grande passion, on trouve un amour sexuel qui est possible auprès d'une exclusion complète de la reproduction, selon ce que nous avons remarqué tout à l'heure[11]. C'est une constatation constante que : la passion sexuelle comporte presque toujours une déviation de l'instinct... en d'autres termes, de fait, en elle, la reproduction de l'espèce est presque toujours évitée[12]. Cela signifie qu'il s'agit de deux faits différents dont le premier ne peut être présenté comme moyen ou instrument de l'autre[13]. Dans ses formes supérieures typiques, *l'eros* a un caractère qu'on ne peut déduire et dont l'autonomie n'est pas préjugée par tout ce qui peut être requis matériellement pour son activation dans le domaine de l'amour physique.

6 — Le mythe du « génie de l'espèce »

Il est singulier qu'une des rares tentatives faites dans les temps modernes pour esquisser une métaphysique de l'amour sexuel, celle de Schopenhauer, se soit basée sur l'équivoque que nous venons de dénoncer. Pour pouvoir conserver l'idée que le but essentiel de l'amour est la procréation, la « formation de la prochaine génération », Schopenhauer a dû faire intervenir un mythique « génie de l'espèce » qui, lui, éveillerait l'attraction entre les sexes et déterminerait secrètement les choix sexuels, à l'insu des individus, voire même en les trompant et en les employant comme de simples instruments. « Qu'un enfant soit engendré — dit Schopenhauer[14] — voilà la fin véritable de tout le roman d'amour, même si ses protagonistes n'en ont aucune conscience : de quelle façon ce but est atteint, c'est secondaire ». Plus spécialement, le but serait-il la procréation d'un nouvel être, le plus voisin possible du type pur, parfait de l'espèce et capable de survivre ; ainsi l'« espèce » amènerait chaque homme à choisir la femme qui est la plus apte à remplir cette finalité biologique, en la faisant apparaître comme son idéal, en la

---

[11] V. Solovieff, *Le sens de l'amour,* Paris, 1946, p. 7-11.

[12] A. Joussain, *Les passions humaines,* Paris, 1928, p. 171-172.

[13] Solovieff, *Op. cit., p.* 11.

[14] A. Schopenhauer, *Die Welt als Wille und Vorstellung,* II, c. IV (Metaphysik dex Geschlechtsliebe), ed. Cotta, Berlin-Stuttgart, v. VI, pp. 88-89.

revêtant de l'auréole de la beauté et de la séduction, en faisant concevoir à l'homme sa possession et le plaisir qu'elle peut donner, comme l'essence de tout bonheur et comme le sens de la vie. « Le mieux pour l'espèce se trouve là où l'individu croit trouver son maximum de plaisir. »

Ainsi, autant la beauté féminine que le plaisir seraient des illusions, seraient les appâts avec lesquels le « génie de l'espèce » joue et trompe l'individu. « C'est pourquoi, ajoute Schopenhauer[15], chaque amant après avoir finalement atteint son but, c'est-à-dire la satisfaction sexuelle, se sent déçu : parce que l'illusion avec laquelle l'espèce l'a trompé et alléché, s'est évanouie ».

Nous verrons ensuite dans un ensemble différent, ce qu'il y a d'utilisable dans des idées de ce genre. Mais, au fond, il s'agit de pures spéculations en marge du darwinisme, dont l'unilatéralité et l'abstraction sont manifestes. D'abord tout ce mécanisme de finalisme biologique, on devrait le faire tomber dans l'inconscient (comme l'a plus nettement fait E. von Hartmann, en reprenant et en développant avec cohérence les théories de Schopenhauer) ; ce serait un instinct absolument inconscient guidant l'homme vers la femme (ou vice versa) qui présente les qualités les plus aptes à reproduire le type de l'espèce, parce que, de nouveau, rien de semblable n'est présent dans la conscience de celui qui aime et désire. Le fait élémentaire constitué par l'attraction des sexes et par le fluide-ivresse qui s'établit directement entre homme et femme, ignore tout de cet instinct et de sa sagesse cachée. Comme nous le verrons bientôt, même en le considérant de l'extérieur, c'est-à-dire en faisant abstraction de tout fait introspectif, le problème des choix sexuels est bien plus compliqué que l'avaient imaginé les partisans de la théorie de la « sélection naturelle ». Même en déplaçant l'examen du domaine des données de la conscience à celui des faits de l'expérience, c'est une observation assez banale, que dans le domaine du sexe se produit quelque chose de semblable à ce qui se passe dans le domaine alimentaire. L'homme qui n'est pas un primitif, ne choisit ni ne préfère simplement les aliments que l'organisme peut considérer comme ceux qui lui conviennent le mieux et cela, non parce que l'homme est « dépravé », mais simplement parce qu'il est un homme.

Cela, sur le plan superficiel. On peut encore citer de nombreux cas dans

---

[15] *Ibid.*, p. 90. sqq., 96.

lesquels une attraction intense, « fatale » même, s'est créée entre des êtres ne représentant aucunement un *optimum* pour les fins de la procréation conforme à l'espèce ; c'est pourquoi, même en la repoussant dans l'inconscient, l'impulsion schopenhauérienne apparaît relative ou tout bonnement inexistante. Il y a bien autre chose : d'après la théorie finaliste indiquée, en principe on devrait trouver une sexualité réduite parmi les exemplaires les moins nobles de l'espèce humaine, alors qu'au contraire en eux, bien que dans des formes primitives, elle est plus grande, et qu'ils soient même les plus féconds. Et il faudrait vraiment dire que le « génie de l'espèce » avec ses ruses cachées et ses pièges, est assez maladroit, et a besoin d'aller à l'école, si nous voyons que, à travers l'amour physique, le monde est essentiellement peuplé de sous-produits de l'espèce humaine. Ce n'est pas tout : il faut se rappeler que, selon les constatations de la génétique, les caractères psychosomatiques dépendent d'une certaine combinaison des chromosomes des gènes des deux géniteurs, lesquels chromosomes sont les porteurs d'hérédités complexes et lointaines, qui peuvent ne pas se manifester du tout dans le phénotype et dans les qualités visibles des géniteurs. Ainsi, rigoureusement, on devrait admettre que ces qualités visibles et apparentes — beauté, prestance, force, état florissant, etc. — ne sont pas déterminantes dans les choix sexuels interprétés d'une façon finaliste, mais que le « génie de l'espèce » fait naître le désir de l'homme pour cette femme qui possède les chromosomes les plus adaptés. On ne gagnerait pas beaucoup avec une hypothèse aussi absurde, parce que, de plus, la fécondation ayant eu lieu, il faudrait voir *quels* chromosomes masculins et *quels* chromosomes féminins prévaudront et s'uniront, de préférence à une autre moitié écartée, afin de former le nouvel être. Et dans l'état actuel des connaissances biologiques, tout cela reste entouré de mystère et apparaît à peu près comme un pur hasard.

En laissant cela de côté, il est de fait que dans les cas de passion les plus véhéments et dans l'érotisme des hommes les plus différenciés (chez lesquels nous devons chercher la vraie normalité, la normalité au sens supérieur, ce qui est typique pour l'homme en tant que tel), on peut rarement découvrir, même rétrospectivement, le chrisme du « finalisme biologique ». Souvent, et non par hasard, les unions de ces êtres sont inféconds. La raison est que l'homme *peut* bien finir dans le démonisme du *bios*, et se faire entraîner par lui ; mais non naturellement, à la suite d'une chute. C'est aussi dans ce cadre, qu'en général prend place le fait de la procréation, de la reproduction physique. Chez l'homme comme tel, c'est quelque chose de non-biologique qui active le processus du sexe même au moment où il atteint et meut l'élément physique, et aboutit à la fécondation. L'instinct de procréer, surtout si l'on envisage selon le finalisme sélectif imaginé par les darwiniens et par Schopenhauer, est un mythe. Il n'y a aucun lien direct, c'est-à-dire vécu, entre amour et procréation.

C'est enfin une observation assez banale, mais pourtant valable contre le finalisme biologique, que même l'amour physique comprend des faits multiples qui ne s'expliquent pas par ce finalisme, et que par conséquent nous devrions considérer comme superflus et irrationnels. Tout au contraire, ces faits sont partie intégrante de l'expérience érotique humaine, au point que, pour l'homme, quand ils manquent, la pure union physique peut perdre une bonne partie de son intérêt, et en certains cas, on n'arrive même pas jusqu'à elle, ou elle se vide et devient tout-à-fait primitive. Il suffira de mentionner le baiser, que la nature et l'« espèce » n'exigent pas du tout comme élément nécessaire à leurs fins. Et s'il y a des peuples qui n'ont pas connu le baiser sur la bouche ou ne l'ont connu qu'à des époques récentes, on en rencontre pourtant chez eux des équivalents, comme par exemple le « baiser olfactif », le contact frontal, etc., tous actes qui, comme le baiser au sens propre, ont une finalité érotique, mais non biologique. Comme le mélange des souffles ou l'aspiration du souffle de la femme en l'embrassant, ces actes ont pour but réel un contact « fluidique » qui exalte l'état élémentaire déterminé chez les amants par la polarité des sexes. D'ailleurs une considération analogue est valable, également, pour la frénésie qu'ont les amants d'étendre et de multiplier, dans l'étreinte sexuelle, les surfaces de contact de leurs corps, presque dans la vaine impulsion de se pénétrer ou de se coller absolument (comme deux parties d'un animal vivant, qui cherchent à se réunir, selon l'image de Colette). On ne voit pas quel « finalisme » biologique tout cela a, pour l'espèce, qui pourrait se contenter d'un acte simple étroitement localisé : tandis que ces aspects et d'autres de l'amour physique profane lui-même, présentent un contenu symbolique particulier, si on les considère du point de vue que nous indiquerons dans ce qui suit.

7 — Eros et la tendance au plaisir

On doit donc reconnaître une priorité à l'impulsion élémentaire qui pousse l'homme vers la femme, une priorité et une réalité à soi en face de la simple biologie ; ce qui pourtant ne doit pas donner lieu à des équivoques dans le sens opposé.

Or, c'est par exemple ce qui se passe pour la théorie qui, à la base de l'instinct sexuel, pose la tendance au plaisir. Certes, on peut reconnaître que, dans la plupart des cas, quand un homme se sent attiré par une femme et la désire, plutôt que de s'efforcer d'y découvrir les qualités par lesquelles elle pourra garantir la progéniture la plus adaptée au finalisme de l'espèce, il cherche à pressentir le « plaisir » qu'elle peut donner, à se représenter d'avance l'expression de son visage et, en général, son comportement pendant la crise de l'étreinte sexuelle. Toutefois, il faut dire que lorsque tout cela acquiert un caractère trop conscient, on s'éloigne d'une autre façon de la normalité de *l'eros*. Dans son développement naturel, toute expérience de passion et toute inclination profonde se dirige vers ce qu'on appelle le « plaisir », mais ne l'a pas comme but pré-ordonné et détaché. Quand il en est ainsi, on peut bien parler de luxure et de libertinage — directions qui, celles-ci, correspondent à des dissociations, des dégénérescences et des « rationalisations » de l'amour physique. Dans la « normalité » de *l'eros* l'idée du plaisir n'est pas le motif déterminant, mais il y a l'impulsion qui, éveillée en des circonstances données par la polarité sexuelle en tant que telle, provoque toute seule un état d'ivresse jusqu'à la crise du « plaisir » dans l'union des corps, ou dans d'autres situations correspondant à cet état. Celui qui aime vraiment, en possédant une femme a devant lui aussi peu *l'idée* du « plaisir » que celle de la progéniture. Le freudisme s'est trouvé par suite dans l'erreur, quand dans un premier temps il a mis le « principe du plaisir » — le *Lustprinzip* — à la base non seulement de *l'eros* mais de toute la vie psychique humaine. En cela il était simplement un fils des temps, parce que c'est bien dans la forme dissociée de simple « plaisir » que se développe principalement l'érotisme aux époques de décadence comme l'époque actuelle, la sexualité en fonction de lui, ayant ici le rôle d'une sorte de stupéfiant, duquel d'ailleurs, on fait un usage non noins profane que des véritables stupéfiants[16]. Mais même le freudisme a été vite contraint d'abandonner les positions du début — et justement « Au-delà du principe du plaisir » est le titre d'une œuvre postérieure de Freud[17].

---

[16] D'après un personnage de Malraux, on a toujours besoin d'un toxique. La Chine a l'opium, l'Islam a le haschich, l'Occident a la femme... L'amour est peut-être le moyen que l'Occident emploie de préférence.

[17] S. Freud, *Jenseits des Lustprinzips*, Leipzig-Wien, 1921.

Cet ordre d'idées ne doit pourtant pas amener à juger chaque *ars amandi* comme dépravée et décadente. Effectivement il a existé une *ars amandi* — un art ou culture de l'amour — qui ne se réduit pas toujours à un ensemble d'expédients et de techniques en fonction d'une pure luxure. Cet art fut connu dans l'antiquité et l'est encore chez quelques peuples orientaux. Cependant chez ces derniers, il y eut des femmes qui, maîtresses de cet art, étaient estimées et respectées autant que celui qui possédait les secrets de tout autre art, et savait les appliquer. Dans l'antiquité classique, les hétaïres furent notoirement tenues en haute estime par des hommes comme Périclès, Phidias, Alcibiade ; Solon fit ériger un temple à la déesse de la « prostitution », et la même chose, relative à certaines formes du culte de Vénus, arriva à Rome. Au Japon, quelques-unes de ces femmes ont été honorées avec des monuments. Comme dans le cas de tout autre art, dans le cadre du monde traditionnel, nous verrons que pour l'*ars amandi* elle-même, il faut supposer l'existence d'une science secrète, surtout là où sont attestés des liens, des femmes en possession de cet art, avec certains cultes.

En effet, il est difficile que les possibilités supérieures de l'expérience de l'*eros* se manifestent et se déploient quand on laisse cette expérience se dérouler d'elle-même, dans ses formes les plus grossières, aveugles, que détermine une spontanéité primitive. Le point essentiel est de voir si dans les développements vers des formes-limites de sensations, dont l'expérience érotique est susceptible, se maintient et même prédomine la dimension la plus profonde, psychique, de l'*eros*, ou bien si elles dégénèrent en une recherche libertine et extérieure du « plaisir ». Cela conduit à définir deux aspects possibles, bien distincts de l'*ars amandi*. À peine est-il besoin d'indiquer que souvent dans le second cas on s'illusionne à propos des résultats : il n'y a pas de technique d'amoureux qui, dans le domaine même du « plaisir », puisse conduire à quelque chose d'intéressant, d'intense et de qualitativement différencié sans des prémisses d'ordre intérieur, psychique. Celles-ci étant présentes, le contact d'une main peut parfois donner plus d'ivresse que chaque activation savante des « zones érogènes ». Mais nous reviendrons là-dessus.

Nous verrons plus loin que ce n'est pas sans raison, qu'en parlant du « plaisir », quand il s'est agi de désigner ce qui communément intervient dans l'acmé de l'amour physique, nous avons mis ce mot entre guillemets. Entre temps, il ne sera peut-être pas inutile de liquider certaines vues sexologiques formulées au sujet de ce fait ; cela, toujours dans le but de déblayer le domaine de l'*eros* de chaque explication matérialiste.

8 — Sur la volupté

Piobb[18] a écrit : « Le spasme sexuel est un de ces phénomènes qui échappe à la physiologie proprement dite. Celle-ci doit se contenter de constater le fait et d'en montrer seulement le mécanisme nerveux. » C'est ainsi, et toute tentative d'explication scientifique, c'est-à-dire profane, du plaisir, est vouée d'avance à l'échec. Dans ce domaine, comme dans beaucoup d'autres, les équivoques dues au fait de ne pas distinguer le *contenu* de l'expérience en elle-même des *conditions* qui, à un degré plus ou moins grand, sont nécessaires pour qu'elle ait lieu, se sont multipliées : en particulier quand c'est dans le domaine non de la psychologie mais simplement dans celui de la physiologie, que de telles conditions ont été étudiées.

Le record de la platitude a été battu par le positivisme du XIXe siècle, quand il s'est appuyé sur cette théorie : « Le besoin génétique peut être considéré comme un besoin d'évacuation ; le choix est déterminé par des sensations qui rendent l'évacuation plus agréable »[19]. Le plaisir serait donc provoqué par l'évacuation, par le processus d'émission des produits sexuels. Il y a lieu de se demander pourquoi des processus analogues, à partir de celui de l'évacuation de la vessie dans la miction, ne le produisent pas. Il est évident ensuite, que cette théorie peut s'appliquer tout au plus à l'homme, car chez la femme l'acmé sexuel ne se lie pas à une véritable déplétion ; chez elle, l'apparition de rares secrétions va de pair avec l'état général d'excitation érotique et peut même manquer ; si jamais il se lie chez la femme à la détumescence, à la décongestion sanguine des organes sexuels et si en certains cas celle-ci peut coïncider avec le moment de l'irroration spermatique, en d'autres elle en est pourtant indépendante et, quoiqu'il en soit, n'est que l'effet terminal d'un fait psychique et nerveux.

Qu'il s'agisse de l'homme ou de la femme, il y a ensuite un fait sur lequel, à tort, l'attention des sexologues s'est peu portée : c'est le plaisir qu'on

---

[18] P. Piobb, *Vénus magique*.

[19] Féré, *L'instinct sexuel*, Paris, 1865, p. 6.

peut éprouver en rêve, dans tous ces cas où manque la contrepartie de l'éjaculation (c'est-à-dire quând la sensation se produit sans pollution). Quelques-uns ont rapporté que souvent ce plaisir a un caractère plus extatique et omni-envahissant que celui lié à l'acte physique (et nous en verrons le pourquoi)[20]. Et si l'on a rapporté aussi que tant chez les hommes que chez les femmes, il s'interrompt cependant souvent à un certain degré d'intensité, et qu'au même instant l'on s'éveille, l'interprétation exacte d'un tel ensemble c'est que la corrélation habituelle, prédominante du plaisir avec le fait physique, à ce moment, a automatiquement ramené celui qui rêve sur le plan physique conditionné de l'expérience de veille, interrompant le processus psychique. Mais en principe, le plaisir du rêve peut être allégué comme un des arguments qui démontrent la possibilité d'un processus érotique séparé des conditionnalités physiologiques habituelles. Dans le cas des hommes, entre autres, le plaisir peut être éprouvé en rêve, même quand la capacité génésique est épuisée par sénilité, ou quand celle éjaculatoire est abolie du fait de traumatismes ; et ceci constitue une confirmation ultérieure précise de notre thèse.

Que l'impulsion vers l'étreinte sexuelle ne soit pas susceptible de l'explication vulgaire indiquée plus haut, et d'une certaine façon soit endogène, peut se voir même chez les animaux. Quelques expériences faites tout d'abord par Tarchanoff, ont démontré que dans certains cas les vases séminaux de l'animal étaient vides avant la copulation, qu'ils se sont remplis graduellement au cours de cette copulation, de sorte que le rapport de cause à effet est presque renversé : l'impulsion sexuelle, loin d'être déterminée par l'état de réplétion et de tumescence des organes, a causé cet état[21]. Si l'on faisait des recherches analogues sur l'homme, elles pourraient confirmer ce fait en une plus grande mesure. On a déjà pu observer que, si chez les émasculés privés de glandes séminales une anesthésie sexuelle peut intervenir, il y a pourtant des cas où le désir sexuel subsiste et même s'aiguise. En second lieu, sont attestées les formes d'un désir qui va tellement au-delà du besoin de déplétion, qu'il met en œuvre les ressources extrêmes des organes génitaux, violentant presque la nature, si bien que chez l'homme la substance émise finit par

[20] Cela se vérifie surtout chez ceux qui ne rêvent pas, comme la plupart des gens, en blanc et noir, mais qui rêvent en couleurs.

[21] On a vérifié aussi que chez quelques animaux la saturation hormonale, que quelques-uns considèrent comme la cause de l'excitation sexuelle, ne se produit qu'au moment du coït. Cf. A. Hesnard, *Manuel de sexologie,* Payot, Paris, 1951, p. 65.

être sanguine plus que spermatique. En troisième lieu, on atteste également des cas où une extrême intensité du désir, au lieu de produire l'éjaculation, l'inhibe (nous y reviendrons)[22]. Enfin une expérience assez fréquente dans l'amour-passion, c'est que toutes les ressources du processus physique ayant été épuisées dans l'étreinte sexuelle, on sent que ce n'est pas assez, on voudrait davantage, alors que les conditionnalités physiologiques et, en général, les ressources de la chair, ne le permettent pas : ce qui crée une torture.

Ainsi, Havelok Ellis lui-même, après un examen des différentes tentatives d'explication du phénomène de la « volupté » conclut en reconnaissant que l'impulsion qui porte au plaisir, est, « d'une certaine façon, indépendante des glandes germinales » et de leur état[23]. Sur le terrain physio-anatomique, on admet l'existence de centres sexuels cérébraux (déjà supposée par Gall) outre les spinaux et ceux du sympathique : c'est la contrepartie de ce qui chez l'homme a un caractère évident, par exemple à cause du rôle très essentiel que joue l'imagination, non seulement dans l'amour en général, mais dans l'amour physique lui-même, l'imagination qui accompagne, et parfois même, commence et active tout le processus de l'accouplement, tout comme en d'autres cas, par contre, elle peut le paralyser irrémédiablement.

Dans le domaine des recherches les plus modernes, on a mobilisé la théorie hormonale et voulu expliquer l'excitation sexuelle comme effet d'une intoxication hormonale ; quelques-uns ont même voulu ramener à cette cause la base de chaque passion. Pour ne pas rester dans un cercle vicieux, il faudrait cependant éclaircir ici de façon satisfaisante et complète quelle est à son tour, la cause de l'intoxication hormonale, elle, pouvant être un fait psychiquement conditionné ; et même dans les cas où elle ne le serait pas, il faudrait, de nouveau, ne pas confondre ce qui *favorise* une expérience (ici précisément comme « saturation hormonale » ou « seuil hormonal »), avec ce qui la *détermine* et qui en constitue son contenu spécifique. Quant à conditionner, sens simplement

---

[22] L. Pin, *Psicologia dell'amore,* Milano, 1944, p. 145 : « Le sentiment s'élève quelquefois à une telle intensité, qu'il devient une souffrance, et exerce même une action inhibitoire sur les processus sexuels. »

[23] H. Ellis, *Studies in the psychology of sex,* v. III, Philadelphie, 1908, p. 7. Cf. Hesnard. *Op. cit.*, p. 13 : « On peut dire que dans son aspet essentiel chez l'homme, c'est-à-dire dans son aspect psychique, la sexualité peut « acquérir un développement considérable en se passant presqu'entièrement de la collaboration du système génital. »

de favoriser, de fournir un terrain convenable, certaines substances, à partir des alcools, peuvent aussi avoir le rôle attribué aux hormones. Mais on sait que la réaction à ces substances dépend d'une « équation personnelle », et, à cet égard, le raisonnement causal serait aussi ingénu que celui de l'homme qui dirait que, le fait de soulever les écluses d'une digue, est la cause qui a produit l'eau qui fera irruption à travers l'ouverture.

On peut inscrire à l'actif de la théorie psychanalytique de la *libido,* le fait d'avoir reconnu le caractère *psychique* autonome et, à sa façon élémentaire de l'impulsion qui a sa manifestation principale dans le désir de l'union sexuelle. Mais dans le domaine des recherches psychanalytiques on considère aussi comme acquis que le rapport de la *libido* avec les processus physiologiques n'est pas obligé ; la possibilité du déplacement des « charges » de la *libido* est attesté dans des cas multiples et typiques, par exemple quand sa réalisation fait disparaître des symptômes morbides. On a constaté aussi des stades pré-génitaux de la *libido* et des formes de sa satisfaction, dans lesquelles ce rapport avec un processus physiologique est inexistant. Le matériel recueilli à cet égard constitue un argument ultérieur contre toute théorie physiologique de l'impulsion sexuelle. Sauf que, quant au fait spécifique du « plaisir », la théorie psychanalytique se présente comme un équivalent de celle de Féré, déjà critiquée. Dans un cas comme dans l'autre, on tombe plus ou moins dans l'erreur qui envisage chaque genre de plaisir comme un phénomène uniquement négatif, comme le soulagement dû à la cessation d'un précédent état douloureux ou déplaisant. C'est évidemment ce que l'on pense, quand on réduit le plaisir sexuel au pur sentiment de détente du malaise physiologique dû à la turgescence des organes, sentiment qu'on éprouverait au moment de la détumescence, de la déplétion et de l'éjaculation. De même, la psychanalyse ne sait voir que des processus presque mécaniques et interchangeables, où le plaisir viendrait de la cessation, obtenue de façon ou d'autre, d'un état de tension, de la décharge d'une « charge » coactive *(Besetzungsenergie)* de la *libido.* Dans la langue allemande, le mot qui désigne principalement la satisfaction ou plaisir sexuel : *Befriedigung,* a déjà quelque chose de préoccupant, parce que ce mot contient aussi le sens d'un apaisement, comme l'élimination d'un état précédent de tension, d'agitation, d'excitation, qui devrait être senti comme désagréable. Considérée sous ce jour, il faut de nouveau se demander si à cet égard encore, la théorie dont il est question, n'est pas une fille des temps : parce que dans un *eros* devenu primitif et tout à fait physique, il peut arriver de sentir d'une telle façon la sexualité et le plaisir »[24].

On peut donc conclure cet ordre de considérations en disant que le désir sexuel est un fait complexe, dont le fait physiologique n'est qu'une partie ; l'excitation sexuelle, essentiellement psychique, provoque l'excitation physique et peu à peu met en mouvement tous les phénomènes physiologiques qui accompagnent celle-ci, mais qui souvent sont absents avant cette excitation. À cet égard, une lumière plus grande ne saurait venir que d'une métaphysique du sexe, non d'une psychologie ou d'une physiologie du sexe. Mais à présent déjà, on peut pressentir que l'union corporelle, prise en elle-même, n'est que le mécanisme sur lequel s'appuie et que prend comme véhicule un processus d'ordre supérieur, lequel la transporte et l'a comme la part d'un tout. Ramené à ce processus, le « plaisir », comme satisfaction grossière et charnelle, en étroite dépendance des conditionnalités physiques qui peuvent faire de lui un « appât pour la procréation », doit être considérée comme une solution problématique.

9. — La théorie magnétique de l'amour

L'exploration de la signification transcendante du sexe, sera tentée plus loin. Pour le moment, nous porterons notre attention sur un domaine intermédiaire, afin de mettre en lumière le substratum élémentaire de chaque *eros* ; pour cela il faudra commencer à utiliser des notions de « métaphysique » dans l'autre sens du mot : connaissance du côté hyperphysique, invisible de l'être humain.

Comme on l'a vu, ni le finalisme biologique, ni l'impulsion génésique, ni l'idée détachée du plaisir comme fin, n'expliquent l'*eros*. Au-delà de tout cela, il faut considérer l'*eros* comme l'état directement déterminé par la polarité des sexes, de meme que la présence d'un pôle positif et d'un pôle négatif détermine le phénomène magnétique et tout ce qui a rapport à un champ magnétique. Tout ce avec quoi, au moyen de faits empiriques, matériels, voire même simplement psychologiques on croit pouvoir expliquer ce phénomène « magnétique » élémentaire, va en réalité le

[24] Ainsi ce peut ne pas être une boutade humoristique, quand on fait dire par la jeune fille américaine, à son *partner*, après l'étreinte sexuelle : *Do you feel better now, darling ?*

supposer et il doit être expliqué par lui, parce que non seulement il en est conditionné, mais aussi déterminé[25].

Ceci n'est pas une spéculation qui nous est personnelle. Le savoir de traditions antiques y correspond. On peut se référer, par exemple, à l'enseignement traditionnel extrême-oriental. Selon lui, de la fréquentation même sans contact d'individus des deux sexes, naît dans l'être le plus profond de l'un et de l'autre, une énergie spéciale ou « fluide » immatériel, appelé *tsing*. Celui-ci dérive uniquement de la polarité du *yin* et du *yang* — termes sur lesquels nous reviendrons et auxquels nous pouvons donner provisoirement la signification de principes purs de la sexualité. Cette énergie *tsing* est une spécification de la force vitale radicale, *tsri*, et croît en proportion du degré du *yang* et du *yin* présents dans l'un et dans l'autre comme individus. Cette force spéciale magnétiquement induite, a pour contrepartie psychologique l'état de vibration, d'ivresse diffuse et de désir propre à l'*eros* humain. L'intervention de cet état donne lieu à un premier déplacement du niveau habituel de la conscience individuelle de veille. C'est un premier stade qui peut être suivi d'autres. La simple présence de la femme en face de l'homme suscite donc le degré élémentaire de la force *tsing* et de l'état correspondant. En outre, on doit voir en cela la base, non morale, mais existentielle des usages de certaines populations (européennes aussi), où survit le sentiment de la force élémentaire du sexe. C'est la norme par exemple, qu'aucune femme ne peut fréquenter un homme sinon en présence d'un autre, particulièrement s'il est marié. Cette règle concerne toutes les femmes, parce que le sexe n'a pas d'âge, et l'enfreindre, même de la façon la plus innocente, équivaut à avoir péché. Le fait de se trouver seul avec une femme, même si des contacts ne s'ensuivent pas, serait comme de s'être adonné à eux. Le fond de tout cela nous reconduit justement au magnétisme élémentaire, au premier degré de l'éveil de la force *tsing*[26]. Le second degré, déjà plus intense, intervient avec le contact corporel en général (depuis la pression de mains et depuis l'effleurement

---

[25] Comme traduction du reflet du fait existentiel, on peut citer les paroles suivantes mises par E. M. Remarque dans la bouche d'un de ses personnages : « Maintenant, je voyais tout d'un coup que je pouvais être quelque chose pour un être humain, par le seul fait d'être près de lui. Quand on le dit, cela semble tellement simple, mais si l'on réfléchit, on sent que c'est une chose immense, sans limites : une chose qui peut vous détruire et vous transformer entièrement. C'est l'amour, et c'est bien autre chose. »

[26] Chez C. Levi, *Cristo si è fermato a Eboli*, Torino, p. 93, on trouve des observations intéressantes aussi pour l'aire de certaines populations de l'Italie méridionale.

jusqu'au baiser et à ses équivalents ou développements). On a le troisième degré quand l'homme pénètre dans la femme et est embrassé par la chair de la femme, ou dans les équivalents de cette situation. Dans l'expérience amoureuse courante, ce degré est la limite du développement « magnétique ». Dans le régime du sexe, propre aux formes sacralisées et évocatoires, ou à la magie sexuelle dans un sens spécifique, ce n'est plus la limite, et d'autres stades interviennent encore. Des modifications « subtiles », concernant surtout le souffle et le sang, accompagnent et sous-tendent ces différents degrés. Le corrélatif psychique se présente essentiellement comme un état de vibration et d'« exaltation » au sens propre du terme.

On peut donc parler d'une *magie naturelle de l'amour* comme d'un fait hyperphysique absolument positif, qui intervient dans la vie même de l'humanité plus commune, plus matérialisée ou plus primitive. Et si les vues indiquées à présent peuvent rencontrer des difficultés chez le psychologue moderne, pourtant la sagesse populaire les confirme. Bien que sans avoir un concept clair du contenu du mot, on reconnaît généralement qu'une attraction entre homme et femme naît seulement quand s'établit entre l'un et l'autre « comme un fluide ». Les cas mêmes d'un désir brutal et immédiat pour la femme, nous devrons les considérer en fonction d'une sorte de court-circuit et de « chute de potentiel » de cette relation fluidique non matérielle, laquelle manquant, manque aussi chaque transport d'un sexe vers l'autre, de ses formes les plus grossières jusqu'à celles plus sublimées et spiritualisées. Et s'il est encore courant aujourd'hui de parler du *charme* d'une femme, par l'emploi de ce mot on est ramené, sans s'en rendre compte, justement à la dimension magique de l'amour : charme, *fascinum*, a été précisément le terme technique anciennement employé pour une sorte d'enchantement et de sortilège.

D'ailleurs, une conception de ce genre a fait partie d'une théorie de l'amour qui fut professée en Occident jusqu'à la période de la Renaissance environ, mais qui fut connue par d'autres civilisations aussi, en Islam notamment. On la trouve exposée, par exemple, outre chez Lucrèce et Avicenne, chez Marsilio Ficino et Délia Porta. Ficino dit que la base de la fièvre amoureuse consiste en une *perturbatio* et en une sorte d'infection du *sang* provoquée dans les mêmes conditions que le soi-disant « mauvais œil », parce qu'elle s'effectue essentiellement par l'œil et le regard. Cela, si on l'entend non sur le plan matériel, mais sur le plan « subtil », est rigoureusement exact. L'état fluidique, la force *tsing* des Chinois, s'allume initialement par le regard et envahit ensuite le sang. À partir de ce moment, d'une certaine façon l'amant porte l'aimée dans son sang, et vice versa, sans égard pour la distance qui peut éventuellement les séparer[27]. En dehors des théories, le langage universel des amants atteste spontanément cette connaissance : « Je t'ai dans le sang », « je te sens dans mon sang », « le désir de toi me brûle le sang », *I have got you under my skin,* etc., sont des expressions bien connues, très répandues et presque stéréotypées ; elles traduisent un fait beaucoup plus essentiel et positif que tous ceux considérés par la sexologie courante[28]. Il faut toutefois se rappeler que lorsque dans les anciennes traditions on parle de sang, on se réfère presque toujours aussi à une doctrine transphysiologique. L'idée traditionnelle est assez bien exprimée dans les termes suivants, qui pourtant pour le moment, sembleront « sybillins » au lecteur ordinaire : « Le sang est le grand agent sympathique de la vie, c'est le moteur de l'imagination ; c'est le substratum animé de la lumière magnétique, ou lumière astrale, polarisée dans les êtres vivants, c'est la

---

[27] M. Ficino, *Sopra lo amore,* ed. Levasti, VII, 7 : « À bon droit, nous mettons la fièvre de l'amour dans le sang. » Au sujet du processus, cf. VII, 4-7 et 10, où pourtant on doit laisser de côté la conception ingénue d'images presque matériellement transportées par le regard d'un être dans l'autre. VII, II : Dans l'amour vulgaire (qu'il faut entendre comme l'amour courant, opposé à l'amour platonique) « l'agonie des Amants dure aussi longtemps que dure ce trouble (= *perturbatio)* induit dans les veines par le dit mal d'œil ». Cf. G. B. Della Porta, *Magia naturalis,* I. XV. Platon *(Phèdre,* 251 *a, b)* parle de l'« effluve de la beauté qu'on reçoit par les yeux », qui en se développant produit « un frisson, se changeant en sueur et en une chaleur insolite ». Ici, il ne faut pas prendre la chaleur au sens simplement physique, elle rentre dans la phénoménologie, mentionnée tout à l'heure, de l'« exaltation » érotique. En elle a sa base ce que Kremmerz appelle justement « pyromagie », cf. plus loin » § 57.

[28] G. D'Annunzio *(Il Piacere,* éd. nat., 69) : « Il semblait qu'entrât en lui une parcelle de la fascination amoureuse de cette femme, comme dans le fer entre un peu de la vertu de l'aimant. C'était vraiment une sensation magnétique de plaisir, une de ces sensations aiguës et profondes qu'on éprouve presque seulement aux débuts d'un amour, qui ne paraissent avoir ni un siège physique, ni un siège spirituel à la ressemblance de tous les autres, mais bien un siège dans un élément neutre de notre être, dans un élément je dirais presque intermédiaire, de nature inconnue, moins simple qu'un esprit, plus subtil qu'une forme, où la passion se recueille comme dans un réceptacle. » P. 87 : « L'homme sentait la présence de la femme glisser et se mêler à son sang, jusqu'à ce que celui-ci devînt sa vie à elle, et son sang a elle, sa vie à lui. » Le plus souvent des perceptions de ce genre deviennent pius distinctes après l'union corporelle ; mais celle-ci, si elle est conduite d'une façon primitive, peut même les étouffer. D. H. Lawrence, dans une lettre (Moore, *Op. cit.) :* « Quand je m'unis à une femme, la perception à travers le sang est intense, suprême... Il se produit un passage, je ne sais exactement de quoi, entre son sang et le mien, au moment de l'union. Si bien que, même si elle s'éloigne de moi, il reste entre nous deux cette façon de nous connaître à travers le sang, même si la perception par le cerveau s'est interrompue. »

première incarnation du fluide universel ; c'est la force vitale matérialisée[29]. »

De nos jours, C. Mauclair, tout en ignorant les théories que nous venons d'indiquer, a esquissé une « théorie magnétique de l'amour ». C. Mauclair a remarqué que cette théorie aide à dépasser la vieille antithèse entre le physique et le spirituel, entre la chair et l'âme, antithèse qui, dans l'expérience érotique est effectivement inexistante, ici tout se développant sur un plan intermédiaire, où les deux éléments sont fondus et se réveillent l'un en fonction de l'autre. (Que ce soient les sens qui réveillent l'âme ou que ce soit l'âme qui réveille les sens, cela dépend de la constitution particulière des individus ; mais dans les deux cas l'état terminal contient, fondus en soi, les deux éléments, et en même temps les transcende.) Pour cette condition intermédiaire, on peut légitimement parler d'un état « magnétique » directement perçu. L'hypothèse magnétique, remarque C. Mauclair, est celle qui explique le mieux l'état insolite d'hyperesthésie du couple transporté par l'amour, en confirmant l'expérience quotidienne, que l'état d'amour n'est ni spirituel, ni charnel, et échappe à toutes les catégories de morale courante. Il ajoute que les raisons magnétiques sont les seules vraies, et restent secrètes, et parfois ignorées par ceux mêmes qui aiment, qui ne peuvent fournir de motifs précis de leur amour, et qui, s'ils sont interrogés, procèdent par une série d'allégations... qui ne sont pas autre chose que des raisons subordonnées à la raison essentielle, laquelle est indicible. Un homme n'aime pas une femme parce qu'elle est belle, agréable ou intelligente, gracieuse, promettant une forte, exceptionnelle volupté. Toutes ces explications ne sont faites que pour satisfaire la logique ordinaire... Il aime parce qu'il aime, au-delà de toute logique, et précisément ce mystère révèle le magnétisme de l'amour[30].

Lolli avait déjà distingué trois sortes d'amour : l'amour « platonique », l'amour sensuel et physique, et l'amour magnétique, en disant que l'amour magnétique tient de l'un et de l'autre, est terriblement puissant, envahit l'homme dans chacune de ses parties en ayant pourtant son siège

---

[29] Éliphas Levi, *La science des esprits,* Paris, 1865.

[30] C. Mauclair, *La magie de l'amour.*

principal dans le souffle[31]. Mais en réalité, ce dernier n'est pas un genre particulier d'amour, mais bien le fond ultime de chaque amour.

On peut facilement intégrer ces idées dans les enseignements traditionnels exposés il y a un instant. Ils éclairent un fait, qu'il faut considérer comme élémentaire, c'est-à-dire primaire, dans son domaine (il ne le sera plus, que pour une considération spécifiquement métaphysique de l'argument) : la structure « magnétique » de *l'eros*. Et comme il n'y a pas d'attraction entre l'homme et la femme quand entre les deux ne s'établit pas, de fait ou potentiellement, une sorte de « fluide », de même l'amour sexuel cesse quand le magnétisme indiqué diminue. Dans ce cas toutes les tentatives pour conserver une liaison amoureuse, seront aussi vaines que celles de celui qui voudrait garder en mouvement une machine quand manque l'énergie motrice ou, pour employer une image plus conforme au symbolisme magnétique, tout comme celles faites pour maintenir un métal réuni à un aimant électro-magnétique, quand il n'y a plus le courant créateur du champ magnétique. Les conditions extérieures peuvent être inchangées : jeunesse, prestance, sympathie, affinités intellectuelles, etc. Mais quand l'état de magnétisme cesse, cessent aussi irrémédiablement *l'eros* et le désir. Et si tout ne finit pas, si tout intérêt de l'un pour l'autre ne tombe pas, de l'amour au sens propre et complet, on passera à des rapports basés sur l'affection, sur l'habitude, sur les facteurs sociaux, etc. — ce qui représente non une sublimation mais, comme nous l'avons déjà remarqué, un succédané, un pis-aller, et au fond une *autre* chose en comparaison de ce qui est conditionne par la polarité élémentaire des sexes.

Il est important de noter que si le fait magnétique ou magique, ou de fascination intervient spontanément entre les amants, c'est aussi l'usage, entre ceux-ci, de nourrir et de développer intensément cette magie. L'image de Stendhal à propos de la « cristallisation » dans l'amour, est très connue[32] : comme les rameaux nus d'un arbre se couvrent parfois de cristaux dans l'atmosphère saline de la région de Salzbourg, de même le désir de l'amant en se concentrant sur l'image de l'aimée, y cristallise autour comme une auréole, composée de chaque genre de contenus

---

[31] M. Lolli, *Sulle passioni*, Milano, 1856, c. III.

[32] Stendhal, *De l'amour ;* scion lui ce terme exprime le phénomène principal de la folie qu'on appelle amour. Par cristallisation il entend une certaine fièvre de l'imagination qui rend méconnaissable un objet, en général commun, et qui en fait comme un être à soi.

psychiques. Ce qui du côté objectif doit être appelé fascination magnétique, en termes psychologiques peut être rendu par les mots cristallisation, monoidéisme ou image coactive — *Zwangsvorstellung.* Ceci est un élément très essentiel de toute relation amoureuse : la pensée de l'un est prise d'une façon plus ou moins obsédante par l'autre, dans une sorte de schizophrénie partielle (pour quoi, du reste, des expressions courantes comme « être fou d'amour », « aimer follement », « être fou de toi » etc., sont, involontairement, assez indicatrices). Ce phénomène de la concentration mentale, remarque justement Pin « c'est un fait à peu près automatique, en complète indépendance de la personnalité et de la volonté. Quiconque, aboulique ou énergique, savant ou ignorant, pauvre ou riche, oisif ou affairé, s'éprend, sent que sa pensée, à un certain moment, se trouve littéralement enchaînée à une personne donnée, sans possibilité d'issue. La concentration est donc un phénomène d'une certaine manière hermétique[33], massif, uniforme, peu discutable, peu raisonnable, peu modifiable, extrêmement tenace »[34]. Or, justement ce fait est pour les amants, comme une sorte de baromètre. Le « penses-tu à moi ? », « penseras-tu toujours à moi ? », « as-tu pensé à moi ? » et questions semblables appartiennent à leur langage courant. Mais de plus, on désire que ce fait non seulement dure, mais s'intensifie, comme s'il donnait la mesure de l'amour : et chez les amants différents expédients sont habituels pour nourrir et rendre la concentration continue, le plus possible. Le « je t'ai toujours dans ma pensée » est le corrélatif du « je t'ai dans mon sang ». Ainsi, inconsciemment, les amants mettent en œuvre une véritable technique qui se greffe sur le fait magique premier, provoquant son développement ultérieur, avec les variétés de la « cristallisation » stendhalienne comme conséquence. Dans son *Liber de arte amandi,* Andréas Cappellanus avait déjà défini l'amour comme une sorte d'agonie due à une extrême méditation sur une personne du sexe opposé.

Un auteur qui, à l'encontre des autres précédemment cités, se déclare, avec plus ou moins de raison, spécialiste des sciences magiques et de la Kabbale, Éliphas Levi, dit que la rencontre de l'atmosphère magnétique de deux personnes de sexe opposé provoque une complète ivresse de

---

[33] Il est intéressant que, sans le vouloir et sans en analyser la portée, un psychologue ait été amené à employer ce mot.

[34] Pin, *Psicologia dell'amore,* cit., p. 139 ; cf. pp. 121-124. « Sachez qu'au moment où je pourrais me distraire, où votre image disparaîtrait pour un instant, je ne vous aimerais plus. » (Ninon de Lenclos, dans B. Dangennes, *Lettres d'Amour,* Paris, s. d., p.. 55)

« lumière astrale », dont les manifestations sont l'amour et la passion. L'ivresse spéciale causée par la congestion de « lumière astrale » constituerait la base de la fascination amoureuse[35]. Ces idées sont tirées des traditions dont nous avons déjà parlé, et peuvent éclairer un autre aspect du phénomène considéré ici. Sauf que la terminologie d'Éliphas Levi restera sybilline pour le lecteur ordinaire, si nous n'ajoutons pas quelques explications.

La congestion de lumière astrale est la contrepartie objective de ce que nous avons appelé « exaltation ». « Lumière astrale » est synonyme de *Lux naturae,* terme employé notamment par Paracelse. *L'âkâça* de la tradition hindoue, le *chi* de la tradition chinoise, *l'aor* du kabbalisme, et beaucoup d'autres expressions des enseignements ésotériques ont le même sens. Avec elles toutes, on fait allusion au fond hyperphysique de la vie et de la nature elle-même, à un « éther vital » compris comme « vie de la vie » — dans les *Hymnes Orphiques* : l'éther, comme « âme du monde » d'où provient chaque force vitale. Au sujet du terme *lux naturae,* on peut noter que l'association entre la lumière et la vie est fréquente dans les enseignements traditionnels des peuples les plus différents, et se retrouve aussi dans les premières lignes de l'*Évangile de Jean.* Le point qui nous intéresse ici, c'est que cette « lumière », à certain degré peut devenir l'objet d'une expérience, seulement dans un état de conscience différent de l'état ordinaire de veille, dans un état correspondant à ce qui chez l'homme ordinaire est le rêve. Et de même qu'en rêve l'imagination agit à l'état libre, ainsi tout déplacement de la conscience, causé par une congestion ou ivresse de « lumière astrale » comporte une forme, magique à sa façon, de l'imagination.

À cet arrière-plan, si inhabituel qu'il soit pour celui qui ne connaît que les sciences de type moderne, il faut ramener les faits fondamentaux indiqués auparavant. Plus que la pensee,c'est cette imagination magnétisée ou « exaltation » qui agit chez les amants. De même que l'expression anglaise : *to fancy one another,* pour le fait d'être épris l'un de l'autre, est très significative, ainsi la définition de l'amour donnée par Chamfort : « L'amour est le contact de deux épidermes et l'échange de deux fantaisies », effleure involontairement quelque chose d'essentiel : parce que, tandis que le contact corporel porte à un degré intensif ultérieur la force déjà éveillée par la simple polarité sexuelle, l'action des deux fantaisies activées par « exaltation » et par « ivresse subtile », à un niveau

---

[35] *Dogme et rituel de Haute Magie.*

de conscience déjà différent de celui de l'expérience normale de veille, constitue un facteur très essentiel. (Comme on le verra, sur cela, entre autres choses, se base la magie sexuelle opérative.) Ici aussi des expressionsdu langage courant des amants, prises en général seulement du côté sentimental, romantique et flasque, sont significatives :en elles, il y a l'association fréquente entre rêver et aimer. A. Husson ne s'est certainement pas rendu compte de la véritéprofonde qu'il a frôlée, en disant que les amants vivent entre le rêve et la mort. « Rêve d'amour », « rêver à toi », « comme un rêve », etc., sont des lieux communs connus de tous. L'aspect typique « rêvant » est assez fréquent chez les amoureux. La répétition stéréotypée de ces expressions de journal pour midinettes, ne compte pas. Le contenu positif, objectif, c'est la sensation obscure, le pressentiment d'un déplacement du plan de la conscience par « exaltation », déplacement lié à différents degrés à l'*eros*. Ces expressions sont donc autant d'« indices interstitiels », non moins que le fait de continuer à employer, malgré tout, des mots comme fascination, « fluide », *charme*, enchantement, etc., en parlant des relations entre les deux sexes. Quelle extravagance représenteraient tous ces faits, si l'amour n'avait qu'une pure finalité biologique, tout le monde le verra très clairement.

10. — Les degrés de la « sexualisation »

Nous référant à l'enseignement extrême-oriental, nous avons dit que l'état d'*eros* naît potentiellement de la relation entre la qualité *yang* et la qualité *yin* de deux êtres humains ; l'entrée en contact de l'« atmosphère magnétique » de deux individus de sexe opposé, indiquée par Éliphas Levi comme cause de cet état, a le même sens. Il convient d'approfondir ce point : ce qui nous amènera à considérer aussi le problème des choix sexuels.

Les concepts d'homme et de femme dont on se sert couramment sont plus qu'approximatifs. En effet, le processus de sexualisation a des degrés multiples et l'on n'est pas dans la même mesure homme ou femme. Du point de vue biologique, on sait que dans les premières phases embryonnaires on rencontre l'androgynat. Déjà Orchansky avait reconnu que la glande génitale primitive, dérivée du corps de Wolff, est hermaphrodite. Dans la formation du nouvel être, l'action d'une force qui produit la différenciation sexuelle de la matière organique, devient ensuite toujours plus précise ; par quoi, tandis que les possibilités relatives à un sexe sont développées, celles du sexe opposé sont éliminées, ou restent à l'état embryonnaire ou latent, ou sont présentes en fonction de celles qui désormais prédominent et qui définissent le type actuel masculin ou féminin. Il y a ainsi une analogie avec ce qui se passe dans l'ontogenèse : comme le processus de l'individuation de l'être humain laisse derrière lui, à l'état d'ébauche, les possibilités auxquelles correspondent les différentes espèces animales, de même le processus de sexualisation laisse derrière lui, également à l'état d'ébauche ou de rudiments d'organes atrophiés, chez l'homme et chez la femme, les possibilités du sexe opposé présentes dans l'état originaire.

La sexualisation s'étant produite, on distingue habituellement des caractères sexuels d'ordres différents : les caractères primaires, qui se relient aux glandes génitales et aux organes de reproduction ; les caractères secondaires, qui concernent les traits somatiques typiques masculins et féminins avec leurs correspondances anatomiques et humorales ; les caractères tertiaires, que la plupart des sexologues rapportent surtout à la sphère psychologique, à celle du comportement, des dispositions mentales, morales, affectives et similaires de l'homme et de la femme. Tout cela, c'est un domaine des effets ; la base est au contraire le sexe comme force formatrice différenciante.

En biologie, le vitalisme d'un Driesch et d'autres auteurs ayant désormais obtenu droit de cité, ce ne sera plus une hérésie de considérer des forces de ce genre. On a repris — on a dû reprendre — le concept aristotélicien de l'entéléchie, comme principe heuristique biologique : et l'entéléchie est précisément une force formatrice agissant de l'intérieur, biologique et physique seulement dans ses manifestations ; c'est la « vie de la vie ».

Autrefois on la considéra comme l'âme ou « forme » du corps ; ainsi, elle a un caractère hyperphysique, immatériel.

Il semble pourtant évident qu'à la base du processus de sexualisation, il y ait une entéléchie différenciée, qui constitue la véritable racine du sexe. Les différents caractères sexuels primaires, secondaires ou tertiaires d'un homme ou d'une femme, dont nous venons de parler, ont un caractère dérivé, n'en sont que des manifestations.

En voulant approfondir le problème de la différenciation sexuelle, Weininger s'est demandé si ce n'était pas le cas de reprendre une théorie déjà défendue par Steenstrup, qui avait supposé chez les individus des deux sexes l'existence d'un plasma différencié, pour lequel le même Weininger a proposé les dénominations d'arrenoplasma et de téléiplasma : chose qui rendrait le sexe présent, même dans chaque cellule de l'organisme[36]. Des recherches approfondies de caractère biologique pourront confirmer ou non cette hypothèse. Quoi qu'il en soit, avec elle on a appliqué une intuition indiscutablement exacte à un plan qui n'est pas le plan juste : parce que le substratum du sexe est superphysique, il a son siège dans ce que, avec les Anciens, nous avons appelé l'âme du corps, ce « corps subtil », intermédiaire entre la matérialité et l'immatérialité, qui, sous différents noms figure dans les enseignements traditionnels de différents peuples (par exemple le *sûkshma-çarira* des Hindous et le « corps sidéral » de Paracelse). De nouveau, il faut penser à quelque chose de comparable à un « fluide » qui entoure, pénètre et qualifie le corps de l'homme et de la femme, non seulement dans les aspects physiques, en donnant à tous les organes, à toutes les fonctions, à tous les tissus, à toutes les humeurs une empreinte sexuelle, mais aussi dans les aspects plus intérieurs, comme manifestation directe d'une entéléchie différente. Si la différence du plasma chez l'homme et chez la femme était réelle, c'est de là qu'elle tirerait son origine. Ainsi quand Weininger dit que le sexe est présent dans n'importe quelle partie du corps de l'homme et de la femme, il est dans le vrai, à condition pourtant de ne pas se tenir sur le seul plan biologique. En effet, il a déjà outrepassé ce plan, alors que, comme preuve de sa thèse il allègue le fait que *chaque* partie du corps d'un sexe, produit une excitation érotique sur l'autre : pour l'expliquer, on doit évidemment faire entrer en jeu un facteur hyperphysique.

Avec tout cela, on est déjà proche du concept de cette « atmosphère magnétique des individus de sexe différent », dont nous avons parlé plus haut ; en termes extrême-orientaux, il s'agit du principe *yang* ou du principe *yin* qui pénètre l'être intérieur et la corporéité de l'homme et de la femme, sous les espèces d'un fluide et d'une énergie formatrice élémentaire.

Un des noms donnés au « corps subtil » est celui de « corps aromal ». La relation avec l'odorat n'est pas sans importance sexologique. On connaît le rôle particulier que la sueur a eu dans les charmes populaires[37]. L'odorat a un rôle actif dans le magnétisme de l'amour physique et dans l'« intoxication fluidique » des amants. Dans l'antiquité on pensa, et chez

---

[36] O. Weininger, *Geschlecht und Charakter,* Wien ; 1918, c. II, pp. 14, sqq.

[37] H. Ploss et M. Bartels, *Das Weib in der Natur und Völkerkunde.*

certains peuples primitifs on pense encore, que le fluide d'un être le pénètre jusqu'à en imprégner en plus du corps, les vêtements (on doit associer à cela certains cas du « fétichisme des vêtements »). De là, des pratiques qui se sont souvent continuées dans les habitudes des amants et des peuples primitifs (chez ces derniers, aspirer l'odeur et prendre avec soi les vêtements endossés par l'un ou par l'autre, est comme un moyen pour garder les relations et la fidélité quand les deux personnes sont obligées de se séparer — aux Philippines, par exemple). Ces pratiques ne présentent un caractère superstitieux ou simplement symbolique, que si l'on néglige, dans l'odorat, le fait « psychique » qui peut se produire parallèlement au fait physique. Le cas-limite est celui d'une intoxication érotique susceptible de se réaliser, en plus de l'intermédiaire du regard, par celui de l'odorat aussi (« Il la regarda et l'aspira, elle le regarda et l'aspira » — Maugham)[38]. Il faut remarquer, d'ailleurs, que le mot latin *fascinum* à l'origine et littéralement, eut précisément un rapport particulier avec le monde de l'odorat. Quiconque a une sensibilité assez affinée, peut reconnaître le rôle que, dans les rapports amoureux, a une sorte de vampirisme psychique, dont une des bases est dans le fait olfactif. Ici, l'odeur d'homme et l'odeur de femme, en termes purement matériels, sécrétoires, n'entrent en question que d'une façon secondaire : la possibilité, bien attestée, d'un effet psychique correspondant, s'il s'agit d'êtres humains ne peut s'expliquer qu'en fonction d'une contrepartie également psychique, « subtile ». Le fait présente ensuite notoirement des caractères instinctifs, plus grossiers, mais souvent aussi beaucoup plus accentués chez différentes espèces animales, dans ce cas, comme dans d'autres, ce qui en principe chez l'homme appartient à un plan supérieur, s'étant « macroscopisé » et spécialisé dans l'animalité sous forme d'une sorte de démonisme du *bios*.

Après cette digression qui n'est pas inutile, revenons au problème de la sexualisation. Nous avons dit que la sexualisation a différents degrés ; et

[38] On a souvent cité les cas de Henri III et Henri IV de France, qui auraient été pris d'une passion subite et irrésistible pour les femmes dont ils avaient senti les vêtements intimes portés par elles ; dans le cas de Henri III, on dit que sa passion, née de cette façon, pour Marie de Clèves, survécut à la mort tragique de celle-ci. Cf. H. von Krafft-Ebing, *Psychopathia Sexualis*, tr. fr., Payot, Paris, p. 36-37. Quand cet auteur doute (p. 37) que des effets de ce genre liés aux centres olfactifs puissent se vérifier « chez des individus normaux », il est évident qu'il identifie les individus normaux avec ceux qui ont une sensibilité « subtile » assez réduite. Ploss-Bartels *(Op. cit.*, v. I p. 467 sqq) fait allusion aussi aux croyances populaires, selon lesquelles l'odeur du corps (nous dirions : de l'être) d'une personne peut avoir un effet intoxicant sur une autre, si elle est de sexe opposé.

au fait physio-anatomique que, dans chaque individu d'un sexe figurent aussi des rudiments de l'autre sexe, correspond, plus généralement la possibilité d'une sexualisation incomplète des sexes, c'est pourquoi il y a des êtres qui ne sont pas purement des hommes ou purement des femmes, mais qui ont le caractère de degrés intermédiaires. Ce qui revient à dire que dans chaque individu déterminé, la qualité masculine et la qualité féminine sont toutes deux présentes en un dosage différent, bien que la force vitale, le fluide de l'être d'un sexe donné, en tant qu'il appartient malgré tout à ce sexe, est, pour l'exprimer en termes chinois, fondamentalement *yang* ou *yin,* c'est-à-dire fondamentalement qualifié selon le principe masculin ou bien selon le principe féminin. Le mérite de Weininger est surtout d'avoir mis en relief tout cela et aussi, d'avoir formulé un critère méthodologique correspondant : il faut commencer par définir l'homme absolu et la femme absolue, le masculin et le féminin en soi, à l'état pur, comme « idée platonicienne » ou archétype, afin de pouvoir déterminer le degré de sexualisation effective de ceux qui, en gros, sont appelés hommes et femmes[39]. De la même façon, l'étude du triangle abstrait, comme pure entité géométrique, peut nous fournir des connaissances susceptibles de s'appliquer aux nombreuses formes triangulaires de la réalité, qui sont seulement des approximations du triangle parfait, aux fins de leur distinction et classification. La réserve que l'on doit faire ici et sur laquelle nous reviendrons ensuite, c'est qu'à la différence du cas de la géométrie, l'homme absolu et la femme absolue ne doivent pas être conçus seulement à titre heuristique, comme des mesures abstraites pour la masculinité et la féminité des hommes et des femmes, mais aussi en termes ontologico-existentiels et métaphysiques, comme des puissances primordiales réelles qui, s'ils ont chez les hommes et les femmes concrets un degré de manifestation tantôt plus grand et tantôt plus petit, sont cependant toujours et indivisiblement présents et agissants en eux.

De toutes façons, excepté dans les cas-limites (ou dans des expériences limites, il est très important d'ajouter ceci), le tableau que nous présente chaque homme et chaque femme ordinaire est un dosage différent de la pure qualité masculine et de la pure qualité féminine. De là, vient la première loi des attractions sexuelles. On trouve déjà cette loi ébauchée chez Platon, quand à leur base, il place une complémentarité, pour

---

[39] Weininger, *Geschlecht und Charakter,* cit, I. c. I (p. 7-13).

laquelle il emploie l'image du ξύμβολον[40], nom qui désignait un objet, cassé en deux parties, employé anciennement pour servir de signe de reconnaissance entre deux personnes, quand la partie montrée s'adaptait parfaitement à celle conservée par l'autre. De même, dit Platon, chaque être porte en lui un signe distinctif et cherche instinctivement et sans cesse « la moitié qui lui correspond, qui porte les mêmes signes distinctifs », c'est-à-dire ceux complémentaires qui font coïncider les deux parties [41] . On retrouve la même idée, plus détaillée, chez Schopenhauer[42] qui dit que la condition pour une forte passion est que deux personnes se neutralisent réciproquement, comme le font un acide et une base quand ils forment un sel ; ainsi puisqu'il existe différents degrés de sexualisation, cette situation se réalise quand un degré donné de virilité trouve son pendant dans un degré correspondant de féminité chez l'autre être. Weininger[43] enfin, a proposé une véritable formule pour la première base de l'attraction sexuelle. En partant précisément de l'idée que, lorsqu'on prend pour critère l'homme absolu et la femme absolue, il y a en général, de l'homme dans la femme et de la femme dans l'homme, Weininger retient que l'attraction maxima s'éveille entre un homme et une femme tels, qu'en additionnant les parties de masculinité et de féminité présentes dans les deux, on ait comme total l'homme absolu et la femme absolue. Par exemple, l'homme qui, pour les trois-quarts était un homme (était *yang)* et pour un quart était femme (était *yin)*, trouvera chez une femme qui, pour un quart était homme (était *yang)* et pour trois quarts était femme (était *yin)*, son complément sexuel naturel, par lequel il se sentira irrésistiblement attiré, et au contact duquel se développera une extrême intensité de magnétisme, justement parce qu'avec la somme des parties, se rétabliraient l'homme absolu entier et la femme absolue entière[44]. En réalité, ce sont bien ces derniers qui se trouvent à la base de la polarité primordiale des sexes et qui provoquent ensuite la première

---

40 Platon, *Le Banquet,* 191 *d.*

41 *Ibid.*

42 *Metaphysik der Geschlechtsliebe,* cit., p. 102.

43 *Op. cit.,* I, C. III, p. 31-52.

44 Une idée analogue existe aussi, au fond, à la base de l'ancienne théorie astrologique, selon laquelle l'attraction réciproque demanderait que dans l'horoscope de l'homme et de la femme, le soleil et la lune changent de place (c'est-à-dire que l'un devrait avoir le soleil dans les signes, où l'autre a la lune — le soleil est *yang,* la lune est *yin).*

étincelle de l'*eros* : on peut affirmer que ce sont eux qui s'aiment et cherchent à s'unir à travers chaque homme et chaque femme, d'où la maxime, que toutes les femmes aiment un seul homme et que tous les hommes aiment une seule femme, est juste. La formule proposée par Weininger fixe donc une des conditionnalités essentielles des choix sexuels, là où elles engagent les couches les plus profondes de l'être.

11. — Sexe physique et sexe intérieur

Ici trouve place une considération de principe qui est la suivante : partout où il n'y a pas de formes attestées de réel dépassement de la condition humaine, le sexe doit être conçu comme un « destin », comme un fait fondamental de la nature humaine. On n'existe que comme hommes ou comme femmes. Ce point de vue doit être maintenu contre tous ceux qui, de nos jours, estiment qu'être homme ou femme est quelque chose d'accidentel et de secondaire vis-à-vis du fait d'être, en général, des êtres humains ; que le sexe est une différence concernant presqu'exclusivement la partie physique et biologique de la nature humaine, et qui par là ne saurait avoir un sens et comporter des implications que pour les aspects de la vie humaine qui dépendent de cette partie naturaliste. Un tel point de vue est abstrait et inorganique ; dans la réalité, il peut s'appliquer uniquement à une humanité désagrégée par régression et dégénérescence. Celui qui le suit, montre qu'il ne sait voir que les aspects finals les plus grossiers et les plus tangibles du sexe. Mais la vérité, c'est que le sexe qui existe dans le corps existe aussi et d'abord dans l'âme et, dans une certaine mesure, dans l'esprit même. On est homme et femme à l'intérieur, avant de l'être extérieurement : la qualité masculine ou féminine primordiale pénètre tout l'être, visiblement et invisiblement; dans les termes dits plus haut, comme une couleur pénètre un liquide ; et si, comme on l'a vu, il existe des degrés intermédiaires de sexualisation, cela veut seulement dire que la qualité-base indiquée, se manifeste avec une intensité tantôt moins grande et tantôt plus grande selon les individus. Ce n'est pas pour cela que la conditionnalité du sexe est enlevée.

Toujours en faisant abstraction des cas exceptionnels, où le sexe est dépassé, simplement parce que la condition humaine en général est dépassée, de fait, on prend souvent pour un « au-delà du sexe » ce qui, en effet, concerne un domaine séparé de la vie et de chaque force formatrice profonde, un domaine de superstructures et de formes intellectualisées et sociales, dont l'hypertrophie caractérise les phases dégénérescentes et citadines d'une civilisation. Plus loin, nous ferons ressortir que chaque être humain se compose de deux parties. L'une est l'essentielle. L'autre est l'extérieure, artificielle, acquise, qui se forme dans la vie de relation et qui crée la « personne » de l'individu : personne, ici, dans le sens originel du mot, qui, comme on le sait, veut dire masque, le masque de l'acteur (en opposition au « visage », que par contre, on peut faire correspondre à l'autre partie, la partie essentielle). Selon les individus, mais aussi selon le type de civilisation, l'une ou l'autre partie peut être plus développée. La limite dégénérative correspond à un développement presque exclusif, tératologique, de la partie extérieure et construite, du « masque » de l'individu « social », intellectuel, ratique et « spiritualisé » qui se constitue presque comme un être à soi et ne garde que peu de rapports organiques avec l'être profond et essentiel. Ce n'est que dans ces cas, que le fait constitué par le sexe peut être considéré comme négligeable et secondaire ; une anesthésie ou une primitivité de la vie sexuelle en est la contrepartie habituelle et la conséquence. Seulement alors, il paraîtra peu important qu'on soit homme ou femme, et quant à la détermination des vocations, de la formation de soi, de la conduite de vie, des occupations-type, on donnera toujours moins de valeur à ce fait, valeur qu'au contraire on lui reconnaîtra toujours dans toute civilisation normale. Effectivement, dans cette situation, même la différence entre la psychologie masculine et la psychologie féminine sera notablement réduite.

La civilisation moderne, de caractère pratique, intellectualiste et socialisée, ayant donné un relief toujours de plus en plus grand à ce qui est sans lien avec le côté essentiel des êtres humains, est inorganique et potentiellement standardisée ; ces valeurs dérivent en partie d'une régression des types, et fomentent et accroissent en partie cette régression. C'est ainsi que la femme moderne put rapidement pénétrer dans chaque domaine, rivalisant avec l'homme : précisément parce que les qualités, les talents, les comportements, les activités les plus caractéristiques et les plus répandues dans la civilisation moderne, n'ont plus que bien peu de rapport avec le plan profond, où la loi du sexe se manifeste en termes ontologico-existentiels, avant de se manifester en termes physiques, biologiques ou même psychologiques. L'erreur qui est à la base de la compétition féminine et qui en a rendu le succès possible, est justement la surévaluation, propre à la civilisation moderne, de l'intelligence logique et pratique, simple accessoire de la vie et de l'esprit qui sont, l'une comme l'autre, différenciées, tandis que cette intelligence est informe et « neutre », « développable » dans une mesure presqu'égale, tant de la part de l'homme que de la part de la femme[45].

Ce n'est qu'en passant que trouve place ici un aperçu sur la *vexata quaestio* de l'infériorité, parité ou supériorité de la femme en comparaison de l'homme. Une telle question n'a pas de sens, parce qu'elle suppose une commensurabilité. Au contraire, en mettant à part tout ce qui est construit, acquérable et extérieur, et en excluant les cas indiqués, où l'on ne peut plus parler de sexe, uniquement parce que jusqu'à un certain point la condition humaine est dépassée, si l'on se réfère au type, c'est-à-dire à leur « idée platonicienne », on doit reconnaître qu'entre l'homme et la femme existe une différence qui exclut toute commune mesure ; même les facultés ou les qualités en apparence communes et « neutres » ont une fonctionnalité et une empreinte différente selon qu'elles sont présentes chez l'homme ou chez la femme. On ne peut pas se demander si « la femme est supérieure ou inférieure à l'homme », pas plus qu'on ne peut se demander si l'eau est supérieure ou inférieure au feu. C'est pourquoi pour chacun des sexes, le critère de mesure ne peut être donné par le sexe opposé, mais uniquement par l'« idée » de son sexe. En d'autres termes, l'unique chose que l'on puisse faire, c'est d'établir la supériorité ou l'infériorité d'une femme donnée, selon quelle est plus ou moins proche du type féminin de la femme pure ou absolue ; et il en est de même pour l'homme. Les « revendications » de la femme moderne dérivent d'ambitions erronées, ainsi que d'un complexe d'infériorité — de l'idée fausse qu'une femme en tant que telle, en tant que « seulement femme », est inférieure à l'homme. On a justement remarqué que le féminisme n'a vraiment pas combattu pour les « droits de la femme », mais bien, sans s'en rendre compte, pour le droit de la femme de devenir l'égale de l'homme : chose qui, si elle était possible, sauf sur le plan extérieur pratico-intellectuel indiqué auparavant, équivaudrait au droit de la femme à se « dénaturer », à dégénérer[46]. L'unique critère qualificatif pour chacun est, répétons-le, celui du degré de plus ou moins parfaite réalisation de *sa* nature. Il n'y a pas de doute qu'une femme qui est parfaitement femme soit supérieure à l'homme qui est imparfaitement homme, de même qu'un paysan fidèle à

[45] Quant à la forme-limite des sous-produits féminins modernes : « Ces femmes sans sexe qui fréquentent les quartiers élégants des grandes villes, pleines d'ambitions soi-disant intellectuelles, spiritualistes, principale ressource des médecins, des psychanalystes, des écrivains de fantaisie » (L. O'Flaherty).

[46] Sur tout cela, cf. Evola, *Révolte contre le monde moderne*, Omnia Veritas Ltd, www.omnia-veritas.com

la terre, qui remplit parfaitement sa fonction, est supérieur à un roi incapable de remplir la sienne.

Dans l'ordre d'idées dont nous parlons, on doit donc tenir pour certain que la masculinité et la féminité sont avant tout des faits d'ordre interne, au point que le sexe intérieur peut ne pas correspondre au sexe physique. Il est bien coimu qu'on peut être homme dans le corps, sans l'être pour autant dans l'âme *(anima mulieris in corpore inclusa virili)* et vice-versa, la même chose étant naturellement valable pour la femme aussi. Ce sont des cas d'asymétrie dus à des facteurs différents, analogues aux cas que l'on rencontre dans le domaine racial (des individus ont les caractères somatiques d'une race, avec ceux psychiques et spirituels d'une autre race). Cela ne saurait pourtant porter préjudice à la qualité-base du fluide que possède un être, selon qu'il est physiquement homme ou femme, ni à l'unité du processus de sexualisation. On peut expliquer le phénomène indiqué par le fait, que dans des cas déterminés, ce processus s'est principalement centré sur un domaine donné, en créant précisément des asymétries, parce que le reste n'en a pas été formé dans une égale mesure. Toutefois, du point de vue typologique, c'est toujours le fait interne, le sexe interne qui est décisif : une sexualisation visible seulement en des formes physiques, pour développée qu'elle soit, d'une certaine façon est une sexualisation tronquée et vide. Il convient de mettre tout cela en relief, parce qu'on doit en tenir compte dans la loi de l'attraction sexuelle, signalée auparavant. Les « quantités » de masculinité et de féminité se complétant réciproquement dans la loi dont il s'agit (cf. parag. 10), doivent être entendues au sens complet, donc dans toute leur complexité éventuelle.

En effet la virilité spirituelle est celle qui, même si c'est obscurément, excite et éveille la femme absolue : dans le cas-limite, quand cette virilité en plus d'être celle du guerrier et du dominateur, tient tout-à-fait du surnaturel. Nous parlerons plus loin du côté métaphysique, et non seulement existentiel, de ce dernier cas. Un exemple suggestif créé par l'art, est celui de la Salomé d'Oscar Wilde. Salomé ne voit pas le centurion éperdu d'amour pour elle, qui lui offre tout et qui, à la fin, se tue pour elle. Elle est fascinée par Jokanan, le prophète, l'ascète. Elle, la vierge, lui dit : « J'étais chaste et tu m'as contaminée ; j'étais pure, et tu as rempli mes veines de feu... Que ferai-je sans toi ? Ni les fleuves, ni les grands lacs ne pourront plus éteindre le feu de ma passion »[47].

---

[47] Dans le drame d'O. Wilde on doit faire abstraction des éléments esthétiques environnants. Mais soit en lui, soit encore plus dans l'œuvre de Richard Strauss, il y a une

Au fait, précédemment relevé, de l'éventuel degré différent de sexualisation dans le physique et dans le spirituel, on doit en associer un autre : celui de l'interconditionnalité différente entre le sexe interne et le sexe du corps. Ce n'est que dans le cas d'individus primitifs, c'est-à-dire dégradés en comparaison du type, que cette interconditionnalité est rigide. Si, au contraire, le sexe interne est suffisamment différencié, il peut s'affirmer dans une certaine indépendance des conditions physiques. Ainsi toutes ces manipulations hormonales de type authentiquement nécromantique, auxquelles s'adonnèrent les biologistes modernes, en se basant sur l'idée que le sexe ne dépend que d'une certaine formule « hormonale », pourront produire d'importants changements des véritables caractéristiques du sexe, uniquement chez les animaux et chez des êtres humains peu différenciés : non chez des hommes et des femmes complets, « typiques ». La relativité des conditionnalités par le bas, se confirme même dans quelques cas d'émasculation : non seulement la mutilation physique, comme nous l'avons dit, *peut* ne pas détruire l'impulsion sexuelle, mais elle *peut* aussi ne pas altérer la virilité intérieure. À cet égard, des exemples souvent cités sont : Narsète, qui fut un des meilleurs généraux de l'antiquité tardive, Aristonicos, les ministres Photin et Eutrope, Salomon qui fut un lieutenant de Bélisaire, Haly grand-vizir de Soliman II, le philosophe Favorino et Abélard aussi etc., jusqu'au bien connu colonel Lawrence, organisateur de l'insurrection arabe durant la première guerre mondiale.

12. — Conditionnalité et formes de l'attraction érotique

Pour une définition complète des facteurs qui agissent dans les choix sexuels, il est nécessaire de considérer plus en détail la structure de l'être humain, en se reportant moins aux études modernes qu'aux enseignements traditionnels.

Si plus haut nous avons distingué deux parties ou couches principales de l'être humain (essence et personne extérieure), à présent nous devons

atmosphère qui, à part le haut pouvoir évocateur, a un fond cosmico-analogique tout à fait adéquat ; le thème de la *Lune* et de la *Nuit* domine tout le dénouement. De plus, la a danse des sept voiles » de Salomé, danse sur laquelle nous reviendrons.

Dans la fête du Mahâvrata, on pratiquait l'union rituelle d'une prostituée *(pumçali)* avec un ascète *(brahmacârin)* dans le lieu même consacré au sacrifice (cf. M. Eliade *Yoga : immortalité et liberté,* Payot,Paris, 1954,P. 115 » Cela peut avoir des rapports avec les deux différenciations extrêmes du féminin et du maculin.

diviser le premier de ces domaines, celui des couches essentielles et les plus profondes. Ainsi, dans l'ensemble, il y aura trois niveaux. Le premier, c'est le niveau de l'individu extérieur comme construction sociale, individu dont la forme est assez arbitraire, « libre » et flottante, justement à cause de son caractère inorganique. Le second niveau appartient déjà à l'être profond ou dimension en profondeur de l'être, et c'est le lieu de ce qu'en philosophie on a appelé le *principium individuationis.* C'est là qu'agissent les forces par lesquelles un être est celui qui est, soit psychiquement, soit physiquement, et se distingue de chaque autre de son espèce ; ensuite, c'est aussi le lieu de la « nature propre », ou nature innée de chacun. Dans l'enseignement hindou, on appelle ces forces formatrices *samskâra* ou *vâsanâ* ; elles ne se réduisent pas aux seuls facteurs héréditaires ou phylétiques, mais sont conçues de façon à inclure des hérédités, des causes, des préformations et des influences, dont l'origine peut même être située en deçà des limites d'une vie humaine particulière[48]. Tout ce qui chez l'homme est caractère et nature propre, ce que nous avons appelé son « visage », en opposition à son « masque », dans le domaine psychologique est en relation avec ce plan. Contrairement à ce qui est propre au premier des trois niveaux, au plus extérieur, tout ce qui se rapporte au second a un degré remarquable de détermination et de fixité. Cela a induit Kant et Schopenhauer à parler du « caractère transcendantal » de chaque individu comme d'un fait « nouménique », c'est-à-dire relatif au domaine qui est derrière tout l'ordre des phénomènes perçus dans l'espace et dans le temps.

Le troisième niveau, le plus profond, concerne des forces élémentaires supérieures et antérieures à l'individuation qui, néanmoins, constituent le dernier fond de l'individu. Dans ce domaine se trouve aussi la racine première du sexe, et c'est en lui que se réveille la force originaire de l'*eros.* En soi, ce plan est antérieur à la forme, à la détermination. Chaque processus assume une forme et une détermination au fur et à mesure que l'énergie investit les deux autres couches ou plans, et que le processus se continue en eux.

Avec cet encadrement, on peut saisir dans chacun de ses aspects ce qui se produit dans l'attraction sexuelle. Sur le plan le plus profond, cette attraction est quelque chose qui va au-delà de l'individu ; et l'expérience érotique dans les formes-limites, à traumatisme, de l'étreinte sexuelle, atteint ce plan. Au sujet de ce plan, la parole disant que toutes les femmes

---

[48] Sur les *samskâra* et sur les *vâsana,* cf. Evola, *Lo Yoga della Potenza,* Milano, 1949, p. 102-105 ; Eliade, *Yoga,* cit., p. 61, 91, 103 ; 54 sqq., 60.

n'aiment qu'un seul homme et tous les hommes qu'une seule femme, est valable. Il existe ici un principe d'indifférence ou de permutabilité. En vertu des correspondances analogiques qui existent entre la limite supérieure et la limite inférieure, ce principe règne soit dans l'impulsion aveugle qui pousse vers un être de sexe opposé, propre aux formes « animalesques » et brutales de l'*eros* (le soi-disant « manque animalesque de choix ») ; soit dans les formes positivement désindividualisées de l'*eros* qui figurent, par exemple dans une expérience dionysiaque. Pourtant, il n'est pas toujours vrai que la forme la plus vulgaire et animale d'amour est celle dans laquelle on n'aime pas une femme, mais la femme. Il peut exister exactement le contraire[49]. On peut dire la même chose à propos du fait que, dans la crise de l'étreinte sexuelle l'homme perd presque son individualité : il peut la perdre de deux façons opposées, étant données deux possibilités contraires de désindividualisation. L'« espèce qui se substitue à l'individu » en de tels moments, est un pur mythe. Enfin, quand on dit que l'amour naît dès le premier instant, ou ne naît plus, quand on parle de « coups de foudre », cela se rapporte aux cas dans lesquels c'est la force de la couche la plus profonde qui agit d'une façon directe, non entravée, prédominante, grâce à des circonstances spéciales.

La première loi à laquelle obéit le processus du sexe au niveau le plus profond, c'est celle déjà dite du complémentarisme, de la réintégration de la qualité masculine pure et de la qualité féminine pure, dans l'union d'un homme avec une femme. À la limite entre la troisième et la seconde couche, entre le niveau profond et le niveau intermédiaire, les conditionnalités ou liens, propres à l'individuation, ou nature propre d'un être donné vont agir presqu'aussitôt. Dans cette nouvelle phase, tout ce qui est une femme donnée, en plus d'être une femme, et outre présenter la complémentarité élémentaire ontologique dont nous avons parlé, n'est plus indifférent pour l'éveil de la passion et l'inclination érotique. Là, par exemple, le choix va être influencé d'abord par les conditionnalités de la race, puis par d'autres conditionnalités plus particulières, d'ordre somatique et caractérologique individuel, et le tout peut s'accentuer et se

---

[49] Certains rites de magie sexuelle collective sont appelés *colî-mârga*, d'après le nom d'une sorte de soutien-gorge porté par les jeunes filles dont on se sert : en choisissant au hasard le vêtement, chaque homme choisit la femme à employer comme compagne dans le rite (références dans Eliade, *op.cit.*, p. 402). De plus on peut se référer à la promiscuité intentionnelle en vigueur dans certaines fêtes saisonnières, dans les Bacchanales et dans les Saturnales.

fixer au point de créer l'illusion de l'irremplaçabilité[50] : c'est la croyance dans l'« amour unique », c'est-à-dire qu'on peut aimer et qu'on peut avoir aimé seulement une femme donnée comme individu, cette femme unique, bien déterminée (cet homme déterminé, dans le cas de la femme). Et au cas où *toute* la force élémentaire, propre à la couche la plus profonde et au processus primaire, se porte et se *fixe* sur ce plan intermédiaire, qui est celui de l'individuation et du « caractère transcendantal », se produira la « passion fatale » qui, comme nous le verrons, si l'on reste dans la sphère humaine et profane, n'est presque jamais heureuse, parce qu'ici sont actives une force et une « charge » qui dépassent l'individu ; d'où souvent, de véritables courts-circuits, et des situations, comme celles illustrées par l'exemple du « Tristan et Iseut » wagnérien.

En général, le niveau intermédiaire est aussi celui des « idéalisations » de la femme aimée : c'est en lui que naît l'illusion que l'on aime une femme pour l'une ou l'autre de ses qualités, tandis que ce qu'on aime vraiment, et qui prend, c'est son *être,* son être nu. Au contraire quand la force profonde de l'*eros* ne se porte pas directement sur le plan intermédiaire, et ne s'y fixe pas complètement (c'est ce qui arrive dans la très grande majorité des cas), il reste une certaine marge d'indétermination : au lieu de la « femme unique » et irremplaçable, ce sera un type donné approximatif (« le propre type ») incarné par plus d'un être féminin (ou masculin, dans l'autre cas), qui constituera la condition pour une attraction suffisamment intense. Mais cette plus grande liberté de mouvement, et de déplacement de l'*eros,* peut aussi avoir une autre cause : l'individuation imparfaite d'un être donné. Si le visage intérieur d'un être n'est pas bien précis, dans la même mesure l'objet de son désir sera plus indéterminé et, entre des limites données, permutable. Aussi la multiplication des expériences amoureuses peut-elle contribuer à enlever la fixité propre à une première période de la vie érotique. Ainsi Balzac a remarqué que dans la première femme aimée on aime tout, comme si elle était l'« unique » ; plus tard on aime la femme dans chaque femme.

En passant au dernier niveau, à celui de l'individu extérieur, quand le centre de gravité de l'être tombe sur lui, la permutabilité et

---

[50] Il y a une certaine analogie lointaine avec la distinction freudienne entre le « processus psychique primaire », dans lequel la charge de la *libido* est encore libre et flottante, et le « processus psychique secondaire », dans lequel elle se lie à une représentation donnée, et se détache difficilement d'elle.

l'indétermination de son complément sexuel dans les choix, atteint un degré très élevé. Comme nous l'avons dit, sur ce plan tout est inorganique, sans racines profondes. Ainsi, d'un côté, on peut rencontrer le type du libertin, qui cherche seulement le « plaisir », et évalue une femme dans la mesure où il croit qu'elle peut le lui donner, à tout autre égard une femme, pour lui, étant plus ou moins équivalente à une autre. Dans d'autres cas, les facteurs sociaux et d'ambiance : la classe, la mode, les traditions, la vanité, etc., peuvent être les facteurs déterminants. De nouvelles conditionnalités naissent alors pour tout ce qui, de l'*eros*, peut atteindre ce plan et s'y fixer : et l'amour normal, « civilisé » et bourgeois, se définit eu grande partie avec elles. Il suffit toutefois que l'*eros* reprenne d'un trait le caractère, et suive les conditionnalités, qui lui sont propres dans les couches les plus profondes, pour qu'il agisse d'une façon catastrophique sur tout ce qui s'est formé, en fait de relations intersexuelles, dans ce domaine plus extérieur de l'individu social. Déjà les affinités déterminées par le plan de la nature propre et des *samskâra*, dans le cas où l'on rencontre la personne complémentaire, peuvent faire exploser ou saper tout ce que l'individu social s'est créé dans le cadre des institutions de la civilisation et de la société à laquelle il appartient. Ce sont les cas qui ont fait parler Chamfort d'un « droit divin de l'amour » : « Ils s'appartiennent (les amants) de droit divin malgré les lois et les conventions humaines » [51] . Et dans la vie moderne ces cas sont innombrables et ont fourni la matière préférée pour un certain genre de théâtre et de littérature : justement parce que dans la civilisation moderne, on a eu l'illusion de pouvoir centrer et systématiser sur le plan extérieur, social, inorganique et artificiel, les relations entre les sexes[52].

On doit expliquer dans les mêmes termes que les catastrophes dont nous venons de parler, le cas de libertins qui finissent par devenir victimes de leur jeu et en s'énamourant d'une femme donnée, mettent fin à la

---

[51] *Apud* Schopenhauer *op. cit.*, p. 110.

[52] Une autre conséquence est l'usage endémique des divorces et des mariages à la chaîne dans les civilisations « monogamiques » plus nettement « modernes », causé par les possibilités de déplacement de l'*eros*, propres aux couches les plus superficielles de l'être. Les civilisations précédentes de caractère organique, en faisant entrer partout en première ligne de compte ce qui au contraire appartient à la couche la plus profonde et individuée de la « nature propre », d'une façon normale, c'est-à-dire même en faisant abstraction de la force coercitive des institutions, garantissaient un plus grand degré de stabilité aux unions des êtres des deux sexes, quand le système en vigueur n'était pas polygamique, avec les prémisses différentes que nous indiquerons plus loin.

permutabilité de l'objet de leur *eros :* ou bien qui succombent à des formes sexuelles maniaques, pour avoir joué avec le feu, à savoir pour avoir provoqué à un moment donné l'« activation » du « voltage » propre au plan plus profond, à celui précédant le plan même des *samskâra* et de l'individuation.

Il va de soi que ces affleurements éventuels peuvent agir d'une façon catastrophique sur le plan même de l'« amour unique », justement comme la loi des affinités qui régit ce plan — au niveau intermédiaire — quand on rencontre son complément, peut agir désastreusement dans le domaine de l'individu social et de ses arrangements. Alors l'« unicité » est encore une fois abolie : même l'« unicité » des « passion fatales ». Mais dans le domaine profane ces cas sont extrêmement rares et, là où ils se vérifient, on ne les reconnaît presque jamais selon leur véritable nature.

Un autre cas, qu'il est possible de rapporter au même concept, est celui d'une passion et d'une attraction sexuelle élémentaire, qui peuvent s'accompagner de mépris et même de haine entre les deux amants : c'est l'énergie du plan le plus profond qui agit, en sapant tous les facteurs d'affinités de caractères et toutes les valeurs qui seraient déterminantes si le processus s'était concentré dans le plan intermédiaire. Le cas est symétrique de celui où, on l'a vu, les affinités propres à ce plan peuvent, à leur tour, ne pas tenir compte de tout ce qui appartient au domaine extérieur de la morale sociale et des institutions. Dans cet ensemble, on peut enfin faire allusion au fait qu'il existe des moyens artificiels pour éveiller à un état plus ou moins libre la force élémentaire de l'*eros*, par exclusion de ces couches moins profondes, dont elle subit d'habitude les conditionnalités déjà mentionnées dans l'expérience des hommes et des femmes ordinaires, quand elle traverse ces couches en se liant presqu'à elles. On peut citer l'action de l'alcool et de quelques stupéfiants; et dès maintenant il faut noter que dans l'emploi sacral du sexe (dionysisme, tantrisme), des substance de ce genre ont souvent eu le rôle de coadjuvants. Sur la même ligne se trouvent les philtres d'amour, dont les modernes ignorent tout-à-fait la nature; et de là, comme nous le verrons, la voie peut conduire à certaines formes de la démonologie à base érotique, à part la magie sexuelle au sens propre.

Dans tout ce que nous venons de dire, il ne faut jamais confondre le rôle de ce qui *conditionne*, avec le rôle de ce qui *détermine*. Pour qu'une machine produise des effets donnés et ait un rendement, il faut qu'elle soit composée de parties déterminées et que ces parties soient convenablement ajustées — c'est là la condition. Mais où manque l'énergie motrice, la machine la plus parfaite restera immobile. On doit penser la même chose pour toutes les conditionnalités qui, sur les deux plans moins profonds de l'être humain, peuvent correspondre théoriquement à *l'optimum* pour l'attraction sexuelle — il faut que, à part tous ces facteurs, la force première de l'*eros* s'éveille, selon un « voltage » ou l'autre, et qu'elle établisse l'état magnétique ou magique, que nous avons dit être le substratum de tout amour sexuel sérieux.

Chez l'individu ordinaire, et surtout chez les civilisés occidentaux, l'expérience érotique est parmi celles qui présentent le plus un caractère passif. C'est comme si les processus correspondants se mettaient en marche et se déroulaient tout seuls, sans l'intervention de la volonté de la personne, à laquelle il n'est pas même donné de les concentrer dans l'un ou l'autre des trois domaines ou niveaux indiqués. On considère cette situation comme naturelle et normale, à tel point que, lorsqu'elle ne se vérifie pas, lorsque manque la contrainte, l'impuissance à sentir ou faire autrement, on doute de la sincérité et de la profondeur d'un sentiment ou d'un désir. Les paroles mêmes les plus usitées montrent ce caractère : la « passion », dans les langues de souche latine, exprime précisément la condition de celui qui subit. On peut dire la même chose pour le mot allemand *Leidenschaft,* dérivé de *leiden* qui, de nouveau, veut dire subir, souffrir.

Selon les individus et leur différenciation intérieure, ce phénomène a un caractère plus ou moins marqué. De plus, il y aurait lieu de faire des inductions en fait de psychologie différentielle, en se basant sur les différentes institutions. Par exemple, la polygamie a pour condition première naturelle un type masculin, dans lequel le Moi a un degré de liberté plus élevé vis-à-vis de l'*eros* (avec une possibilité plus grande de déplacement et un moindre degré de fixité pour celui-ci, comme conséquence) ; de plus un type, dans lequel l'expérience érotique en elle-même a plus d'importance que la relation avec une femme ou l'autre en tant que personne (selon un dit arabe : « Un fruit, ensuite un autre fruit »). Puisqu'il n'est pas dit que cela corresponde toujours à des situations identiques à celles extérieures et inorganiques, propres à l'orientation libertine, on peut reconnaître que le passage de la polygamie (ou du mariage antique admettant le concubinage comme son intégration légitime) à la monogamie, malgré les vues conformistes prévalant de nos jours, n'est aucunement un indice de la substitution d'un type viril supérieur à un inférieur, mais exactement le contraire ; c'est plutôt le symptôme d'un plus grand asservissement potentiel de l'homme à l'*eros* et à la femme, et pourtant une chose qui ne marque vraiment pas une civilisation plus élevée.

Quant à des éléments d'une technique disposée à agir sur les différentes conditionnalités existentielles de l'*eros,* on peut en rencontrer surtout dans le monde antique ou chez les populations primitives. Pour le moment, nous ne citerons qu'un seul exemple, c'est-à-dire le fait que souvent chez ces dernières, les rites matrimoniaux s'identifient à des charmes d'amour qui éveillent la force d'attraction entre les deux sexes, comme un pouvoir irrésistible[53] : selon notre schéma, ils éveillent et font agir l'*eros* sur le plan élémentaire, au risque même d'alimenter une sorte de démonisme ou de possession.

Avant d'aller plus loin, jetons un regard sur le chemin parcouru. Nous avons repoussé toute interprétation biologique finaliste du fait érotique, et l'explication selon le « principe freudien du plaisir », nous ne l'avons pas jugée plus satisfaisante que celle basée sur l'« instinct de reproduction » comme fait premier de l'impulsion érotique. La théorie « magnétique » nous a paru correspondre davantage à la réalité ; nous avons approfondi cette théorie au moyen des données tirées des enseignements traditionnels qui parlent d'un état fluidique se déterminant comme par « catalyse » chez les amants, par la présence de forces-bases *(yin* et *yang)* qui définissent la polarité sexuelle et la sexualisation en général : le corrélatif étant un déplacement du plan de la conscience, et cela devenant à son tour, la cause d'un éveil magique du pouvoir de l'imagination et d'un monoidéisme plus ou moins intense. L'ancienne doctrine d'un changement invisible qui se produit dans le sang, quand on est pris par l'*eros,* a été remise en valeur par nous. Enfin nous avons examiné les conditionnantes liées au complémentarisme existentiel des êtres qui s'aiment, dans le cadre d'une doctrine des couches multiples de la personne : en faisant pourtant ressortir, qu'on doit toujours considérer comme la base et la force première de tout le processus, ce qui provient directement du rapport de la masculinité pure avec la féminité pure. Et à cet égard, le processus sera d'autant plus intense que sera plus nette la différenciation des sexes, c'est-à-dire la sexualisation.

Mais, arrivé là, on pourrait penser que, en ce qui concerne l'essentiel, on a plus ou moins marqué le pas. N'avons-nous pas reconnu nous-mêmes qu'en général, ce qu'on allègue pour expliquer le fait érotique, en réalité c'est par lui qu'il s'explique ? Inévitablement, nous nous trouvons en face du problème fondamental : au-delà de tout, *pourquoi l'homme et la femme sont-ils attirés l'un par l'autre* ? Parvenus à reconnaître dans

---

[53] E. Crawley, *Mystic Rose*, London, 1902, p. 318.

l'*eros* un fait élémentaire et irréductible, il faut chercher le *sens* de ce fait. Cela équivaut aussi à se demander le sens qu'a le sexe même, en tant que tel. On se trouve porté au centre de la métaphysique du sexe au sens propre. C'est d'elle qu'il sera question, d'ailleurs, dans le chapitre suivant.

2. MÉTAPHYSIQUE DU SEXE

13. — Le mythe de l'androgyne

La forme particulière sous laquelle le monde traditionnel a exprimé les significations dernières de l'être, fut le mythe. Le mythe traditionnel a la valeur d'une clef. Surtout dans la période précédente on a cherché à expliquer le mythe par l'histoire naturelle, la biologie ou la psychologie. Pour nous, par contre, le mythe servira à faire comprendre la relation particulière qu'a tout ce matériel, avec le sujet qui nous intéresse ici.

Plus d'un mythe se prête à l'approfondissement du problème métaphysique du sexe. Nous en choisirons un qui, chez les Occidentaux est, relativement, parmi les moins lointains ; en prévenant toutefois, que des mythes appartenant à d'autres cycles, contiennent également des significations identiques. Nous prendrons donc comme base, ce qui se trouve exposé sur l'amour, dans « *Le Banquet* » de Platon. Là, à proprement parler, se rencontrent, mêlées au mythe, deux théories de l'amour que, respectivement, exposent Aritophane et Diotime. Nous verrons que d'une certaine façon les deux théories se complètent, éclaircissant les antinomies et les problèmes de l'*eros*.

La première théorie concerne le mythe de l'androgyne. Comme pour presque tous les mythes intercalés par Platon dans sa philosophie, on doit supposer pour celui-ci aussi, une origine initiatique en rapport avec les Mystères. En effet, le même thème circule souterrainement dans une littérature assez variée, depuis les anciens milieux mystériosophiques et gnostiques, jusqu'à des auteurs du Moyen Age et des premiers siècles de l'ère moderne elle-même. On retrouve aussi hors de notre continent, des thèmes correspondants.

Selon Platon[54], il exista une race primordiale « dont l'essence est désormais éteinte », race d'êtres qui renfermaient en eux les deux principes, masculin et féminin. Les membres de cette race androgyne « étaient d'une force et d'une audace extraordinaires, et ils nourrissaient dans leur cœur des projets orgueilleux, jusqu'à attaquer même les dieux. À cette race aussi, on attribue la tradition rapportée par Homère à propos d'Otus et Ephialtus, c'est-à-dire la tentative d'escalader les cieux pour assaillir les dieux ». C'est le même thème que celui des Titans et des Géants ; c'est le thème prométhéen, et celui que l'on retrouve dans tant d'autres mythes — dans une certaine mesure, aussi dans le mythe biblique de l'Eden et d'Adam, puisqu'y figure la promesse de « devenir semblables aux dieux » (*Genèse,* III, 5).

Dans Platon, les dieux ne foudroient pas les êtres androgynes, comme ils avaient foudroyé les géants, mais ils en paralysent la puissance en les séparant en deux. De là la naissance d'êtres de sexe distinct, porteurs, en tant qu'hommes et femmes, d'un sexe ou de l'autre ; d'êtres chez lesquels persiste pourtant le souvenir de l'état antérieur et s'éveille l'impulsion de reconstituer l'unité primordiale. Pour Platon, c'est dans cette impulsion qu'il faut chercher le sens final, métaphysique et éternel de l'*eros.* « Depuis ces temps si reculés, l'amour pousse les êtres humains les uns vers les autres, il est inné dans la nature humaine et tend à rétablir la nature première en tentant d'unir deux êtres distincts en un seul, et de guérir ainsi la nature humaine[55] ». À part la participation commune des amants au plaisir sexuel, l'âme de chacun des deux « tend à quelque chose de *différent* qu'elle ne sait pas exprimer, mais qu'elle sent et *révèle mystérieusement* »[56]. Presque comme épreuve *a posteriori,* Platon fait demander par Hephaistos aux amants : « Ce que vous convoitez, n'est-ce pas une fusion parfaite de l'un avec l'autre, de façon à ne jamais vous séparer l'un de l'autre, ni jour, ni nuit ? Si tel est votre désir, je peux bien vous fondre ensemble et vous souder avec la force du feu en un même individu, de telle sorte que, de deux que vous étiez, je vous réduise en un seul être, si bien que vous viviez unis l'un à l'autre tant que durera votre vie, et qu'une fois morts, là-bas, dans l'Hadès, au lieu d'être deux, vous ne soyez qu'un, pris tous deux par un commun sort. Eh bien, voyez si

---

[54] *Le Banquet,* XIV, XV et en particulier 189 c-190 *c.*

[55] Platon, *Le Banquet,* 191 *c-d.* XIV-XV.

[56] *Ibid.,* 192 *c-d.*

c'est à cela que vous aspirez, et si vous pouvez vous en tenir pour satisfaits ». « À ce propos — Platon dit — nous savons bien qu'il n'y en aurait pas un seul pour refuser ni pour souhaiter autre chose ; mais chacun d'eux penserait avoir finalement entendu exprimer ce qui certainement était depuis longtemps son désir : s'unir et se fondre avec l'aimé pour, de deux êtres distincts ne former qu'une seule nature. Or, il faut chercher le mobile de cette aspiration dans le fait que c'était précisément celle-ci notre nature primitive, et nous formions une unité encore complète ; précisément la convoitise consumante de cette unité porte le nom d'amour »[57]. Et presque comme un symbole, « l'enlacement [des deux parties] l'une à l'autre, comme par désir de se pénétrer »[58].

Dans cet ensemble, les éléments accessoires, figuratifs et « mythiques » au sens négatif, doivent être séparés du concept essentiel. Ainsi, tout d'abord on ne doit naturellement pas penser aux êtres primordiaux, que Platon, à la façon d'une fable, nous décrit jusque dans leurs traits somatiques, comme des membres d'une race préhistorique quelconque, dont on pourrait presque retrouver les restes ou les fossiles. On doit au contraire se reporter à un *état*, à une condition spirituelle des origines, pas tant au sens historique, que dans le cadre d'une ontologie, d'une doctrine des états multiples de l'être. En faisant abstraction de la mythologie, nous pouvons comprendre un tel état comme celui d'un *être absolu* (non brisé, non « duel »), d'une totalité ou unité pure et, par cela même, comme un état d'immortalité. Ce dernier point est confirmé soit par la doctrine mise dans la bouche de Diotime, plus loin dans *le Banquet*, soit par celle exposée dans *Phèdre*, où, bien qu'en rapport avec ce qu'on a appelé ensuite « l'amour platonicien » et avec la théorie de la beauté, la relation entre le but suprême de l'*eros* et l'immortalité, est explicite.

Comme second élément, dans le mythe platonicien nous avons ensuite une variante du thème traditionnel général de la « chute ». La différenciation des sexes correspond à la condition d'un être brisé, et partant, fini et mortel : à la condition « duelle » de celui qui n'a pas la vie en lui, mais en un autre, état qui, ici, n'est pas considéré comme originel. Ainsi, sous ce dernier rapport, on pourrait établir un parallèle avec le mythe biblique lui-même, en ce que dans celui-ci la chute d'Adam a pour effet son exclusion de l'Arbre de Vie. Dans la Bible aussi, on parle de l'androgynat des êtres primordiaux faits à l'image de Dieu (« il le créa

57 *Ibid.*, 192.

58 *Ibid.*, 187 a.

mâle et femelle » — *Genèse,* I, 27) et le nom Ève, symbole du complément métaphysique de l'homme, veut dire « la vie », « la Vivante ». Comme nous le verrons, dans l'interprétation kabbalistique, la séparation de la femme-vie dans l'androgyne est mise en rapport avec la chute et finit par équivaloir à l'exclusion d'Adam de l'Arbre de Vie, afin que celui-ci « ne devienne pas un de nous [un Dieu] et ne vive pas éternellement » *(Genèse,* III, 22).

Dans l'ensemble, le mythe platonicien est donc parmi ceux qui font allusion au passage de l'unité à la dualité, de l'être à la privation de l'être et de la vie absolue. Son caractère distinctif et son importance se trouvent toutefois dans le fait de son application, précisément à la dualité des sexes, pour indiquer le sens secret et le but final de l'*eros*. Comme terme particulier d'une suite connue, relative à ce qu'on cherche vraiment à travers l'un et l'autre but apparent et illusoire de la vie ordinaire, déjà dans une Upanishad on lit : « Ce n'est pas pour l'amour de la femme que la femme est désirée par l'homme, mais bien pour l'*âtmâ* [pour le principe « toute lumière, toute immortalité »] »[59]. Le cadre est le même. Dans sa profondeur l'*eros* incorpore une impulsion à surmonter les conséquences de la chute, à sortir du monde « finisant » de la dualité, pour rétablir l'état primordial, pour dépasser la condition d'une existentialité « duelle », brisée et conditionnée par l'« autre ». Ceci est son sens absolu ; ceci est le mystère qui se cache dans ce qui pousse l'homme vers la femme, élémentairement, encore avant toutes les conditionnalités déjà dites, présentées par l'amour humain dans ses infinies variétés relatives à des êtres, qui ne sont pas même de purs hommes et de pures femmes, mais presque tous des sous-produits de l'un et de l'autre. Là est donc le point-clef de toute la métaphysique du sexe : « À travers la diade, vers l'unité ». Dans l'amour sexuel on doit reconnaître la forme plus universelle dans laquelle les hommes cherchent obscurément à détruire momentanément la dualité, à dépasser existentiellement la frontière entre Moi et non-Moi, entre Moi et Toi, la chair et le sexe servant d'instruments pour une approximation extatique de l'« unition »[60]. L'étymologie du mot « amor » donnée par un « Fidèle

---

[59] *Bhradhâranyaka-upanishad*, II, IV, 5.

[60] On doit envisager comme une incongruité due à l'influence exercée sur lui par la diffusion de l'homosexualité dans la Grèce de son temps, le fait que Platon ait donné le même sens métaphysique à l'amour homosexuel, c'est-à-dire à l'amour entre lesbiennes ou entre pédérastes (*Banquet*, 191 *c*, 192 *a*, dans *Phèdre*, 251 c, 253 *b*, 265 *c*, 240 *a* etc., il s'agit même presqu'exclusivement de l'amour suscité par les éphèbes). Pour ce genre

d'Amour » médiéval, pour être sans fondement, n'est pas moins significative : « La particule *a* signifie « sans » ; *mor (mors)* signifie mort : en réunissant les deux, on a 'sans mort' », c'est-à-dire immortalité[61].

Au fond, en aimant et en désirant, l'homme cherche donc la confirmation de soi, la participation à l'être absolu, la destruction de la στήρεσις — de la privation et de l'angoisse existentielle liée à celle-là. Examinés sous une telle lumière, nous verrons s'éclairer les aspects multiples de l'amour profane même, et de la sexualité ordinaire. En même temps, on entrevoit déjà la voie qui conduit au domaine de l'érotisme mystique et de l'emploi sacral ou magique du sexe, propre à tant d'anciennes traditions : parce que déjà au départ s'est révélé à nous le fond élémentaire non physique, mais métaphysique, de l'impulsion érotique. Ainsi la voie est ouverte pour l'ordre de recherches qui formeront l'objet des chapitres suivants de ce livre.

Entre temps, il ne faut pas négliger un point particulier. Comme on l'a vu, Platon a formulé la doctrine de l'androgyne de façon à lui donner une coloration « prométhéenne ». Si les êtres mythiques des origines étaient capables d'inspirer de la crainte aux dieux et de lutter avec eux, il y a lieu de penser qu'en principe, le terme final de la tentative de réintégration, constitué par l'*eros,* n'est pas tant un état quelconque confusément mystique, que la condition d'un « être » qui est aussi puissance. Cela aura son importance quand nous étudierons les formes initiatiques de la magie du sexe. Tout *pathos* doit pourtant être enlevé à ce motif. Si nous nous rapportons à un ensemble mythologique plus vaste, on peut ôter au prométhéisme son caractère négatif de transgression : la même tradition qui a donné forme au mythe de Prométhée et des Géants, est aussi celle qui a connu l'idéal d'Héraklès, qui parvint à l'équivalent du but poursuivi par les Titans, et de celui qui, en général, tend à s'ouvrir à nouveau, malgré tout, l'accès à l'Arbre de Vie, quand ce héros s'assure la jouissance des pommes d'immortalité (selon une rédaction de la légende,

---

d'amour, on ne peut plus parler de l'impulsion du principe masculin et du principe féminin compris dans l'être primordial, pour s'unir à nouveau : l'être mythique des origines aurait dû alors être non androgyne, mais homogène, monosexuel, tout homme (dans le cas des pédérastes) ou tout femme (dans le cas des lesbiennes), et les deux amants chercheraient à s'unir comme de simples parties d'une même substance : la prémisse — essentielle — de la polarité et de la complémentarité sexuelle, tombe.

[61] A. Ricolfi, *Studi sui Fedeli d'Amore,* Milano, 1933, v. I, p. 63.

ce fut Prométhée lui-même qui lui indiqua le moyen d'y parvenir) et, dans l'Olympe, la possession d'Hébé, la jeunesse éternelle, non comme un prévaricateur, mais comme un allié des Olympiens.

C'est avec cette réserve qu'on peut faire allusion au fait que le moment « prométhéen » latent dans l'*eros* est effectivement attesté par des motifs épars de maintes traditions. Nous nous bornerons ici à rappeler que, par exemple, dans le cycle du Graal (cycle riche de contenus initiatiques présentés sous couvert d'aventures chevaleresques), la tentation que constitue la femme pour le chevalier élu, est parfois rapportée à *Lucifer*[62], de manière à prendre un sens assez différent du sens moraliste de la pure séduction de la chair. En second lieu, chez Wolfram von Eschenbach, la chute d'Amfortas est mise en rapport avec le fait d'avoir choisi pour devise « Amor » — devise, dit le poète, qui ne s'accorde pas avec l'humilité[63], ce qui équivaut à dire qu'en elle se cache le contraire de l'humilité, la ὕβρις des êtres « *uns* » des origines. Du reste, il faut remarquer que dans Wolfram on parle de « s'ouvrir la voie au Graal les armes à la main », c'est-à-dire de façon violente, et que le héros principal du poème, Parzifal, en vient même à une sorte de révolte contre Dieu[64]. Or, s'ouvrir le chemin du Graal, équivaut plus ou moins à s'ouvrir à nouveau le chemin de l'Arbre de Vie ou d'immortalité — tout l'encadrement flasque propre à l'opéra de Wagner, ne correspondant pas du tout aux thèmes originels prédominants, et n'étant à prendre aucunement en considération. Enfin, il faut noter que les milieux dans lesquels ont été pratiqués la magie sexuelle et l'érotisme mystique, ont été aussi ceux qui d'habitude professèrent ouvertement la doctrine de l'« unité », sous forme d'une négation de toute véritable distance ontologique entre le créateur et la créature, avec une anomie manifeste — c'est-à-dire avec un mépris tant des lois humaines que des lois divines — comme conséquence logique : depuis les Siddha et les Kaula hindous de la « Voie de la Main Gauche », jusqu'aux « Frères du Libre Esprit » du Moyen Age chrétien, au sabbatisme franckien et, encore de nos jours,

---

[62] Textes dans J. Evola, *Il mistero del Graal,* p. 92.

[63] Wolfram von Eschenbach, *Parzifal,* III, 70-71.

[64] Cf. J. Evola, *Il mistero del Graal e la tradizione ghibellina dell' Impero,* Roma, 1957, pp. 87-88.

jusqu'à Aleister Crowley[65]. Mais, nous le répétons, ces références doivent être épurées de leur côté problématique « prométhéen » et, d'autre part, concernant exclusivement des expériences « guidées » de l'*eros*, dans un domaine qui n'est pas celui d'une forme de l'amour ordinaire entre hommes et femmes. Il faut enfin ajouter que chez Platon aussi[66] l'assainissement, le retour à l'état ancien et la « félicité suprême », entendus comme le « bien suprême » auquel l'*eros* peut conduire, sont associés au rejet de l'impiété, cause première de la séparation existentielle de l'homme, du divin en général. Seule une orientation différente, à part certaines correspondances morphologiques, différencie Prométhée d'Héraklès, et les expériences indiquées du satanisme. Mais ici ce n'est pas le cas de développer ces aperçus.

14. — L'eros et les variétés de l'ivresse

Après quoi il reste à envisager la théorie de l'amour que Platon fait exposer à Diotime. Mais d'abord, il faut montrer ce que dit Platon sur la

---

[65] En ce qui concerne un personnage que S. DE Guaita *(Le Serpent de la Genèse, Le Temple de Satan,* v. I, Paris, 1916, p. 503) présente sous une lumière sinistre, au sujet du contexte ci-dessus indiqué, dans le cadre d'un érotisme mystique, les expressions suivantes sont significatives : « Entendez le verbe d'Élie : si vous tremblez, vous êtes perdus. Il faut être téméraires ; si vous ne l'êtes pas, c'est que vous ne connaissez pas l'amour ! L'amour entreprend, il renverse, il roule, il brise. Élevez-vous ! Soyez grands dans votre faiblesse. Épouvantez le ciel et l'enfer, vous le pouvez... Oui, Pontifes éliaques, qui êtes transformés, régénérés, transfigurés sur la montagne du Carmel, dites avec Élie : À nous le dam ! À nous l'Enfer ! À nous Satan ! » Du reste, même chez un néo-platonicien christianisant, comme Marsile Ficino *(Sopra lo Amore,* XI, 19), des expressions comme les suivantes ne sont pas dépourvues d'une nuance luciférienne : « Certainement, nous sommes ici séparés et tronqués : mais alors, réunis par Amour à notre idée, nous redevenons entiers, de sorte qu'il apparaîtra que nous avons d'abord aimé Dieu dans les choses, pour aimer ensuite les choses en Dieu ; et nous rendons honneur aux choses en Dieu pour nous racheter : *et en aimant Dieu nous nous sommes aimés nous-mêmes.* » Et encore (II, 6) : « Puisque dans cet acte [l'amant] désire, et s'efforce, d'homme devenir Dieu. » Enfin comme fortuite convergence d'idées d'un auteur moderne plus que profane (H. Barbusse, *L'enfer)* : « Le désir plein d'inconnu, le sang nocturne, le désir semblable à la nuit, jettent leur cri de victoire. Les amants, quand ils s'enlacent, luttent chacun pour soi et disent : « Je t'aime » ; ils attendent, pleurent, souffrent et disent : « Nous sommes heureux » ; ils se séparent, déjà défaillants, et disent : « Toujours ! » Il semble que dans les bas-fonds où ils sont plongés, *comme Prométhée,* ils aient dérobé le feu du ciel. »

[66] *Banquet,* 193.

forme supérieure de l'*eros* comme état, c'est-à-dire considéré simplement comme contenu de la conscience. Dans sa personnification, Eros, déjà dans le *Banquet,* est appelé un « puissant démon » ; « intermédiaire entre la nature de dieu et la nature de mortel », il va combler la distance entre l'une et l'autre[67]. Dans le *Phèdre* on parle longuement de la μανία. Ce mot est difficile à traduire, la traduction littérale, « manie », faisant penser de nos jours à quelque chose de négatif et de morbide, ce qui vaut aussi pour la traduction de « fureur », adoptée par les humanistes de la Renaissance (les *eroici furori* = la fureur héroïque, chez Giordano Bruno). On pourrait parler d'un état de transport, d'« enthousiasme divin », d'exaltation ou d'ivresse lucide : ce qui ramène exactement à ce que nous avons dit déjà à propos de la matière première de tout état érotique. Platon souligne ici un point essentiel en distinguant deux formes de « manie », « l'une dérivant de maladie humaine, l'autre d'exaltation divine, par laquelle nous nous sentons étrangers aux lois et aux normes habituelles »[68]. La seconde — dit Platon — « est bien loin de nous faire peur » : de grands bienfaits peuvent découler d'elle. Et, venant à traiter en particulier de l'*eros,* il dit « être un très grand bonheur, la manie que les dieux nous octroient en faisant naître l'amour dans l'âme de celui qui aime et de celui qui est aimé »[69].

Ce qui importe le plus ici, c'est que l'*eros* en tant que « manie » est inséré dans un ensemble plus vaste qui en fait bien ressortir la dimension métaphysique possible. En effet, Platon distingue quatre genres de manie positive, non pathologique, non subhumaine, en les rapportant respectivement à quatre divinités : la manie de l'amour, liée à Aphrodite et à Eros, la manie prophétique d'Apollon, la manie des initiés de Dionysos, la manie prophétique des Muses[70]. Marsilio Ficino[71] dira que ce sont « ces sortes de fureurs que Dieu nous inspire en élevant l'homme au-dessus de l'homme : et elles le changent en Dieu ». En mettant de côté la « manie poétique », — laquelle, en d'autres temps seulement, put avoir un caractère non profane, quand l'art n'était pas une affaire subjective,

---

[67] *Ibid., 202 d-e.*

[68] *Phèdre,* 265 *a.*

[69] *Ibid.,* 245 *b.*

[70] *Ibid.,* 265 *b.*

[71] *Sopra lo Amore,* VII, 13, 14.

quand le poète était aussi le prophète et la poésie, un *carmen* — persiste, comme fond commun de toutes ces formes, un état d'ivresse capable de porter objectivement au-delà de l'individu, dans les variétés d'une expérience suprasensible au sens propre : chez l'amant, donc, pas moins que chez l'initié dionysiaque, que chez celui dont la vision dépasse la limite du temps et que chez le sujet de l'expérience magique[72]. Toutefois il est étrange que ni Platon, ni ses commentateurs n'aient mentionné une variété ultérieure du même genre d'ivresse lucide et anagogique (amenant en haut) : l'ivresse héroïque, qu'on pourrait mettre sous le signe de Mars ; c'est étrange, parce que l'antiquité envisagea des cas dans lesquels l'expérience héroïque elle-même, peut offrir des possibilités initiatiques[73]. Enfin, on pourrait aussi rappeler le type d'ivresse sacrée propre aux Corybantes et aux Curètes, avec les techniques correspondantes, qui ne sont pas sans rapports avec la danse.

De toutes façons, les références sont précises. Platon reconnaît donc un tronc, dont l'*eros* sexuel est un rameau, une spécialisation ; la matière première reste une ivresse animatrice (presque par greffe d'une vie supérieure dans la vie humaine — dans la formulation mythologique : la possession fécondatrice et « intégrative » de l'homme, de la part d'un démon ou d'un dieu) et libératrice qui, si elle obéissait exclusivement à sa métaphysique définie par le mythe de l'androgyne, aurait comme possibilité suprême une τελετή (comme le dit précisément Platon) : à savoir, un équivalent de l'initiation des Mystères. D'ailleurs, il est significatif qu'au mot « orgie », qui a fini par s'associer seulement au déchaînement des sens et à la sexualité, put à l'origine s'unir l'épithète de « sacré » — les « orgies sacrées ». En effet, ὄργια désignait l'état d'exaltation enthousiaste qui, dans les Mystères antiques, était le point de départ de l'expérience initiatique. Mais quand cette ivresse de l'*eros*, proche en soi des autres ivresses d'ordre suprasensible dont parle Platon, se spécialise en devenant convoitise, et puis convoitise uniquement charnelle ; quand, pour ainsi dire, de conditionnante elle devient conditionnée, parce qu'elle se lie complètement aux déterminismes biologiques et aux sensations troubles de la nature inférieure, alors elle

---

[72] En se rapportant à l'*Eros* en général, PLATON *(Banquet*, 202 *e*, 203 *a)* dit : « Pour son œuvre il donne l'essor soit à la divination dans chacune de ses formes, soit à l'art des prêtres adonnés aux sacrifices et aux initiations, tout comme aux enchantements, à chaque sorte de prédictions et à la magie. »

[73] Sur cela, cf. Evola, *Révolte contre le monde moderne*, Omnia Veritas Ltd, § 19.

se dégrade et finit dans une syncope, dans la forme constituée par le « plaisir », par la volupté de Vénus.

Ici, à leur tour, des degrés doivent être distingués : le plaisir a un caractère diffus encore extatique, quand le moment « magnétique » de l'amour avec la fusion fluidique des deux êtres, qui en est la conséquence, est assez intense ; en diminuant cette intensité, ou bien avec l'habitude de l'acte physique avec la même personne, le plaisir tend toujours plus à se localiser corporellement en des zones ou organes donnés, essentiellement dans les organes sexuels. L'homme est notoirement plus prédisposé que la femme, à cette dégradation ultérieure. Enfin, on a le plaisir dissocié, détaché de toute expérience profonde. En général, la « volupté » est effectivement la *syncope* ou collapsus de l'état de μανία, de la pure ivresse exaltée et lucide, transportée par un élément supra-sensible. Il constitue la contrepartie de l'avortement de l'*eros* comme volonté vers l'être absolu et l'immortel, dans le cercle de la génération physique ; à quoi correspondra la seconde théorie de l'amour, celle exposée par Diotime.

Dans cet enchaînement de conceptions, il ne sera pas inutile de revenir un moment encore à l'opposition platonicienne entre deux sortes de manie, pour en développer le contenu. En général, dès qu'intervient l'état dont nous avons parlé, les facultés ordinaires de l'individu sont suspendues, son « mental » (en termes hindous : le *manas)* est exclu, ou bien transporté, soumis à une force différente. Cette force peut être une force ontologiquement supérieure ou inférieure au principe de la personnalité humaine. D'où la possibilité et le concept d'une ivresse extatique ayant, aussi, un caractère nettement régressif. Sur cette limite très subtile de frontière, se trouve en particulier la magie sexuelle.

À titre d'illustration théorique par un exemple, on peut faire allusion ici, à l'interprétation détournée d'un auteur déjà cité, Ludwig Klages. Klages a repris en partie les vues platoniciennes, il a fait ressortir l'élémentarité du fait constitué, dans l'*eros* par l'ivresse ou μανία, en face des différentes interprétations psychologiques ou physiologiques, et il en a reconnu la dimension non physique et les possibilités extatiques. Mais le point central de son interprétation est celui-ci : « Ce n'est pas l'esprit de l'homme qui se libère [dans l'extase], mais l'âme, et elle ne libère pas du corps, mais de l'esprit[74]. » Bien que chez cet auteur, l'esprit ne soit pas

[74] *Vom kosmogonischen Eros, cit.*, p. 63.

du tout l'esprit, mais au fond, un synonyme du « mental », il reste cependant toujours que l'« âme », dont il parle correspond aux couches inférieures, presque inconscientes, voisines du *bios,* de l'être humain : à sa partie *yin* (ou féminine, obscure, nocturne) et non *yang* (masculine, lumineuse, diurne). Ainsi l'extase que Klages considère, on peut bien l'appeler une extase *tellurique,* peut-être même démoniaque — son contenu émotif avait déjà été désigné dans la tradition hindoue, par le terme *rasâsvâdana.*

Il existe donc une phénoménologie bien différenciée de la « manie » et de l'*eros,* dont l'importance, du point de vue pratique, ne saurait jamais être assez soulignée. Il faut toutefois tenir pour certain que, soit la possibilité négative signalée à présent, soit celle opposée, positive, d'une manie « divine », sont également éloignées tant de chaque manie d'origine pathologique que de l'impulsion brutale et aveugle de l'*eros* animalisé. Les ethnologues, ainsi que les historiens des religions et les psychologues d'aujourd'hui, ne savent presque rien de ces distinctions importantes.

15. — « Biologisation » et chute de l'eros

Dans le *Banquet* platonicien, Diotime semble de prime abord polémiser contre Aristophane. Elle dit qu'à travers l'amour, tous les hommes tendent au bien et que « l'essence éternelle de l'amour consiste à posséder le bien », non la moitié dont on manque, ou le tout[75]. Mais en réalité, il s'agit de la même chose exprimée en des termes différents, le « bien » dans la conception hellénique, ayant un sens non moral mais bien ontologique, si bien qu'il s'identifie à l'état de ce qui « est » au sens supérieur, à ce qui est parfait et complet. Avec le mythe de l'androgyne, sous la forme d'une fable, c'est bien à cela qu'on fait allusion. Diotime dit ensuite que « l'ardente sollicitude et la tension » de celui qui tend à ce but, prend la figure spécifique d'amour, en rapport avec la « force créatrice, innée chez tous les hommes, selon le corps et selon l'âme » qui vise à « l'acte de la procréation dans la beauté ». Ce qui est le cas « aussi dans l'union de l'homme avec la femme ». Et elle affirme : « Chez le vivant qui, pourtant, est mortel, cette union est la racine de

[75] *Banq.*, 205 *d* — 206 *a*.

l'immortalité[76]. »

Le sens déjà indiqué de la métaphysique du sexe, d'un côté, reçoit ici une confirmation : aspiration à la possession éternelle du bien, l'amour est aussi une aspiration à l'immortalité[77] ; mais, de l'autre côté, dans la doctrine de Diotime, on passe à une *physique* du sexe qui, assez curieusement, anticipe les vues de Schopenhauer et des darwinistes. La nature mortelle, quand elle est tourmentée et transportée par l'ardeur de l'amour, cherche à atteindre l'immortalité dans la forme de la continuation de l'espèce, *en engendrant.* « On peut l'obtenir [l'immortalité] — dit Diotime — par ce seul moyen, par l'acte de la génération, en tant que perpétuellement à la place de l'être ancien, elle en laisse survivre un différent. » Et l'on parle d'un homme presque supra-individuel qui à travers la chaîne éternelle des générations se continue, grâce à l'*eros* procréateur. « À l'égard de chaque être vivant... on affirme qu'il ne conserve jamais en lui-même les mêmes qualités ; toutefois on le considère comme une personnalité toujours identique, pendant qu'il se renouvelle continuellement, malgré la destruction de quelques-unes de ses parties, dans ses cheveux, dans ses chairs, dans ses os, dans son sang, bref dans tout son organisme... Le procédé par lequel chaque être mortel ne périt pas, est analogue à celui-là : non en se conservant parfaitement égal à soi-même, comme cela arrive pour un dieu », mais bien dans le fait que l'individu qui vieillit, dépérit et meurt, est toujours remplacé par un autre individu. C'est justement l'immortalité comme pérennité de l'espèce[78]. Et Diotime parle vraiment comme un darwiniste, en expliquant en ces termes le sens le plus profond, non seulement de l'impulsion naturelle des hommes à faire en sorte que leur race ne s'éteigne pas, mais aussi de l'impulsion qui, directement, sans être dictée par aucun raisonnement, pousse les animaux, en plus de l'accouplement, à des sacrifices de tout genre pour nourrir, protéger et défendre la progéniture[79].

Ce n'est pas un hasard si cette théorie est mise dans la bouche d'une femme, en premier lieu, et, en second lieu de Diotime de Mantinée, initiée

---

[76] *Ibid.*, 206 *b.*

[77] *Ibid., 207 a.*

[78] *Ibid.*, 207 *a.*

[79] *Ibid.*, 207 *b*, 208 *b.*

à des Mystères qu'on peut bien appeler « les Mystères de la Mère » et qui renvoient à la couche pré-hellénique, pré-indo-européenne d'une civilisation telluriquement et gynécocratiquement orientée. Nous réservant de revenir là-dessus, ici nous dirons seulement que pour une telle civilisation, qui met le mystère de la génération physique presque au sommet de sa conception religieuse, l'individu n'a pas une existence à lui ; il est périssable et éphémère, éternel en n'étant que la substance maternelle cosmique où il se dissout de nouveau, mais d'où éternellement il repullulera : de même que sur un arbre de nouvelles feuilles repousseront à la place des feuilles mortes. C'est l'opposé du concept de la véritable immortalité olympienne qui, au contraire, impose le franchement du lien physique et tellurico-maternel, la sortie du cercle éternel de la génération, l'ascension vers la région de l'immutabilité et de l'être pur[80]. Au-delà de ses aspects d'un déconcertant modernisme à la façon darwinienne, dans l'érotologie exposée par Diotime se trahit donc l'esprit de l'archaïque religion pélasgique et tellurique de la Mère. Quels sont « les plus hauts mystères révélateurs », auxquels elle fait allusion[81], nous le verrons plus loin. Ici, il est essentiel de remarquer qu'avec la théorie de l'androgyne et avec celle de la survivance dans l'espèce, on a deux conceptions effectivement antithétiques, l'une d'esprit métaphysique, ouranien, viril et, éventuellement, prométhéen, l'autre d'esprit tellurico- matemel et « physique ».

Mais, à part ces antithèses, il est encore plus important de considérer le point de transition d'une vue dans l'autre, et le sens de cette transition. Il est évident que l'« immortalité tellurique » ou « temporelle » est une pure illusion. À ce niveau, l'être absolu échappe à l'individu, indéfiniment : en engendrant, celui-ci donnera toujours de nouveau la vie à un autre être affecté de son même désir impuissant, dans une répétition sans fin[82]. Ou,

---

[80] Il est significatif qu'en parlant de l'« éternité temporelle » (celle de l'espèce) Schopenhauer *(Op. cit.,* c. 41, p. 25-26) emploie exactement l'image des feuilles caduques, reprise d'Homère — *qualis folia generatio, talis et hominum* — dans laquelle J. J. Bachofen *(Das Mutterrecht,* Basel, 1897, § 4, cf. § 15) a justement vu la base de la conception physico-maternelle et tellurique des antiques civilisations méditerranéennes.

[81] *Banq.,* 209 *e.*

[82] Cf. C. Mauclair, *Op. cit.* : « Qu'est-ce qu'une filiation, sinon la projection dans un nouvel être du même désir d'infini qu'à son tour, adulte, il éprouvera ? » C'est même seulement dons le meilleur des cas qu'il l'éprouvera, obscurément, comme le dit Platon *(Phèdre,* 225 *d) :* Il aime et ne sait pas qui il aime, ne sait même pas quel sentiment est le sien... Il ne s'aperçoit pas qu'il se mire lui-même dans l'amante comme dans un miroir. »

pour mieux dire, avec une fin possible, au sens négatif, parce qu'une race peut s'éteindre, un cataclysme peut mettre fin à l'existence non seulement du sang auquel on appartient, mais aussi de toute une race, de sorte que le mirage de l'immortalité est on ne peut plus menteur. Et à ce point, l'on peut bien faire intervenir le démon mythique schopenhauérien de l'espèce, et dire que les amants sont trompés par lui ; que le plaisir est l'appât de la génération, et un appât aussi, la fascination et la beauté de la femme ; que, alors que dans l'ivresse de leur étreinte sexuelle les amants croient vivre une vie supérieure et saisir l'unité, en fait, ils sont au service de la génération. Kirkegaard, en remarquant précisément que dans l'union, les amants tout en formant un seul Moi, sont des dupes, parce qu'au même moment l'espèce triomphe des individus — contradiction, dit-il, plus ridicule que tout ce pour quoi Aristophane trouvait l'amour ridicule — note, avec raison, que même en ce cadre, une perspective supérieure ne serait pas exclue, au cas où l'on pourrait penser que, si les amants n'arrivent pas à la réalisation pour eux-mêmes d'une existentialité non plus divisée et mortelle, par le fait d'accepter de servir d'instruments pour la génération, et presque de se sacrifier eux-mêmes, ils verraient du moins se réaliser ce but dans l'être engendré. Mais il n'en est rien : le fils n'est pas engendré comme un être immortel qui arrête la série et s'élève, mais bien comme un être identique à eux[83]. C'est le remplissage inutile et éternel du tonneau des Danaïdes, c'est le tressage inutile et éternel de la corde d'Oknos, que l'âne du monde inférieur ronge toujours de nouveau[84].

Mais cette vicissitude désespérée et vaine dans le « cercle de la génération » cache elle aussi une métaphysique : l'impulsion obscure vers l'être absolu, en se dégradant, en déviant, passe dans ce qui se dissimule derrière l'accouplement animal et la procréation, avec le sens de la recherche d'un succédané au besoin de confirmation métaphysique

---

[83] S. Kirkegaard, *In vino veritas.*

[84] Si E. Carpenter *(Love's coming-of-age,* Manchester, 1806, p. 18) a raison quand il affirme que le but principal de l'amour est de tendre à l'unité, il n'est pourtant qu'en partie dans le vrai, quand il dit que la création sur le plan physique, c'est-à-dire la procréation, est l'effet de l'état d'union intime dans l'étreinte sexuelle, état qui suscite le pouvoir créateur. Soit la possibilité qu'un fils naisse d'une femme violentée sans aucune participation de sa part au plaisir, soit, à la limite, celle de la fécondation artificielle démontrent au contraire que le fait générateur peut tout à fait se passer de l'état d'union extatique d'une étreinte sexuelle. L'idée émise par Carpenter reste vraie dans le cas seulement de quelques applications spéciales à la magie sexuelle (à ce sujet, cf. plus loin, § 59).

de soi. Et la phénoménologie de l'*eros* suit cette descente, cette dégradation : l'*eros,* qui était un état d'ivresse, devient toujours plus désir extraverti, soif, convoitise charnelle, s'animalise, devient pur instinct sexuel. Alors il a une syncope dans le spasme et dans l'abattement consécutif à la volupté physique, laquelle, chez le mâle en particulier, est toujours plus conditionnée par un processus physiologique essentiellement orienté vers la fécondation. La vague s'enfle, on parvient à l'acmé, le moment fulgurant de l'étreinte sexuelle, de la destruction de la diade se réalise, mais comme étant emportés par l'expérience, comme submergés et dissous en ce qui, précisément, est appelé « plaisir ». *Liquida voluptas,* phénomène de dissolution, est l'expression latine, opportunément rappelée par Michelstaedter[85]. Pourtant, c'est comme si la force s'échappait de la main de celui qui l'a déclenchée : elle passe dans le domaine du *bios,* devient « instinct », processus presque impersonnel et automatique. Inexistant comme fait de la conscience érotique, l'instinct génésique devient réel dans les termes d'un « Es », d'une obscure gravitation, d'une contrainte vitale qui se soustrait à la conscience et éventuellement la sape et la bouleverse : cela, non parce qu'existe la « volonté de l'espèce », mais parce que la volonté de l'individu de dépasser sa finitude, ne peut jamais être extirpée, réduite au silence ou refoulée ; elle survit désespérément dans cette forme obscure et démoniaque, selon laquelle elle fournit la δύναμις l'impulsion primordiale au cercle éternel de la génération ; ici, dans le même rapport avec lequel la temporalité est à l'éternité, dans la succession et la multiplication des individus selon l'« immortalité dans la Mère », on peut encore recueillir un dernier reflet trompeur de l'immortel. Mais sur ce plan, la limite même entre le monde humain et le monde animal s'efface peu à peu.

Comme nous le disions au début, le processus explicatif habituel doit donc être interverti : l'inférieur se déduit du supérieur, le supérieur explique l'inférieur. L'instinct physique procède d'un instinct métaphysique. La tendance primordiale est celle d'*être ;* c'est une tendance, précisément métaphysique, dont l'impulsion biologique tant à l'autoconservation, qu'à la reproduction, sont des « précipités », des matérialisations, qui se créent leurs déterminismes sur leur plan. La phénoménologie humaine étant épuisée — c'est la phénoménologie qui, en partant de l'ivresse hyperphysique, d'une exaltation transfigurante et anagogique, trouve sa limite inférieure dans l'orgasme humain,

---

[85] C. Michelstaedter, *La persuasionse e la retorica*, Firenze, 1922, p. 58.

proprement charnel, de la fonction génésique — on passe aux formes de la sexualité propre aux animaux. Et, comme dans les différentes espèces animales on doit voir des spécialisations dégénératives de possibilités latentes dans l'être humain, des spécialisations finies dans des voies sans issue, correspondant à des types qui représentent des développements dissociés, grotesques et démoniaques de ces possibilités — ainsi, on doit considérer de même chaque correspondance éventuelle entre la vie du sexe et de l'amour, d'un côté chez l'homme, de l'autre dans le règne animal : dissociations, « absolutisations » obscures et extrêmes de l'un ou l'autre aspect de l'*eros* humain, voilà ce qu'on trouve dans le règne animal.

Nous voyons ainsi le magnétisme du sexe pousser et guider — parfois télépathiquement — des espèces dans des migrations nuptiales qui couvrent des distances inouïes, qui comportent d'extrêmes privations et des situations qui tuent en route une grande partie des migrateurs, pour atteindre enfin le lieu où les germes peuvent être fécondés ou les œufs déposés. Nous voyons les multiples tragédies de la sélection sexuelle entre les bêtes féroces, l'impulsion aveugle et souvent destructrice de la lutte sexuelle qui, malgré les apparences, n'est pas pour la possession de la femelle, mais bien pour la possession de l'*être* cherché d'autant plus sauvagement qu'est plus lointain désormais le plan où l'on peut le trouver. Nous voyons la cruauté métaphysique de la femme absolue se « macroscopiser » chez la mante qui, dans l'accouplement, tue le mâle aussitôt après s'en être servi, et l'on voit des phénomènes analogues dans la vie des hyménoptères et d'autres espèces : noces mortelles, mâles dont la vie s'achève après l'acte procréateur, ou bien tues et dévores dans l'acte même du sexe, femelles qui meurent après avoir déposé les œufs fécondés. Nous voyons chez les batraciens l'accouplement absolu que n'interrompent pas des blessures ou des mutilations mortelles, et dans l'érotique des limaçons l'extrême limite du besoin de contact prolongé et du sadisme de la pénétration douloureuse multiforme. Nous voyons la fécondité humaine « prolétarienne » devenir pandémie et pullulement indéfini dans les espèces inférieures, jusqu'à ce que l'on s'approche du plan où avec l'hermaphrodisme des mollusques et des tuniciers et la parthénogenèse des organismes monocellulaires, des protozoaires et de quelques-uns des derniers métazoaires, on rencontre, interverti, perdu dans le *bios* aveugle et indifférencié, le même principe qui est au début de toute la série descendante. Ce sont toutes les formes que Rémy de

Gourmont a décrites dans sa *Physique de l'Amour*[86]. Mais tout ce monde de correspondances s'y éclaire à présent d'une lumière différente : ce ne sont plus les antécédents de l'*eros* humain, ses stades évolutifs inférieurs qui, ici, s'y révèlent, mais bien les formes liminales de son involution et désintégration sous la forme d'impulsions automatisées, démonisées, lancées dans l'illimité et dans l'insensé. Mais comment ne pas reconnaître que dans certains caractères de cet *eros* animal — là où l'on voudrait parler de la contrainte absolue de la « volonté de l'espèce » — sa racine métaphysique devient même plus visible que dans beaucoup de formes flasques et « spirituelles » de l'amour humain ? Parce que, selon un réflexe inversé, on y lit ce qui, au-delà de la vie éphémère de l'individu, est transporté par la volonté de l'être absolu.

Ces idées offrent aussi les véritables points de repère pour saisir l'impulsion plus profonde agissant derrière l'existence humaine de chaque jour. Sur le plan de la vie de relation, l'homme a besoin de l'amour et de la femme, pour échapper à l'angoisse existentielle et se feindre un sens pour son existence ; inconsciemment, il cherche un succédané quelconque en acceptant et en alimentant des illusions. On a justement parlé de l'« atmosphère subtile émise par le sexe féminin, dont on ne s'avise pas, tant qu'on est plongé en elle ; mais quand elle n'est plus là, on sent dans son existence un vide croissant et l'on est tourmenté par une vague aspiration pour quelque chose de si peu défini, qu'on ne sait pas se l'expliquer » (Jack London). Ce sentiment sert de fond à la sociologie du sexe, au sexe comme facteur de la vie associée : à partir du mariage jusqu'au désir d'avoir une famille, une progéniture et une descendance, désir d'autant plus vif que l'on déchoit du plan magique du sexe, et que l'on aperçoit obscurément la désillusion du désir le plus profond de l'être, au-delà du mirage qui brille aux moments des premiers contacts et dans les sommets de la véritable passion. Ce domaine dans lequel, en particulier de nos jours, l'homme apprivoisé renferme habituellement le sexe, on peut bien l'appeler celui des sous-produits de second degré de la métaphysique du sexe ; par là un monde de « rhétorique » se substitue à celui de la « persuasion » et de la vérité au

---

[86] R. de Gourmont, *La Physique de l'Amour*, Paris, 1912, p.120 : « Les inventions sexuelles de l'humanité sont presque toutes antérieures ou extérieures à l'homme. Il n'en est aucune dont le modèle, et même perfectionné, ne lui soit offert par les animaux, par les plus humbles ». P. 141 : « Il n'y a pas une luxure qui n'ait dans la nature son type normal », c'est-à-dire qui n'y figure comme manière d'être spontanée et fixe d'espèces animales données. Naturellement de Gourmont emploie toutes les correspondances rencontrées à l'envers, pour reporter l'*eros* humain dans l'ensemble de l'*eros* animal.

sens donné par Michelstaedter à ces expressions[87]. Plus en marge encore, et comme une direction personnelle, on rencontre la recherche abstraite et vicieuse du plaisir vénérien, comme stupéfiant et lénitif liminal pour le manque de sens de l'existence finie. Nous devrons cependant revenir là-dessus.

16. — Aphrodite Uranie. L'eros et la beauté

Nous avons indiqué que chez Platon, Diotime, après avoir parlé de l'immortalité temporelle dans l'espèce, fait allusion à de « plus hauts mystères révélés ». Venant à en traiter, Diotime reprend en quelque sorte, une théorie qui dans le *Banquet* avait été attribuée à Pausanias : à savoir, qu'il existe deux Aphrodites, l'Aphrodite Uranie et l'Aphrodite Pandémie[88] et l'une est l'amour vulgaire, l'autre est l'amour de caractère divin.

Avec cela, l'on entre dans un domaine plutôt problématique. Avant tout, il ne semble pas qu'il ait quelque chose à faire avec des mystères plus hauts, mais bien avec une digression dans le pur humanisme de la culture, quand Diotime oppose à ceux qui engendrent charnellement, ceux qui donnent la vie à des fils immortels par leurs créations d'artistes, de législateurs, de moralistes et semblables. « Déjà bien des formes de cultes leur ont été destinées » — dit Diotime [89] — « grâce à des fils si extraordinaires, tandis que personne n'a reçu cet honneur pour les fils engendrés selon la nature humaine ». Une telle immortalité, qui se réduit à la pure survivance dans la renommée et dans le souvenir des hommes, est évidemment plus éphémère encore que celle propre à la survivance dans l'espèce ; on est dans un domaine tout à fait profane, presque dans la même direction qui a fait appeler ironiquement « les Immortels », les membres très mortels de l'Académie Française. Mais dans les Mystères helléniques, on avait déjà enseigné que les hommes ayant un juste titre pour aspirer à cette immortalité, tels que, par exemple, Épaminondas ou

---

[87] On peut rapporter à ce contexte les paroles du Coran (LXIV, 14) : « Ô vous qui croyez, en vérité, il y a un ennemi pour vous dans vos femmes et dans vos fils : gardez-vous d'eux. »

[88] *Banq.*, 180 *d-e.*

[89] *Ibid.*, 209 *d-e.*

Agésilas, n'aient point dû, après la mort, s'attendre au destin privilégié dont même des malfaiteurs auraient joui, au cas où, par contre, ils auraient été initiés[90]. Mais Diotime, dans sa croyance que ces œuvres humaines immortalisantes auraient été inspirées par la beauté, en vient à traiter de l'amour éveillé par la beauté, en exposant une sorte d'esthétique mystico-extatique.

Pour le problème tel que nous l'avons posé, cette théorie offre peu de chose qui puisse être utilisé. Elle part d'un dualisme qui, au fond, rend l'ensemble asexuel. En effet, on parle à présent d'un *eros* qui n'est plus celui suscité par une femme, par le rapport magnétique avec une femme, mais bien celui éveillé par une beauté qui peu à peu n'est même plus celle de la beauté des corps, ni la beauté d'un être ou d'un objet particulier, mais est la beauté abstraite, ou en soi, la beauté comme idée[91]. Même le mythe servant de clef, change : l'*eros* qui est sous le signe de l'Aphrodite Uranie s'identifie à celui qui, dans *Phèdre*, se base sur l'anamnèse, sur le « souvenir » non de l'androgynat, mais bien de l'état pré-natal, quand l'âme contemplait le monde divin, et ainsi « s'accomplissait ce qu'il est permis d'appeler la plus bienheureuse des initiations, célébrée comme des êtres parfaits »[92]. L'amour lié vraiment au sexe est présenté au contraire comme étant le fait du coursier noir qui l'emporte sur le coursier blanc du char symbolique de l'âme[93], et presque comme une chute due à un défaut du souvenir transcendantal : « Celui qui n'a pas un souvenir récent des visions bienheureuses de là-haut, ou qui les a tout à fait oubliées, ne se rapporte pas aussitôt à l'essence de la beauté, alors qu'il voit son image ici-bas : c'est pourquoi il ne la vénère pas quand il la voit, mais au contraire, s'abandonnant au plaisir, il ne songe qu'à coucher et qu'à procréer des enfants à la manière des bêtes[94]. » De là, la définition suivante, assez problématique, de l'amour courant : « La passion qui, dépourvue de raison, prédomine sur la réflexion tournée vers ce qui est beau et se laisse transporter par le plaisir dérivant de la beauté, étant de

---

[90] Cf. Diogène Laërce, VI, II, 29.

[91] *Banq.*, 210 *a-212 a.*

[92] *Phèdre*, 248-250.

[93] *Ibid.*, 248, 254 *a.*

[94] *Ibid.*, 250 *e.*

plus en plus renforcée par des passions voisines dans la convoitise du beau lié au corps... on l'appelle l'amour[95]. »

Ayant défini l'amour vrai comme « le désir de beauté », Marsilio Ficino[96] arrivera à dire que la « rage vénérienne », « le désir du coït et l'Amour, non seulement ne sont pas les mêmes mouvements, mais se décèlent comme des mouvements contraires »[97].

Dans tout cet ensemble, on ne peut utiliser que l'idée d'un *eros* dont, par transposition et exaltation, on empêche la dégradation animale et génésique, pourvu qu'il continue à avoir des relations avec la femme et la polarité sexuelle : nous y reviendrons, en traitant, par exemple, du côté intérieur de l'« amour courtois » médiéval. Au contraire, avec la théorie de l'amour comme désir de la beauté pure, abstraite, on pourra bien rester dans le domaine d'une métaphysique, mais on sort certainement de celui d'une métaphysique du sexe. De plus, il est douteux que cette théorie se relie à un enseignement quelconque des Mystères, comme le prétend Diotime. Tandis que nous verrons revenir le thème de l'androgynat dans la mystériosophie et dans l'ésotérisme des traditions les plus différentes, on ne peut pas en dire autant du thème de l'« amour platonicien »[98]. Même dans les développements successifs, à l'époque de la Renaissance,

---

[95] *Ibid.*, 238 *b-c.*

[96] *Sopra lo Amore,* VII, 15 ; I, 3.

[97] *Ibid.*, I, 3. Une curieuse idée, dans Ficino *(ibid.*, VI, 14) mais surtout dans Platon, c'est de considérer l'amour homosexuel pour les éphèbes, comme le plus proche de l'amour inspiré par la beauté pure et par l'Aphrodite Uranie, plutôt que l'*eros* éveillé par une femme, parce que dans ce second cas, on serait poussé, à un plus grand degré, par la volupté de l'acte vénérien *(Banq.* 181 *c,* et on a déjà noté comment dans le *Phèdre,* bien que comme point de départ, pour ensuite s'élever le beau abstrait, on parle presqu'exclusivement de l'*eros* éveillé par des éphèbes) : comme si habituellement l'amour homosexuel n'avait pas aussi, lui, des développements charnels ; et le discours d'Alcibiade dans le Banquet (214 sqq.) montre même trop clairement combien peu « platonique » fut l'amour hellénique pour les adolescents. PLOTIN *(Enn.*, III, v. I ; III, v. 7) considère au contraire comme honteuses et anormales les amours homosexuelles, comme des maladies de dégénérés « qui ne viennent pas de l'essence de l'être et ne sont pas les conséquences de son développement ».

[98] À ce que nous savons, l'unique cas est constitué par le *nazar ilâ l-mord* de certains milieux initiatiques arabes, qui reprend le thème de l'amour platonicien du *Phèdre* avec une base dans la beauté incarnée par des éphèbes, se légitimant avec ces paroles du Prophète : « J'ai vu mon Seigneur dans la forme d'un adolescent imberbe. »

ce dernier se présente presque exclusivement comme une simple théorie philosophique : on ne connaît pas d'écoles mystiques ou des Mystères, dans lesquelles il ait donné lieu à une technique de l'extase réellement suivie, alors que la mystique plotinienne de la beauté a déjà un caractère différent (chez Plotin, le beau est plutôt rapporté à « l'idée qui lie et domine la nature ennemie, sans forme ». D'où aussi, une relation, sortant tout à fait du domaine des tensions érotiques et du sexe, avec la beauté propre à une forme et à un domaine intérieur, manifeste « dans la grandeur d'âme, dans la justice, dans la pure sagesse, dans l'énergie virile au visage sévère, dans la dignité et dans la pudeur se révélant dans une attitude intrépide, ferme, impassible et, plus en haut, dans une intelligence digne d'un dieu, resplendissant sur tout ce qui est extérieur »[99]. Enfin, nous ne saurions dire jusqu'à quel point il dépend de la constitution différente de l'homme moderne de trouver juste l'idée de Kant, de Schopenhauer et de certaines esthétiques récentes, selon laquelle le caractère spécifique du sentiment esthétique, à savoir de l'émotion éveillée par le « beau », est son « apollinisme », son absence totale de rapport avec la faculté du désir et avec l'*eros*. Si l'on veut faire entrer le sexe en ligne de compte, c'est donc une observation assez banale, qu'une femme que l'on considère uniquement sous les espèces de la beauté pure, n'est pas la femme la plus apte à éveiller le magnétisme sexuel et le désir ; c'est le cas analogue à celui d'une statue nue en marbre, dont la contemplation peut bien éveiller une émotion esthétique, mais qui en matière d'*eros* ne dit rien. Il y manque la qualité *yin*, le démoniaque, l'abyssal, le fascinant[100]. Souvent, les femmes qui ont le plus de succès ne peuvent être appelées belles.

Ainsi la théorie platonicienne de la beauté constitue quelque chose en soi, qui est difficilement intelligible en termes existentialistes. En somme, on pourrait ramener l'amour platonicien à une ivresse toute particulière, semi-magique et semi-intellectuelle (ivresse des formes pures) : étant distincte, comme telle, de la « voie humide » de l'amour des mystiques et inséparable de l'esprit d'une civilisation, qui, comme la civilisation hellénique, voit le chrisme du divin dans tout ce qui est limite et forme

[99] Plotin, *Ennéades,* I, vi, 3 ; I, vi, 5.

[100] Stendhal *(De l'Amour),* après avoir dit que l'amour-passion est plus grand que celui pour la beauté, ajoute que peut-être les hommes non susceptibles d'éprouver l'amour-passion sont ceux qui sentent le plus vivement l'effet de la beauté ; que c'est du moins l'impression la plus forte qu'ils peuvent recevoir de la femme.

parfaite[101]. Des conceptions de ce genre, appliquées au domaine des relations entre les deux sexes, apportent toutefois un dualisme paralysant. Ainsi, par exemple, nous voyons Giordano Bruno qui, en traitant des *eroici furori* d'après la théorie platonicienne, débute par une attaque violente contre celui qui obéit à l'amour et au désir pour la femme, et il donne de celle-ci une image impitoyable : « Cette extrême insulte de la nature et ce tort qui, avec une façade, une ombre, un fantôme, un songe, un enchantement circéen mis au service de la génération, nous dupe à travers sa beauté ; laquelle à la fois vient et passe, naît et meurt, fleurit et pourrit ; et [la femme] est belle ainsi un petit peu, à l'extérieur, puisque son être profond et véritable contient en permanence un pot-pourri, un commerce, une douane, un marché de tant de saletés, toxiques et poisons qu'ait pu produire notre marâtre nature : laquelle, après avoir recueilli cette semence avec laquelle on la sert, vient souvent à la payer avec une puanteur, un regret, une tristesse, une fatigue... d'autres et autres maux, qui sont évidents à tout le monde[102]. » C'est pourquoi Giordano Bruno voudrait que les femmes fussent honorées et aimées seulement « pour tout ce qu'on doit à ce peu, à ce temps et à cette occasion, si elles n'ont d'autre vertu qu'une vertu naturelle, c'est-à-dire pour cette beauté, cette splendeur, ce service, sans lequel on doit estimer qu'elles sont venues au monde plus inutilement qu'un champignon vénéneux, qui occupe la terre au détriment d'une plante meilleure »[103]. D'où il ressort clairement que la conception du double *eros* conduit à une « primitivisation » et à une dégradation de tout l'amour sexuel et à la méconnaissance de ses possibilités plus profondes. Toujours chez Giordano Bruno, dans l'épilogue de l'œuvre citée, Julie, symbole de la véritable femme, dit aux amants auxquels elle s'est refusée, que « vraiment grâce à ma récalcitrante aussi bien que simple et innocente cruauté », elle leur a accordé des faveurs incomparablement plus grandes « qu'autrement ils auraient pu obtenir de ma bienveillance » ; parce qu'en les détournant de

---

[101] Dans une civilisation différente, même à vouloir considérer non des réalisations profondes qui résolvent le problème d'une existentialité brisée et angoissée, mais bien de simples pressentiments de la transcendance, il y a le fait que ces pressentiments ne sont pas favorisés, tant par la beauté d'une femme ou d'un éphèbe ou de quelques œuvres ou institutions humaines, que plutôt par la contemplation de ce qui dans la nature reflète de quelque façon cette transcendance, sous forme d'une élémentarité, d'une infinité et d'une immensité éloignée de l'humain.

[102] G. Bruno, *Degli eroici furori,* Proemio, ed. Universale, p. 6-7.

[103] *Ibid.,* p. 8.

l'amour humain, elle avait dirigé leur *eros* vers la beauté divine[104]. Ici, la séparation est complète, la direction diffère de celle que peut avoir un rapport quelconque avec le sexe, même dans ses formes « exaltées[105] ».

Plotin sut garder dans ses justes limites tout cet ordre d'idées du « platonisme » en considérant, outre l'homme qui « n'aime rien que la beauté », « celui que l'amour pousse jusqu'à l'union, et de plus, a le désir d'immortalité en ce qui est mortel et cherche le beau dans une génération et dans une forme de beauté qui se continue ». « Ainsi ceux qui aiment la beauté dans les corps, bien que leur amour soit un amour mélangé, aiment toutefois la beauté et en aimant les femmes pour perpétuer la vie, ils aiment ce qui est éternel[106]. »

17. — La convoitise. Le mythe de Porus et Penia

Dans le *Banquet* on doit signaler un autre mythe qui, sous une forme cachée, renferme un sens profond. Il s'agit d'une version particulière de la naissance du dieu Eros. Quand Aphrodite naquit, les dieux tinrent un festin dans le jardin de Zeus. Porus y participait, et à certain moment il fut pris d'ivresse et de torpeur. Profitant de cet état, Penia qui, venue en mendiante, était restée au seuil du jardin, fit en sorte que Porus s'unisse à elle, parce qu'elle avait comploté d'avoir un fils de lui. Ce fils fut précisément Eros[107]. On a proposé différentes interprétations de Porus et de Penia. De sens le plus profond, confirmé par l'ensemble de tout le passage, c'est que Porus exprime l'abondance, donc, métaphysiquement, l'être, et Penia la pauvreté, la privation (de l'être), cette στήρεσις qui joue

[104] *Ibid.*, II, 5.

[105] Une conséquence particulière de la théorie de l'amour comme « désir de beauté »,c'est que, étant donné que l'on jouit de la beauté somatique seulement par la vue,tout autre sens, hormis la vue, devrait être exclu de l'*eros* et relégué dans le domainede l'amour bestial. Ainsi M. Ficino *(Op. cit.*, II, 8) écrit : « La passion du toucher ne fait pas partie de l'Amour, elle n'est pas un sentiment des amants, mais est une sorte de lascivité et trouble d'homme esclave ». Si nous ayons reconnu le rôle essentiel que joue le regard dans la magie du sexe, c'est un fait certain aussi, l'aliment que fournissent le tact ainsi que l'odorat pour développer et intensifier l'état subtil de l'*eros*.

[106] Plotin, *Enn.*, I, v. I.

[107] *Banq.*, 203 *b-c*.

un rôle si important dans la philosophie grecque, où elle est essentiellement associée au concept de la « matière », de la ὕλη (cf. plus loin § 31). Dans une atmosphère qui est celle même de la naissance d'Aphrodite, c'est-à-dire sous le signe de cette déesse, l'être, en un moment d'ivresse aveugle s'unit donc avec le non-être ; et cette union irrationnelle (Porus ivre ayant trahi ici sa nature qui, dit-on, est celle d'un fils de Métis, la science, la sagesse) caractérise son produit, l'amour et le désir personnifiés par Eros.

De ce point de vue, Eros, à un autre égard encore, présente le caractère intermédiaire, ambivalent dont nous avons parlé ; il est à la fois riche et pauvre, à cause de la double hérédité paternelle et maternelle ; tout en étant « un redoutable enchanteur » et un « chasseur troublant », il porte dans son sein la privation, le non-être propre à Penia, et n'arrive jamais à la possession (son fruit « lui échappe insensiblement chaque fois »). Mortel d'un côté, en raison de son hérédité paternelle il est aussi immortel ; ce qui veut dire qu'il meurt, s'éteint pour ressusciter toujours de nouveau, sans fin. En d'autres termes, c'est une soif pour laquelle chaque satisfaction est momentanée et illusoire. Telle est la nature d'Amour, d'Eros, en tant que « fidèle ministre d'Aphrodite[108] ».

Si on l'interprète ainsi, et si l'on éloigne certaines références intellectualisantes qui se trouvent dans l'exposé de Platon, le mythe de cette origine d'Eros est profond. Il éclaire le sens métaphysique du désir extraverti du sexe comme substratum du « cercle de la génération », en en montrant la contradiction fondamentale, irrémédiable.

On peut associer ce mythe à une série d'autres qui, dans des formes différentes, font allusion au sens de la « chute ». L'union ivre de l'être (Porus) avec la « privation » (Penia) équivaut, au fond, à l'amour mortel de Narcisse pour son image reflétée par les eaux. Dans les traditions orientales, en particulier, à la base de l'existence finie et dominée par l'illusion, par la Mâyâ, on reconnaît le fait mystérieux et irrationnel constitué par une défaillance ou un obscurcissement transcendantal (= ivresse ou défaillance de Porus) et d'un désir, ou mouvement, qui a porté l'être à s'identifier avec l'« autre » (l'autre de l'être). À cause de cela, l'être est soumis à la loi de la dualité et du devenir, il engendre même

[108] *Ibid.*, 203 c-2O4 *a*.

cette loi, et le désir, la soif, devient la racine de son existence dans le temps[109].

On peut rapporter ici l'exégèse faite par Plotin, de la double naissance d'Eros. La première de ces naissances est mise en rapport avec l'Aphrodite Uranie, présentée par Plotin comme la figuration de la contrepartie féminine du pur principe intellectuel masculin, ou νοῦς. Fécondée par celui-ci et éternellement unie à lui, elle produit *l'eros* : c'est l'amour primordial qui naît entre les deux, de leur beauté : désir réciproque de l'aimé et de l'aimée qui voient chacun leur propre reflet dans l'autre, pour la génération d'êtres spirituels[110]. Quant à la seconde des naissances d'Eros, Plotin se réfère précisément au mythe de Porus et de Penia. L'*eros* procréé par ce couple est le désir qui s'allume dans la région inférieure ; étant né ici-bas de l'union de soi avec un simple reflet, ou fantôme du vrai « bien » (mythe de Narcisse), il est affecté d'irrationalité et d'une éternelle privation. Plotin écrit : « Ainsi la raison unie à l'irrationnel a produit, par un désir erroné et par une substance insuffisante, quelque chose d'imparfait et d'impuissant, quelque chose d'indigent né d'un désir illusoire et d'un intellect conforme [à lui]... .Et lui ([l'eros] reste suspendu à Psyché [équivalant, ici, à Penia] de qui il est né, comme à son principe, à part le mélange avec ce *logos* qui n'est pas resté en soi, mais qui s'est mêlé à cette substance indéfinie [la matière ὕλη]... Et ainsi cet amour est comme un taon tourmenté de son désir insatisfait, parce qu'après avoir obtenu l'assouvissement, sa privation subsiste, la plénitude ne pouvant résulter d'un mélange, mais ne pouvant exister que dans ce qui a l'entier en soi-même, grâce à sa nature : vu que ce qui est le désir provenant d'une privation de la nature, même quand il trouve par hasard une satisfaction, reviendra toujours à désirer de nouveau, cette satisfaction n'étant qu'un expédient de son insuffisance, tandis que la satisfaction appropriée se trouverait uniquement dans la nature du *logos*[111]. »

---

[109] Le désir, ou soif, comme substratum métaphysique de l'existence finie *(tahnâ,* à cf. avec la *concupiscentia originalis* des théologiens catholiques) doit naturellement être distinguée du désir au sens sexuel spécifique qui n'est qu'une manifestation particulière du premier.

[110] Plotin, *Enn.*, III, v. 2.

[111] *Ibid.*, III, v. 7.

Si, comme substance et sens de la γενεσις, de l'existence tellurique enfermée dans le cercle éternel de la génération, les philosophes grecs virent l'état de « ce qui est et qui n'est pas », une « vie mêlée à la non-vie », celle-là même est la nature de l'amour et du désir que le mythe de Porus et Penia nous dévoile. Et les amants, héritiers de l'ivresse qui vainquit Porus quand naquit Aphrodite, ne s'aperçoivent pas que, alors qu'en désirant et en engendrant ils croient continuer la vie, ils se donnent à eux-mêmes la mort, que, tandis qu'ils croient détruire la dualité, ils la confirment de nouveau[112]. Cela, précisément parce que le désir, quand il est la convoitise extravertie en fonction d'un « autre », tel qu'il existe chez la plupart, implique la privation, une privation congénitale, élémentaire, et justement quand il croit se satisfaire, la confirme, renforce la loi de la dépendance, de l'insuffisance, de l'impuissance à « être » au sens absolu. On abdique la vie absolue quand on la cherche en dehors, en se répandant et en se perdant dans la femme. Cela c'est le paradoxe de la soif, si on la considère du point de vue métaphysique : l'assouvissement n'éteint point la soif, mais il a confirme, parce qu'elle implique un « oui », dit à elle. C'est l'éternelle privation d'Eros qui, s'il renaît toujours, renaît avec la même privation, avec le même besoin. C'est ainsi que dans les unions auxquelles pousse l'*eros* devenu convoitise extravertie et pandémique, la diade n'est pas dépassée ; la dualité que la situation de la convoitise présupposée (homme et femme) se retrouve fatalement dans le résultat : l'acte devient celui qui éveille à la vie un « autre », le fils. L'autre qui, dans l'espèce de la femme, a conditionné un moment d'extase ivre et spasmodique et d'« unition », en général, se représentera précisément comme l'autre que constitue le fils, auquel en même temps qu'avec la vie, se transmet le destin de la mort (immortalité mortelle d'Eros) ; le fils avec lequel on aura certes une suite, une continuité, mais celle de l'espèce, de tant d'existences séparées poursuivant chacune vainement l'être, non la continuité d'une conscience transcendantalement intégrée, qui arrête l'écoulement. Ainsi on a pu dire que le fils tue le père, et que le dieu de la terre trompe ceux qui croient trouver dans la femme leur complément et la fin de l'angoisse. La naissance animale syncope, arrête net la naissance éternelle ou

112 Pour tout ce qui suit, cf. J. Evola,. *Lo Yoga della Potenza*, cit. p. 301 sqq.

renaissance. L'hétérogénération (génération de l'autre, du fils) y prend la place de l'autogénération — de l'intégration androgynique[113].

Tout cela peut donc nous servir comme une contribution ultérieure à la métaphysique de ce que nous avons appelé la direction en chute de l'*eros*. Et c'est aussi pour avoir envisagé cette direction, que souvent dans le monde traditionnel, en Orient tout comme dans l'Occident antique, les divinités de l'amour et de la fécondité furent en même temps des divinités de la mort. On connaît, par exemple, l'inscription dédiée à Priape dans un lieu sépulcral : *Custos sepulcri pene districto deus Priapo ego sum. Mortis et vitae locus.*

On peut indiquer ici une des interprétations possibles d'un autre mythe hellénique connu, le mythe de Pandore. L'enchaînement de Prométhée, auquel Zeus a repris le feu, a pour contre-partie le don de Pandore, de la femme du désir, de « l'objet d'une espérance qui sera déçue », fait par les dieux à Épiméthée, frère de Prométhée. Épiméthée (= « celui qui s'aperçoit trop tard » ; doit être considéré effectivement non comme un être distinct, mais comme un autre aspect du titan, de substance titanique lui aussi, mais plus obtus. C'est comme si les dieux avaient trouvé un moyen de déjouer la tentative prométhéenne, dans la forme de celle-ci qui est propre à l'*eros*. Malgré l'avertissement de Prométhée, Êpiméthée accepte le don, Pandore, il se laisse ensorceler par elle, jouit d'elle, sans s'apercevoir des pièges que son propre désir lui a tendus : sur quoi, les Olympiens rient. Dans le vase de Pandore, de celle que l'on appelle ainsi parce qu'elle semblait réunir les dons de tous les dieux, il ne reste que la trompeuse espérance. Le mythe dit qu'avec Pandore se clôt une époque ; à cause de la femme du désir, la mort entre dans le monde[114].

Dans cette perspective, on peut aussi comprendre la raison de la condamnation de la femme et de la sexualité, de la part de ceux qui cherchent à atteindre l'immortalité et la destruction de la condition

---

[113] Cf. sur le plan profane ces paroles de H. Bergson, l'*Évolution créatrice* (Paris, 1932, p. 14) : « L'individualité héberge donc en soi son ennemi. Le besoin qu'elle éprouve de se perpétuer dans le temps la condamne à n'être jamais complète dans l'espace. »

[114] HÉSIODE, *Théog.*, 521 ; *Op. et die*, 48 sqq. L'exégèse de Zosime (XLIX, 3, texte de Berthelot) est intéressante : « Hésiode appelle l'homme extérieur le lien avec lequel Prométhée fut lié. Après quoi, fut envoyé un autre lien, Pandore, *que les Hébreux appellent Eve.* Allégoriquement, Prométhée et Êpiméthée sont un « seul être » et la désobéissance d'Épiméthée envers Prométhée, fut « envers son esprit (noûs) même ».

humaine le long de la voie directe de l'ascèse. C'est dans ce cadre et non dans celui du platonisme, qu'on peut opposer un Eros à un autre Eros. À part ce que nous dirons au début du sixième chapitre sur « le courant tourné vers le haut » et sur le régime des transmutations, l'horizon ici est celui tracé précédemment : à l'*eros* comme ivresse positive, dans un circuit magnétique ou l'« autre » sert seulement d'aliment et où la diade est déjà résolue au départ, s'oppose l'*eros* charnel et désespéré, l'*eros* devenu soif et convoitise, impulsion aveugle à la confirmation de soi, à travers une possession illusoire, qui avorte dans la procréation, dans la génération animale.

À cet égard, le point décisif a peut-être trouvé sa meilleure expression dans certains passages des Évangiles non canoniques, d'inspiration mystériosophique et gnostique. Dans l'*Évangile des Égyptiens* on lit : « Parce qu'ils disent que le Sauveur déclarait : Je viens pour mettre fin à l'œuvre de la femme, de la femme, c'est-à-dire, de la convoitise *[cupiditas,* ἐπιθυμις], l'œuvre de la génération et de la mort. » Cette possibilité est donc la première. Et ensuite : « Le Seigneur ayant opportunément fait allusion à l'accomplissement final, Salomé demanda : « Jusqu'à quand les hommes mourront-ils ? » et le Seigneur répondit : « Tant que vous, femmes, enfanterez » ; et elle, ajoutant : « Je fis donc bien de ne pas enfanter », le Seigneur répliqua : « Mange de chaque herbe, mais ne mange pas de celle qui a l'amertume [de la mort]. » « Et Salomé ayant demandé quand seront rendues manifestes les choses qu'elle demandait, le Seigneur dit : « Quand le vêtement d'opprobre sera foulé aux pieds et que *les deux deviendront un,* et l'homme avec la femme ni homme ni femme »[115].

Pourtant Plotin a parlé d'un amour qui est une maladie de l'âme : « comme lorsque le désir d'un bien apporte avec soi un mal »[116]. Par quoi il a exactement indiqué l'ambivalence du phénomène dont il s'agit.

---

[115] *Apud* Clément d'Alexandrie, *Strom.*, III, p. 63 ; III, 9, 64 sqq III, 13, 92. Cf. aussi les paroles mises dans la bouche d'un initié gnostique : « Je reconnus et rassemblai moi-même de toutes parts ; je n'ensemençai pas de fils de l'Archonte [en engendrant] mais arrachai les racines et réunis [mes] membres qui étaient épars partout ; je sais qui tu es parce que je suis de la région d'en haut » (*apud* G. R. S. Mead, *Fragments of a faith forgotten,* London, 1900.

[116] Plotin, *Enn.*, III, v, I.

Ainsi les points de repère essentiels de la métaphysique du sexe ont été fixés. En résumé, en nous rapportant au mythe de l'androgyne, nous avons indiqué avant tout le sens métaphysique de l'*eros* comme fait primordial. L'état, ou expérience de l'*eros* obéissant à ce sens (tendance à la réintégration, à l'être à l'état non-« duel » dont on est déchu), nous l'avons ensuite inséré dans un ensemble plus vaste, en le plaçant à côté d'autres formes de transport et d'exaltation active désindividualisante, que le monde antique jugeait capables de suspendre, dans l'une ou l'autre forme et mesure, la condition humaine, et de conduire à des contacts avec le supra-sensible. En reprenant et en développant la distinction faite par Platon, nous avons cependant indiqué la différence entre une « manie » déterminée par le bas et une « manie » déterminée par le haut, et la bivalence que par conséquent présentent les faits extatiques. Ensuite, nous avons vu dans la métaphysique de la « survivance dans l'espèce » et de l'« instinct de reproduction », une sorte de dislocation involutive du sens principal inhérent à l'*eros*, c'est-à-dire de la volonté d'être absolu et d'immortalité. De la même manière, en fonction de phases involutives plus poussées, nous avons brièvement considéré soit la sexualité du monde animal — la métaphysique nous ayant là aussi fourni la clef de la biologie — soit des compensations que l'homme ordinaire se crée avec la vie sexuelle socialisée. Une interprétation convenable du mythe de Porus et de Penia, nous a permis, enfin, de pressentir la structure de la force qui, dans sa privation incurable et sans fin, alimente le cercle éternel de la génération, auquel, malgré tout, conduit, dans le signe du *bios*, l'impulsion de l'être brisé, à ne pas finir.

Ces données suffisent pour s'orienter dans l'analyse des aspects variés et des formes mêlées de la phénoménologie de l'*eros*, tant profane que sacral : analyse qui, intégrée par une considération de la mythologie de l'homme et de la femme, et par des indications sur les techniques de magie sexuelle, fera l'objet des chapitres suivants.

3. PHÉNOMÈNES DE TRANSCENDANCE DANS L'AMOUR PROFANE

18. — Le sexe et les valeurs humaines

Dans chaque amour humain suffisamment intense, le caractère qui plus que tout autre en atteste le fond métaphysique, c'est sa *transcendance :* transcendance à l'égard de l'être individuel, transcendance à l'égard de ses valeurs, de ses normes, de ses intérêts ordinaires, de ses liens les plus intimes, et dans le cas-limite, à l'égard de son bien-être, de sa tranquillité, de son bonheur et même de sa vie physique.

L'absolu, le sans-conditions, ne peut se trouver qu'au-delà de la vie d'un Moi enfermé dans les limites de la personne empirique, physique, pratique, morale ou intellectuelle. Ainsi, en principe, seul ce qui transporte hors de cette vie et de ce Moi, qui crée en eux une crise, qui induit en eux une force plus forte, qui déplace le centre de soi-même au-delà de soi-même — même s'il faut que cela se produise d'une façon problématique, catastrophique ou destructrice — cela seul peut éventuellement ouvrir la voie vers une région supérieure.

Or, il est de fait que dans la vie courante, en bien peu d'autres états analogues à ceux conditionnés par l'amour et par le sexe, un certain degré de cette condition de transcendance se réalise chez les êtres humains. Il serait vraiment oiseux de souligner quel rôle puissant l'amour, sujet éternel et inépuisable de tout art et de toute littérature, a joué dans l'histoire de l'humanité dans la vie individuelle et collective : favorisant soit l'héroïsme et l'élévation, soit la lâcheté, l'abjection, le crime et la trahison. Si vraiment l'on devait voir dans l'amour sexuel une impulsion liée génétiquement à l'animalité, tout ceci considéré, on devrait bien conclure que l'homme se trouve sur un plan beaucoup plus bas que celui de n'importe quelle espèce naturelle, en ayant permis à l'amour, au sexe et à la femme de l'intoxiquer et de le dominer au point que, non seulement son être physique mais aussi, et surtout, le domaine de ses facultés les plus élevées est atteint, en étendant et renforçant ainsi démesurément l'aire de cet envahissement au-delà de celle propre à un instinct banal. Au contraire, en suivant l'interprétation métaphysique du sexe, tous ces faits se présentent sous un autre jour, et leur appréciation estdifférente. La tyrannie de l'amour et du sexe, et tout ce qui dans l'*eros* est capable de renverser, de saper ou de subordonner toute autre chose, au lieu d'une extrême dégradation et d'un inexplicable démonisme dans l'existence humaine, devient chez l'homme le signe de l'incoercibilité, de l'impulsion à se porter, d'une manière quelconque, au-delà des limites de l'individu fini.

Tandis que la biologie ne peut pas mettre sur le même plan la fonction de nutrition et celle de reproduction (quand bien même elle ne considère pas la première comme la principale, étant donné que l'homme peut vivre sans s'accoupler, mais qu'il ne peut vivre sans se nourrir), la différence absolue de rang qui existe par contre entre l'une et l'autre de ces fonctions, apparaît évidente. Ce n'est que dans les cas-limites de faim absolue, que la fonction nutritive peut emporter aveuglément l'individu. Mais cette fonction n'a pas une quelconque contre-partie psychique ; dans les conditions sociales normales et au long de l'histoire, on ne trouve pour la nutrition rien qui correspond au rôle que la fonction sexuelle joue dans la vie individuelle et collective, rien de l'influence profonde et multiple que celle-ci exerce dans le domaine émotionnel, moral, intellectuel, voire même spirituel. En général, il n'existe pas chez l'homme d'autre besoin qui, pour toucher les profondeurs de l'être dans la même mesure que le besoin sexuel, ne se limite au simple assouvissement, mais ait ce rôle d'un « complexe » qui développe aussi son influence avant, après et hors de cette satisfaction.

Il serait banal de s'étendre sur les aspects sociaux du pouvoir « transcendant » de l'amour. Il peut briser les limites de la caste et de la tradition, il peut rendre ennemies des personnes du même sang et de mêmes idées, détacher les fils des pères, rompre les liens établis par les institutions les plus sacrées. Comme nous l'apprend l'histoire, jusqu'aux cas les plus récents qui se sont vérifiés dans la maison des Habsbourg et dans celle d'Angleterre, le Ferdinand shakespearien qui, par amour pour Miranda, se déclare prêt à renoncer à sa dignité de roi et à être heureux de servir d'esclave à Prospero, ce pouvoir « transcendant » de l'amour est un motif qui n'est pas du tout limité à la littérature ou aux princes romantiques d'opérettes. Si le problème sexuel d'Henri VIII fut l'occasion fournie pour la création de l'anglicanisme contre Rome, la sexualité de Luther, intolérant de la discipline monastique, joua un rôle non négligeable dans la genèse de la Réforme. Si Confucius a remarqué que l'on n'a jamais autant fait pour la justice que pour le sourire d'une femme, si Leopardi, dans « Il primo amore » reconnaît à l'*eros* le pouvoir de susciter le sens de la vanité de chaque but ou étude et même de l'amour de la gloire, et de faire dédaigner tout autre plaisir, le mythe classique fait préférer à Paris, sous le signe d'Aphrodite, la femme la plus belle à la science suprême promise par Athéna-Minerve, et à l'Empire de l'Asie et à la richesse promise par Héra-Junon. « J'ai plus de joie d'un de tes regards, d'une de tes paroles, ô jeune fille, que du savoir universel », dit Faust. Et de l'antiquité parvient l'écho de la déconcertante demande de Mimnerme, à savoir si, en général, il existe une vie et une joie de vivre sans « Aphrodite la dorée », si sans elle la vie est encore la vie[117]. La sexologie est d'accord en convenant que l'« amour, en tant que passion déchaînée, est tel un volcan qui brûle et consume tout : c'est un abîme qui engloutit honneur, fortune et santé »[118].

Dans le domaine purement psychologique, on peut mettre en lumière des effets aussi positifs de l'amour. Déjà Platon remarquait que, dans le cas d'un comportement vil ou d'une action honteuse, on n'éprouve jamais autant de honte qu'en présence de celui qu'on aime : « personne n'est tellement lâche, qu'Amour même ne lui infuse une valeur divine, capable de le rendre semblable à celui qui, par nature, est très audacieux... L'ardeur qui justement... chez quelques héros est inspirée par le dieu, Amour la donne aux amants par l'effet de sa nature même »[119]. Et l'on peut associer à tout cela le rôle, même exagéré par la littérature romantique, que jouèrent l'amour et la femme pour inciter à des œuvres élevées et à des actions sublimes. Si le « il n'y a rien que je ne ferais pour toi » est un lieu commun banal du langage des amants, c'est pourtant dans la même direction qu'on rencontre les faits réels de la coutume chevaleresque médiévale, selon laquelle au cours de combats ou d'entreprises dangereuses, l'homme mettait volontiers sa propre vie en

---

[117] Cf. C. Kerényi, *Le Figlie del Sole,* Torino, 1949, p. 128.

[118] V. Krafft-Ebing, *Psychopathia Sexualis,* cit., p. 21.

[119] *Banq,* 179 a-b.

péril, pour une femme, faisant d'elle le point de repère de toute sa gloire et de tout son honneur. Ici on doit naturellement établir une distinction entre ce qu'on accomplit comme simple moyen d'arriver à posséder une femme dont on est épris, et tout ce que, en fait de dispositions positives, d'auto-dépassement, d'enthousiasme créateur ont eu la femme et l'expérience érotique, comme simples moyens propitiatoires : le second cas entrant seul vraiment en question ici[120].

Mais, comme signes d'un pouvoir qui brise l'individu, les effets négatifs d'une passion sont plus intéressants, c'est-à-dire ses aspects d'une transcendance qui n'épargne pas la personnalité morale et sape ses valeurs les plus essentielles. De nouveau, on peut faire parler Platon, qui remarque combien les amants « consentent à une servitude, à laquelle pas même un esclave ne voudrait être soumis », ni ne se sentent méprisables pour une adulation telle que même le tyran le plus dégradé ne peut la désirer, « Si pour s'enrichir ou pour faire son chemin dans le monde, quelqu'un voulait se comporter comme il le fait par amour... un ami, voire même un ennemi, l'empêcherait de descendre aussi bas »[121]. Dans l'éthique des peuples aryens, nulle autre vertu n'était aussi honorée que la vérité et rien n'inspirait tant d'horreur que le mensonge. Or, dans la morale indo-aryenne, le mensonge, admis dans le but de sauver une vie humaine, est aussi admis dans l'amour. De même que tout respect vis-à-vis de soi-même, dans ce domaine tombe le critère même de la *fairness* si l'on a pu énoncer le principe : *all is fair in love and war*. Le serment même cesse d'être sacré : « celui qui aime est le seul qui peut jurer et rompre le serment sans encourir la colère des dieux » dit Platon[122] ; et Ovide par surcroît : « Jupiter du haut des cieux prend en riant les parjures des amants, et il veut qu'ils restent sans effet, que le zéphyr et le vent les

---

[120] Dans un roman de chevalerie, Lancelot dit à Genièvre : « Tout seul je n'aurais pas eu le courage d'entreprendre aucune action chevaleresque ni de tenter des choses auxquelles tous les autres ont renoncé par manque de force. » Mais la même Genièvre remarque que tout ce qu'il a accompli pour cet amour, pour la posséder, « lui a fait perdre le droit d'accomplir les autres aventures du Saint-Graal, en l'honneur duquel la Table Ronde a été instituée » (Delécluze, *Roland ou de la chevalerie*, Paris, 1845).

[121] *Banq.*, 183 *a-b*.

[122] *Ibid.*, 183 *b*.

emportent. » « Une vertu... devient la fraude et le fait de rompre avec elles (avec les femmes) la foi jurée, ne mérite pas le nom de honte[123]. »

La conséquence à en tirer, c'est qu'on s'attend à quelque chose d'absolu de la part de l'amour ; c'est pourquoi l'on n'hésite pas à reconnaître à ses fins une prééminence en face de la vertu même, et à se porter effectivement au-delà du bien et du mal. Si le sens ultime de l'impulsion qui pousse l'homme vers la femme est celui que nous avons déjà indiqué, c'est-à-dire le besoin d'*être* au sens transcendant, ce que nous avons déjà relevé et que confirme la vie de chaque jour, apparaît parfaitement compréhensible. Et il apparaît compréhensible aussi que, dans les cas-limites, dans les cas où ce sens est obscurément vécu avec une intensité particulière de la force élémentaire de l'*eros*, l'individu, quand le désir n'est pas apaisé, peut être poussé au suicide, à l'assassinat ou à la folie. Le mirage que même l'amour profane offre comme reflet ou pressentiment de ce que l'*eros* peut donner s'il passe à un plan supérieur — la félicité suprême supposée dans l'union avec un individu déterminé de sexe différent — est tel que s'il est nié ou cassé net, la vie même perd tout attrait, devient vide et privée de sens, si bien que chez quelques-uns, le dégoût conduit même à la raccourcir. Pour cette même raison, la perte de l'aimée due à sa mort ou à sa trahison, peut être une douleur qui dépasse toute autre. Mieux que tous, Schopenhauer a mis tout cela en lumière[124] : mais autant est exacte sa constatation d'un mobile et d'une valeur qui, dans l'amour, transporte absolument au-delà de l'individu, autant est absurde sa référence à l'omnipotence de l'espèce et son incapacité à voir en tout cas de ce genre, autre chose que l'effet tragique d'une illusion. La contribution positive de Schopenhauer est d'avoir signalé que, si les souffrances de l'amour brisé ou trahi dépassent toutes les autres, ceci est dû à un élément non empirique et psychologique, mais transcendantal, au fait que dans tous ces cas, ce n'est pas l'individu fini, mais l'individu essentiel et éternel qui est frappé : il ne s'agit pourtant pas de l'espèce en lui, mais bien de son noyau le plus profond, dans son besoin absolu d'« être », son besoin de confirmation, allumé par l'*eros* et la magie de la femme.

Dans ce même ordre d'idée, il convient de considérer aussi les cas où, non seulement l'amour sexuel ne s'associe pas à des affinités de caractère et à des inclinations intellectuelles, mais subsiste et même se réaffirme à

---

[123] *De arte amandi*, 1, 635-636.

[124] *Metaphysik der Geschlechtsliebe*, cit., p. 85-88, 109, 112, etc.

côté de mépris et de haine de la part de l'individu empirique. Il existe effectivement des situations auxquelles s'applique la définition de l'amour donnée par un personnage de Bourget : l'amour : une haine féroce entre deux étreintes[125]. Dans l'amour, l'élément haine réclame une considération à part, parce qu'il peut avoir un sens plus profond, non existentiel mais métaphysique : nous le verrons dans le prochain chapitre. D'un autre côté, on peut l'envisager et l'intégrer dans l'ensemble des faits de transcendance qui conformément à ce que nous avons dit (§ 12) sur les trois plans possibles de manifestation de l'*eros* dans l'être humain, se vérifient, quand la force de la couche élémentaire se réaffirme plus forte que les conditionnantes propres aux deux autres couches moins profondes, c'est-à-dire, que les conditionnalités propres, non seulement à l'individu social et à ses valeurs, mais aussi à l'individu considéré sous le rapport de sa pré-formation, de sa propre nature, de son caractère : un désir absolu, contre lequel même la haine et le mépris à l'égard de l'être aimé, ne peuvent rien. Ces cas ont justement la valeur d'une « épreuve de réaction » : ils nous disent ce qui est vraiment fondamental dans l'*eros* aussi en différents cas, c'est-à-dire dans les cas où n'existent pas de contrastes et d'hétérogénéités humaines notables entre les deux individus, où, par conséquent, le magnétisme élémentaire peut s'allumer dans un climat sans grandes tensions.

19. — « Amour éternel ». Jalousie. Orgueil sexuel

La contre-partie positive présente aussi dans des cas problématiques comme ceux que nous venons d'indiquer, c'est le sentiment qu'on a la vie dans la femme, qu'en elle est la vie même — vie au sens supérieur. Le jargon des amants a ce thème constant : « tu es ma vie », « sans toi je ne peux vivre », avec une multiplicité infinie de variantes. Banalités sans doute : mais le plan sur lequel nous verrons réapparaître et s'intégrer ce même thème (Eve = la Vie), dans un cycle de mythes et de légendes qui embrasse les traditions les plus lointaines dans le temps et dans l'espace, n'est pas banal. C'est le sentiment d'une vie supérieure savourée d'avance et reconquise, au moins dans un reflet ou par instants seulement à travers la femme, en de confus états émotifs, c'est ce sentiment qui se reflète même dans ces expressions stéréotypées du jargon universel des amants.

---

[125] *Physiologie de l'amour moderne.*

Il est naturel pourtant que, soit une angoisse, soit un besoin d'éternisation s'associent à l'amour. C'est l'angoisse que finisse l'état auquel on s'est élevé. Ainsi dans l'amour il y a toujours de l'inquiétude, même aux moments culminants ; en eux surtout l'amant redoute toujours que tout puisse finir, c'est pourquoi à part dire franchement qu'en de tels moments par crainte de descendre de cet état élevé, il voudrait mourir, sans se lasser, continuellement, anxieusement il demande : « Ne te lasseras-tu pas de moi ? » « M'aimeras-tu toujours ? » « Me désireras-tu toujours ? » Il n'y a pas d'amour assez intense qui ne comporte justement le besoin d'un « toujours », de la durée sans fin, comme un sentiment sincèrement vécu qui sur le moment s'impose, même quand la raison en reconnaît parfaitement le caractère illusoire et l'absurdité, et quand après la fin d'une relation érotique donnée où d'abord on l'avait senti, il se rallume en série dans d'autres relations avec d'autres êtres (un cas typique est celui des passions amoureuses de Shelley) : cela, parce qu'il représente un moment essentiel de la structure de l'expérience[126]. Quand un tel sentiment s'affirme, il y a aussi un corrélatif, dans un autre genre de dépassement de l'élément temporel, de dépassement de la limite du « maintenant » : c'est la sensation très fréquente chez les amants, de la familiarité, de s'être déjà connus depuis très longtemps : « tu es l'image que j'avais toujours portée en moi, cachée à l'intérieur de moi », et encore : « Il me semble que je t'ai connue avant de me connaître moi-même. Tu me parais antérieure à tout ce que je suis » (Mélandre, dans Maeterlinck). Tous ceux-ci sont des faits réels de l'expérience érotique. Absolument absurdes au cas où la seule raison d'être de l'amour eût été l'accouplement procréateur — parce que celui-ci ne demanderait aucun désir ou besoin que la possession continue, et que même il s'éternise au-delà des états émotifs liés à l'acte momentané d'une étreinte particulière — à la lumière de la métaphysique du sexe, ils révèlent leur logique précise.

On peut dire la même chose à propos de la fidélité et de la jalousie. Ni la nature ni l'espèce, ne les demandent comme nécessaires à leurs buts. Le contraire serait même naturel, parce que l'attachement à un seul être ne peut pas ne pas représenter un facteur limitatif pour la libre pandémie génésique, pour l'emploi d'autres êtres offrant des possibilités

---

[126] Pourtant il est exact de dire : « Malheur à l'homme qui dans les premiers moments d'une liaison amoureuse ne croit pas que cette relation ne doit pas être éternelle ! Malheur à qui, dans les bras d'une amante qu'il vient d'avoir, garde la funeste préscience et prévoit qu'il pourra s'en détacher ! « B. C.de Rebecque, dans B. Péret, *Anthologie de l'amour sublime,* Paris, 1956, p. 158-159.

biologiques égales, voire même meilleures, pour la reproduction. Au contraire, on peut comprendre que si une femme aimée donnée réalise les conditions pour que le besoin d'auto-confirmation et *d'être* soit apaisé, pour que soit atténuée la privation existentielle de la créature, pour qu'on s'achemine vers la possession de la Vie en soi-même, l'idée que cette femme nous trahit ou passe à d'autres, donne la sensation d'une fracture mortelle, de quelque chose qui lèse le noyau existentiel le plus profond de soi-même : cela, d'autant plus, dans la mesure où la situation décrite plus haut (§ 12) d'un *eros* avec un petit degré de déplacement, est présente. On peut comprendre alors que l'amour se change en haine, que chez une personne, le sentiment de sa destruction la pousse sauvagement à la destruction de l'autre personne qui en a été la cause, avec l'assassinat, avec le meurtre de qui l'a trahie : c'est une absurdité inouïe, celle-ci, dans le cadre d'un finalisme quelconque de l'espèce, mais aussi de toute psychologie ; avec la haine amoureuse qui tue, ni l'individu ni l'espèce ne gagnent rien.

Il existe des cas où, dans l'amour, le besoin de posséder absolument un autre être, physiquement et moralement, dans la chair et dans l'âme, dans son aspect le plus superficiel peut être expliqué par l'orgueil du Moi, et par l'impulsion à la puissance. Nous disons pourtant « dans son aspect le plus superficiel », parce que ces impulsions ne sont pas primaires, ce sont des complexes qui se sont formés sur le plan de l'individu social, dont la racine est plus profonde et plus inavouée. Le *Geltungstrieb*, le besoin d'avoir de l'importance, la nécessité de se valoriser en face de soi-même avant même de le faire en face des autres, la « protestation virile » qu'Adler a placée comme motif central de sa psychologie analytique, ne sont pas tant la cause de super-compensations névropathiques, que des effets relevant eux-mêmes d'un complexe d'infériorité d'ordre, pour ainsi dire, transcendant, de la perception obscure de la privation inhérente dans l'homme, en tant qu'être fini, brisé, problématique, mélange d'être et de non-être. Dans sa métaphysique, l'*eros* est une des formes naturelles par lesquelles on cherche à atténuer et à suspendre le sentiment de cette privation. Le rôle, que peut jouer aussi une impulsion à « valoir » en termes de possession érotico-sexuelle, est donc naturel chez celui qui a besoin d'une auto-confirmation : comme un moyen de s'illusionner qu'il « est », dans les rapports érotiques — d'où la phénoménologie soit de la jalousie au sens spécifique que nous venons d'envisager, soit du despotisme sexuel. Mais, répétons-le, tout ceci n'a pas un caractère primaire, ceci concerne seulement des transpositions tenant au domaine de la conscience plus périphérique. L'homme qui se tient sur ce plan ne saisit pas le sens ultime et la dimension en profondeur des impulsions auxquelles, dans des cas semblables, il obéit ; ainsi, souvent il alimente justement les manifestations compensatrices déviées et primitives, que nous avons signalées. Cette chose assez ridicule qu'est l'« orgueil du mâle » rentre dans ce domaine. Plus vers l'extérieur encore, on trouve ce qui dans le phénomène de la jalousie peut être dicté par le simple amour-propre et par l'idée sociale de l'honneur Nous avons parlé de transpositions déviées, parce que, lorsque le Moi cherche dans le sentiment de possession et dans l'égoïsme sexuel, une compensation ou un anesthésique pour son sentiment obscur d'infériorité, quand le sentiment de la possession lui fournit le succédané de l'« être », presque toujours l'effet réel est précisément un renforcement de l'égoïsme de l'individu empirique dans sa limitation et clôture, ce qui va contre la tendance au dépassement de soi constituant la possibilité supérieure de chaque *eros*. Néanmoins cette situation se réalise fréquemment. Dans le *Triomphe de la Mort* de d'Annunzio, Giorgio Aurispa s'accroche désespérément au sentiment de la possession pour éluder celui du néant, et pour résister à l'impulsion radicale au suicide. Et il dit : « Il n'y a sur terre qu'une ivresse durable : la sécurité absolue dans la possession d'une autre créature. Je cherche cette ivresse. »

Mais, dans les expériences érotiques courantes, on rencontre principalement un mélange de ces deux moments contradictoires : l'impulsion à avoir de la valeur en possédant, et la tendance à sortir de soi, dans l'union avec l'autre. Ainsi, d'une certaine façon, cette contradiction a un caractère dialectique et, métaphysiquement, les deux tendances sont liées génétiquement, tirent toutes deux leur origine d'une même racine, en ne s'opposant l'une à l'autre que dans leurs formes de manifestations finies et conditionnées[127]. Dans un *eros* intégré, prévaudra au contraire le caractère propre à la μανία ou exaltation-enthousiasme, sous le signe de l'Un, donc un mouvement qui va au-delà soit de soi-même, soit de l'autre, l'affirmation de soi ainsi que celle de l'autre : tout comme sur un plan différent, on le voit se produire dans l'expérience héroïque. Et l'antithèse dont nous avons parlé, est dépassée. « Au-delà de la vie », « plus que la vie », peut être le principe propre au grand amour, à la grande passion, au grand désir : « Je t'aime plus que ma vie ». La

[127] Sur la base de ce que nous venons de dire, on pourrait arriver à une unification des théories opposées de Freud et d'Adler, ayant pour centre l'un la *libido sexualis*, l'autre l'impulsion à valoir : parce que l'*eros* incorpore lui-même une impulsion à la confirmation de soi, l'effort pour la réintégration individuelle. Si la racine dernière du second est une « idée de puissance et de similitude à Dieu » qui agit dans l'inconscient, nous n'avons pas retiré un sens différent du mythe de l'androgyne, pour l'*eros*.

technique d'un charme d'amour arabe consiste à concentrer toute la volonté dans l'expression des yeux en fixant la femme, pendant qu'on se fait trois entailles sur le bras gauche en disant : « Il n'y a pas de Dieu hors de Dieu. Et de même que cela est vrai, ainsi tout mon sang coulera, avant que s'éteigne mon désir de te posséder[128]. »

20. — Phénomènes de transcendance dans la puberté

Les états qui accompagnent la première manifestation de la force du sexe, dans la puberté et l'amour, présentent un intérêt particulier.

Au moment où pour la première fois, l'on éprouve l'état provoqué par la polarité des sexes, le fait de sentir une sorte d'effarement, de peur ou d'angoisse, est presque général, parce que dans l'ensemble psycho-physique de l'être individuel, on éprouve la sensation plus ou moins distincte de l'action d'une force nouvelle, plus haute, illimitée. Une peur, justement, par le pressentiment de la crise que cet être individuel subira et du péril qu'il courra, peur mêlée à l'inconnu du désir. L'expression employée par Dante pour le sentiment éveillé en lui à la première apparition de la femme[129], reflète cette expérience : *Ecce Deus fortior me, qui veniens dominabitur mihi* : une force plus forte qui fait dire à « l'esprit naturel » (auquel on peut faire correspondre le Moi physique) : « *Heu miser ! Quia frequenter impeditus ero deinceps !* » Et Gelâleddîn Rûmî :

> La mort bien met fin à l'angoisse de la vie.
> Et pourtant la vie tremble devant la mort...
> Ainsi tremble un cœur devant l'amour,
> Comme s'il sentait la menace de sa fin.
> Parce que là où s'éveille l'amour, meurt
> Le Moi, l'obscur despote[130].

Si on l'examine sous un jour précis, la pathologie des phénomènes de la puberté est particulièrement révélatrice à cet égard. L'apparition de la force du sexe produit un bouleversement qui, lorsque l'organisme, à

---

[128] Cf. O. Helby Othman, *El Kitab des lois secrètes de l'amour,* Paris, 1906.

[129] *Vita Nuova,* II, 4.

[130] Trad. Rückert, *apud* Klages, cit., p. 68.

cause de tares héréditaires, de faiblesse congénitale, de quelque traumatisme psychique ou d'autres causes encore, n'a pas la résistance nécessaire pour surmonter la crise, se produisent chez l'individu des manifestations morbides ayant pour limite la folie même, une forme spéciale d'aliénation mentale que Kahlbaum a justement appelée hébéphrénie, c'est-à-dire folie de la puberté[131]. On peut interpréter toutes ces manifestations comme l'effet, soit d'une insertion manquée de l'énergie dans les circuits où la force élémentaire, superindividuelle de l'*eros* transformée et réduite, donnera lieu aux formes ordinaires de la sexualité individuelle, soit d'un défaut de structure de ces circuits, à cause duquel l'adaptation de l'ensemble psychophysique à l'énergie, ou de celui-ci à celle-là, n'a pas lieu ou n'a lieu que partiellement. Des attaques hystérico-épileptiques ou semi-cataleptiques, une alternance de formes de mélancolie et de dépression et de formes d'exaltation, d'accès de manie masturbatoire et analogues, sont tous des effets possibles de l'action de la nouvelle force non canalisée ou déviée, ou débordante. Mairet rapporte que, dans les accès frénétiques de masturbation, comme aussi dans d'autres actes, l'individu atteint se sent transporté par une force intérieure indépendante de sa volonté, comme dans une possession[132]. Un arrêt possible du développement intellectuel, au cours de la crise de la puberté, a le même sens : c'est la neutralisation ou l'inhibition du mental, du *manas*, pathologique ici, mais qui, à de moindres degrés, est un phénomène normal aussi dans l'amour et dans la passion. Chez quelques jeunes gens de fréquentes hallucinations visuelles ou auditives ont le même sens : elles sont dues à un pouvoir capable de détacher la faculté imaginative et perceptive du lien des sens de l'individu physique — fait ayant sa correspondance dans cette activation magique de l'imagination par l'*eros*, dont nous avons déjà parlé (§ 9). Enfin, en plus des états d'atonie et de *tedium vitae*, il faut considérer des impulsions au suicide se manifestant parfois à la puberté : ici l'effet d'une expérience *passive* de l'impulsion à la transcendance, l'anticipation du complexe sexualité-mort dont nous parlerons plus loin, est évident[133]. Dans ce domaine également, la pathologie agrandit, « macroscopise » la physiologie : tout ces « troubles » possibles qui se produisent pendant la

---

131 A. Marro, *La Pubertà*, Torino, 1900, p, 203-204,106.

132 A. Mairet, *La folie de la puberté*, apud Marro, cit., p. 122.

133 Pour cette phénoménologie, vue du point de vue profane, c'est-à-dire psychiatrico-« positiviste », cf. Marro, *La Pubertà*, cit., p. 103, 106 sqq., 159, 118-119, 121, etc.

crise de la puberté se répètent, à un degré moindre, toutes les fois qu'on est sérieusement épris et surtout dans la première expérience de l'amour.

Marro[134] rapporte le témoignage clinique d'un adolescent frappé de ces altérations, qui disait « sentir partir des viscères abdominaux un fluide qui monte par le dos et arrive au cerveau »[135] : à ce moment il était pris d'une impulsion irrésistible à accomplir des actes violents et paroxystiques. Ce cas donne une idée du matériel précieux que les psychiatres pourraient recueillir, au cas où ils auraient des connaissances adéquates, en fait de physiologie hyper-physique de l'être humain ; parce qu'il est bien visible que ce témoignage a rapport à une expérience de l'éveil de la *kundalini*, c'est-à-dire du pouvoir basal latent dans la sexualité ordinaire dont traitent les enseignements du Yoga : éveil qui, dit-on, peut aussi avoir pour conséquence la folie ou la mort, quand on le provoque sans une préparation convenable[136]. Dans les formes normales, non pathologiques, correspondant déjà à une canalisation partielle de l'énergie dans les circuits individuels de transformation, on se trouve au contraire devant l'éveil plus ou moins orageux des facultés affectives au moment de la puberté[137].

De plus, on doit considérer, dans la période de la puberté, des manifestations non pathologiques, mais ayant génétiquement la même origine, sur le plan spirituel ; des manifestations dans lesquelles se fait connaître directement l'aspect superphysique propre à la nouvelle force en action lorsqu'en partie, elle est encore à l'état libre, quand elle ne s'est pas complètement polarisée et spécialisée dans le sens de la sexualité ordinaire. Nous faisons allusion aux cas d'un éveil intense du sentiment religieux et des tendances mystiques dans la puberté. Les psychologues ont souvent observé le fait que les crises spirituelles et les conversions se produisent principalement à l'époque de la puberté, en s'accompagnant d'états souvent semblables à ceux propres à la pathologie de la puberté : sens d'incomplétude et d'imperfection, angoisse, introspection morbide,

---

[134] *Op. cit.*, p. 159.

[135] Cf. dans Lawrence : « Pour lui [le regard de cette femme] était un regard d'attente. Et une petite langue de feu serpenta brusquement à ses reins, à la racine du dos. »

[136] Cf. Evola, *Lo Yoga della potenza*, cit. ; A. Avalon, *The Serpent Power*, London, 1925. Nous y reviendrons plus loin, dans le chap. VI.

[137] Cf. Marro, *Op. cit.*, p. 206.

anxiété, dégoût, incertitude, vague insatisfaction intérieure, au point que Starbuck a pu écrire : « La théologie prend les tendances de l'adolescent et construit avec celles-ci[138]. » À quoi correspond une analogie du même genre, entre la modification du sentiment du monde et de la vie qui marque la solution positive des crises religieuses, et celle qui se relie à l'enthousiasme du premier amour heureux. Pour le phénomène religieux W. James écrit : « Un semblant de nouveauté embellit chaque objet », en opposition à un précédent sens d'irréalité et d'étrangeté du monde, a une volonté positive d'être, même quand chaque chose reste la même[139] ». De même, Stendhal écrit que l'amour-passion jette devant les yeux d'un homme toute la nature dans ses aspects les plus sublimes, comme une nouveauté inventée hier. L'homme s'étonne de n'avoir jamais vu le spectacle singulier qui, à présent, se révèle à son âme. Tout est nouveau, tout est vivant et *inspirant*[140]. *Schon wie ein junger Frühling ist diese Welt*, dit une chanson connue, en relation avec le premier amour heureux. « T'énamourant tu verras *(âshiq tarâ)* » — est une sentence arabe qui, dit-on, provoqua l'illumination spirituelle chez un Soufi. Tous ces phénomènes sont des reflets de l'état de plénitude, d'intégration métaphysique du Moi, que fait pressentir l'*eros*. Et leur contrepartie naturelle est, au contraire, le sentiment de vide, de manque d'âme des choses, d'indifférence pour tout, quand un amour est déçu ou finit brusquement. — La fréquence des extases à l'âge de la puberté a été remarquée aussi[141] ; c'est là un fait qui se rapporte au même ordre d'idées.

On retrouve la même situation sur un plan plus profond que celui de la simple psychologie individuelle, si l'on se reporte aux faits ethnologiques. Chez beaucoup de peuples primitifs les soi-disant maladies initiatiques ou sacrées, que l'on considère comme des signes d'élection, coïncident généralement avec l'atteinte de la maturité sexuelle. On a justement remarqué[142] que la formation du chaman, du mage et du prêtre, qui s'accompagne d'un tel signe d'élection, n'a rien à

---

138 Cf. W. JAMES, *Varieties of the religious experience.*

139 *Ibid.*, p. 217.

140 *De l'Amour*, II, 59.

141 v. Krafft-Ebing, *Psychopathia sexualis*, cit., p. 15.

142 M. Eliade, *Le chamanisme et les techniques archaïques de l'extase*, Payot, Paris, 1951, c. III et p. 29 sqq.

faire avec le fait pathologique, elle est bien loin de représenter une sorte de culture systématique stabilisatrice de ce dernier en tant que tel. Au contraire, dans ce processus formatif une technique adéquate élimine dans le sujet tout ce qui a le caractère de pure maladie ; on fait en sorte que la nouvelle force se fixe déjà à l'état naissant sur le plan spirituel : et par là disparaissent automatiquement les phénomènes de la pathologie de la puberté. Le résultat n'est pas la normalité, mais quelque chose de plus, un type humain qui se détache de la masse par sa capacité d'avoir des contacts effectifs et actifs avec le suprasensible. Dans ce contexte, dans l'ethnologie, aussi intéressants sont les cas d'une initiation pour laquelle on choisit de jeunes gens arrivés à la puberté avant qu'ils aient touché une femme[143] : ici, le but est justement de saisir et de fixer la force de la virilité transcendante avant sa spécialisation ou polarisation sexuelle au sens physiologique strict.

Cela nous amène à mentionner ce qu'on appelle les rites de passage, qui ramènent aussi à ce que nous avons dit sur le sexe au sens intérieur, spirituel, en opposition au sexe seulement physique. Chez différentes populations, des rites spéciaux accompagnent le passage de l'enfance à la puberté, en lui donnant le sens d'un passage du plan de la nature à celui d'une virilité au sens supérieur. Pour nous, à cet égard, deux points surtout sont importants.

En premier lieu, dans ces rites on célèbre quelque chose comme une mort et une nouvelle naissance. C'est pourquoi celui qui leur a été soumis, reçoit parfois un nouveau nom, perd le souvenir de sa vie précédente, emploie une nouvelle langue secrète et entre en communication avec les forces mystiques de sa race. Nous nous trouvons ainsi en face d'une forme précise du phénomène de la transcendance qui, dans ce cas, est guidé par une technique consciente dans des cadres institutionnels et traditiomiels.

En second lieu, on rencontre l'idée que sur cette base, une virilité, un sexe masculin spirituel se différencie de la virilité seulement physique, parce qu'on ne considère comme vraiment homme et « fait homme », seul celui qui est passé par ce rite ; soustrait à la juridiction maternelle, il va faire partie de ce qu'on appelle les « sociétés d'hommes », auxquelles peuvent correspondre les « maisons des hommes », isolées des autres habitations, et qui ont en propre des formes particulières d'autorité sacrale ou

---

[143] *Ibid.*

politico-guerrière vis-à-vis du reste de la population. Celui qui n'a pas subi le rite, quel que soit son âge, n'est pas considéré comme vraiment homme, mais comme faisant corps avec les femmes, les bêtes et les enfants. Pour marquer symboliquement le passage, parfois on fait d'abord endosser au néophyte des vêtements féminins : parce qu'il n'est pas encore « fait homme »[144].

Dans l'ensemble, la mise en œuvre de techniques spéciales pour saisir la force du sexe à l'état libre, au moment de sa première manifestation chez l'individu, et pour la faire agir de façon à produire une transformation profonde de l'être, est donc assez visible ici. Dans le cas du sexe masculin, le résultat est la différenciation de ce que nous avons justement appelé la virilité intérieure[145]. Il est possible que même dans le rite catholique de la confirmation, habituellement célébré à la venue de la puberté, on doive voir un dernier reflet de la tradition des actions qui s'effectuaient sur la force non encore matérialisée du sexe : d'autant plus qu'à ce rite on associe la première approche de l'eucharistie, sacrement qui, dans sa forme, comprend également l'idée de la transsubstantiation, d'une mort et d'une résurrection.

Tout cela conduit déjà dans le domaine de l'*eros* non profane, dans le domaine des sacralisations du sexe, mais selon une continuité indiscutable. En effet, les significations fondamentales restent les mêmes. Reste confirmée la transcendance de l'*eros*, laquelle, de même qu'elle est à la base de la pathologie de la puberté, de même, quand la force s'éveille dans les circuits fermés de l'individu, caractérise la passion qui bouleverse, qui chez les amants ordinaires consume, qui, dans une forme positive ou négative, porte au-delà de soi-même : passivement, comme objets plus que comme. sujets du dépassement des limites du Moi — tandis que les faits indiqués de l'ethnologie et d'autres encore du monde traditionnel, dont nous parlerons, attestent la possibilité d'un emploi conscient et actif de cette transcendance potentielle aux fins de

---

[144] Sur tout cela, cf. H. SCHURTZ, *Alterklassen und Männerbünde,* Berlin, 1902 *passim,* en particulier p. 99-108 ; H. Webster, *Primitive secret societies* (A study in early politics and religions).

[145] Comme correspondance, dans le cas de la femme, nous ferons allusion ensuite à la coutume de l'isolement rituel des jeunes filles à l'époque de la puberté et, ensuite, à celle des menstruations, pour que la force magique dont elles deviennent les porteuses, soit circonscrite.

consécrations spéciales, et surtout de la réalisation de l'aspect non-physique de la qualité virile.

21. — Amour, cœur, rêve, mort

Le rôle du cœur dans le langage des amants est très connu et appartient, en général, au domaine du sentimentalisme le plus douceâtre et déliquescent. Pourtant, même ici on peut entrevoir un reflet d'un fait profond, si l'on se rappelle ce que signifia toujours le cœur dans les traditions ésotériques et doctrinales. Plus que comme le siège des émotions, ces traditions considérèrent le cœur comme le centre de l'être humain[146], mais aussi comme le siège dans lequel la conscience se transporte pendant le sommeil abandonnant le siège de la tête auquel l'état de veille correspond habituellement[147]. Comme nous l'avons déjà signalé, l'équivalent *conscient* de l'état de sommeil est pourtant l'état « subtil », en particulier dans la tradition hindoue ; mais chez beaucoup de mystiques aussi, l'espace intérieur, secret, du cœur, est considéré comme le siège de la lumière suprasensible (« lumière du cœur »). Or, quand Dante, en parlant de la première, soudaine perception de l'*eros*, se rapporte à la « chambre la plus secrète du cœur », on n'a plus une allusion banale et approximative du langage amoureux courant, mais quelque chose de beaucoup plus précis et réel[148]. Rien n'est plus fade que le cœur frappé d'une flèche (la flèche qu'avec la *torche*, les Anciens attribuaient déjà à l'Amour personnifié) : c'est un thème préféré même dans les tatouages des marins et des criminels. Mais en même temps, il est comme un hiéroglyphe qui, à considérer ce que nous venons de rappeler, a une singulière intensité de sens. Dans ses formes les plus typiques, l'*eros* se manifeste comme une sorte de traumatisme au point central de l'être individuel : ésotériquement le cœur. Selon des traditions concordantes, c'est dans le cœur qu'est établi le lien du Moi individuel qu'il faut rompre

---

[146] Pour des documentations, nous n'aurions que l'embarras du choix : elles vont de la *Brhadâranyaka-upanishad*, IV, i, 7 (« Le cœur est la partie essentielle de tous les êtres qui, tous, ont en effet leur base dans le cœur ») à Zenon (Armin, II, fr. 837-839) : « La partie principale de l'âme réside dans le cœur », à la scolastique même (Ugo di San Vittore : « *Vis vilalis est in corde* », à Agrippa *(De occulta philosophia*, III, 37), etc.

[147] Cf. *Brhadâranyaka-upanishad*, II, i, 16-17 ; cf. Agrippa, III, 37.

[148] *Vita Nuova*, II, 4.

si l'on veut participer à une vie plus haute, à une liberté supérieure. Ici, l'*eros* agit comme la blessure mortelle d'une flèche. Nous verrons que les « Fidèles d'Amour » médiévaux, et Dante avec eux, élevèrent de façon consciente ce fait sur un plan bien au-delà de l'expérience profane des amants. Mais dans celle-ci aussi — dans chaque amour — la trace persiste. Le terme *fat'hul-qalb* (ouverture ou descellement du cœur) appartient à l'ésotérisme islamique, ainsi que celui de « lumière du coeur ». On en trouve de multiples correspondances dans le langage des mystiques. Dans le *Corpus Hermeticum* (VII, II; VI, I) on rencontre les expressions : ouvrir les « yeux du coeur », comprendre « avec les yeux du cœur ». Or, on peut établir un rapport entre cette condition, déjà désindividualisante dans une certaine mesure, du relâchement du lien du cœur, et l'expérience de nouveauté et presque de fraîche, active transfiguration du monde que nous avons dit accompagner l'état d'amour : en elle on pourrait voir une esquisse de ce qui dans le soufisme est justement appelé le monde perçu avec l'œil du cœur, *ayn-el-qalb.*

Dans le premier chapitre nous avons dit que l'expérience érotique implique un déplacement du niveau de la conscience ordinaire individuelle de veille. C'est un transfert tendanciel, par « exaltation », vers le siège du cœur. Justement la condition d'« exaltation » propre à l'*eros*, par le degré anormal d'activité intérieure qu'elle comporte, fait en sorte que dans ce commencement de déplacement la conscience persiste, qu'elle participe, par conséquent, à une certaine illumination et transformation « rêveuse » à l'état lucide, au lieu de passer dans le demi-sommeil, dans la transe et dans le sommeil, comme il arrive à chacun chaque nuit. À part les répercussions, déjà signalées, sur la perception du monde extérieur, une certaine lumière aussi, qui éclaire la physionomie de quelques amants, même quand leur apparence est normalement dénuée de toute noblesse, pourrait avoir un rapport avec cela. (Cf. la torche comme attribut d'Eros, en plus de la flèche.)

Mais en considérant la relation du déplacement en question justement avec la nuit, durant laquelle il se vérifie normalement en chacun, on arrive à un autre point qui, lui aussi, n'est pas sans valeur signalétique. De fait, la liaison entre l'amour et la nuit n'est pas qu'un thème bien connu de la poésie romantique. Elle a aussi un fond existentiel attesté sous plus d'un rapport. Aujourd'hui encore, la nuit est envisagée comme le moment propre à l'amour sexuel. Universellement, c'est surtout la nuit que les hommes et les femmes s'unissent sexuellement. Même quand il s'agit d'une simple aventure, la formule typique et la promesse seront toujours « une nuit d'amour » — « une matinée d'amour », donnerait presque l'impression d'une fausse note, dans cet ensemble. Là aussi la biologie est contredite, à cause de l'intervention d'un facteur d'ordre différent, d'ordre hyperphysique au fond : parce que les conditions physiologiques les meilleures pour un amour « sain et normal », avec les plus grandes réserves d'énergies fraîches, se réaliseraient justement le matin. On ne peut alléguer ici des circonstances contingentes tenant au milieu et à la manière de vivre, comme celle, chez la plupart, de la moindre disponibilité de temps libre pendant le jour, car d'un côté la préférence pour la nuit est attestée comme habitude même là où une telle préférence n'apparaît pas imposée par quelque chose d'extérieur : conditions sociales ou état social ; en second parce qu'il existe des précédents dans lesquels adhère encore à l'habitude le sens profond correspondant. Chez quelques populations, en effet, la coutume de s'unir la nuit à la femme est rituellement, rigoureusement prescrite : parfois en général, quelquefois dans une première période plus ou moins longue des rapports sexuels. À l'aube, l'homme doit se séparer de la femme. Mais il y a quelque chose de plus précis : dans le tantrisme, on prescrit le « cœur de la nuit » pour les pratiques magico-initiatiques avec la femme[149] ; et ce temps est celui choisi également pour certains rites orgiaques et frénétiques, comme par exemple pour ceux des Khlysti, sur lesquels nous reviendrons ; de même, dans la nuit et en un lieu non éclairé on célébrait dans les Mystères d'Éleusis le rite de l'accouplement sacré, du *hiéros gamos*, qui à l'origine, n'était pas que symbolique. Une partie du rite orgiaque et frénétique-dionysiaque, essentiellement officié par les femmes, portait le nom de Nyctelia et était nocturne. On peut considérer la condition de simple obscurité comme une dérivation, comme par exemple dans la coutume Spartiate, d'après laquelle l'homme pouvait aller chez l'épouse acquise par un rapt, lui dénouer sa ceinture et s'unir à elle seulement la nuit et dans l'obscurité[150]. Et si souvent les femmes — quelques femmes — désirent encore une telle condition, plus que la pudeur agit en elle un lointain écho ou reflet instinctif du fait servant de base aux coutumes ou dispositions rituelles que nous venons d'indiquer, et qui leur confèrent un sens tout autre qu'extravagant. Hathor, déesse égyptienne de l'amour, eut aussi le nom de « Notre Dame de la nuit » et peut-être peut-on recueillir un lointain écho du même enchaînement

---

[149] Cf. Evola, *Lo Yoga della Potenza,* cit., p. 281.

[150] Cf. Plutarque, *Lyc.,* 23. Nous avons choisi le cas de Sparte, parce qu'ici le facteur pudeur ne peut être en question : en effet, à Sparte les jeunes filles étaient habituées à se montrer nues en beaucoup d'occasions de la vie ordinaire, et les hommes à les voir en cet état.

d'idées, dans le vers de Baudelaire : « Tu charmes comme le soir — Nymphe ténébreuse et chaude. »

Le fait est qu'en cela interviennent des facteurs subtils d'ordre cosmique ainsi qu'analogique : cosmique, parce que, comme nous l'avons dit, c'est de nuit que, cycliquement, a lieu chez tout le monde un changement d'état, le passage de la conscience au siège du cœur — ainsi la nuit, même quand on reste éveillé, existe la tendancialité de ce déplacement qui va intégrer tout ce que l'*eros* peut donner ; analogique, parce que l'amour se trouve sous le signe de la femme, et la femme correspond à l'aspect obscur, souterrain et nocturne de l'être, à l'inconscient-vital ; son royaume est par conséquent la nuit, l'obscurité[151]. Sur cette base, la nuit est justement le temps le plus propice aux œuvres de la femme, soit comme meilleur climat pour les développements subtils de l'*eros*, soit pour l'évocation de forces profondes en dessous de la surface éclairée de la conscience individuelle finie. Quant à des réalisations non courantes que ces convergences peuvent favoriser, et à des états qui d'habitude restent au contraire submergés par des sensations sensuelles plus ou moins troubles, on ne doit pas considérer comme pure poésie romantique ce que Novalis a écrit dans certains de ses *Hymnes à la Nuit*[152].

À propos des références au cœur, un dernier point mérite d'être indiqué. Selon la physiologie hyperphysique, au moment de la mort ou en cas de danger mortel, les esprits vitaux affluent au centre de l'être humain, dans le cœur (ils abandonneront ce siège en suivant la direction ascendante .avec la mort effective ou dans la mort apparente, la catalepsie et dans les états équivalents mais positifs de la haute ascèse)[153]. Or, un phénomène analogue peut intervenir dans toute expérience de désir intense et même dans l'émotion suscitée, en des circonstances données, par la vision de la

---

[151] Dans la tradition chinoise on appelle *p'o* l'énergie élémentaire de la vie, l'inconscient avec la qualité féminine *yin,* qui est mis en rapport avec la partie obscure de la lune, qu'on devine seulement quand le croissant lunaire brille.

[152] Il s'agit spécialement des derniers vers du premier des Hymnes : « Sur l'autel de la nuit — sur le grabat morbide —, les corps enlacés tombent — et allumé par l'ardente étreinte brûle — comme un feu pur le doux holocauste. — Consume mon cœur avec l'ardeur de l'esprit — en sorte que plus intimement aérien avec toi — il se mélange et que dure éternelle — la nuit des noces ».

[153] On peut cf. *Brhadâranyaka-upanishad,* IV, IV, 1-2 et *Kâtha-upanishad,* II, VI, 15-16.

femme aimée, ou par l'évocation d'une image d'elle[154], en général de la femme nue ; tandis que chez les auteurs orientaux on trouve souvent la mention d'un arrêt du souffle chez l'amant, par amour, par fascination amoureuse, par extrême désir ou dans le climat même de l'étreinte sexuelle. La contrepartie extérieure, profane et banale de tout cela est bien connue de la physiologie. La façon la plus courante de s'exprimer est : a mon cœur s'arrête. » Ceci c'est un autre symptôme, susceptible de s'insérer dans le groupe de ceux déjà signalés, en ce qui concerne la vertu potentielle de *l'eros.* Et ici aussi s'établit un passage naturel de la phénoménologie de l'amour courant au domaine de l'érotisme non plus profane : nous le verrons par exemple, quand nous traiterons de la *mors osculi,* de la mort par le baiser, mentionnée par les kabbalistes, et de l'effet du « salut » de la dame sur les « Fidèles d'Amour ».

Un détail encore qui n'est peut-être pas sans intérêt : quelques troubadours français parlent de la femme vue, non pas avec les yeux ou avec l'esprit, mais « avec le cœur ».

22. — L'ensemble amour-douleur-mort

Arrivés à ce point s'impose à nous l'examen d'un ensemble d'une importance fondamentale pour l'ordre d'idées que nous sommes en train de traiter : c'est l'ensemble amour-douleur-mort. En lui l'aspect psychique doit être séparé d'un aspect qu'on pourrait presque appeler physique.

Quant au premier aspect, chaque éveil de l'*eros* dans son état élémentaire qui ne se lie pas à un déplacement effectif de niveau du Moi, qui, au contraire, se développe dans le circuit purement humain en alimentant une passion centrée sur un être aimé donné, a pour conséquence inévitable une saturation anormale de ce circuit, ressentie comme une souffrance, comme un désir mortel, comme une impulsion qui consume et n'a pas de dénouement. La situation de tension est analogue à celle dont parlent souvent quelques mystiques. À propos d'un de ses personnages, Somerset Maugham a écrit : « Un amour comme celui-ci

---

[154] « À l'improviste, je ne sais comment, tandis que je me tournais pour regarder la rue déserte, vers les fenêtres des maisons obscures, un désir ardent de Pat [la femme] me prit, me frappa directement comme un poing. C'était si terrible qu'il me semblait mourir. » (E. M. Remarque). Cf. les paroles du poète persan Khusrev : « Son image m'apparut dans la nuit — et je mourus presque de détresse. »

n'est pas une joie, c'est une douleur, mais une douleur subtile au point de surpasser tout plaisir. Il a en lui cette angoisse divine, dont les saints disent être envahis dans les extases. » Et Novalis : « Peu de personnes connaissent — le mystère d'amour — éprouvent une faim implacable — et une soif éternelle. »[155]

On a pu parler de « cette affinité très rare et mystérieuse de la chair qui lie deux créatures humaines avec le lien terrible du désir insatiable ». D'autre part, on a remarqué, avec raison, que de tels cas d'une grande passion dérivent d'une inversion : le symbole est identifié à la personne et la personne est aimée en soi, « presque comme Dieu, au lieu de Dieu ». Toute l'intensité d'une impulsion qui, dans ces cas, veut que l'absolu, se concentre sur l'humain d'un être donné, lequel cesse ainsi d'être un moyen pour l'amant et devient au contraire l'objet d'une idolâtrie ou pour mieux dire d'un fétichisme[156]. Il est important de noter que ce cas est exactement l'opposé de celui, à considérer ensuite, des sacralisations et des évocations : la personne n'acquiert pas une qualité différente à travers sa communication réelle avec un plan supérieur, avec un plan non seulement humain, par incorporation temporaire en elle de l'homme absolu et de la femme absolue, mais usurpe les attributs propres à ce plan en supersaturant avec eux le simple élément casuel humain. Dans ce second cas, on rencontre souvent dans les liaisons amoureuses une sorte de vampirisme exercé par une personne sur l'autre, même sans le vouloir, et souvent s'établissent des rapports dangereux d'esclavage sexuel.

La situation que nous venons d'indiquer est aussi celle qui fournit les thèmes préférés à l'art tragique et romantique, quand elle traite des grandes passions. Mais dans la réalité, des situations de ce genre peuvent aussi se terminer dans une crise et un effondrement. Cela se vérifie surtout quand, parallèlement, a lieu un processus accentué d'idéalisation de la femme, une accumulation de valeurs morales en elle, qui n'ont qu'une base minime ou nulle dans ce qu'elle est vraiment. Alors un fait traumatique quelconque peut faire crouler tout l'édifice, peut dissoudre toute la « cristallisation » stendhalienne en laissant apparaître à nu la réalité décevante. Un traumatisme de ce genre peut même être provoqué par la réalisation du but suprême du désir, par la possession de la femme convoitée. Ainsi Kirkegaard a pu parler des « risques de l'amour

---

[155] *Hymnes spirituels,* XV.

[156] Cf. Klages, *Vom Kosmogonischen Eros,* cit., p. 199.

heureux » et affirmer que l'amour malheureux, et tout ce que la femme aimée peut présenter de décevant et de traître, est en certains cas un facteur essentiel et providentiel pour maintenir la tension métaphysique de l'*eros* et en éviter la syncope : justement parce qu'alors on garde une distance, parce que l'identification fétichisante rencontre un obstacle[157]. Novalis a ajouté : « Celui qui aime doit éternellement sentir le manque, doit garder les blessures toujours ouvertes »[158]. Du reste, la tendance de l'« amour courtois » médiéval ne fut pas différente ; dans un de ses courants, on peut dire qu'il eut souvent pour condition paradoxalement désirée l'impossibilité matérielle de réaliser son objet : pas tant l'impuissance que la non-volonté d'arriver à la conclusion concrète de tout désir sexuel. Ainsi un amour d'une intensité extrême pouvait se concentrer sur de grandes dames jamais vues ou choisies à dessein, en sorte que l'on pouvait peu espérer les avoir : dans le pressentiment justement de la déception que pouvait causer la femme réelle, au cas où, à la fin, elle aurait pris la place de la femme-idole, de la « femme de l'esprit ». Klages a bien fait ressortir l'importance qu'à ce qu'il a appelé l'*Eros der Ferne* — c'est-à-dire l'*eros* lié à la distance, à ce qui est impossible à atteindre qu'il faut interpréter ici comme un moment positif constitutionnel pour tout régime de haute tension érotique, et non comme le refuge de celui qui, de nécessité fait vertu[159].

Mais pour pouvoir endurer des situations de ce genre sur un plan non pathologique il faut une subtilisation de l'*eros* et son orientation vers un domaine spécial, qui déjà n'est plus profane : comme nous le verrons plus loin, il y a lieu de croire que ce cas fut justement celui de l'érotique médiévale en question. Sans ce transfert, l'*eros* activé dans son stade élémentaire, ne saurait se manifester chez l'individu que sous la forme d'une soif inextinguible et torturante. On pourrait aussi considérer ici un passage de la situation de la passion fatale à celle du donjuanisme. Car on peut donner une interprétation possible de Don Juan pris comme symbole en se reportant à un désir qui, à cause de sa transcendance même, un objet de sa passion une fois consommé, passe sans trêve à un autre par une éternelle désillusion, par l'impossibilité de n'importe quelle femme

---

[157] *In Vino veritas,* cit., p. 76-sqq.

[158] *Cit.,* p. 104.

[159] *Op. cit.,* p. 95-sqq. Cf. G. Bruno, *Eroici furori,* I, iii, 9 : « L'amour héroïque est un tourment, parce qu'il ne jouit pas du présent, comme l'amour brutal, mais est du futur et de l'absent. »

particulière de donner l'absolu — et à l'insatisfaction, au-delà du plaisir éphémère de l'œuvre de séduction et de conquête, se joint aussi le besoin de faire le mal (c'est là un autre trait de la figure de Don Juan, dans certaines rédactions de sa légende). Ainsi la série des amours de Don Juan se continue indéfiniment, dans une poursuite sans trêve pour la possession absolue qui toujours fuit — c'est presque l'équivalent du supplice de Tantale — dans un espoir qui, se ravivant dans « la haute période » d'ivresse de chaque amour et de chaque entreprise particulière de séduction (laquelle, par réaction à la déroute intérieure, s'accompagne aussi d'une haine cachée, d'un besoin-plaisir de détruire et de profaner), est toujours déçue, ne laissant que le dégoût après la réalisation de ce que Don Juan comme individu croyait poursuivre comme but unique, c'est-à-dire le simple plaisir des unions humaines. Il est intéressant de voir que, au contraire des autres, dans les formes espagnoles les plus anciennes de la légende de Don Juan ce héros ne finit pas damné et foudroyé par le Commandeur, mais se retire dans un couvent. C'est un pressentiment du plan sur lequel sa soif insatiable et toujours déçue peut, à la fin être apaisée : mais ici, avec une rupture nette avec le monde de la femme.

Dans d'autres cas, aussi bien dans le domaine de l'art et de la légende que dans celui de la vie réelle, un drame, sinon même la fin tragique des amants, apparaît comme l'épilogue naturel voulu par la logique intérieure, transcendantale, de la situation indiquée, même quand les causes de cette tragédie semblent tout à fait extérieures, extrinsèques à l'égard de la volonté consciente et du désir humain des amants : presque dues à un destin adverse. À ce sujet, on peut appliquer le vers connu *: But a thin veil divides love from death.*

C'est ce qu'on peut penser, par exemple, dans le cas de Tristan et Iseut. Si l'on veut prendre la légende dans toute l'extension de ses valeurs, le thème du philtre d'amour est loin d'être insignifiant et accessoire. À propos de ces philtres, nous avons déjà noté qu'il ne s'agit pas de simples superstitions ; des mélanges spéciaux peuvent avoir le pouvoir d'éveiller la force de l'*eros* dans son état élémentaire en neutralisant tout ce qui chez l'individu empirique peut en entraver et en limiter la manifestation[160]. Si cela arrive, il est naturel que chez les amants va agir

[160] La Rome antique atteste des cas de folie dus aux philtres d'amour ; on dit même qu'ils ont coûté la vie à Lucullus et à Lucrèce. De fait, dans plusieurs cas, le réveil de l'*eros* à l'état élémentaire au moyen d'un véritable philtre, peut avoir des effets correspondant à l'hébéphrénie, à l'aliénation mentale de la puberté, dont on a déjà parlé : l'action est trop brusque et violente, c'est pourquoi se produit une solution de continuité à l'égard de l'état

le complexe amour-mort, la force consumante, le désir de mort et d'annihilation. Le « O douce mort ! — ô ardemment invoquée ! — Mort d'amour ! » wagnérien, rappelle un thème de l'« amour héroïque » : « Dans une mort vivante je vis une vie morte — L'Amour m'a tué, ah hélas ! de telle mort — que je suis à la fois privé de vie et de mort[161]. » La *musique* de Wagner rend l'une façon assez suggestive cet état (peut-être plus positif, toujours comme musique, c'est toutefois le final de l'*André Chénier* d'Umberto Giordano), au contraire du texte correspondant, qui apparaît parsemé de scories mystico-philosophiques. Les fameux vers : « *In des Weltatems — Wehendem All — Versinken — Ertrinken — Unbewusst — Höchste Lust !* » donnent plus l'impression d'un effondrement avec un fond panthéiste (fusion avec le « Tout », anéantissement dans le « divin, éternel — originaire oubli ») que d'un véritable dépassement ; de plus ici ressort le moment purement humain, parce que le désir de mort est dicté par l'idée d'un au-delà dans lequel l'union absolu des deux amants comme personnes pourra enfin se réaliser (Tristan dit : « Ainsi nous sommes morts pour ne vivre que dans l'amour, inséparablement, éternellement unis, sans fin, occupés de nous seuls »[162]. En des termes déjà plus approprié et immanents le poème médiéval de Geoffroi de Strasbourg décrivait les effets du philtre : « *Ihnen war* ein *Tod,* ein *Leben* - eine *Lust,* ein *Leid gegeben... — Da wurden eins und allerlei — die zwiefalt waren erst* ».

En passant, on peut faire cette remarque : le cas de Tristan et Iseut fut présenté aussi comme celui d'une passion extrême qui, à part le philtre, avait pour antécédent la haine réciproque des deux amants. C'est là une situation qui peut, en effet, se vérifier souvent ; il y a des cas où la haine n'est que l'indice secret d'une polarité sexuelle et d'une tension particulières des deux personnes, prêtes à se traduire dans le court-circuit enivré et destructeur de l'amour consumant, dès que les obstacles dus aux dispositions individuelles sont surmontés.

---

précédent de la psyché normale, en particulier quand la superstructure du Moi le plus extérieur s'oppose au développement de la passion.

161 G. Bruno, *Eroici furori,* I, ii, 10.

162 Il est connu que le « Tristan et Iseut » fut une sorte de produit de la sublimation de la véhémente passion contrariée que Richard Wagner nourrit pour Mathilde Wesendonk. Ces expressions d'une des lettres de Wagner à cette dame sont intéressantes : « Le démon ! Il passe d'un cœur à l'autre... Nous n'appartenons plus à nous-mêmes ! *Démon, démon, deviens un dieu !* » (Cf. A. Onofri, *Tristano e Isotta,* Guida attraverso il poema e la musica, Milano, 1934, p. 17, 20.)

23. — *Volupté et souffrance. Le complexe maso-sadique*

Nous avons déjà rappelé que beaucoup d'antiques divinitésde l'amour furent en même temps des divinités de la mort. Un tel fait peut être interprété aussi dans un ensemble différent decelui indiqué auparavant. Si métaphysiquement l'amour-convoitise altère l'individu transcendant, psychologiquement aussi un moment de destruction, d'auto-destruction et de souffrance est un élément très essentiel non seulement de l'amour-passion mais du même amour purement physique, du fait « plaisir » ou « volupté » réduit à ses plus petits termes, à sa forme d'apparition la plus grossière.

Avant tout, il faut remarquer que le thème de la mort n'apparaît pas seulement dans la littérature romantique ; il figure aussi comme un des nombreux indices potentiels dans le langage universel des amants : « je t'aime à mourir », « je te désire mortellement », etc. dans quantité de variantes qu'il serait banal d'énumérer ici, et dans lesquelles, à différents degrés, se reflète, comme sens liminal de l'expérience, l'antique *cupio dissolvi.* Dans la poésie « Amour et mort », Leopardi dit qu'un « désir de mort », « d'amour vrai et puissant est le premier effet ». Mais ce contenu même se révèle à une analyse approfondie du phénomène du plaisir. Après Metchnikoff, le freudisme a constaté chez l'individu, l'existence d'un *Todestrieb,* d'une impulsion à la mort, à la destruction, au-delà du « principe du plaisir » qui, dans un premier moment, avait seul attiré son attention. L'explication biologique qui en a été donnée est sans consistance [163] , tout comme l'antagonisme supposé entre lui et l'impulsion sexuelle.

Ce qui reste c'est plutôt, avant tout, le fait, attesté, de formes multiples du mélange des deux tendances, de l'élément *libido* et plaisir, et de la tendance destructrice, fait à expliquer par un substratum commun à l'un et à l'autre. L'inscription d'une fontaine, rappelée par d'Annunzio (dans

---

[163] Selon Freud, dans l'organisme, l'instinct vital lutterait contre la tendance de la matière organique à revenir à l'état pré-vital inorganique, dont il viendrait. D'un côté on aurait le plasma germinal virtuellement immortel, de l'autre tout ce qui produit la mort et la décadence de l'organisme. En correspondance on aurait justement les instincts du sexe opposés aux instincts de mort. Entre autres, Freud ne se demande pas si par hasard l'inorganique ne vient pas de l'organique, plutôt que vice-versa, parce que comme l'ont remarqué Fechner, Payer et Weininger, tandis que l'expérience nous montre de nombreux cas où l'organique donne lieu à l'inorganique (scléroses, fossilisations, etc.) à aucun moment elle ne nous laisse découvrir un passage effectif de l'inorganique à l'organique.

les *Vergini delle Roccie)* nous dit comment la sagesse antique avait déjà reconnu ce point : *Spectarunt nuptas hic se Mors atque Voluptas — Unus (fama ferat), quem quo, vultus erat.* « Déjà la mort et la volupté se mirèrent ensemble et leurs deux visages ne firent qu'un seul visage. » En second lieu, il s'agit du rapport constant existant entre la sexualité et la douleur.

À cet égard, il n'est pas nécessaire de se référer à des faits proches des frontières de l'anormal pathologique. Il serait banal, par exemple, de rappeler ce que, dans les gémissements mêmes, dans certains mouvements, dans les cris, etc. la phénoménologie de l'étreinte sexuelle a d'analogue avec celle de la souffrance. On sait aussi qu'en particulier pour ce qui concerne la femme, le jargon intime des amants, dans différentes langues, emploie exactement le mot « mourir » pour le moment du spasme pleinement atteint (chez Apuleius — *Mét.*, III, 17 — Photide, en invitant Lucius à l'étreinte, lui dit : « Fais-moi mourir, toi qui es en train de mourir »), tandis qu'à son tour, justement le mot « spasme » a un rapport spécifique aussi avec la souffrance et la douleur physique. Il y a du vrai dans l'affirmation de Camille Mauclair que la volupté est une agonie, au sens le plus rigoureux du mot[164].

Pour voir ces faits sous leur vrai jour et pour les ranger dans l'ordre général d'idées dont nous nous occupons ici, il faut pourtant connaître l'aspect métaphysique de la souffrance. Novalis écrivit que dans les maladies il y a de la transcendance, qu'elles sont les phénomènes d'une sensation exaltée qui tend à se traduire dans des forces supérieures ; que, plus généralement, ce qui présente un caractère négatif contient un stimulant pour l'intensification du positif[165]. Dans beaucoup de cas, ceci est tout à fait valable pour le phénomène de la douleur physique pourvu qu'il se maintienne dans certaines limites. Quelles qu'en soient les causes, du côté intérieur chaque douleur est sous laquelle la conscience de l'individu expérimente quelque chose qui a un caractère plus ou moins destructeur, mais qui, par cela même, contient un facteur de transcendance par rapport à l'unité fermée et figée de l'être fini ; c'est pourquoi, dans un certain sens, ce que dit Wordsworth est vrai, savoir :

---

164 C. Mauclair, *Magie de l'amour.*

165 Novalis, *Werke*, éd. Heilbronn, v. II, p. 650 sqq.

que la souffrance « a la nature de l'infini[166] ». Le caractère douloureux de la douleur est dû à la passivité que, dans presque tous les cas, a cette expérience ; c'est dû au fait que, lorsque se produit l'altération de l'unité existentielle, le Moi, presque par peur, s'identifie non à la force qui altère et porte virtuellement au-delà, mais à ce qui subit l'altération, non à ce qui frappe, mais à ce qui est frappé. S'il n'en était pas ainsi, on aurait, comme dit Novalis, le passage aux formes positives d'une sensation exaltée.

Entre autres choses, cela peut fournir la clef pour comprendre l'emploi de la douleur physique comme coadjuvant extatique, rencontré dans quelques formes aberrantes d'ascèse. Voici un exemple : à propos des blessures que dans les rites frénétiques se font les adeptes du Rufaï — secte islamique liée au soufisme des derviches — un scheïk déclara qu'elles sont faites dans un état en vertu duquel elles ne causent pas de douleur, mais « une sorte de béatitude qui est une exaltation aussi bien du corps que de l'âme », et que ces pratiques en apparence sauvages ne doivent pas être considérées en soi, mais seulement « comme un moyen d'ouvrir une porte »[167].

Or, dans la volupté érotique on a un des cas d'altération où la passivité est en partie éliminée, ce qui fait que la douleur n'apparaît plus comme purement telle mais bien mêlée au plaisir. Si chez les amants le degré d'éveil était encore plus haut, ce ne serait plus le cas de parler de « volupté », mais bien d'une ivresse supérieure : de cette ivresse non physique dont nous avons parlé à plusieurs reprises comme du fond potentiel de chaque *eros*, ivresse qui, dans ce cas spécial, même dans les situations de « spasme » et de « mort » de l'amour charnel, ne perdrait pas sa qualité, ni ne serait syncopée, mais au contraire atteindrait son intensité-limite.

Par tout cela — par le complexe volupté-souffrance, par la *libido* qui se mêle à l'instinct de mort et de destruction — nous sommes donc portés au centre de la phénoménologie de la transcendance présentée par l'amour même dans le domaine profane. Le secret de l'ambivalence des divinités, surtout féminines, qui sont des divinités du désir, du sexe, de la

---

[166] Cf. « Metafisica del dolore e della malattia » dans *Introduzione alla magia quale scienza dell'Io* (a cura del « Gruppo di Ur »). Roma, 1956, v. II, p. 204 sqq.

[167] Cf. W. B. Seabrook, *Adventures in Arabia*, New-York, p. 283.

volupté et, en même temps de la mort (par exemple, Vénus comme Libitina, la déesse égyptienne de l'Amour, Hathor, qui est aussi Sekhmet, la déesse de la mort, etc.) se montre donc ici dans un second aspect.

Dans cet ordre d'idées, c'est le cas d'approfondir un élément général fondamental de l'expérience érotique, constituant le fond du moment de la possession aussi bien que de celui d'un désir intense. Le désir et la possession de l'être aimé sont ce qui distingue chaque amour sexuel de l'amour en général comme affection, comme pur amour humain. La différence entre les deux sentiments est claire : l'amour pur veut d'une façon désintéressée l'existence en soi de son objet ; il affirme, dit ontologiquement « oui » à l'autre comme autre, comme être distinct. Son modèle est l'amour du Dieu théiste chrétien qui donne l'existence à la créature libre, désirant qu'elle ait sa vie à elle, sans tendre à la dominer ou à l'absorber. Au contraire, l'amour sexuel implique le désir comme besoin d'absorber, de consumer l'être aimé — et la possession quand elle n'a pas le caractère dévié, déjà envisagé (§ 19), de compensation pour le besoin de confirmation et de sa valeur de soi, a précisément ce sens.

On peut donc parler d'une ambivalence de toute impulsion érotique intense, parce que l'être qu'on aime, en même temps qu'on l'affirme, on voudrait le détruire, le tuer, l'assimiler, l'absorber en soi-même ; sentant en lui son complément, on voudrait qu'il cesse d'être un autre être. D'où, aussi, un moment de cruauté qui s'unit au désir — c'est là un moment souvent attesté par des aspects physiques de l'amour et par l'étreinte sexuelle elle-même[168] ; d'où la possibilité de parler d'un délire hostile de l'amour (Maeterlinck), de la « haine mortelle des sexes », qui est le « fond de l'amour et qui, caché ou manifeste, persiste dans tous ses effets » (d'Annunzio). Baudelaire a dit : la cruauté et la volupté, sensations identiques, comme la chaleur et le froid extrême[169]. En réalité, chez beaucoup d'espèces animales on observe aussi, par dérivation, un instinct de destruction qui entre en jeu en même temps que l'impulsion sexuelle et est mêlé à celle-ci, instinct qui pousse certains animaux jusqu'à tuer l'objet de leur plaisir au cours même de l'accouplement —

---

[168] Dans le *Kâma-sutrâ* de Vatsayâna, à part une considération très détaillée de la technique des morsures, de l'emploi des ongles et d'autres procédés douloureux dans l'amour (II, iv-v ; cf. vii), l'allusion à un effet érotogéno-magnétique objectif provoqué par la vue des signes correspondants restés sur le corps, est intéressante.

[169] *Œuvres posthumes.*

ceci peut également se manifester chez l'homme dans les cas-limites du délire sadique criminel. Ces vers de Lucrèce sont déjà significatifs :

> Osculaque adfigunt, quia non est pura voluptas,
> Et stimuli subsunt, qui instigant laedere id ipsum
> Quodeumque est, rabis unde ilia germina surget[170].

Spengler, qui considère le véritable amour entre homme et femme comme l'effet d'une polarité et d'une pulsation identiques de caractère métaphysique, le dit proche de la haine, ajoutant que « celui qui n'a pas de race ne connaît pas cet amour dangereux[171] ». Et en Chine, il est assez significatif que l'expression courante pour désigner la personne vers laquelle on est irrésistiblement poussé par amour, soit *yuan-cia*, c'est-à-dire « ennemi prédestiné ».

En ce qui concerne la possession comme besoin d'abolir et d'absorber l'être aimé, en psychanalyse on est arrivé à parler d'une phase orale infantile et d'une phase cannibalesque de la *libido* comme de complexes qui continueraient à agir dans l'inconscient de l'adulte, et à établir des relations entre la *libido* de la fonction nutritive (absorption et assimilation des aliments) et celle du désir sexuel. Tout ce que cela a de forcé et de sophistiqué ne doit pas empêcher de reconnaître une analogie légitime, confirmée par plus d'un aspect de l'expérience réelle. Ce sont les paroles de Bossuet : « Dans le transport de l'amour humain, qui ne sait qu'on se mange, qu'on se dévore, qu'on voudrait s'incorporer en toutes manières et enlever jusqu'avec les dents ce qu'on aime pour s'en nourrir, pour s'y unir, pour y vivre »[172]. Chez Novalis, bien que sur un plan plus élevé, le motif n'est pas différent, quand il associe le mystère de l'amour, comme soif inextinguible, à celui de l'eucharistie[173]. Mais dans tout cet ensemble

---

[170] *Rer. nat.*, IV, 1070. Cf. D'Annunzio (dans *Forse che si forse che no*) : « Envahis par le même délire qui agite les amants âpres d'une haine charnelle, sur le lit secoué, quand le désir et la destruction et la torture sont une seule fièvre. »

[171] *Untergang des Abendlandes,* München, 1923, v. II, p. 198.

[172] *Apud* HESNARD, cit., p. 233 n. — D'Annunzio (dans *Il Piacere)* : « Il aurait voulu l'envelopper, l'attirer en lui, l'aspirer, la boire, la posséder de quelque façon surhumaine. »

[173] *Chants spirituels, XV :* « Le symbole divin — de la Cène — est une énigme pour les sens terrestres ; — mais celui qui une fois — d'une bouche aimée ardente — aspire le

d'idées le point qui n'est presque jamais mis en relief, c'est que l'aliment convoité est aussi un aliment qui détruit ; dans le désir absolu de détruire, d'absorber, est aussi contenu celui d'être détruit, d'être dissous. On cherche dans la femme une « eau-de-vie » qui soit aussi une eau qui tue, une eau du genre de celles que dans le symbolisme alchimique on appelle « eaux corrosives » (nous parlerons de cela en son lieu). Et cette condition est surtout réalisée dans l'identité de la frénésie, de l'orgasme et du *climax,* dans ce que en termes hindous on appelle la *samarasa* du *maithuna* (de l'étreinte sexuelle).

Or, nous avons ainsi de nouveau une ambivalence, dérivant de la vertu potentielle de transcendance de l'*eros* en général. En particulier, pour la souffrance qui peut s'associer à l'amour et au plaisir, on a effectivement dû reconnaître un fait unique au-delà de l'opposition courante du sadisme et du masochisme. Sur cette base Schrenk-Notzing a forgé le néologisme « algolagnie » qui — de ἄλγος = douleur et λάγνος = être sexuellement excité — veut indiquer le plaisir de la souffrance dans l'érotisme : hormis le fait de distinguer une algolagnie active (sadisme) d'une algolagnie négative ou passive (masochisme). De même, dans la sexologie d'aujourd'hui, on parle d'habitude d'un unique complexe maso-sadique qui ne relève pas seulement de la pathologie sexuelle, parce qu'il figure aussi avec plus ou moins de relief, dans les formes les plus courantes de l'érotisme. Normalement et sur le plan des données immédiates de la conscience la plus extérieure (mais non métaphysiquement, car du point de vue métaphysique et subtil, nous verrons que c'est le contraire qui est vrai), on sait que chez la femme prévaut la prédisposition masochiste, chez l'homme, la prédisposition sadique. Or, si l'on considère cet état d'identification et d'amalgamation de deux êtres, qui est la condition pour que l'union sexuelle soit plus qu'une rencontre pour une satisfaction réciproque solitaire presque masturbatoire, c'est un fait que cette antithèse est dépassée dans une large mesure. En réalité, le sadique érotique ne serait pas tel si la souffrance de l'autre lui était complètement étrangère, si elle n'avait aucun écho en lui ; au contraire il s'identifie à la douleur de l'autre, l'aspire et l'absorbe, et c'est par là qu'il lui sert comme excitant, comme facteur de son plaisir exalté. Ce qui revient à dire qu'il est aussi un masochiste, qu'il satisfait en même temps le besoin ambivalent de souffrir et de faire souffrir en atténuant le contraste par la répartition extérieure en un sujet et un objet. On doit penser la même

---

souffle de la vie — et dont l'ardeur sacrée — fond le cœur en des vagues de frissons — dont l'œil s'ouvre... — mangera de son corps — et boira de son sang éternellement. »

chose aussi pour le masochiste ou pour la femme, qui réalise imaginativement et absorbe ce que l'autre fait ou éprouve en lui faisant mal, quand cela crée pour elle un motif d'ivresse[174]. Il s'agit donc, largement de formes d'un plaisir « vicariant » de la souffrance. En ce qu'implique de sadisme et de masochisme une étreinte sexuelle normale, agit effectivement cet « échange des fantaisies » que Chamfort a considéré dans sa définition de l'amour : pour alimenter réciproquement les tendances d'autodépassement des deux personnes. Quant à cet effet, il est évident dans l'algolagnie, qu'elle soit active ou passive, parce que, en général, si la douleur est vécue comme plaisir, évidemment elle n'est plus une douleur. Il s'agit au contraire de cette transformation de la douleur en une sensation positive à sa façon et transcendante, dont nous avons déjà parlé.

Il sera opportun d'indiquer ici brièvement ce qui, dans le complexe maso-sadique, appartient à la psychopathologie et à la perversion, et ce qui n'appartient ni à l'une ni à l'autre. Le fait pathologique se vérifie quand des situations sadiques ou masochistes deviennent des conditionnalités pour que le processus *normal* ait lieu. À titre d'exemple, il y a un fait morbide et aberrant, à ramener génétiquement cas par cas à des causes différentes qui, de notre point de vue, n'ont que peu d'importance, quand ce n'est qu'en fouettant une femme qu'un homme peut arriver à un orgasme sexuel qui, comme contenu, ne se différencie pourtant en rien de celui qu'un couple quelconque atteint sans recourir à aucune complication. Le cas est différent toutefois, quand le sadisme ou le masochisme se présentent comme des hyperesthésies et des « macroscopisations » d'un moment potentiellement compris dans l'essence la plus profonde de l'*eros.* Alors les cas « pathologiques » ne représentent pas des aberrations de l'instinct normal, mais bien des formes dans lesquelles viennent au jour justement ses couches les plus profondes, latentes dans les variétés à régime réduit de l'amour sexuel. Sur cette base on peut reconnaître une algolagnie employée non coactivement par des pervertis qui ne peuvent s'en passer, mais consciemment par des êtres parfaitement normaux pour obtenir un accroissement, une prolongation dans un sens transcendant, et même extatique, des possibilités comprises dans l'expérience courante du sexe.

---

174 Fort expressives, sont par exemple, ces paroles d'un poète : « *Mes entrailles, vers toi, sont un cri... Le désir m'a haché, le baiser m'a saigné. — Je suis plaie, braise, faim de neuves tortures... Je suis plaie, baise-moi, brûle-moi, sois brûlure* » — André Ady, *apud* Péret, p. 341.

Et nous verrons, qu'à part les cas individuels, on rencontre aussi cela dans certaines formes collectives ou rituelles d'érotisme mystique.

Dans le même ensemble pourrait rentrer une considération spéciale de ce que dans des circonstances déterminées peut offrir le moment de la défloration. Soit par les angoisses inconscientes et les inhibitions de la femme, soit par la primitivité charnelle et impulsive qui prévaut presque toujours chez l'homme, sont irrémédiablement perdues dans les rapports sexuels humains normaux, quelques possibilités exceptionnelles et uniques qui, surtout pour la femme, seraient offertes par l'expérience de la défloration en rapport avec ce que nous avons dit sur l'algolagnie.

Même, cet acte d'initiation de la femme à la vie sexuelle complète, quand il est brutalement accompli, a des répercussions négatives qui en exerçant aussi par la suite leur influence, peuvent même nuire à ce qu'on peut attendre d'un rapport normal. Par contre, il y a lieu de penser que si avant tout l'état d'ivresse était éveillé dans cette forme aiguë, qui contient déjà un élément destructif, la douleur de la défloration, avec tous les facteurs qui s'y relient sur le plan de la physiologie hyperphysique, pourrait donner lieu à une élévation subite, extrême, du potentiel extatique de cette même ivresse, selon une rencontre heureuse d'éléments qui saurait difficilement se réaliser une seconde fois : même un traumatisme pourrait intervenir dans le sens d'une ouverture de la conscience individuelle sur le suprasensible.

Il n'est pas facile, évidemment, de recueillir des documentations particulières positives pour un domaine de ce genre. Seules quelques survivances dans des milieux difficilement accessibles peuvent nous autoriser à supposer que des situations, comme celle dont nous venons de parler, étaient à la base de certaines formes antiques ou exotiques de stupre rituel de vierges. En fait, plus généralement, sont attestées pour l'initiation de la femme des façons de procéder dans lesquelles l'acte sexuel est le véhicule pour la transmission d'une influence suprasensible déterminée — cela nous a été rapporté par exemple, au sujet de certains milieux islamiques. Par initiation, on peut entendre ici la transmission d'une influence spirituelle de la part de l'homme (de la *barakah*, selon la désignation islamique), avec les effets que les mots employés par Görres pour la mystique[175] indiquent comme il convient : « Voir et connaître au moyen d'une lumière supérieure, agir et faire au moyen d'une liberté

[175] Dans le *Prodomus Galateatus* de la *Christliche Mystik.*

supérieure, comme l'habituel savoir et faire est conditionné par la lumière de l'esprit et par la liberté personnelle données à chaque homme ». La situation traumatique de la défloration dans le régime qu'on vient d'indiquer représente, évidemment, la meilleure condition pour ce procédé[176]. Dans d'autres cas, on peut comprendre que pour produire le même climat psychique liminal, ait été employée comme équivalent la flagellation de la femme. A cet égard également, des pratiques qui se sont continuées secrètement jusqu'à nos jours dans certains milieux, nous permettent de supposer une base objective du même genre aussi pour d'anciens rites sexuels qu'on ne comprend plus et qui ont une mauvaise réputation[177].

24. — Extases érotiques et extases mystiques

Nous parlerons ensuite des formes de sadisme qui ne se rapportent pas spécifiquement au sexe. Ici il convient de signaler la convertibilité éventuelle des sensations douloureuses en sensations voluptueuses, convertibilité qui en partant des principes déjà indiqués, apparaît tout simplement compréhensible. Par exemple, on cite le cas historique typique d'Élisabeth de Genton, que la flagellation « mettait dans l'état d'une bacchante en délire[178] ». En même temps, l'étude de ces régions limites où ressort plus clairement le facteur d'un auto-dépassement

---

[176] Il est à supposer qu'on n'avait pas un but différent dans les unions sexuelles en usage dans certains temples antiques, quand des vierges, mais aussi des femmes en général, croyaient s'unir à un dieu — on sait que la profanation et l'abus de pratique de ce genre aboutirent à Rome, sous Tibère, à la clôture du temple d'Isis par le Sénat, à cause du scandale provoqué par le patricien Mundus.qui en corrompant les prêtres, jouit par ce moyen de la prude matrone Pauline. Nous reviendrons là-dessus dans le chapitre V.

[177] Un antique rituel manuscrit, ayant appartenu à une *witch* écossaise, nous fut montré par le Pr G. B. Gardner, directeur du « Museum for Witchcraft » de l'île de Man ; ce rituel envisage précisément des pratiques de flagellation de la femme dans un ensemble d'initiations sexuelles. Le Pr Gardner s'est demandé si ce n'était pas le cas de ramener à cet ordre d'idées certaines scènes d'initiation orphique des fresques de la « Villa des Mystères » à Pompéi, étant donné que sur une de ces fresques, comme on le sait, se trouve aussi celle d'une jeune femme nue fouettée. Cela nous semble très problématique, parce que ces scènes sont essentiellement symboliques. En principe, nous n'excluons cependant pas l'ambivalence de beaucoup de symboles, c'est-à-dire leur possibilité de se rapporter soit au plan purement spirituel, soit au plan réel et existentiel.

[178] v. Krafft-Ebing, *Psychopathia sexualis,* cit., p. 40.

coactif, c'est-à-dire non expressément voulu, amène aussi à remarquer les points communs qui existent entre les extases mystiques et les extases érotiques. Les psychologues et les psychiatres ont souvent souligné ces correspondances, mais presque toujours d'une façon impropre et avec l'intention plus ou moins délibérée de dégrader certaines formes de l'expérience religieuse, en les rapportant à des faits érotico-hystériques aberrants.

Objectivement, on doit reconnaître que les extases, pour lesquelles peuvent valoir les analogies indiquées, présentent souvent un caractère impur et suspect et, sauf des cas exceptionnels, ont fort peu à faire avec la véritable spiritualité (de laquelle pourtant — ceci doit être bien mis en relief — ceux qui se plaisent aux interprétations psychopathologiques susdites, n'ont pas la moindre idée). On est dans un domaine intermédiaire, et ici peut même se vérifier une inversion, au sens que l'élément sensuel reste l'élément fondamental, le mysticisme ne servant qu'à en alimenter une forme de manifestation déviée et exaltée[179]. Dans le monde du mysticisme chrétien, ce cas est assez fréquent. De même que le fait du christianisme a été plus d'humaniser le divin que de diviniser l'humain, de même, dans la dite mystique, la sensualisation du sacré (unie à un emploi de symboles conjugaux et érotiques dont la fréquence est significative) prend la place de la sacralisation de la sexualité connue par les formes dionysiaco-tantriques et initiatiques. Ainsi envisagés les faits extatiques éventuels d'une certaine mystique peuvent bien rentrer dans la phénoménologie de la transcendance propre déjà à l'*eros* profane, et les points de contact, indiqués plus haut, entre l'extase « mystique » et

---

[179] À propos de ce monde de l'érotisme mystique, cf. les expressions plutôt excessives de É. Lévi *(Le Grand Arcane)* : Marie Alacoque et Messaline ont souffert les mêmes tourments : chez toutes deux ce sont des désirs exaltés au-delà de la nature, qu'il est impossible de satisfaire. Il y avait entre elles cette différence que, si Messaline avait pu prévoir ce que Marie Alacoque devait éprouver, elle en aurait été envieuse. La passion érotique détournée de son objet légitime et et exaltée par le désir insensé de faire, en quelque sorte, violence à l'infini... comme la démence du marquis de Sade, a soif de tortures et de sang : cilices, pénitences, accès d'hystérie ou de priapisme qui font croire à l'action directe du diable. Délire des sœurs, abandons à l'Époux Céleste, résistance du succube couronné d'étoiles, emportement de la Vierge reine des anges. Lévi conclut que les lèvres qui ont bu à cette coupe fatale resteront altérées et tremblantes ; les cœurs, brûlés une fois par ce délire, trouveront ensuite insipides les sources réelles de l'amour. Ce sont toutefois des vues curieusement bornées pour un auteur qui, comme Levi, se déclare ésotériste, quand il parle de cette façon des « sources réelles de l'amour » et plus haut, de « l'exaltation au-delà de la nature ». En réalité, bien qu'en des forme déviées de manifestations, ce sont justement les sources les plus réelles et les plus profondes de l'*eros*, qui produisent ces « délires ».

l'extase érotique expliquent comment, quand ces extases atteignent une intensité particulière, « l'une peut être la conséquence de l'autre, ou l'une et l'autre peuvent naître en même temps[180] ». Cela explique aussi l'apparition d'images intensément érotiques comme « tentations » dans les rechutes de certains mystiques : ce sont des formes d'oscillations dans les manifestations d'une énergie unique. Comme exemple intéressant, on peut rappeler des expressions de saint Jérôme qui justement dans les formes anachorétiques de l'ascétisme le plus dur et du jeûne sentait le désir brûler son esprit et la concupiscence enflammer sa chair « comme sur un bûcher ».

Le fait que, chez beaucoup de populations primitives les techniques employées pour parvenir à l'extase sont souvent essentiellement identiques à celles de certains rites érotiques, appartient au contraire à un plan déjà plus élevé. Cela vaut, tout d'abord pour la danse qui, dès les temps les plus anciens, et non seulement chez les sauvages, fut une des méthodes les plus employées pour arriver à l'extase. D'autre part, des reflets dégradés de cela se sont conservés, même dans le monde de l'humanité « civilisée », à cause du rapport évident que beaucoup de danses conservent toujours avec l'érotisme. Nous nous trouvons en présence d'un phénomène de convergence tendancielle de contenu de formes variées d'une ivresse unique, phénomène dans lequel nous pourrions peut-être reconnaître encore un autre signe du pouvoir virtuel, dans l'*eros*, de porter au-delà de l'individu. Au sujet du point particulier que nous venons de signaler, Gelâleddîn Rûmî put écrire : « Celui qui connaît la vertu de la danse vit en Dieu, parce qu'il sait comment l'amour tue[181]. » Et l'on peut dire aussi que c'est là la clef des pratiques d'une chaîne, ou école, de mystique islamique, qui s'est continuée à travers les siècles et qui considère Gelâleddîn Rûmî comme son maître.

---

[180] V. Krafft-Ebing, *Psychopathia sexualis*, cit., p. 12.

[181] Trad. Rückert (*apud* Klages, p. 68). Dans une œuvre de Goethe, il y a un témoignage intéressant de la sensation qu'à sa première apparition éveilla la valse, danse dans laquelle on pourrait voir un reflet assez mondanisé de la technique des anciens *vertiginatores*. Pris par le mouvement tourbillonnant de cette danse, le protagoniste éprouve une telle possibilité d'ivresse et de possession intérieure de la femme, qu'elle lui fait paraître insupportable l'idée que son amante puisse la danser avec d'autres. Cf. aussi les réactions de Byron à la valse, sur un plan pourtant déjà moralisant.

25. — Sur l'expérience de l'étreinte sexuelle

Différents auteurs considèrent comme significatif le fait du *sérieux* qui pénètre les amants au moment de l'union des corps. À ce moment, toute plaisanterie, toute futilité, toute vaine galanterie, tout effritement sentimental cesse. Le libertin et la prostituée elle-même, quand elle n'est pas anesthésiée par un régime de prestation passive et indifférente du commencement à la fin, ne font pas exception. « Quand on aime, on ne rit pas ; peut-être sourit-on à peine.... Dans le spasme on est sérieux comme dans la mort[182]. » Toute distraction cesse. En plus du sérieux, l'étreinte sexuelle comporte un degré de concentration particulièrement élevé, même si, souvent, c'est une forme de concentration involontaire imposée à l'amant par le développement même du processus. Pour cette raison, tout ce qui malgré tout le distrait, peut avoir sur lui un effet immédiat érotiquement inhibitoire, voire même physiologiquement inhibitoire. Émotivement et figurativement, c'est cela qu'implique le « don » d'un être à l'autre dans l'étreinte : même quand tout a le caractère d'une union fortuite et sans suite. Ces traits, ce sérieux, cette concentration, sont des reflets du sens le plus profond de l'acte d'amour, du mystère qu'il renferme.

Dans l'introduction, nous avons déjà parlé de la difficulté de recueillir des témoignages à propos des états que l'homme et la femme éprouvent à la limite de l'étreinte sexuelle : non seulement cette difficulté est due à un scrupule naturel à se parler, mais aussi très souvent au fait que le *climax*, l'acmé correspond à des conditions de conscience réduite, parfois même à des solutions de continuité, c'est-à-dire à des interruptions de la conscience. Et c'est naturel : on ne peut attendre autre chose d'un état de transcendance partielle, mais cependant « brusque », dans le cas d'êtres, chez lesquels toute conscience équivaut à la condition d'être conscient comme des individualités finies, empiriques, conditionnées. La conscience ordinaire sait se conserver intacte au moment liminal de l'étreinte, presqu'aussi peu qu'elle peut outrepasser lucidement le seuil du sommeil plein de rêves avec lequel se réalise un semblable changement d'état, une rupture analogue de niveau. Entre les deux cas, il y aurait toutefois, en principe, la différence due à l'exaltation, à l'ivresse, au *raptus* propre à l'état érotique en général et, au contraire, absent dans le passage à l'état de sommeil, auquel d'habitude on s'abandonne pris par

---

[182] PIOBB, *Vénus*, cit., p. 80.

la fatigue et avec la disposition à perdre conscience. Cette exaltation provoquée au départ par le magnétisme sexuel pourrait servir de point d'appui, pourrait constituer une condition favorable pour la continuité de la conscience et partant, pour son « ouverture » éventuelle à travers l'étreinte. Mais quand cela arrive-t-il et dans quelle mesure cela arrive-t-il dans l'amour profane, il est difficile de le dire. Pour une étude de l'extérieur, scientifique ou objective, sur des bases différentielles, la documentation dont nous disposons est extrêmement insuffisante. En plus, rigoureusement, on ne devrait pas se limiter aux expériences des hommes et des femmes de notre race et de notre temps. Il faudrait également prendre en considération d'autres peuple et des époques différentes, dans lesquels il y a lieu de supposer que les possibilités d'expérience intérieure ne furent pas identiques à celles de l'humanité moderne européanisée. D'autre part, l'utilisation directe du matériel recueilli personnellement par l'auteur ne saurait convenir au caractère de ce livre. Dans les aperçus qui suivront, nous ne négligerons pas ce matériel, mais nous le ferons valoir indirectement. Nous avons fait allusion à la valeur possible de document que présente certaine matière offerte par la littérature de ton érotique. Eh bien, là où cette matière nous a semblé exprimer de près ce qu'il nous a été donné d'entendre directement de l'une ou l'autre personne, et là où d'autre part, elle paraît correspondre suffisamment à ce à quoi l'on peut aboutir en partant de considérations générales, c'est à cette littérature érotique que nous donnerons ici une certaine place.

Déjà dans les Upanishad[183] on fait allusion au *raptus* extatique, à la possibilité de la « suppression de la conscience du monde extérieur aussi bien que du monde intérieur » quand « l'homme est embrassé par la femme » ; on établit, d'une certaine façon, une analogie entre cette expérience et celle qui intervient avec la manifestation de l'*âtmâ*, c'est-à-dire du Moi transcendant (« ainsi l'esprit quand il est embrassé par l'*âtmâ*, qui est la connaissance même, ne voit plus ni les choses extérieures, ni les choses intérieures »). Quand dans *Werther*, le héros du roman dit : « Depuis lors, le soleil et la lune et les étoiles peuvent continuer tranquillement leur cours, je ne sais pas si c'est le jour ou la nuit, et tout l'univers disparaît devant moi », on est sur le plan de la littérature romantique, mais il y a aussi quelque chose de plus, parce que la direction à *raptus* indiquée est identique à celle qui se concrétise et a lieu dans l'étreinte sexuelle, selon ce passage des Upanishad. Dès le

---

[183] *Brhadâranyaka-upanishad*, IV, iii, 21.

début de l'orgasme sexuel un changement d'état se produit — phase, ultérieure de celui qui est intervenu tendanciellement déjà avec l'état d'amour — et, à la limite, avec le spasme, on a un traumatisme dans l'individu, une intervention, subie au lieu d'être assumée, du pouvoir « qui tue ». C'est toutefois quelque chose qui *traverse* l'être au lieu d'être saisi et assimilé.

Au sujet des états qui se manifestent dans la constitution la plus profonde de l'individu, en général il faut faire une différence entre le cas de l'union réelle d'un homme avec une femme selon un magnétisme engendré par leur existentialité polairement différenciée, et le cas, que nous pouvons appeler, d'un emploi consenti des corps pour un but au fond auto-érotique peu différent de la masturbation, c'est-à-dire pour arriver au pur spasme organique d'une satisfaction individuelle de l'homme, ou de la femme, ou de tous les deux, sans une communication et compénétration effectives. Cette situation est la situation qui, au fond, se réalise quand on est orienté vers la simple « recherche du plaisir », quand le « principe du plaisir » domine l'union, au point de lui donner ce caractère extrinsèque auquel nous avons fait allusion quand nous avons nié que ce principe soit le ressort le plus profond de l'*eros*. Dans ce cas chacun des deux amants est atteint d'une sorte d'impuissance ; il jouit seulement pour soi, en ignorant la réalité de l'autre être, n'arrivant pas à ce contact avec la substance intime, subtile et « psychique » de lui qui, seul, peut alimenter une intensité dissolvante et conduisant à l'extase. Il est possible que dans la Bible, l'expression « connaître » une femme employée comme synonyme de la posséder, fasse allusion à l'orientation contraire, positive dans une étreinte sexuelle, tandis qu'il est intéressant que même dans le *Kâma-sûtra* (II, X) l'union avec une femme de caste inférieure qui ne dure que jusqu'à ce que le plaisir de l'homme soit satisfait, s'appelle « l'accouplement des eunuques ».

Un témoignage intéressant est celui d'une jeune femme qui dans le spasme sexuel avait l'impression d'« être transportée, pour ainsi dire, dans une sphère supérieure », « comme au début d'une narcose par le chloroforme[184] ». L'imagination n'a qu'une part accessoire dans des descriptions comme la suivante, qui est une de celles qui peuvent tenir lieu de témoignages directs, recueillis par nous-mêmes : « Lui et elle n'étaient à présent qu'une seule personne... Il n'était plus lui-même. Il était la moitié d'un nouveau corps ; c'est pourquoi tout était si étrange,

---

[184] H. Ellis, *Studies*, cit., V, v, p. 161.

en haut, en haut, en haut. Une lumière aveuglante brilla soudainement avec une rumeur assourdissante qui n'était pas du tout une rumeur ; ils se trouvaient lancés dans l'éternité, dans un tourbillon de couleurs et de formes ; puis il y eut un choc subit et ils tombèrent en bas, en bas, en bas. Il ferma les yeux avec terreur, en bas,en bas, ils continuèrent à tomber pour toujours, en bas, en bas » (L. Langley). La notion d'une « rumeur assourdissante sans un son » figure en fait dans la phénoménologie de la conscience initiatique, comme y figure souvent la sensation de s'effondrer. Mais il faut remarquer que fréquemment cette sensation vient de façon à provoquer un soubresaut instinctif, lorsqu'on est sur le point de s'endormir, et dans une phase de passage des expériences provoquées par le haschich, rappelée par Baudelaire lui-même dans ses *Paradis artificiels.* Pour la convergence évidente du contenu, nous pouvons ajouter aussi le témoignage d'une personne frappée mortellement dans une explosion, expérience d'acheminement à l'effective « ouverture » et « sortie » au cas où la mort serait survenue : « L'explosion fut si proche que je ne la perçus même pas, je dirais presque que je ne m'en aperçus pas. D'un coup la conscience ordinaire de veille fut interrompue. La conscience bien claire d'une chute, toujours plus en bas : avec un mouvement accéléré mais sans notion de temps, y succéda. Je sentais qu'au terme de cette chute, qui ne m'effrayait pas, quelque chose se serait ouvert tout grand ; comme un fait définitif. Au contraire, la chute s'interrompit tout à coup. Au même moment je revins à moi, je me retrouvai à terre parmi les décombres, les arbres arrachés, etc. » Il s'agit ici de sensations typiques qui accompagnent le changement d'état ou de niveau de la conscience. Avec la sensation rapportée un peu plus haut concorde la sensation suivante, où, de plus, outre la chute la seconde phase est intéressante, par la référence à une initiative positive de la femme : « Il lui sembla tomber vertigineusement avec elle comme dans un ascenseur dont les câbles d'acier se seraient rompus. D'un moment à l'autre ils seraient broyés. Ils continuaient au contraire à s'effondrer dans l'infini, et quand elle lui enlaça le cou de ses bras, ce ne fut plus un effondrement mais une chute et en même temps une ascension au-delà de toute conscience. » (F. Thiess.)

Voici une autre citation à laquelle nous avons sujet d'attribuer une égale valeur de témoignage : « Il y avait deux corps, puis un seul corps ; un corps dans l'autre, une vie dans l'autre vie. Il n'y avait qu'un besoin, une recherche, une pénétration en bas, en bas toujours plus profondément, en haut, en haut, toujours plus en haut, à travers la chair, à travers la molle obscurité ardente se gonflant, illimitée, sans temps » (J. Ramsey Ullman). Dans plus d'un cas, dans la pénétration toujours plus profonde dans le giron féminin, dans l'enfoncement en lui, est attesté un sentiment de ce genre, un sentiment d'union avec une substance sans limites, avec une obscure « matière première », c'est pourquoi, dans une sorte d'ivresse dissolvante (et, chez quelques-uns, avec une accélération paroxysmique de l'orgasme), on est amené à la limite de l'inconscience. Nous verrons que le contenu d'expériences de ce type, pas du tout exceptionnelles, qu'on peut discerner quand on leur prête un langage adéquat et quand on les dépouille des faits émotionnels plus superficiels, présente une correspondance significative avec les symboles élémentaires activés dans le régime magique et initiatique de l'étreinte sexuelle.

Dans un passage d'un de ses livres, Novalis[185] dit que « la femme est le suprême aliment visible qui forme le point de transition du corps à l'âme » et il remarque que dans l'expérience érotique, deux séries convergent dans deux directions opposées. En partant du regard, le langage, l'union des bouches, l'embrassement, le contact et ainsi de suite jusqu'à l'étreinte sexuelle, « sont les degrés d'une échelle par laquelle l'âme descend » vers le corps. Mais simultanément — dit Novalis — il y a une autre échelle, « le long de laquelle le corps monte », vers l'âme. Dans l'ensemble, on pourrait donc parler de l'expérience tendancielle d'une « corporisation » de l'esprit qui a lieu en même temps qu'une subtilisation du corps, jusqu'à l'établissement d'une condition intermédiaire, ni spirituelle ni corporelle, à laquelle — comme nous l'avons déjà dit — correspond exactement l'état d'ivresse érotique. Quand cela se vérifie, à travers la femme on arrive dans une certaine mesure, à dépasser la frontière entre l'âme et le corps, avec le principe d'une expansion intégratrice de la conscience dans les zones profondes habituellement barrées par le seuil de l'inconscient organique. Sur cette ligne, l'expression « s'unir avec la vie » pourrait donc acquérir un sens tout à fait particulier[186]. Dans un autre passage, le même Novalis parle effectivement de l'illumination vertigineuse, comparable à celle de l'étreinte sexuelle, dans laquelle « l'âme et le corps se touchent » et qui est le début d'une transformation profonde. Dans l'amour profane, des expériences de ce genre à travers l'usage physique de la femme sont rares et fugitives, mais non moins réelles pour cela, ni moins dépourvues d'une

---

[185] *Fragm.* p. 101-102.

[186] « Je te sens mienne jusqu'à l'ultime profondeur, en moi *comme l'âme est confondue avec le corps* » (D'Annunzio, dans *Il Fuoco).* Pour indiquer l'effet de la femme sur lui, Werther dit : « C'est comme si l'âme pénétrait dans tous mes nerfs. »

valeur indicative. Nous choisissons un passage d'un écrivain, qui renferme des indications ayant de nouveau une valeur signalétique positive : « En lui se passa quelque chose de mystérieux, quelque chose qui ne lui était jamais arrivé... Cela pénétrait tout son être, comme si l'on avait versé dans la moelle de ses os un baume mêlé à un vin très fort qui l'enivrait à l'instant. Comme dans une ivresse, mais sans impureté... Cette sensation n'avait ni commencement ni fin, elle était si puissante que le corps la suivait, sans aucun rapport avec le cerveau... Ce n'étaient pas les corps qui étaient unis, mais la vie. Il avait perdu son individualité… Il était transporté dans un état duquel il ne pouvait pas même saisir la durée. On n'a inventé aucun langage pour exprime ce moment suprême de l'existence, d'où l'on pourrait voir toute la vie nue et intelligible... Puis de nouveau ils descendirent » (Liam O'Flaherty).

L'idée, qu'à un autre égard, dans l'étreinte sexuelle la force libre du sexe puisse agir d'une façon purificatrice, cathartique, appartient au dionysisme et à tout autre courant ayant la même direction. Mais des moments qui parfois interviennent même dans l'expérience de l'amour profane, peuvent y correspondre. Lawrence ne peut certes pas se dire un initié ; mais il ne fait pas que de la littérature ni ne théorise quand il fait dire à l'un de ses personnages : « Il sentait avoir touché l'état le plus sauvage de sa nature... Combien mentent les poètes et tous les autres ! Ils vous font croire qu'ils ont besoin du sentiment, tandis que ce dont ils ont le plus besoin, c'est de cette sensualité aiguë, destructrice, terrible... Même pour purifier et illuminer l'esprit, il faut la sensualité sans phrases, la pure, brûlante sensualité. » Nous avons déjà observé qu'en général, cet écrivain s'arrête à une mystique aberrante de la chair, et les phrases qu'on vient de citer se rapportent à l'expérience curative que, pour un type sexuellement dévié — tel qu'il correspond à la grande majorité des femmes anglo-saxonnes modernes — peut représenter un usage du sexe sans freins ni inhibitions. Malgré cela, ici, peut-il y avoir aussi un témoignage au sujet de ce que des expériences de ce genre peuvent donner, en plus, comme purification, comme abolition ou neutralisation de tout ce qui dans la vie de l'individu extérieur, social, crée un obstacle objectif en empêchant le contact avec les couches les plus profondes de l'être : même quand un véritable élément transfigurant manque, il convient donc de parler, précisément comme le fait Lawrence, de simple « sensualité ». Naturellement, dans une telle expérience les aspects positifs sont fortuits et rares, jamais reconnus à leur juste valeur par le sujet, c'est pourquoi aussi ils restent incapables d'un développement ultérieur, d'une « culture » quelconque. Bien au contraire peut naître l'équivoque de Lawrence, celle d'une religion « païenne » de la chair, tandis que sous ce rapport, c'est Spengler qui a vu juste, quand il a dit que l'orgie dionysiaque a en commun avec l'ascèse le fait d'être ennemie du corps.

À étudier certains témoignages directs fournis par des amants, on rencontre fréquemment des situations qui ramènent à ce que nous avons déjà dit au sujet d'un cas d'hébéphrénie rapporté par Marro. Des personnes qui ont cherché à prolonger le spasme sexuel au-delà d'une certaine limite, en insistant dans l'un ou l'autre procédé d'excitation, parlent de la sensation insupportable d'une force — « comme une électricité » — qui vient des reins ou court le long de l'épine dorsale, avec une tendance ascendante. À ce moment, pour la plupart l'expérience cesse d'être désirable, elle semble ne présenter qu'un caractère physique et douloureux, on ne la supporte pas, on s'arrête[187]. Dans ces cas on doit penser aux conséquences d'un comportement intérieur tel, qu'il ne permet plus autre chose que précisément des perceptions devenues physiques. C'est comme si, à un moment donné, dans l'individu, au circuit psychique d'ivresse sexuelle exaltée se substituait un circuit exclusivement physique. D'où la dégradation du processus : des sensations seulement négatives arrivent au seuil de la conscience. Mais derrière une telle phénoménologie, il n'est peut-être pas risqué de supposer celle de formes partielles, ébauchées, de l'éveil de la *kundalinî*, de la force basale, auquel visent surtout les pratiques du Yoga tantrique, mais qui — dit-on — peuvent aussi se manifester incidemment à l'occasion de l'union sexuelle. Et « le frémissement, le feu rapide et dévorant plus rapide que l'éclair », dont a parlé J.-J. Rousseau, se rapportant à ses expériences les plus intimes, n'est certes pas sans rapport avec des faits analogues vécus par plus d'une personne.

Il faut remarquer en outre, que des ébauches d'une action, pour ainsi dire, évocatoire et incitante, visant à l'éveil de la force basale, sont contenues dans quelques coutumes de tradition non européenne, par exemple dans ce que l'on appelle la danse du ventre, en particulier quand c'est la femme qui l'exécute, avec un arrière-plan érotique. Il est vrai que là, on se trouve déjà au-delà du domaine de l'*eros* seulement profane, parce que cette danse, dont en Occident on n'a qu'une idée banale de café-concert, a eu

---

[187] En dehors de l'enchaînement spécial d'idées dont nous venons de parler, une référence du *Kâma-sutrâ* (II, i) reste intéressante. On y parle des cas où la femme, dans les degrés exaltés de la passion, durant l'étreinte sexuelle « finit par n'avoir plus conscience de son corps », et « alors, à la fin, éprouve le désir de cesser le coït ».

un caractère sacral et traditionnel. Elle comprend trois temps marqués par la hauteur des mouvements des bras et par les expressions du visage, et correspondant à trois périodes de la vie de la femme. Le dernier temps fait allusion à la fonction érotique de la femme, éveilleuse potentielle de la force basale pendant l'étreinte sexuelle, et c'est en ce dernier temps que figure le mouvement basal, typique, rythmique, du ventre et du pubis. Ce témoignage d'une personne qui a assisté à une exécution de cette danse dans ses formes authentiques, pourra intéresser : « J'ai assisté à une *vraie* danse du ventre, une Arabe et des Arabes accroupis qui syncopaient le rythme : moi seul européen. Inoubliable. Cette danse, naturellement sacrée, est un déroulement de la *kundalinî,* avec évasion par le haut. Symboliquement, c'est formidable, puisque c'est la femme qui l'exécute, et en souffre beaucoup (c'est extrêmement difficile, la vraie danse), presque comme dans un accouchement, et *c'est* un accouchement : mais la chose la plus belle, la plus bouleversante, c'est l'accompagnement avec le chant de la femme elle-même ; chants transportants qui ponctuent l'évasion, le cycle de déroulement, la déification ascensionnelle, le passage d'un anneau à l'autre, du premier au dernier centre. » Si le matériel ethnologique n'était pas recueilli par des gens incompétents, avec le même esprit que les collectionneurs de timbres-poste, des témoignages de ce genre pourraient facilement être multipliés et les « civilisés » trouveraient probablement des raisons d'avoir honte en constatant à quoi, en général, se réduisent leurs amours.

Dans le domaine positif, médical, on atteste des cas où dans l'acmé de l'étreinte physique, les femmes s'évanouissent ou tombent dans des états semi-cataleptiques susceptibles de durer des heures. Mantegazza dans le chapitre VIII de sa *Fisiologia della donna* a déjà signalé des cas analogues ; mais dans les traités d'érotique hindoue, ils sont présentés comme normaux et constitutifs chez des types déterminés de femmes[188]. Quelques conséquences fatales dues à des symptômes de ce genre, semblables à celles dont parle Barbey d'Aurevilly dans sa nouvelle *Le rideau cramoisi,* ont récemment laissé un écho, même dans la chronique noire. Il ne s'agit pas là de « faits hystériques » — terme général qui

---

[188] Dans les classifications scolastiques des traités érotiques hindous, on mentionne trois types de femmes qui s'évanouissent au moment suprême de l'étreinte sexuelle, un quatrième type qui perd déjà connaissance au début de l'étreinte sexuelle, un autre type encore auquel il arrive « dans la grande passion, de se fondre presque dans le corps de l'amant », en sorte qu'elle ne sait plus guère dire « qui est lui, qui est elle, qu'est-ce que la volupté dans l'amour » (textes dans R. Schmidt, *Indische Erotik,* Berlin, 1910, p. 191-193).

n'explique rien, qui souvent substitue seulement un problème à un autre problème — mais bien de phénomènes qui apparaissent parfaitement compréhensibles dans le cadre que nous avons donné de la métaphysique du sexe. Mais là où ne se vérifie pas l'interruption de la conscience, souvent certains états qui incidemment accompagnent le « plaisir » ou qui apparaissent comme des répercutions successives de l'acmé de l'étreinte sexuelle, sont en eux-mêmes assez significatifs. Ce sont des états que le passage suivant explique assez bien : « Parfois entre ses bras elle était envahie d'une sorte de torpeur presque clairvoyante, dans laquelle elle croyait devenir, par transfusion d'une autre vie, une créature diaphane, fluide, pénétrée d'un élément immatériel et très pur » (D'Annunzio, dans *Il Piacere).* Déjà Balzac, avec une plus grande marge littéraire idéalisante, se référait à une sensation de ce genre : « quand, perdu dans l'infini de l'épuisement, l'âme détachée du corps voltige loin de la terre, ces plaisirs semblent un moyen d'abolir la matière et de rendre l'esprit à son vol sublime ». En réalité, chez les amants, après l'étreinte, une sorte de transe lucide, parallèle à un état d'épuisement physique, est assez fréquente. C'est une sorte d'écho diffus possible du changement d'état intervenu objectivement, c'est-à-dire quand il n'a pas été saisi comme tel dans l'acmé de l'étreinte : une sorte de frange de résonance de cet acmé. D'habitude, l'élément subtil, hyperphysique de cet écho est pourtant neutralisé tout de suite, parce qu'on revient à soi, ou bien il est altéré par des sentiments de simple proximité amoureuse humaine.

26. — Variétés de la pudeur. Métaphysique de la pudeur

« Il sombra dans l'abîme du plaisir, duquel l'amour, écrit Colette, remonte à la surface pâle, taciturne, plein d'une tristesse mortelle. » Si les situations indiquées auparavant sont opposées aux situations déprimantes, exprimées par de telles paroles, c'est sur ces situations aussi que s'est fondé l'adage connu *: animal post coitum triste,* et ce même adage en donne l'explication, car il se rapporte exactement à l'animal, c'est-à-dire à un amour humain plus ou moins *more ferarum.* En particulier, il est à présumer que ces états négatifs et déprimants font surtout suite à des unions qui n'en sont pas vraiment, à ces unions qui, comme nous l'avons montré, deviennent une occasion choisie d'accord pour un plaisir plus ou moins solitaire de l'une des deux parties ou de toutes les deux. En effet, ces états de dépression ressemblent assez à ceux qui suivent d'habitude les actes du plaisir solitaire, au sens propre, c'est-à-dire de la masturbation.

Une explication différente est possible aussi, cependant ; sauf qu'elle porte au-delà des données les plus immédiates de la conscience individuelle, et qu'elle ne peut s'appliquer à la grande majorité des cas. Ce n'est pas l'explication donnée par la morale courante d'inspiration chrétienne qui, en partant d'une haine théologique pour le sexe, voudrait voir dans ces états éventuels de dépression, de tristesse ou même de dégoût après le « plaisir », une sorte de sanction naturelle de son caractère de péché. La sensation confuse d'une faute peut certes entrer en jeu sur un plan non moraliste, mais bien transcendantal. Et la condition préalable est que, dans le fond de la conscience de l'individu en question, existe une prédisposition en quelque sorte ascétique, c'est-à-dire, au détachement. Il s'agit, ensuite, presque exclusivement d'hommes ; il est très rare que la femme après une étreinte sexuelle où elle a été consentante, se sente déprimée et avilie, tout au contraire, à moins que n'interviennent des facteurs extérieurs, sociaux ou autres (par exemple des inhibitions inconscientes).

On peut envisager cette possibilité, parce qu'aussi d'autres données symptomatiques du comportement érotique, parmi lesquels rentre le phénomène même de la pudeur, semblent nous conduire au même point. Pour affronter le problème, il faut revenir de nouveau au double visage, positif et négatif de l'*eros,* étudié par nous à la fin du chapitre précédent. C'est que dans le présent chapitre nous avons dirigé principalement l'attention vers ces phénomènes d'un dépassement *positif* — reflétant d'une certaine façon la métaphysique du sexe donnée par le mythe de l'androgyne — qui peuvent figurer dans l'érotique profane elle-même. Mais il faut considérer aussi l'autre côté, l'autre possibilité, celle indiquée par le mythe de Pandore : l'*eros* comme simple convoitise extravertie qui conduit à la génération, qui par la satisfaction ne supprime pas la privation existentielle, mais la confirme et la perpétue en conduisant, au-delà de l'illusoire « immortalité dans l'espèce », non à la Vie, mais à la mort. En rapport avec cela, dans le domaine de l'amour profane, amour qui pour la plupart des hommes et des femmes est pratiquement celui qui finit par alimenter le cercle de la génération, il faudrait envisager ce problème : l'homme cherche-t-il la femme parce qu'il sent en soi une privation ou est-ce qu'au contraire, ce sont la présence et l'action de la femme qui créent la privation, en provoquant une sorte d'« affaissement » intérieur et en portant l'homme hors de soi, suscitant en lui l'état de désir, de concupiscence ? C'est-à-dire qu'il faut se demander avec Kirkegaard[189], si l'homme qui se sentait faussement complet et suffisant, en rencontrant la femme et en éprouvant le besoin d'elle découvre être un demi-homme, ou bien si c'est une telle circonstance qui l'extravertit, le fait déchoir d'une attitude de centralité, le lèse.

Le problème est complexe. Dans chaque cas, sa solution est différente, tandis que l'évaluation diffère selon les points de repère. Qu'il la ressente ou non, la privation est consubstantielle à l'individu fini ; ainsi la clôture de Moi ne peut-être considérée comme une valeur, chaque mouvement au-delà de soi peut au contraire incorporer une valeur. D'où l'ordre d'idées mis en relief dans ce chapitre, où nous avons parlé des aspects positifs de l'expérience érotique. Pourtant si l'on envisage toutes les situations dans lesquelles la sortie de soi ne comporte pas du tout une ascension, une intégration, ne conduit pas à se retrouver soi-même, alors dans le fait de céder à la convoitise pour la femme on peut voir une chute et une altération de l'être intérieur, presque une trahison envers une vocation plus haute. Et sentir cela, même confusément, éloignera souvent de la recherche de la plénitude de l'être et du sens de l'existence à travers le mystère du sexe, à cause du caractère problématique propre à cette voie. Dans ce cas le pouvoir de la femme, le charme destructeur de la femme, l'extase décevante que procure la substance féminine intime, peuvent apparaître comme funestes, ennemies, contaminatrices. Même sans arriver au *foemina janua diabuli* de Tertullien, ce point de vue prédomine dans les milieux ascético-initiatiques. La maxime biblique : *Non des mulieri potestatem animae tuae,* le résume.

Comme nous l'avons montré, la condition préalable de réactions intérieures similaires est chez l'individu une « activation » consciente ou embryonnaire, de ce que, en Orient, on appellerait l'élément extra-samsârique ou le pur élément *yang,* c'est-à-dire la virilité transcendante ou, plus simplement encore, le principe surnaturel de la personnalité humaine. Dans la masse, cette conscience constitue un phénomène exceptionnel. Toutefois il existe des attitudes qu'on ne saurait expliquer qu'en fonction d'une sorte d'obscur pressentiment résiduel de cette conscience.

C'est dans cet ordre d'idées qu'on peut brièvement traiter le problème de la pudeur. Avant tout, il faut faire quelques distinctions. Il y a des formes

---

[189] *In vino veritas,* éd. cit., p. 52.

générales de pudeur n'ayant pas un rapport sexuel particulier : par exemple la pudeur pour certaines fonctions physiologiques (défécation, miction), en plus, en général, de la pudeur pour sa propre nudité. Certains estiment que cette pudeur n'est pas innée, parce qu'ils allèguent le fait que ni les enfants, ni certaines populations sauvages ne l'éprouvent. Mais ici l'on tombe dans l'équivoque habituelle de considérer comme « naturel » chez l'homme ce qui est primitiviste. La vérité c'est qu'il existe chez l'homme certaines dispositions consubstantielles à son « idée », qui peuvent rester potentielles dans les stades primitifs, et se manifester seulement dans une humanité adéquatement développée, quand se forme un climat aproprié, qui est celui qui d'habitude correspond à la « civilisation ». Dans ce cas, il ne faut pas parler d'un sentiment « acquis » mais bien d'un passage de la puissance à l'acte, de dispositions préexistantes. En effet, pour les facultés humaines, dans plus d'un cas, on observe un développement d'autant plus tardif qu'elles sont nobles.

Or, dans son aspect le plus général et non sexuel, le phénomène de la pudeur procède d'une impulsion plus ou moins inconsciente de l'homme en tant que tel, à mettre une certaine distance entre lui et la « nature » ; si bien que la définition donnée par Mélinaud est partiellement juste : la honte qu'on éprouve pour l'animalité en nous. Pourtant il ne faut pas s'attendre à ce que cet instinct se manifeste dans des stades pré-personnels (comme chez l'enfant) ou régressifs (comme chez les sauvages), chez lesquels ce principe supérieur, cette dimension supérieure du Moi, qui peut donner lieu à des impulsions de ce genre, ne pointe pas mais est encore tout à fait latent, ou bien voilé.

Passons maintenant à la pudeur, dans ses formes en rapport avec la sexualité. Ici, avant tout, on doit envisager un sens possible de la pudeur pour sa propre nudité, différent de celui que nous venons d'indiquer ; en second lieu, on doit prendre en considération la pudeur particulière pour les organes sexuels ; en troisième lieu, on doit examiner la pudeur pour l'acte sexuel. Au sujet des deux premières sortes de pudeur, il faut établir une distinction bien nette entre la pudeur masculine et la pudeur féminine. En général, il convient de dénier à la pudeur de la femme le sens profond, métaphysique, dont nous parlerons. Comme sa réserve, sa « modestie » ou « innocence », elle est un simple ingrédient de sa qualité sexuellement attractive et on peut la faire rentrer parmi les caractères tertiaires de son sexe (cf. § 10). Nous reviendrons d'ailleurs sur ce point dans le prochain chapitre. Un tel aspect ou usage « fonctionnel » est au contraire étranger à la pudeur masculine. Une contre-épreuve du fait que la pudeur féminine n'est pas un fait éthique, mais sexuel, c'est, comme on le sait, que la pudeur de leur propre nudité cesse complètement quand les femmes se trouvent entre elles, et même donne lieu au plaisir de l'exhibitionnisme (à moins que n'intervienne quelque complexe d'infériorité, c'est-à-dire la crainte d'avoir un corps moins beau et moins désirable que les autres) ; tandis que cette pudeur subsiste chez les hommes (abstraction faite ici, de ce qui est propre aux phases de primitivisme régressif d'une civilisation, telle la civilisation contemporaine). Par son caractère fonctionnel, la pudeur féminine a ensuite un sens psychologico-symbolique dont dérivent la variété et la mutabilité de son objet principal. On sait que jusqu'à hier chez les femmes arabes et persanes, le plus grand objet de pudeur sexuelle était la bouche, si bien que si une jeune fille de ces races avait été surprise par un homme alors qu'elle n'avait qu'une chemise sur le dos, elle s'en serait aussitôt servie pour se couvrir la bouche, sans se soucier de mettre ainsi en évidence des parties bien plus intimes de son corps. Mais pour les Chinoises, l'objet particulier de pudeur était les pieds, de sorte qu'elles consentaient rarement à les montrer même à leur mari. Et l'on pourrait indiquer d'autres localisations curieuses de l'objet de la pudeur, selon les peuples et selon les époques aussi. Le fait est que dans cet ordre d'idées, une partie du corps n'a qu'une valeur de symbole et la montrer, ne pas la cacher, a la signification implicite de s'ouvrir, de ne pas se dérober, de ne pas être à soi. D'après cela, c'est-à-dire selon cette fonctionnalité symbolique de la pudeur, par suite de laquelle la partie va représenter l'être le plus intime, on comprend la variabilité de son objet, bien que soit naturelle la prépondérance de références aux parties du corps féminin liées à la sexualité, ou bien à l'usage sexuel de la femme. Le fait que chez quelques auteurs latins, l'expression « goûter » ou « employer la *pudicitia* » d'une femme, fut synonyme de prendre sa virginité, c'est-à-dire de sa plus grande offrande érotique, reflète justement cette idée.

La fonctionnalité sexuelle de la pudeur féminine, l'absence, en elle, d'un caractère éthique et autonome sont enfin clairement attestées par le fait, également bien connu, qu'une femme affiche de la pudeur quand l'attention masculine se porte sur une certaine partie de sa nudité, qui toutefois peut être beaucoup plus partielle que celle qu'en d'autres circonstances elle exhibe publiquement, sans une ombre de retenue : par exemple, de nos jours elle aura honte de montrer ses jambes gainées de bas de soie en relevant sa robe, alors qu'elle se promènera dans une impudique innocence animalesque, vêtue de costumes de bain modernes « à deux pièces », qui ne couvrent que quelques centimètres carrés de son corps. C'est pourquoi on a justement remarqué, qu'on ne doit pas conclure au manque de pudeur du fait de l'absence de vêtements, des formes particulières de pudeur étant attestées aussi chez des populations qui vont nues ou presque ; tout comme, au contraire on ne doit pas conclure à la présence de la pudeur du fait du port de vêtements, se couvrir n'étant pas du tout une preuve de la présence de la vraie pudeur[190]. On sait trop bien que souvent la femme ne se sert des vêtements que pour produire un effet plus excitant, par allusion aux promesses de sa nudité. Mais on doit voir sous un jour différent le fait que, presque dans le monde entier, on a lié au concept des organes génitaux celui de quelque chose dont on doit avoir honte (le *putendum*, les parties honteuses, etc.). Ce concept s'étend aussi à l'activité amoureuse, parce que non seulement quand il s'agit de l'union des corps, mais aussi pour les manifestations beaucoup plus intimes, les amants montrent généralement de la pudeur, et Vico est même arrivé à associer le sentiment d'être vus par un Dieu, à la honte qui, aux temps primordiaux, aurait poussé les couples humains à se cacher quand ils s'unissaient sexuellement. Dans cet ensemble, certaines remarques de Schopenhauer sont dignes d'attention. Schopenhauer se demande pourquoi est-ce en cachette et presqu'avec crainte, que les amoureux échangent leur premier regard plein de désir, pourquoi ils se cachent lors de leurs intimités et, dirait-on, se troublent et s'épouvantent de l'acte de leur union, quand on les y surprend, presque comme s'ils étaient surpris dans l'accomplissement d'un crime. Schopenhauer remarque que tout cela resterait incompréhensible si, à l'abandon de soi à l'amour ne s'alliait pas le sentiment obscur, transcendantal, d'une faute, d'une trahison. Cependant l'explication qu'il donne est forcée et impropre. La vie serait essentiellement douleur et misère ; et puisque, selon Schopenhauer, le sens et la fin dernière de tout *eros* serait la procréation, les amants auraient-ils honte et se sentiraient-ils coupables quand ils obéissent à l'instinct procréateur destiné à perpétuer la douleur et la misère du monde dans de nouveaux êtres. « Si l'optimisme avait raison, si notre existence était le don, à accueillir avec reconnaissance, d'une bonté divine illuminée de sagesse, donc une chose précieuse, glorieuse et joyeuse, alors l'acte qui la perpétue devrait présenter une toute autre physionomie »[191]. Tout cela est pourtant assez peu convaincant. D'ailleurs le pessimisme de Schopenhauer est le simple produit d'une philosophie personnelle ; en tous cas les phénomènes auxquels il fait allusion reparaissent aussi dans des civilisations

[190] Ploss-Bartels, *Das Weib*, cit., v. I, p. 359.

[191] Schopenhauer, *Metaphysik der Geschlechtsliebe*, cit., p. 119, 128-129.

absolument étrangères au pessimisme, et les plus éloignées de conceptions dualistes comme celles qui, dans le christianisme ont créé une antithèse entre « esprit » et « chair ». Ce que Schopenhauer a justement fait ressortir, correspond plutôt à un fait existentiel autonome, vis-à-vis duquel même les différentes condamnations, moralisantes et théologiques des rapports sexuels sont de simples dérivations « absolutisées », c'est-à-dire subsistant tout en n'ayant plus aucun lien direct avec un sens profond. En réalité il s'agit ici du sentiment obscur de l'ambivalence de l'*eros*, lequel, d'un côté tout en séduisant avec les aspects d'une ivresse faisant pressentir le dépassement de l'individu fini et brisé, de l'autre comprend aussi la possibilité d'une chute, de la trahison d'une vocation plus haute, à cause de l'illusion et de la contingence que peut présenter la satisfaction plus courante du désir et de l'instinct, et ensuite en considération de tout ce qui, en partant de la valeur de la progéniture jusqu'aux faits sociaux et sentimentaux de l'amour dans les relations entre les sexes, a le sens d'un succédané et d'un ajournement de la possession d'un sens absolu de l'existence. Enfin, sinon chez la femme, du moins chez l'homme, il peut s'agir d'une obscure sensation de la lésion que le désir lui-même représente pour l'être intérieur, pour le principe surnaturel en soi, chaque fois que du poison ne se retire un remède, que de l'altération ne découle une extase en quelque sorte libératrice. Sous les espèces de faits du comportement non associés à une idée, à un concept de la conscience réfléchie, même chez l'humanité la plus ordinaire et la plus approximative, comme des ombres très éloignées de ces significations de la métaphysique du sexe courent les signes constitués par le phénomène de la pudeur sexuelle et par les autres faits indiqués auparavant. Ces faits, inintelligibles dans le cadre d'une conception naturaliste et biologique de l'être humain[192], sont à peine touchés par la banalité des différentes interprétations « sociales », alors qu'on doit considérer comme pure fantaisie ce que les psychanalystes ont imaginé à ce propos, en se réclamant des tabous sexuels des sauvages et des complexes ancestraux du subconscient. L'unique interprétation qui est allée un peu plus au fond, est précisément l'interprétation schopenhauérienne qui, comme nous l'avons vu, fait entrer en jeu un obscur sentiment transcendant de faute ; mais ici le recours à l'idée que

---

[192] On peut remarquer qu'ici encore, à un autre égard, apparaît la différence entre la fonction sexuelle et la fonction nutritive. Si l'une était aussi « biologique » et « naturelle » que l'autre, on ne devrait pas avoir une plus grande honte de l'accouplement que de la nutrition, ou bien on ne devrait pas avoir moins honte de la nutrition que de l'accouplement.

la « vie est douleur », n'est pas plus adéquat que cette interprétation populaire du bouddhisme (du reste partagée par Schopenhauer lui-même), selon laquelle, en Orient, l'impulsion à la réalisation de la sambodhi, de l'illumination et du nirvâna, serait née de la douleur de l'existence.

27. — Sens de l'orgie

À part les cas de régression naturaliste (comme dans certaines formes modernes quasi chastes d'impudeur féminine) ou d'effritement libertin, un des rares ensembles où l'*eros* est en évidence dans une forme nue, sans inhibition, est constitué par les rites et par les fêtes orgiaques collectives ; expériences qui, celles-là, nous portent déjà au-delà de la phénoménologie de l'amour et de la sexualité profanes. D'après ce que nous avons déjà dit, il semble naturel que dans ces cas disparaisse cette sorte de « complexe de faute » qui peut se lier à l'usage du sexe, car là, au départ déjà, l'oscillation de l'*eros* est résolue dans le sens sacral, sens correspondant à ses possibilités positives et opposé au besoin concupiscent du pur individu. Même chez les populations primitives, il arrive précisément que, tandis que généralement persiste une répugnance pour l'acte sexuel visible et manifesté, ce sentiment est absent quand cet acte fait partie d'un ensemble cultuel. En plus de la nudité rituelle, comme autre cas chez la femme elle-même, dans la Grèce antique, le geste appelé ἀνάσυρμα, par lequel, suivant un paradigme divin, elle soulevait sa robe pour montrer sa chair la plus intime, explique à quel point même la « pudeur fonctionnelle » féminine peut complètement disparaître, quand le moment sacral est présent.

Quelques observations sur la métaphysique de l'orgie peuvent trouver place ici, à titre de passage de la phénoménologie de l'amour profane à celle qui constituera l'objet des prochains chapitres. En effet, les formes orgiaques représentent quelque chose d'intermédiaire : ici les conditionnalités individuelles de l'*eros* sont dépassées, mais en même temps, il ne s'agit pas d'un régime des unions différent du régime usuel qui amène à l'aspersion spermatique du giron de la femme avec la possibilité correspondante d'une fécondation. À propos de ce dernier point, il est pourtant significatif que, d'après les renseignements dont on dispose, il semble résulter que dans les orgies collectives sacrales, les cas de fécondation ont été beaucoup moins nombreux qu'on pourrait s'y attendre, comme si dans les orgies la force sexuelle recevait, déjà, de l'intérieur, une orientation différente.

Dans la promiscuité orgiaque, la finalité la plus immédiate et évidente est la neutralisation et l'exclusion de tout ce qui se rapporte à « l'individu social ». Même dans le domaine ethnologique, l'idée de la promiscuité comme stade « naturaliste » originaire, a été en grande partie abandonnée[193]. Réellement, même chez les sauvages la promiscuité apparaît presque toujours limitée à des occasions spéciales liées à l'élément rituel. Qu'il s'agisse d'orgies de populations primitives et exotiques, ou bien de fêtes analogues de l'antiquité occidentale, le dénominateur commun est l'abolition temporaire de toutes les interdictions, de toutes les différences de conditions sociales et de tous les liens au moyen desquels chaque manifestation dans des formes élémentaires est habituellement rendue impossible à l'*eros*. En principe, le régime de la promiscuité exclut non seulement les conditionnalités de l'individu social, mais même celles de la couche la plus profonde, de la couche de l'individu comme personnalité. Ce régime tend donc à une libération à peu près totale. Certaines fêtes de populations sauvages ont eu un caractère saisonnier qui a favorisé des interprétations unilatérales, aussi parce qu'on n'a pas tenu compte de la possibilité que tout ce qu'on rencontre dans le domaine ethnologique ne représente pas quelque chose de primaire, mais un ordre de formes déjà dégradées et obscurcies. Que des intentions « magiques » au sens restreint (rite de fécondité, de fertilisation, etc.) aient été présentes ou non, on doit souvent chercher dans des correspondances cosmico-analogiques, la raison essentielle des dates de ces fêtes. Ainsi, l'Empereur Julien a rappelé que, par exemple, la date du solstice d'été était choisie pour la célébration de certaines fêtes de ce genre, parce qu'à ce moment le soleil semble se détacher de son orbite et se perdre dans l'infini : fond cosmique et « climat » très convenable pour une tendancialité similaire à la libération orgiaque et dionysiaque. Le nom romain d'une fête qui, à part certains traits de licence populaire, conservait indiscutablement aussi ceux d'un climat orgiaque, les Saturnales, par un autre côté est significatif. Selon l'interprétation populaire, en elle on pensait célébrer un retour momentané à l'âge primordial dont Saturne-Chronos avait été le roi, âge dans lequel n'existaient ni lois, ni différences sociales entre les hommes. C'est là la traduction exotérique d'une idée plus profonde : on présentait en termes temporels, historiques — comme la re-évocation d'un passé mythique — la participation à un état qui est, plutôt au-dessus du temps et de l'histoire, et dans les termes d'une abolition des différence sociales

---

[193] Cf. par ex. : E. Westermarck, *Histoire du mariage*, Payot, Paris, ch. IV-VL.

et des interdictions, on donnait la finalité plus vrai, celle de dépasser intérieurement la forme, la limite de l'individu en tant que tel.

Dans l'ensemble, soutenues par des structures sacrales institutionnelles et alimentées par le climat propre à une action collective, les fêtes orgiaques au moyen de la sexualité visaient donc à cette œuvre de catharsis et de lavage du mental, de neutralisation de toutes les stratifications de la conscience empirique, que nous avions dit pouvoir se réaliser dans plusieurs cas d'*eros* profane intense, déjà dans les unions individuelles. Le mot « lavage » que nous venons d'employer, permet, d'autre part, d'établir des rencontres ultérieures de significations. En effet, dans le symbolisme traditionnel les « Eaux » ont représenté la substance indifférenciée de toute vie, c'est-à-dire la vie dans l'état antérieur à chaque forme, donc libre de toutes les limitations de l'individuation. Sur cette base, dans les rites de beaucoup de traditions, l'« immersion dans les eaux symbolise la régression dans le préformel, la régénération totale, la nouvelle naissance, car une immersion équivaut à une dissolution des formes, à une réintégration dans le mode indifférencié de la pré-existence »[194]. Selon ce sens, les Eaux représentent l'élément qui « purifie » et, en termes religieux, exotériques, qui « lave du péché » et justement régénère : on sait que précisément un sens de ce genre, présent dans la multiple variété des rites de lustration, s'est conservé dans le sacrement chrétien du baptême lui-même.

En anticipant sur l'ordre d'idées que nous traiterons dans le prochain chapitre, il faut remarquer ensuite que, dans le symbolisme traditionnel, les Eaux et le principe féminin divinisé sous forme d'une Déesse ou Mère sont étroitement associés : le signe archaïque des Eaux ∇ est celui même de la Femme et de la Déesse, ou Grande Mère, obtenu par la schématisation des lignes du pubis féminin et de la vulve. Nous pouvons dire que ce sens fixe le caractère spécifique propre aux orgies dans un de leurs aspects fondamentaux : il s'agit d'une régression libératrice dans l'informe, se développant sous le signe féminin. Ainsi pour alléguer des faits d'un ordre un peu différent, il peut être intéressant de noter le rapport qu'ont avec les Eaux les *Apsara,* entités féminines fascinantes, « hétaïres célestes », qui dans l'épopée hindoue s'incarnent aussi pour séduire des ascètes. Nées des Eaux, leur nom vient de *ap* = eau, et *sara,* dont la racine est *sri,* qui veut dire courir (ici, dans le sens de couler). Et comme enchaînement d'idées similaires, nous rappellerons aussi la fête syriaque

---

[194] M. Eliade, *Traité d'histoire des religions,* Payot, Paris, 1949, p. 168, 173.

antique, effrénée, des Eaux, Maïumas, où des femmes se montraient nues dans l'eau, provoquant l'ivresse et le transport chez celui qui était venu là, l'esprit lucide. Il faut se rappeler ce point particulier, qui ne ressortait pas dans l'interprétation suivante proposée par l'auteur que nous venons de citer : interprétation qui convient pour tout le reste, à condition que, pour le moment, on fasse abstraction de ce qu'il dit sur le côté magique, et non plus simplement intérieur, de l'expérience orgiaque (nous parlerons ensuite de cet autre côté) : « En relation directe avec ces croyances de la régénération cyclique — réalisée par le cérémonial agraire — on trouve aussi d'innombrables rituels de « l'orgie », de la ré-actualisation fulgurante du chaos primordial, de la réintégration dans l'unité non-différencielle d'avant la création », écrit Eliade [195] . — « L'orgie, de même que l'immersion dans l'eau, annule la création, mais la régénère en même temps ; s'identifiant avec la totalité non différenciée, précosmique, l'homme espère revenir à soi restauré et régénéré, en un mot « un homme nouveau »[196].

En raison du sens d'une ouverture cosmico-panthéiste que l'orgie peut aussi acquérir ainsi en ce qui concerne ses effets comme expérience de l'individu, ici apparaît de nouveau la double possibilité positive et négative de l'*eros*. De fait, des expériences de ce genre peuvent rentrer dans la ligne des libérations extatiques propres aux Mystères de la Femme et de la Mère, auxquels s'oppose le but principal des initiations célébrées au contraire sous le signe ouranico-viril. Le contact avec les Eaux, avec le Sans-Forme, peut être ambivalent, peut avoir un double résultat si l'on se reporte au noyau surnaturel de la personnalité ; il peut mettre ce noyau en liberté aussi bien que le dissoudre. Eliade[197] lui-même l'a vu, en quelque sorte, quand il a rappelé le mot d'Héraclite (fr. 68) : « C'est mort pour les âmes que de devenir eau », correspondant à celui d'un fragment orphique : « Pour l'âme, l'eau est la mort » (Clem., VI, n, 17, 1). Ce sont des paroles qui se justifient par rapport à l'idéal solaire, à la « voie sèche » de la libération ouranienne, du détachement absolu du cercle de la génération, dont, selon un autre aspect plus particulier du symbolisme duquel nous avons parlé, le principe humide est la substance et l'aliment. C'est pourquoi dans les doctrines traditionnelles, on trouve

---

[195] *Ibid.*, p. 299.

[196] *Ibid.*, p. 307.

[197] *Ibid.*, p. 175-176 note.

une différenciation du symbolisme de Eaux, et qu'aux Eaux supérieures ont été opposées les Eaux inférieures. Comme on le sait, ce motif figure dans la Bible elle-même et Giordano Bruno se référant à ce motif dit : « Il y a deux sorte d'eaux : sous le firmament les eaux inférieures qui aveuglent, au-dessus du firmament les eaux supérieures qui illuminent[198]. » Sans nous arrêter sur ce point, bornons-nous à souligner, pour l'orgie, le sens d'une forme intermédiaire dans laquelle l'abolition des conditionnalités individuelles et le moment du dépassement présentent, sur un plan supérieur, avec un fond déjà sacral le double visage qu'ils ont déjà dans l'amour humain.

---

[198] *Degli heroci furori,* cit., intr., p. 22-23.

APPENDICE AU CHAPITRE 3

28. — Le marquis de Sade et la « Voie de la Main Gauche »

En parlant du sadisme nous avons distingué chez certains individus névropathes ou tarés, un sadisme aberrant, comme besoin de cruauté à titre d'aphrodisiaque psychique qui leur est nécessaire pour arriver à la satisfaction sexuelle, du sadisme entendu comme un élément naturel de l'*eros* qu'on peut particulièrement activer pour mener ses possibilités au-delà des limites habituelles.

Il faut pourtant faire deux autres distinctions. En premier lieu, on doit distinguer entre le sadisme à fond sexuel et le sadisme au sens large, où le rapport avec le sexe et la femme peut manquer, ou bien ne figurer que d'une manière subordonnée, l'essentiel étant le plaisir pour le mal et pour la destruction, pris en eux-mêmes et dans chaque forme. On doit juger absolument sans fondement la déduction génétique de ce second sadisme du premier, c'est-à-dire d'un fait sexuel, déduction courante dans quelques psychologies et surtout dans la psychanalyse. Le sadisme, même au sens général, rentre dans une catégorie plus vaste et plus importante, comprenant des phénomènes assez complexes et tenant, enfin, d'une orientation existentielle élémentaire. Pour éclaircir ce point, il faut pourtant débarrasser le terrain en faisant une autre distinction, c'est-à-dire en opposant aux expériences qui, bien que liminales et problématiques, conservent un caractère pur, l'artificialisme propre à ce que, en général, on doit appeler perversion. Il y a perversion, quand on éprouve du plaisir à accomplir des actes déterminés, simplement parce qu'ils sont interdits, simplement parce que, selon une morale donnée, on les considère comme « mal » ou comme « péché ». Le sadisme lui-même peut prendre cette teinte. À cet égard, Baudelaire est significatif : la volupté unique et suprême de l'amour consiste dans la certitude de faire le mal. Et dès la naisance l'homme et la femme savent que c'est dans le mal que se trouve chaque volupté[199]. Tout ce que présente de « pervers » ce qu'on appelle le décadentisme du XIXe siècle (en partie Byron, puis Baudelaire, Barbey d'Aurevilly, Oscar Wilde, Villiers de l'Isle Adam, Swinburne, Mirbeau, etc.) a ce côté artificiel : il n'est que littérature et

---

[199] *Œuvres posthumes.*

cérébralité. Mais c'est presque comme des enfants qui éprouvent du plaisir à accomplir un acte, rien que parce que son objet représente le « prohibé » et parce que l'acte a le caractère d'une transgression. De toutes façons cela peut constituer pour quelques-uns un aphrodisiaque — et Anatole France se rapportant à un ordre d'idées similaire, n'a pas eu tort d'écrire qu'en le considérant comme un péché, le christianisme a beaucoup fait pour l'amour. Le scénario blasphémateur extérieur des messes noires et du satanisme, comme l'a connu le petit public par des œuvres comme celles de Huysmans, rentre dans ce cadre. C'est justement le cadre du décadentisme. Il s'agit, à présent, d'évaluer à cette mesure le sadisme pris dans le sens général indiqué plus haut. Pour cela, nous nous référons directement à celui qui a donné le nom à cette tendance, le « divin marquis », Alphonse François de Sade (1740-1814).

À considérer le personnage, plus d'un trait peut nous faire penser que son sadisme eut principalement le caractère d'une simple perversion intellectuelle. De Sade était un type délicat et presque féminin. On ne connaît pas d'imputations réelles de faits particulièrement graves, dont il dut répondre. En plus du libertinage habituel des nobles du temps, il n'y eut pas grand chose en fait de cruauté ; d'une façon positive, on sait seulement qu'il avait fait fouetter au sang une jeune femme et l'avait possédée ensuite : pratique érotique celle-là, dont les antécédents très anciens sont connus. Par contre, il est de fait que lui, de Sade, ayant vécu durant la période de la Terreur de la Révolution Française, ne profita d'aucune manière des occasions exceptionnelles qu'aurait pu offrir cette période à un être avide de sang et de cruauté ; au contraire de Sade s'exposa même à de sérieux dangers pour soustraire à la guillotine certains de ses amis et de ses proches. Les deux principales amours de sa vie furent tout à fait normales : l'amour pour son épouse, dont il se sépara (non à cause d'abus sadiques) et, ensuite, l'amour pour la sœur de celle-ci, à laquelle il s'unit. Son « sadisme » fut donc essentiellement cérébral, c'est-à-dire imaginaire, il se borne aux récits des œuvres écrites par lui, presque par compensation mentale, au cours de la vie solitaire qu'il passa en prison et dans la maison de santé de Charenton, où Bonaparte le fit enfermer, non pour des faits réels de perversité cruelle, mais bien parce que, essentiellement sain d'esprit, il avait écrit contre Bonaparte un pamphlet que celui-ci ne put lui pardonner. Les femmes qui l'aimèrent et cherchèrent à obtenir de Napoléon la libération du « pauvre marquis » furent nombreuses[200].

Venons-en maintenant aux écrits de de Sade. Nous y trouvons une vision générale de la vie comme fondement philosophique, ou justification, du sadisme. Pour de Sade, dans l'univers, la force prédominante est celle du « mal », de la destruction, du crime. Il admet qu'il existe un Dieu créateur et régent du monde, mais comme un Dieu mauvais, comme un Dieu dont l'essence est le « mal » et qui se plaît à la méchanceté, au crime et à la destruction, s'en servant comme d'éléments essentiels pour ses desseins [201] . C'est pourquoi, l'excédent du négatif sur le positif apparaîtrait comme loi de la réalité : la nature nous montre qu'elle ne crée que pour détruire, et la destruction est la première de ses lois[202]. Mais une fois cela reconnu, une inversion de toutes les valeurs s'impose : l'élément négatif et destructeur doit y être reconnu comme l'élément positif, comme étant celui conforme non seulement à la nature, mais aussi à la volonté divine, à l'ordre (ou pour mieux dire : au désordre) universel ; et celui qui au contraire suit la ligne de la vertu, du bien, de l'harmonie, devrait être considéré du parti des adversaires de Dieu.

Une autre conséquence logique, c'est que le vice et le crime, pour être conformes à la force cosmique prédominante, seront toujours victorieux, heureux, récompensés, sublimes, tandis que la vertu sera toujours frustrée, punie, malheureuse, marquée d'une impuissance fondamentale[203]. À quoi s'ajoute le thème sadique au sens propre, la volupté, l'extase qui se lie à la destruction, à la cruauté, à l'infraction.

---

[200] Sur tout cela voir A. Dühren, *Der Marquis De Sade und seine Zeit*, Iena, 1901.

[201] De Sade, *Juliette, ou les prospérités du vice*, ed. 1797, II. Il existe un Dieu qui a créé tout ce que je vois, mais pour le mal ; il ne se réjouit que du mal et le mal est son essence... C'est dans le mal qu'il a créé le monde, c'est au moyen du mal qu'il le soutient, c'est par le mal qu'il le perpétue ; c'est imprégnée de mal que la création doit exister... Je vois le mal éternel et universel dans le monde... L'auteur del'univers est le plus mauvais, le plus féroce, le plus effroyable de tous les êtres. Il existera donc après toutes les créatures qui peuplent ce monde ; et c'est en lui que toutes rentreront.

[202] De Sade, *Justine, ou les malheurs de la vertu*, I.

[203] De Sade parle d'un égarement sur le sentier de la vertu et arrive à dire que : la vertu étant un mode contraire au système du monde, tous ceux qui la suivent peuvent être certains de subir des tourments épouvantables pour la peine qu'ils auront pour rentrer au sein du mal, auteur et régénérateur de tout. *(Juliette*, II.)

Douter que la plus grande quantité de bonheur que l'homme doit trouver sur la terre ne soit irrémédiablement liée au crime, c'est, vraiment, comme douter que le soleil est le premier instigateur de la végétation, écrivait de Sade[204] et il ajoutait : Quelle action voluptueuse est celle de la destruction. Il n'y a pas *d'extase* semblable à celle qu'on goûte en se donnant à cette divine infamie[205] ! Le plaisir pour une action destructrice qui voudrait enfreindre les lois mêmes de la nature cosmique[206] s'associe enfin à une sorte de théorie du surhomme. Nous sommes des dieux ! s'exclame un des personnages de ses romans.

Si les situations d'un sadisme sexuel y prédominent, idéalement ce sadisme devient un simple épisode par rapport à cette conception générale : laquelle se présente comme une aberration, si on ne la considère qu'en soi ; elle cesse de l'être, si on la libère de sa teinte perverse et si on la ramène à un horizon plus vaste. Chez de Sade, le côté pervers se trouve dans tout ce qui est plaisir pour la transgression, pour le mal en tant que tel ; ce qui, à bien considérer l'idée centrale de sa philosophie, implique entre autres une vraie contradiction. En effet, parler de mal et de transgression, sentir comme mal et transgression certains actes déterminés, n'a de sens que si l'on suppose un ordre positif, une loi reconnue, tandis que, comme on l'a vu, pour de Sade cet ordre et cette loi n'existent pas, puisque le mal constituerait l'essence de Dieu et de la nature. Ce que Praz[207] a remarqué à ce sujet, est donc juste, c'est-à-dire que voulant jouir du plaisir de la transgression, de la violence contre ce qui est, le sadique n'aurait d'autre choix que la pratique de la bonté et de la vertu, parce que justement elles signifieraient l'anti-nature et l'anti-Dieu, une révolte et une violence contre ce qui, selon la prémisse, constituerait le fond ultime — mauvais — de la création. De fait, tout « satanisme », pour être tel, suppose l'admission intime, inconsciente du caractère sacré et de la loi qu'il outrage ; il ne peut donc être du sadisme qu'en un sens subtil, comme, en agissant d'une façon donnée, le plaisir de violer quelque chose qui dans notre conscience s'y opposerait. Il existe une différence essentielle entre accomplir un acte parce qu'on le

---

[204] *Justine,* II.

[205] *Juliette,* II.

[206] *Justine,* IV.

[207] M. Praz, *La carne, la morte e il diavolo nella litteratura romantica,* Milano-Roma, 1930, p. 104.

considère comme mal et péché (comme d'autres, pour la même raison, au contraire ne l'accompliraient pas) et l'accomplir parce qu'on ne le sent ni comme mal ni comme péché. Celui qui agit positivement, non par esprit de polémique, ne parlerait même pas de « mal » ou « péché » ou « transgression » ; il ne trouverait en lui-même aucun point de repère pour donner à ces paroles un sens quelconque. Il serait simplement celui qui s'identifie à l'une des forces en action dans le monde[208].

À ce point, il est nécessaire d'indiquer la possibilité d'horizons très différents pour des expériences semblables, et nous le ferons, en reprenant ce que nous avons déjà signalé à propos de la métaphysique de la douleur. De Sade n'a pas été le premier à mettre en relief le sens et l'extension que l'élément destructeur a dans le monde, en cherchant à en tirer le fondement d'une sorte de contre-religion ; seules l'unilatéralité et la « perversité » donnent un caractère spécial à ses idées. Dans une conception complète, on doit distinguer trois moments dans la création : la puissance qui crée, la puissance qui conserve, la puissance qui détruit, correspondant à la triade hindouiste bien connue, Brâhmâ, Vishnu et Çiva. En termes théologiques abstraits, on retrouve la même tripartition dans l'idée occidentale de la divinité selon sa triple fonction de créer, de préserver et de ramener à elle ce qu'elle a créé. Mais, à certain égard, comme qui dirait du côté dynamique et immanent, le rappel à soi peut aussi équivaloir à la destruction, à la fonction de Çiva, si dans la divinité on reconnaît l'infini, ce qui dans son essence dépasse toute chose, toute loi, tout être fini. Sur cette base on définit ce qu'on a appelé la « Voie de la Main Gauche », le *vâmâcâra* tantrique. En Occident, l'ancien dionysisme pré-orphique, la religion de Zagreus comme « le Grand Chasseur qui renverse tout », en Orient précisément le Çivaïsme et les cultes reliés à Kâlî, à Durgâ et aux autres divinités « terribles » se rencontrant chez d'autres peuples, ont été également caractérisés par la connaissance et par l'exaltation de tout ce qui est destruction, transgression, déchaînement ; eux aussi ont connu l'extase libératrice que peut provoquer tout cela, souvent en relation intime avec l'expérience

[208] Un type de sadique non cérébral comme de Sade, mais auteur réel d'atrocités et de perversités inouïes, fut le maréchal Gilles de Rais, qui déjà avait combattu sous Jeanne d'Arc. À part le fait qu'il se présente comme une sorte d'obsédé, même lui mourut en parfaite contrition. Oscar Wilde, apologète de la perversité, pour tout ce à quoi celle-ci se réduisit pratiquement en lui-même — à une homosexualité à fortes teintes esthétisantes — se repentit en prison : tandis que son héros Dorian Gray, nous apparaît continuellement agir sachant sciemment qu'il fait le .mal, donc en reconnaissant, malgré tout, l'opposé comme bien.

orgiaque : mais à l'encontre de de Sade, sans aucune nuance de transgression sacrilège, et dans un cadre rituel, sacrificiel et transfigurant.

Dans un texte connu qui, dans l'Inde, a presque l'importance et la popularité d'une Bible, la *Bhagavad-gîtâ,* le fond de la « Voie de la Main Gauche » est précisément donné en termes rigoureusement métaphysiques et théologiques. On y dit que la Divinité dans sa forme suprême (dans la « forme universelle » qui, par un privilège spécial est révélée pour un instant au guerrier Arjûna), ne peut être que l'infini, et l'infini ne peut que représenter la crise, la destruction, la fracture de tout ce qui a un caractère fini, conditionné, mortel : presque comme un voltage trop élevé qui foudroie le circuit où il est inséré. De cette façon, le temps entendu comme la force qui altère et détruit, est dit incarner en quelque sorte cet aspect de la divinité comme transcendance. La conséquence, néanmoins, est que justement dans les moments des crises les plus destructives, la réalité suprême, la grandeur terrifiante qui dépasse toute la manifestation, peut soudain se faire connaître. Et il est intéressant de remarquer que dans le texte qu'on vient de citer, cette vue n'est pas exposée pour justifier le mal ou la perversité, mais pour donner une sanction métaphysique à l'héroïsme guerrier, contre chaque humanitarisme et sentimentalisme. Le Dieu lui-même exhorte le guerrier Arjûna à ne pas hésiter à combattre et à frapper. Ceux que tu tueras, dit-il, sont déjà tués en moi : tu n'en es que l'instrument[209]. Dans son élan héroïque, qui ne doit plus considérer ni sa vie ni celle d'autrui et qui attestera la fidélité à la propre nature de celui qui est né de la caste guerrière, Arjûna reflètera la puissance même, grandiose et terrible, de la transcendance qui brise tout et bouleverse tout, et qui fait pressentir la libération absolue[210]. C'est en vue de tout cela, et de l'existence d'une tradition correspondante dûment attestée, qu'au nombre des formes d'ivresse divine ou « manie », dont parle Platon, nous avons ajouté celle, non envisagée par lui, à base héroïco-guerrière au sens propre. Enfin il y a lieu de retenir que cet état d'exaltation active et transfigurante vivrait et fulgurerait aussi dans les moments suprêmes de l'expérience sacrificielle, chez les exécuteurs de sacrifices sanglants, en particulier s'ils étaient accomplis sous le signe de divinités « terribles », comme celles indiquées auparavant.

---

[209] C'est la contrepartie de ce que dit de Sade *(Justine,* II) : Si la destruction est une des lois (de la nature), donc celui qui détruit lui obéit.

[210] Sur tout cela, cf. *Bhagavad-gîtâ,* IX, *passim* et 33.

On retrouve chez Novalis un dernier écho de cette tradition. Nous avons déjà dit comment Novalis avait deviné le phénomène de transcendance qui peut se cacher dans la souffrance et même dans la maladie. Selon Novalis, c'est avec le « mal » que dans la nature apparut la liberté, le libre arbitre. « Quand l'homme voulut devenir Dieu, il pécha. » La cause de la caducité, du changement, voire même de la mort devrait être vue dans l'esprit, dans le fait qu'à la nature est lié l'esprit selon sa qualité d'un au-delà-de-la-nature, d'une force transcendante au-delà du fini et de chaque conditionnalité. Ces phénomènes « négatifs » n'attestent donc pas le pouvoir de la nature sur l'esprit, mais plutôt celui de l'esprit sur la nature ; « le processus de l'histoire est un embrasement », dit Novalis, et la mort peut représenter la limite positive de cette transcendance d'une vie au-delà de la vie[211]. On peut citer aussi ces paroles de Schlegel : « Ce n'est que dans l'enthousiasme de la destruction que se révèle le sens de la création divine. Ce n'est qu'au milieu de la mort que fulgure la vie éternelle[212]. »

Ce sont là des références qui présentent déjà des ombres, chez Novalis, par manque de rattachement à l'une des traditions indiquées de la « Voie de la Main Gauche » ; c'est pourquoi en lui tout reste aussi sur le plan de pures intuitions philosophiques, sans une contrepartie pratique. Mais dans le « divin marquis », dans de Sade, plus rien n'est divin, les reflets lointains de cette sagesse périlleuse apparaissent on ne peut plus déformés et satanisés. La liaison particulière qui apparaît chez de Sade, entre la mystique de la négation et la sphère sexuelle n'en est pas moins significative. En ramenant l'essentiel à sa juste place, nous retrouvons le fond dans lequel s'intègrent certains aspects liminaux de l'expérience érotique elle-même et l'on a la possibilité de bien discerner en eux ce qui est perversion et ce qui ne l'est pas du tout.

Puisque le point de vue suivi principalement dans ce livre est celui de la « Voie de la Main Gauche », nous ajouterons quelque autre information à propos du fond cosmologique qui dans la tradition hindoue est propre à cette Voie. La doctrine du déroulement cyclique de la manifestation, laquelle comprendrait deux phases ou aspects essentiels, le *pravrttî-marga* et le *nivrttî-marga*, en constitue le point de départ. Dans la première phase l'esprit absolu se détermine, devient fini, se lie à des

---

[211] Ed. Heilborn, v. II, p. 230, 650, 586, 502 sqq., 514.

[212] F. Schlegel, *Ideen,* éd. Minor, n. 131.

formes et à des délimitations (« nom-et-forme », *nâma-rûpa)* qui sont celles visibles dans toutes les choses et les êtres qui nous entourent. Ce processus se développe jusqu'à une limite, au-delà de laquelle la direction change et la seconde phase, le *nivrttî-marga,* succède dans le sens d'un retour, d'un dégagement de l'esprit de tout ce qui est fini, formé et manifesté, d'une résiliation du rapport d'identification avec celui de l'esprit qui était à la phase précédente[213].

Brahmâ et Vishnu, entendus l'un comme le dieu qui crée, l'autre comme le dieu qui conserve, régnent dans le *pravrtti-marga,* Çiva règne dans le *nivrttî-marga.* Quant aux orientations, vocations profondes et attitudes, la « Voie de la Main Droite » *(dakshinâcâra)* se rattache à la première phase ; la « Voie de la Main Gauche » *(vâmâcâra)* se rattache à la seconde phase. À l'aspect créateur, positif et conservateur de la manifestation, correspondent des lois, des normes et des cultes déterminés ; comme éthique, y correspond celle de la fidélité à sa nature *(svâdharma)* dans le cadre de la tradition. Dans la seconde phase la voie est l'opposé : c'est le détachement, l'arrachement de tout cela. Pour ce détachement, à son tour, deux formes sont possibles, l'une ascétique, l'autre destructrice et dissolutive. C'est la seconde qui caractérise le *vâmâcâra,* « la Voie de la Main Gauche » au sens propre, liée aussi aux pratiques tantriques de ce qu'on appelle « le rituel secret » (le *Pancatattva),* tandis que la direction ascétique est surtout représentée par le *Laya-yoga* ou Yoga des dissolutions. Le mot *vâmâ* (gauche) dans *vâmâcâra* est aussi interprété dans quelques textes avec le sens de « contraire » : on entend par là l'opposition à tout ce qui est propre au *pravrttî-marga,* aux aspects créateurs-conservateurs de la manifestation, et, en conséquence, plus qu'une attitude de détachement, de mépris pour chaque loi et norme, l'éthique de l'antinomisme ou mieux l'anomie chez celui qui se met sous le signe du *nivrttî-marga.* Techniquement, « la méthode indiquée par les maîtres [de cette voie] est d'employer les forces de *pravrttî* [les forces propre à la phase positive et liante de la manifestation] de façon à les rendre auto-dissolutives »[214]. Le *siddha,*

---

[213] Cette vue correspond exactement à la théorie plotinienne du *proodos* et de l'*epistrofé,* la seconde de ces phases correspondant, à son tour, à ce que les Stoïciens appelèrent l'*ekpurosis* et les premiers auteurs chrétiens l'*apokatastasi panthos.* Toutefois les idées dont il s'agit dans ces dernières conceptions ont été matérialisées sous forme d'événements situés à la fin des temps.

[214] On peut cf. avec cela un dit de Valentin le Gnostique *(apud* Mead, cit., p.224) : « Depuis le commencement vous fûtes immortels et fils de la Vie — Vie semblable à celle dont jouissent les Eons. Et cependant vous voudriez partager la mort entre vous,

c'est-à-dire l'adepte dans cette voie, ne connaît pas de lois, on l'appelle *svecchâcâri*, c'est-à-dire « celui qui peut faire tout ce qu'il veut ».

Une autre interprétation convenue de *vâmâ*, gauche, est « femme » : ce qui ramène en particulier au rôle que l'emploi de la femme et l'orgiasme (puisque le *Pancatattva* tantrique envisage en plus de l'usage de la femme celui de boissons enivrantes) peuvent avoir dans la « Voie de la Main Gauche ». De cette façon, au point de vue technique, on arrive à considérer cette voie comme synonyme de *latâ-sadhâna*, terme comprenant une allusion à la posture compliquée que, dans ces milieux hindous, assume la femme dans l'étreinte sexuelle magique[215].

Il est naturel que les sectateurs des deux voies prônent celle qu'ils ont choisie et condamnent l'autre. Par exemple, les Tantra disent que la différence entre la « Voie de la Main Gauche » et celle de « la Main Droite » est la même que celle qui existe entre le vin et le lait[216]. Toutefois les deux voies sont considérées comme deux méthodes différentes pour réaliser un but unique. Ainsi il s'agit seulement d'établir cas par cas, laquelle des deux voies convient aux inclinations et à la propre nature de chacun. À cet égard, J. Woodroffe a justement observé qu'au lieu de « mal », chacun devrait parler de « ce qui n'est pas convenable pour moi », et au lieu de « bien », de « ce qui est convenable pour moi ». L'adage antique : *non licet omnibus Citheram adire*, a le même sens.

Enfin, il convient de souligner que la « Voie de la Main Gauche » peut aussi se maintenir sur le plan général indiqué par la *Bhagavad-gîtâ*, où l'on parle par exemple, de la voie propre au guerrier, sans références sexuelles ou orgiaques de n'importe quel genre. Dans la même

---

pour la disperser et la prodiguer ; afin que la mort puisse mourir en vous et par vos mains, puisque *dans la mesure où vous dissolvez le monde et n'étes pas dissous, vous êtes les maîtres de toute la création et de toute la destruction.* » Pour des références à la « gauche » dans la tradition kabbalistique, cf. Agrippa *(De occulta philosophia*, III, 40), lequel rapporte comment les kabbalistes distinguent deux aspects de la divinité ; l'un est appelé *phad*, main gauche et épée du Seigneur, et y correspond le signe redoutable qui est imprimé dans l'homme, en vertu duquel toutes les créatures lui sont soumises de droit ; l'autre aspect est appelé *haesed*, clémence, main droite, et est au contraire le principe de l'amour. Il rappelle aussi *(ibid.*, III, 63) que Jupiter tient le sceptre dans la main gauche, « parce que dans cette partie se trouve le siège le plus spirituel de la vie ».

215 Sur tout cela, cf. : J. Woodroffe, *Shakti and Shâkta*, London-Madras, 1929, p. 147 sqq.

216 *Ibid.*, p. 153.

Bhagavad-gîtâ cette voie est assimilée, quant à son but suprême, à celle de la fidélité à son mode d'existence et de la ritualisation ou sacralisation de la vie (la formule correspondante est : *tat madarpanam kurushva),* c'est-à-dire est précisément assimilée au *dakshinâcâra,* à la « Voie de la Main Droite ».

29. — Raspoutine et la secte des Khlystis

En rapport avec ce que nous avons dit dans la dernière section de ce chapitre, il peut être intéressant de faire allusion à des faits orgiaques dans lesquels, réunis ensemble, figurent curieusement des facteurs variés du dépassement érotique que nous avons examinés en traitant de certaines formes liminales de l'amour sexuel profane. Il s'agit de rites pratiqués par la secte russe des Khlystis, rites pour lesquels existait le secret le plus rigoureux. Les préceptes et les idées de la secte ne devaient être révélés à aucun profane, pas même à son propre père ou à sa propre mère ; pour l'extérieur, on prescrivait de ne pas s'éloigner de l'orthodoxie, mais on la considérait comme « la fausse croyance ».

Il faut tout d'abord déclarer que les faits auxquels nous faisons allusion, figurent dans un ensemble particulièrement bâtard et hybride. Dans les rites des Khlystis se sont conservés en des formes dégradées, grossières et populaires, des résidus de cérémonies orgiaques pré-chrétiennes qui ont perdu leur fond originaire et essentiel, pour, paradoxalement, absorber quelques motifs de la nouvelle foi. La prémisse dogmatique de la secte, c'est que l'Homme est potentiellement Dieu. Il peut en prendre conscience et par là l'être aussi de fait, en réalisant, si c'est un homme, la nature du Christ (d'où la dénomination de la secte), si c'est une femme, celle de la Vierge, quand au moyen du rite secret, il ou elle provoque la descente transfigurante, sur lui ou elle, du saint Esprit. Ce rite secret se célèbre à *minuit.* Les participants, hommes et jeunes femmes, endossent seulement une veste blanche sur une nudité complète (nudité rituelle). Après une formule invocatoire, on commence une danse en rond, les hommes constituant au centre un cercle qui se meut rapidement dans le sens de la marche du soleil, les femmes formant au contraire une ronde extérieure à la première, dans une direction opposée, anti-solaire (référence rituelle à la polarité cosmique reflétée par les sexes). Le mouvement devient toujours plus vertigineux et sauvage, jusqu'à ce que quelques membres se séparent des rondes et se mettent à danser isolément, comme les anciens *vertiginatores* et les derviches arabes, avec une rapidité telle que dit-on parfois on n'en distingue plus le visage, et ils tombent et se relèvent (danse technique de l'extase). L'exemple agit d'une façon contagieuse, pandémique. Comme facteur ultérieur d'exaltation, se greffe la flagellation, le flagellement réciproque de la masse des assistants, hommes et femmes (la douleur comme facteur érotico-extatique). Dans l'acmé de cette exaltation, on commence à pressentir la transformation intérieure, la descente imminente du saint Esprit invoqué. À ce moment les hommes et les femmes se dénudent, s'arrachant du dos les vestes blanches rituelles et ils, s'accouplent pêle-mêle ; l'expérience du sexe et le traumatisme de l'étreinte sexuelle portent le rite à son intensité-limite[217].

L'hybridité de ces rites ressort dans le fait qu'ils ont pour centre une jeune femme, choisie tour à tour, dans laquelle on voit « la personnification de la divinité et en même temps le symbole de la force génératrice » ; elle est adorée soit comme la Mère Terre, soit comme la Sainte Vierge des chrétiens. Elle s'offre complètement nue à la fin du rite secret, pour distribuer aux fidèles des grains de raisin sec, dans le sens d'un sacrement[218]. Ce détail fait reconnaître facilement dans la cérémonie secrète des Khlystis, un prolongement des rites orgiaques antiques qui se célébraient sous le signe des mystères de la Grande Déesse chthonique et de la « Déesse nue ».

Il est intéressant de noter que dans la secte en question, le sexe est rigoureusement limité à cet usage rituel et extatique ; en effet, à tout autre égard la secte professe un ascétisme rigide, condamne n'importe quel amour charnel, au point de stigmatiser le mariage lui-même. De fait, pour tout le reste, elle présente une nette analogie avec une autre secte slave, avec celle des Skoptzis, dans laquelle l'ascétisme va jusqu'à prescrire la castration des hommes et des femmes, mais en conservant le fond originaire, puisque dans les rites des Skoptzis, une jeune femme nue

---

[217] Cf. N. TSAKNI, *La Russie sectaire*, Paris, 1888, c. IV, p. 63-73 ; K. Grass, *Die russischen Sekten*, Leipzig, 1907-1909. Par analogie on peut citer les rites chez des groupes à fond « derviche », parmi les Mawlawî et les Irawî, où des chants qui ont d'habitude pour sujet l'ivresse de l'amour et du vin poussent à la danse ; il faut pourtant autant que possible s'abstenir de tout mouvement ; ce n'est que lorsque l'impulsion devient frénétique, que les participants, déjà assis en cercle, se lèvent et se mettent à danser en tournant sur eux-mêmes ou en participant à des rondes. Alors, insensiblement, ou bien sur un signe d'un cheikh, on passe à l'invocation selon certaines formules *(dhikr)* (Y. Millet, *De l'usage technique de l'audition musicale,* dans « Études Traditionnelles », n° décembre 1955, p. 353-354).

[218] Tsakni, *Op. cit.*, p. 73-73.

figure également comme centre. C'est probablement un écho du culte propre à une autre des formes des mystères de la Grande Déesse, de Cybèle phrygienne, culte qui souvent s'associait à des mutilations similaires accomplies dans la frénésie extatique.

Le staretz Grégoire Efimovitch Novy, surnommé Raspoutine, appartenait à la secte des Khlystis. Dans cette figure dont on a tant parlé, se sont conservés encore certains traits de l'orgiasme mystique. Il est déjà significatif, qu'au titre de staretz, vieux saint, put s'associer le surnom de Raspoutine qui dérive de *Rasputnik* = dissolu, et que ce personnage conserva toujours. Chez Raspoutine, il est difficile de séparer ce qui est la réalité, des légendes créées par ses admirateurs ou par ses ennemis. Dans ce type grossier de paysan sibérien, la présence en lui de certains pouvoirs extranormaux est toutefois incontestable. Sa fin du moins le démontre : de fortes doses d'un poison violent comme le cyanure n'eurent aucun effet sur lui, et il se releva de coups de revolver déchargés à bout portant contre lui, si bien que pour en finir avec lui, on dut le massacrer. La « religion de Raspoutine » était essentiellement inspirée du motif indiqué plus haut. Voici ses propres paroles : « Je suis venu vous apporter la voix de notre sainte Mère Terre et vous enseigner le bienheureux secret qu'elle m'a transmis, à propos de la sanctification au moyen du péché[219] » — en quoi nous voyons en effet revenir le thème de la Grande Déesse (la Mère Terre) dans un hybridisme avec le concept chrétien de la chair comme péché. En essence, l'expérience déchaînée du sexe — la « mêlée du péché » et ce qu'on appellait *svalnyi grech* — était conçue comme un moyen de « mortification » ayant les effets positifs d'une « mort mystique », capable d'enlever à l'étreinte sexuelle son caractère impur et de produire dans l'individu la « transformation merveilleuse »[220]. Sur ce plan, l'union sexuelle devenait même une sorte de sacrement transformateur et une voie de participation. En termes objectifs, c'est-à-dire hors du point de vue moral, c'est à cette idée que doit être rapportée la « sanctification au moyen du péché », annoncée par Raspoutine. Quant à son interprétation morale et chrétienne, il faut au contraire la rattacher au *pecca fortiter* luthérien et à une théorie professée par saint Augustin lui-même, selon laquelle la vertu peut être péché

---

[219] R. Fülop-Miller, *Le diable sacré,* Payot, Paris, 1929, p. 45. Ouvrage auquel nous empruntons aussi les notices qui suivent.

[220] *Ibid.*, p. 202 ; cf. aussi p. 31-33.

lorsque l'inspire l'orgueil de la créature déchue qui tire vanité d'elle[221]. Dans cet ordre d'idées, céder à la chair serait une façon de s'humilier, de détruire l'orgueil du Moi – de l'« obscur despote » — jusque dans ses derniers résidus constitués précisément par l'orgueil pour sa vertu. En termes existentiels et non moraux, l'orgueil qu'il faut humilier en laissant la voie libre au sexe, en n'opposant pas de résistance et en « péchant », a au contraire un rapport avec la limitation de l'individu fini qu'il faut briser au moyen d'une expérience spéciale, paroxystique de l'*eros*.

Raspoutine comme personne et comme comportement était plus répugnant qu'attirant ; ce fut une influence d'un ordre différent, au moins en partie liée génétiquement aux expériences des Khlystis et probablement basée aussi sur des prédispositions exceptionnelles, qui constitua la base de son pouvoir et de sa fascination, qui s'exercèrent même dans des milieux de la haute aristocratie russe, inaccessible autrement à un paysan sale et primitif comme lui. En faisant abstraction de cela, on retrouve chez Raspoutine une certaine relation avec les techniques de Khlystis, s'il faisait souvent usage de la danse considérée par lui comme partie d'un tout qui culminait dans l'étreinte sexuelle, avec une préférence pour la musique tzigane, laquelle, quand elle est authentique, fait partie du petit nombre de celles qui conservent encore une dimension frénétique et élémentaire. On raconte que les femmes avec lesquelles Raspoutine dansait, parce qu'il les avaient reconnues dignes d'accomplir le rite avec lui, « avaient effectivement le sentiment de participer à l'influence mystique dont le *staretz* avait souvent parlé ». Le rythme devenant toujours plus frénétique, on observait comment « le visage de la danseuse s'alluma, comment peu à peu son regard se voila, ses paupières s'appesantirent, et à la fin se fermèrent ». Alors le *staretz* emportait la femme presque privée de connaissance, pour s'unir à elle. Pour la plupart, le souvenir que les femmes conservaient de ce qui arrivait ensuite, était celui d'une extase presque mystique. Toutefois il n'en

---

[221] Nous faisons allusion au traité *Contra advers. legis* (I, 26-28), où saint Augustin se demande comment Dieu permet que des jeunes femmes soient violées à l'occasion de guerres ou de désordres. À part l'impénétrabilité des desseins divins et le renvoi à d'éventuelles récompenses dans l'au-delà pour les souffrances sur la terre (à supposer que chez une jeune femme violée le tout se réduise à une souffrance), saint Augustin se demande si les vierges en question n'auraient pas par hasard péché par orgueil, en faisant parade de leur vertu. On sait que pour saint Augustin, les vertus acquises avec les seules forces de la créature, sans le concours de la grâce divine, à l'instar de celles des « païens » seraient des « vices splendides ». Le *pecca fortiter* luthérien prescrit de ne pas résister au péché, de s'y abandonner complètement, et dans son abjection et dans l'aveu de son impuissance, espérer en la grâce divine salvatrice.

manqua pas qui en retirèrent une impression de profonde horreur, et on compte même un cas de demi-folie comme dénouement[222]. D'après ce que nous avons dit, la possibilité de ce double effet apparaît cependant absolument naturelle.

[222] Fülop-Miller, *Op. cit.*, p. 268-269.

4. DIEUX ET DÉESSES, HOMMES ET FEMMES

30. — Mythologie, ontologie et psychologie

Dans les enseignements propres au monde traditionnel, presque partout revient le thème d'une dualité ou polarité originelle mise en rapport avec celle des sexes. C'est une dualité qui est donnée tantôt en termes purement métaphysiques, tantôt, comme celle de figures divines et mythologiques, d'éléments cosmiques, de principes, de dieux et de déesses.

À l'histoire des religions d'hier, il sembla évident que tout cela n'était qu'un cas d'anthropomorphisme : l'homme ayant créé les dieux à son image et ressemblance, il aurait transposé et projeté aussi en eux la différenciation sexuelle propre aux êtres mortels de cette terre. Ainsi toutes ces diades et dichotomies divines ne seraient que des produits de la fantaisie ayant pour contenu concret, l'expérience humaine du sexe.

La vérité est exactement le contraire. L'homme traditionnel chercha à découvrir dans la divinité elle-même, le secret et l'essence du sexe. Pour lui, les sexes, avant d'exister physiquement, existaient comme forces super-individuelles et comme principes transcendants ; avant d'apparaître dans la « nature », ils existaient dans la sphère du sacré, du cosmique, du spirituel. Et dans la multiple variété des figures divines différenciées comme dieux et comme déesses, on chercha justement à recueillir l'essence de l'éternel masculin et de l'éternel féminin, la différenciation des sexes des êtres humains n'en étant qu'un reflet et une manifestation particulière. Sur cette base, on doit renverser la thèse des historiens mentionnée ci-dessus : au lieu que le sexe humain soit la base pour recueillir ce qu'il y a de réel et de positif dans les figures divines et mythologiques sexuellement différenciées, c'est justement le contenu de ces figures qui fournit la clef pour la compréhension des aspects les plus profonds et universels du sexe chez l'homme et chez la femme. Seules ces figures, création d'une intuition « qui voit », et souvent même de formes réelles, individuelles ou collectives, de perception suprasensible, peuvent nous donner le sens de ce que nous avons déjà appelé la virilité absolue et la féminité absolue dans leurs aspects fondamentaux, et partant nous mettre aussi à même de reconnaître et de distinguer certaines « constantes » objectives, dans les formes dérivées et hybrides selon lesquelles le sexe apparaît chez les individus empiriques, en modulations dépendant des races différentes et, aussi, des types variés de civilisation. En particulier, du *sacrum* sexuel et de la mythologie du sexe, nous pourrons tirer les bases d'une caractérologie et d'une psychologie du sexe qui vont vraiment en profondeur. Cet argument est celui que nous affronterons à présent. Nous ne pouvons l'omettre dans cette étude, même si pour le lecteur courant, la matière à examiner offre en certains points quelque obscurité et nouveauté.

Comme prémisse, nous devons souligner que le point de vue traditionnel que nous allons suivre, s'il est opposé à celui des interprétations naturalistes indiquées plus haut, est assez différent aussi de celui de certains courants psychanalytiques récents. En son temps, nous avons dit que les principes de la virilité et de la féminité absolues ne sont pas de simples concepts, utiles comme mesure pour l'étude des formes empiriques, mixtes et partielles du sexe, mais abstraits en eux-mêmes, et sans réalité. Nous ne les considérons pas non plus comme de simples « idéaux » ou « types idéaux », qui n'existeraient que dans la mesure où ils sont réalisés plus ou moins approximativement par l'un ou l'autre être. Ce sont au contraire des principes réels au sens du mot grec ἀρχαί *entia*, principes-puissances d'ordre transindividuel, conditionnant de différentes façons ce par quoi chaque homme est un homme et chaque femme une femme, donc tels qu'ils existent avant et au-dessus de chaque homme et de chaque femme mortels et au-delà de leur individuation périssable. Ils ont donc une existence métaphysique. Ce concept, a été exprimé d'une façon particulièrement adéquate par les écoles tantriques et sahaiyas, lesquelles reconnurent à la division des créatures en mâles et femelles, un caractère rigoureusement ontologique, dérivé du caractère métaphysique des principes appelés Çiva et Çakti, ou de personnifications mythologiques, comme Krishna et Râdhâ.

On peut donc appliquer à ce domaine spécial la même doctrine platonicienne des idées interprétées au sens antinomique, réaliste et magique : la conception de l'« idée » ou « archétype » entendu non comme une abstraction conceptuelle de l'esprit humain, mais bien comme la racine du réel et une réalité d'ordre supérieur. Les forces dont nous parlons sont invisiblement présentes chez toutes les individualisations qu'elles revêtent, chez lesquelles elles se manifestent et émergent ; ces dieux ou entités du sexe vivent et se montrent en des formes différentes, en différents degrés d'intensité, dans la multitude des hommes et des femmes, dans l'espace et le temps ; et sans que cette multiplicité de formes périssables, approximatives, parfois même larvaires, touche leur identité et éternité.

La divergence entre le point de vue que nous suivons et les interprétations propres aux courants modernes indiqués plus haut, qui se meuvent sur un plan non métaphysique, mais seulement « psychologisant », apparaît donc bien claire. Si Jung ne réduit pas les figures du mythe sexuel à des fantaisies et à des inventions poétiques, s'il pressent en elles la dramatisation — précisément — d'« archétypes » ayant un degré élevé d'universalité et une réalité autonome, cependant cette réalité il l'entend en termes purement psychologiques, en réduisant le tout à des projections mentales de l'inconscient collectif et à des « exigences » que, chez l'homme ou chez la femme, la partie obscure et atavique de la psyché ferait valoir en face de celle consciente et sonnelle. En quoi, non seulement il y a une confusion évidente de termes mais, à travers le concept abusif de l'inconscient et la mobilisation d'une phénoménologie de psychopathes, se réaffirme la tendance moderne générale à ramener toute chose à des mesures simplement humaines. Si chaque principe ayant un caractère transcendant à sa manière, pour pouvoir être expérimenté doit bien devenir un « fait psychologique », il y a toutefois une différence fondamentale entre la méthode qui fait commencer et finir le tout dans la simple psychologie, et celle au contraire qui s'efforce de comprendre la psychologie en fonction de l'ontologie. De fait, toutes les interprétations de Jung finissent sur un plan très banal, et son intuition de la réalité supra-individuelle et éternelle de ces « archétypes » sexuels, s'annule ou se dégrade sous forme de quelque chose de contrefait, par suite d'une déformation professionnelle de la mentalité (il s'agit d'un psychiatre et d'un psychanalyste) et du manque de points de repère doctrinaux adéquats.

La divergence des deux points de vue devient plus visible encore sous le rapport des conséquences pratiques. Jung a en vue le traitement de névropathes et il croit sérieusement que le but des religions, des Mystères et des initiations antiques, ne fut pas autre : tout cela aurait servi à rééquilibrer des individus affectés de conflits psychiques et en désaccord avec la partie inconsciente de leur être. En définitive, il s'agit pour lui de « désaturer » les archétypes, de leur ôter la charge mythique et fascinante

— le *mana* — qui leur confère un caractère obsédant, et de les réduire à des fonctions psychiques normales : cela, aussi dans le cas de l'archétype masculin et de l'archétype féminin émergeant çà et là dans la conscience ordinaire[223]. Par contre, la connaissance de la réalité métaphysique des archétypes servit à l'humanité traditionnelle comme prémisse positive pour les multiples variétés de la sacralisation du sexe, pour des pratiques et des rites ne visant pas à ramener à une normalité banale un être divisé, un être aux prises avec ses « complexes », mais bien à favoriser un système d'évocations et de participations au-delà du simplement humain, à provoquer des ouvertures du Moi, justement à ces « charges » qui chez Jung se réduisent à de simples, inexplicables halos des images de l'inconscient.

Il convient d'ajouter que dans le monde traditionnel existait un système de correspondances entre la réalité et les symboles, entre les actions et les mythes, ainsi le monde des figures divines non seulement donna le moyen de pénétrer les dimensions les plus profondes de la sexualité humaine, mais renferma aussi des rapports susceptibles de fournir des principes normatifs pour les relations qui, dans toute civilisation saine, doivent s'établir entre les deux sexes, entre l'homme et la femme. Ainsi ces relations allaient acquérir un sens profond, étaient conformes à une loi et à une norme supérieure au monde de la contingence, de l'arbitraire et des situations purement individuelles.

Nous envisagerons brièvement aussi cet aspect de la métaphysique du sexe.

31. — La Diade métaphysique

En fait de dualités élémentaires, nous considérerons avant tout celles qui ont un caractère abstrait, métaphysique, encore exempt de mythologisation et de symbolisation.

---

[223] Cf. C. G. Jung, *Die Beziehungen zwischen dem Ich und dem Unbewussten*, Zürich-Leipzig, 1928, c. IV. Pour une critique approfondie des idées de Jung cf. *Introduzione alla magia quale scienza dell'Io* (aux soins du « Gruppo di Ur »), Roma ; 1956, v.III, p. 411 sqq.

L'idée-base est que la création ou manifestation se réalise au moyen d'une duplicité de principes compris dans l'unité suprême, de même que la génération animale se produit par l'union du mâle et de la femelle.

En ce qui concerne la génération, Aristote écrivit : « Le mâle représente la forme spécifique, la femme la matière. En tant que femme, elle est passive, tandis que le mâle est actif[224]. » On retrouve cette polarité dans bien des conceptions de la philosophie grecque, dans des idées qui en elle ont une origine mystériosophique revêtant des formes variées qui, en général, désormais ne sont plus comprises dans leur sens originel et vivant. Le masculin est la forme, le féminin la matière : ici, forme veut dire pouvoir qui détermine, qui suscite le principe d'un mouvement, d'un développement, d'un devenir ; matière veut dire la cause matérielle et instrumentale de tout développement, la possibilité pure et indéterminée, substance ou puissance qui n'est rien en soi, mais une fois activée et fécondée, peut tout devenir. Le mot grec pour la matière ὕλη), ne sigmfie donc ni la matière de l'organisme ni celle de la nature physique en général ; difficilement intelligible pour la mentalité moderne, dans ce contexte il s'applique à une entité mystérieuse, insaisissable, abyssale, que l'être a et en même temps n'a pas, en ce qu'il est, précisément, la possibilité pure et, ensuite la substance-puissance de la « nature » comme changement et devenir. En termes pythagoriciens, c'est aussi le principe de la diade, du binaire, du Deux, opposé à l'Un ; Platon le présente comme le σάτερον, comme ce qui est toujours l'« autre », rapporté au réceptacle, χωρα, de l'être, et comme la « mère » ou « nourrice » du devenir[225]. Dans la métaphysique traditionnelle ; c'est ainsi que se présentent, en général, dans leur expression la plus abstraite, l'éternel masculin et l'éternel féminin.

Comme déterminations ultérieures on peut faire correspondre le masculin et le féminin à l'être (au sens plus éminent), et au devenir, à ce qui a son principe en soi et à ce qui a son principe en un autre : à être (immutabilité, stabilité) et (changement, âme ou substance animatrice, substance maternelle du devenir). Plotin parle, à cet égard, de l'être — ούς ; ou ὄν — et du complément féminin de l'éternel masculin, ούσια ; de l'être éternel et de la puissance éternelle, en quelque sorte identifiée à la « nature » et à la « divine psyché » (la Psyché ou Vie, Zoè, de Zeus).

---

224 Aristote, *De gen. anim.*, I, II, 716 *a* ; I, XX, 729 *a* ; cf. aussi II, i, 732 *a* ; II, iv, 738 *b*.

225 *Timée*, 50 *b-d*.

Chez Plotin, l'être est mis aussi en relation avec νοῦς, autre terme devenu aujourd'hui difficile à comprendre dans son sens originel : c'est le principe intellectuel conçu comme principe olympique, présence immuable et pure lumière qui chez Plotin a aussi la figure du Logos quand on le considère dans son action qui féconde et meut la matière ou puissance cosmique. Par contre, le féminin est la force-vie ; comme Psyché, c'est « la vie de l'être éternel » ; et, quand la manifestation « procède » de l'Un et prend forme, elle « chronifie » l'être, c'est-à-dire le déploie dans le temps, dans le devenir, dans des situations où les deux principes sont unis et différemment mêlés, le masculin, ou Logos, se maintenant dans tout ce qui est, qui reste identique à soi-même, qui ne devient pas, qui est le principe pur de la forme[226].

Dans ces doctrines grecques, la « nature », Φύσις, a un sens qui lui-même diverge du sens moderne matérialiste ; sens auquel toutefois on doit s'en tenir quand on identifie le principe féminin au principe « naturel ». En effet dans le symbolisme traditionnel on considéra toujours le principe surnaturel comme « mâle », celui de la nature et du devenir comme « féminine ». Chez Aristote aussi, on retrouve une polarité dans ce sens : en face du νοῦς immobile, qui est l'acte pur, se trouve la « nature » dans laquelle le premier, par sa simple présence comme « immobilité mouvante », éveille le mouvement réel, le passage de la possibilité informe ou « matière », à la forme, à l'individuation. À cette dualité équivaut la diade de Ciel et Terre, la polarité du principe ouranien et du principe tellurique, ou chthonique, ces images cosmico-symboliques de l'éternel masculin et de l'éternel féminin.

Sur ce plan, pour le féminin, on trouve un autre symbole, duquel, du reste, nous avons déjà parlé : celui des Eaux. Les Eaux comprennent des sens variés : elles représentent avant tout la vie indifférenciée, antérieure à la forme, non encore fixée à la forme ; en second lieu, elles symbolisent ce qui court, qui coule, qui pourtant est instable et changeant, donc le principe de ce qui est soumis à la génération et au devenir dans le monde contingent appelé sub-lunaire, par les Anciens ; enfin elles représentent aussi le principe de toute fertilité et croissance, selon l'analogie offerte par l'action fertilisante que l'eau exerce sur la terre. D'un côté, on parla du « principe humide de la génération », de l'autre des « eaux de vie » et aussi des « eaux divines ». Ajoutons qu'on associa aux Eaux le symbole

---

226 Sur tout cela cf. PLOTIN, *Ennéades*, III, VII, 4 ; III, VII, 10 ; III, VIII, I ; I, I, 8 ; III, II; 2 ; V, VIII, 12.

de l'horizontale —, correspondant à la catégorie aristotélicienne d'être couché, κεῖσθαι, opposé à celui de la verticale | et à la catégorie de l'ἔχειν, au sens spécifique d'être, d'être droit, d'être debout ; sens dont le rapport avec le principe masculin, entre autres, fut exprimé dans l'antiquité par le symbole phallique et ithyphallique (le *phallus* en érection).

En face des Eaux comme principe féminin, on associa fréquemment le principe mâle au Feu. Comme dans beaucoup d'autres cas, on doit pourtant se rappeler ici la polyvalence propre aux symboles traditionnels, c'est-à-dire leur possibilité de servir de support à des significations assez différentes, qui ne s'excluent pas mutuellement, mais suivent la logique de perspectives différentes. Ainsi, même en faisant abstraction du fait que dans le Feu comme principe masculin on considéra divers aspects (on peut rappeler, dans la tradition hindoue, la double naissance d'Agni et, dans la tradition classique, la duplicité du feu tellurique et volcanique et du feu ouranien ou céleste), le Feu, pris dans son aspect de flamme qui réchauffe et alimente, a pu être également employé comme symbole de l'élément féminin, et sous cet aspect il a joué un rôle très important dans les cultes indo-européens : Atar, la Hestie hellénique et la Vesta romaine sont des personnifications de la flamme prise dans ce sens (Ovide — *Fast.*, VI, 291 — dit : Vesta est la flamme *vivante)* ; et le feu dans le culte tant domestique que public, voire même le feu sacré éternel qui brûlait dans le palais des Césars et que l'on portait dans les cérémonies officielles, le feu que chaque armée grecque ou romaine emportait avec elle, le tenant allumé nuit et jour, était en rapport avec l'aspect féminin du divin compris comme force-vie, comme élément vivifiant. De cet ensemble fait partie aussi l'idée antique, que lorsque le feu du culte privé s'éteint brusquement, c'est signe de mort : ce n'est pas l'« être », mais la vie qui s'évanouit.

En examinant les traditions orientales, nous trouvons rigoureusement confirmés les enchaînements symboliques que nous venons d'indiquer. La tradition extrême-orientale connut la diade Ciel-Terre, le Ciel étant identifié à la « perfection active. » *(k'ien),* la Terre à la « perfection passive » *(khuen).* Dans le *Grand Traité*[227] on lit : « Le masculin agit selon la voie du créateur, le féminin opère selon la voie du réceptif », et encore[228] : « Le créateur agit dans les grands commencements, le réceptif

---

[227] *Ta Chiuan,* I, § 4.

[228] *Ibid.,* I, § 5.

mène à bonne fin les choses devenues... La Terre est fécondée par le Ciel et agit au moment où il faut... En suivant le Ciel, elle rencontre son maître et suit sa voie, conformément à l'ordre ». Comme dans le pythagorisme, ici le binaire (le deux) se rapporte au principe féminin et, en général les nombres impairs sont en rapport avec le Ciel, les nombres pairs avec la Terre. L'Unité est le commencement ; le deux est le nombre féminin de la Terre ; le Trois est le nombre masculin en ce qu'il représente l'Unité, non en soi, mais ajoutée à la Terre (1 + 2 = 3), par suite tout ce qui dans le monde du devenir porte le signe et la forme gravée du principe supérieur, comme dans une de ses images[229]. On peut dire que ce symbolisme numérique a un caractère universel. Nous le retrouverons dans l'Occident lui-même, jusqu'au Moyen Age et à Dante. Il est aussi à la base de l'antique maxime : *Numero Deus impare gaudet* (parce que dans chaque nombre impair le un prévaut de nouveau sur le deux).

Pourtant, dans la tradition extrême-orientale, la diade métaphysique trouve une expression plus typique dans la forme de celle du *yang* et du *yin,* principes desquels nous avons déjà parlé et qu'on doit comprendre soit comme déterminations élémentaires *(eul-hi),* soit comme forces réelles agissantes sur tous les plans de l'être. En tant que déterminations, le *yang* a la nature du Ciel et tout ce qui est actif, positif et masculin est *yang,* tandis que le *yin* a la nature de la Terre et tout ce qui est passif, négatif et féminin est *yin.* Dans le symbolisme graphique, au *yang* correspond le trait entier — au *yin,* le trait brisé - -, qui contient de nouveau l'idée du « deux », donc la même idée que la puissance platonicienne de l'« autre ».

L'« *Yi-king* », texte fondamental de toute la tradition chinoise, présente les trigrammes et hexagrammes formés par la combinaison différente de ces deux signes élémentaires, comme les clefs ou sceaux des situations essentielles que la réalité peut présenter, soit dans l'ordre spirituel soit dans l'ordre naturel, dans l'univers tout comme dans la sphère humaine et collective. Tous les phénomènes, les formes, les êtres et les changements sont considérés à l'échelle de rencontres et de combinaisons variées du *yang* et du *yin* ; c'est de là qu'ils tirent leur caractérisation ontologique et dynamique finale. Dans leur aspect dynamique, *yang* et *yin* sont des forces opposées, mais complémentaires aussi. La lumière et le soleil ont la qualité *yang,* l'ombre et la lune, la qualité *yin ;* les sommets sont *yang,* les plaines sont *yin ;* l'esprit est *yang,* l'âme et la force vitale

---

[229] *Shiuo-kua,* I, comm.

sont *yin* ; le pur est *yang*, l'abyssal est *yin*, etc. Enfin c'est la prédominance du *yin* en elle, qui rend la femme, telle, c'est la prédominance du *yang* qui rend l'homme tel, à cet égard le pur *yin* et le pur *yang* se présentant, nous l'avons dit, comme la substance de la féminité absolue et comme celle de la virilité absolue. À part les aspects du symbolisme qui ramènent aux aspects déjà considérés dans la tradition hellénique, ici, l'attribution au *yin* de la qualité froide, humide et obscure, au *yang* de la qualité sèche, claire, lumineuse, est digne de remarque. Eu ce qui concerne la qualité froide du *yin*, il semblerait y avoir contradiction avec l'aspect chaleur, flamme et vie déjà envisagé dans le principe féminin ; mais elle doit être interprétée dans le même sens que la froide lumière lunaire et que la frigidité de déesses, telle Diane, personnifiant le principe de cette lumière, et nous verrons ensuite toute l'importance qu'a ce trait pour la caractérologie du féminin, de la femme. Au *yin*, ensuite, est propre l'ombre, l'obscur, en rapport avec les puissances élémentaires antérieures à la forme, qui chez l'être humain correspondent à l'inconscient et à la partie vitale et nocturne de sa psyché, ce qui conduit directement à la relation qu'on reconnut exister entre les divinités féminines et les divinités de la nuit et des profondeurs de la terre, à la nuit, Nyx, hésodienne, donnée comme mère du jour : ici le jour a trait à la qualité claire, illuminée (« ensoleillée ») du *yang*, qui est celle propre aux formes manifestées, aux formes définies et achevée qui se détachent de l'obscurité ambiguë de l'indétermination du giron générateur, de la substance féminine, ou matière première.

Dans la tradition hindoue nous trouvons des précisions remarquables du symbolisme dont nous venons de nous occuper. Le système Sâmkhya nous présente le thème fondamental dans la dualité de *purusha*, le mâle primordial, et de *prakrtî*, le principe de la « nature », substance ou énergie primordiale de tout devenir et de tout mouvement. *Purusha* a le même caractère détaché, impassible, « olympique », de pure lumière — non-agissant, dans le même sens que le moteur immobile aristotélicien hellénique. C'est par une sorte d'action de présence — par son « reflet » — qu'il féconde *prakrtî*, qu'il rompt l'équilibre des puissances *(gûna)* de celle-ci, en donnant lieu au monde manifesté. Mais c'est dans le tantrisme métaphysique et spéculatif que cette conception eut les développements les plus intéressants. Le culte hindou connaissait la figure de Çiva comme dieu androgyne, Ardhanîçvara. Dans les Tantra, le masculin et le féminin de la divinité se séparent. Au *purusha* du Sâmkhya, au sens strict correspond Çiva, à la *prakrtî* ou « nature » correspond Çakti, comprise comme son épouse et sa puissance — le mot sanskrit *çakti* a le sens soit d'épouse, soit de puissance. De leur union, de leur étreinte amoureuse, provient le monde — la formule des textes est précisément *Çiva-Çakti-samayogât jayate-srshtikalparâ*[230]. Comme dans le Sâmkhya, ici au masculin, à Çiva, on attribue une initiative « non-agissante » ; il détermine le mouvement, éveille la Çakti ; mais ce n'est que cette dernière qui agit véritablement, qui se meut et « enfante ». Cette idée est donnée, entre autres, par le symbolisme d'une union sexuelle dans laquelle c'est la femme, la Çakti faite de flamme, qui assume le rôle actif et se meut en embrassant le mâle divin fait de lumière et porteur-de-sceptre, lequel au contraire reste immobile. C'est ce qu'on appelle *viparîta-maithuna*, l'étreinte sexuelle inversée, que l'on rencontre très fréquemment dans l'iconographie sacrée indo-tibétaine, en particulier dans les statuettes appelées *Yab-yum chudpa*[231]. Dans le domaine des personnifications divines, à la Çakti correspond entre autres, Kâli, la « déesse noire », représentée pourtant aussi, comme faite de flammes ou entourée d'une auréole de flammes, de sorte qu'elle réunit en soi deux attributs déjà envisagés dans l'archétype féminin : obscurité préformelle et feu. Dans son aspect « Kâli » la Çakti se présente aussi surtout comme énergie irréductible à une forme quelconque finie ou limitée, donc aussi comme déesse destructrice[232]. Pour le reste, comme les Chinois voient dans la réalité un jeu pluriforme du *yin* et du *yang* unis ensemble, de même la tradition en question voit dans la création une combinaison variée d'énergies venant des deux principes, de la *cit-çakti*, ou *çiva-çakti*, et de la *mâyâ-çakti*. Un texte fait parler ainsi la déesse : « Dans l'univers, tout en étant en même temps Çiva et Çakti, toi, ô Maheçvara [le dieu masculin] tu es en tous lieux, et je suis en tous lieux. Tu es dans tout et je suis dans tout »[233]. Plus précisément, Çiva est présent dans l'aspect immobile, conscient, spirituel, stable, Çakti dans l'aspect changeant, inconscient-vital, naturel, dynamique de tout ce qui existe[234]. La déesse existe sous forme de temps, et dans cette forme elle est la cause de tout

---

[230] Cf. J. Woodroffe, *Creation as explained in the Tantra*, Calcutta, s. d., p. 9.

[231] Cf. E. Pander, *Das Pantheon des Tschangtscha Hutuku* (Ein Beitrag zu Ikonographie des Lamaismus), Berlin. 1890.

[232] Cf. Evola, *Lo Yoga della Potenza*, cit., p. 53, 54, 58 sqq.

[233] Dans Woodroffe, *Loc. cit.*

[234] Cf. J. Woodroffe, *Shakti and Shâkta*, cit., II sect., ch. xiv-xix.

changement et est omnipotente au moment de la dissolution de l'univers[235].

Dans le tantrisme spéculatif au féminin, à Çakti, se rapporte enfin Mâyâ. Ce mot bien connu dans la conception la plus courante et spécialement dans le Vedânta, désigne le caractère illusoire, l'irréalité du monde visible, tel qu'il apparaît dans l'état de dualité. On l'emploie pourtant aussi pour désigner les œuvres de magie, et par l'association *mâyâ-çakti*, ci-dessus indiquée, on veut justement présenter le féminin comme « la magie du dieu », la déesse comme génératrice magique des formes manifestées : formes qui ne sont illusoires que dans un sens relatif, selon la tradition hindoue l'attribut de réel ne s'appliquant qu'à l'être absolu, lumineux, éternel, sans devenir et sans « sommeil ». D'une façon subordonnée, en dérive toutefois une association du principe féminin au monde « nocturne » constituant le terrain d'un genre déterminé de magie, de charme ou de fascination : on rencontre aussi ce motif ailleurs, par exemple dans un des aspects de l'Hécate pélasgienne et grecque, la déesse tantôt souterraine, tantôt lunaire qui donne la puissance aux procédés de sorcellerie et enseigne les formules magiques, prenant sous sa protection les sorcières et les enchanteresses, qui ont appris d'elle leur art, voire même en tant que ses prêtresses (selon une tradition Médée était prêtresse dans un temple d'Hécate). Comme Hécate, Diane aussi, souvent identifiée à elle, fut censée présider aux arts magiques : les Vases Hamilton montrent des figures de femmes s'adonnant à des enchantements, qui s'adressent à elle. « Enchanteresse de l'ennemi du dieu de l'amour » — est l'une des épithètes de la Grande Déesse hindoue.

Toujours dans le même ensemble, il appartient aux doctrines hindoues en question, de concevoir la manifestation comme « regard à l'extérieur » — *bahirmukhî* — c'est-à-dire comme mouvement ou tendance extravertie, comme le fait d'une « sortie » se détachant de l'Un et de l'identique : c'est là un autre aspect, de la nature et de la fonction de la Çakti. Si la Çakti est aussi appelé *kâmarûpinî*, c'est-à-dire « celle qui est faite de désir », et que le signe de l'organe féminin, le triangle renversé, identifié à celui du désir, est le sien, cela précise ce même motif, en ce que tout désir comporte un mouvement vers autre chose que soi, vers quelque chose d'extérieur. Or, le boudhisme en particulier comme dernier fond de la réalité qui devient et de la vie conditionnée — du samsâra — a reconnu précisément le désir et la soif — *kâma, trshna* et

---

[235] A. et E. Avalon, *Hymns to the Goddess,* London, 1913, p. 46-47.

tañhâ. Dans la « femme du divin », dans la Çakti de Çiva, il y a la racine du désir, soit comme désir cosmogonique, soit comme celui qui est consubstantiel aux « Eaux » et à la « matière », que les doctrines grecques concevaient comme « privation », comme la Penia platonicienne privée de l'être et désireuse de l'être[236], en opposition à la nature sidérale et immobile de la masculinité métaphysique, de l'éternel νοῦς. D'ailleurs, on a dit que « Çiva sans Çakti serait incapable de tout mouvement », serait « inactif » — comme, par contre, Çakti, ou *prakrti,* sans Çiva serait inconsciente — *acit* — c'est-à-dire dépourvue de l'élément lumineux. Les couples divins enlacés du panthéon hindouiste et indo-tibétain, symbolisent l'association constante de l'élément çivaïque à un élément çaktique dans tout ce qui est manifesté. Plotin (III, v, 8) dit que les diéux mâles sont définis par le νοῦς, les féminins par la *psyché,* et qu'à chaque νοῦς est unie une *psyché,* et la *psyché* de Zeus est Aphrodite, identifiée aussi à Héra par les prêtres et les théologiens — dit toujours Plotin.

Nous ne continuerons pas à citer des références similaires tirées d'autres traditions, parce que cela n'ajouterait que fort peu aux structures fondamentales que nous venons d'indiquer. Nous rappellerons seulement quelques idées de la Kabbale hébraïque et du gnosticisme chrétien. Dans la première, la « féminité du divin » — la *nubka* opposée à *duchra* — est en général représentée par la Shekinah, force ou principe comprise comme « l'épouse du Roi », et on parle des noces sacrées — *zivuga kadisha* — du Roi et de la Reine, de Dieu et de sa Shekinah[237]. Ici il nous importe surtout de remarquer l'aspect de cette hypostase féminine — éternel féminin, sous la protection duquel sont toutes les femmes du monde[238] — selon lequel elle se présente comme un équivalent de l'Esprit Saint vivifiant, comme un pouvoir ou influence ou « gloire » immanente dans la création : pouvoir distinct, donc, de la pure transcendance du divin et susceptible de se détacher de lui (comme c'est le cas, nous le verrons, pour la Çakti hindoue elle-même dans la phase descendante de la manifestation) ; c'est pourquoi, dans la Kabbale on parle aussi de l'état d'« exil » de la Shekinah. Mais la Shekinah comme

---

236 Plutarque *(De Is. et Os.,* 56) dit que Penia est « la matière première qui en elle-même est privation, mais est remplie par le bien [ici synonyme d'être] et tend toujours vers lui et arrive à y participer ».

237 *Zohar,* I, 207 *b ;* III, 7 *a.*

238 *Ibid.,* I, 288 *b.*

« gloire présente en ce monde » conduit aussi à un enchaînement d'idées ultérieur. En effet dans l'antiquité la « gloire » fut comprise, non comme une abstraction personnifiée, mais bien comme un pouvoir ou feu divin, dans la doctrine iranienne de l'*hvarcnô :* notion voisine de celle de la « flamme vivante » personnifiée par Vesta, qui, à travers les métamorphoses mises en lumière par F. Cumont[239], nous ramène de nouveau à l'idée d'une divinité féminine complémentaire efficace, comme l'est la « Fortune », en particulier dans son aspect de *Fortuna Regia.*

Dans le christianisme, — religion qui a agrégé et absorbé les motifs de traditions fort hétérogènes — l'« Esprit » n'a pas de traits bien définis ; il n'est pas « féminin » quand il féconde la Vierge et, dans l'Ancien Testament, comme principe qui plane sur les Eaux. Toutefois en hébreu et en araméen, le mot « esprit » est féminin, et dans le gnosticisme chrétien — dans l'« *Évangile des Hébreux* » — on rencontre l'expression, rapportée au Christ, « ma mère. Le Saint Esprit »[240], tandis que πνεῦμα, terme grec pour « esprit » peut correspondre au mot hindou *prâna,* souffle comme force vitale, force de vie ; d'où, pour le Saint Esprit dont la descente fut aussi représentée comme une descente de flamme, résulte un sens convergent avec celui de la Shekinah elle-même. D'autre part, l'Esprit Saint a souvent été symbolisé par la colombe, laquelle fut du reste associée aux grandes divinités féminines méditerranéennes, à la Potnia crétoise, à Ishtar, à Circé, à Mylitta, à Aphrodite elle-même, pour en représenter la force et l'influence[241]. Et ce sont des colombes qui apportent à Zeus sa nourriture, l'ambroisie[242].

La femme divine du gnosticisme est essentiellement Sophia, entité aux nombreux visages et aux multiples noms. Parfois identifiée à l'Esprit Saint lui-même, selon ses attributs différents, elle est aussi la Mère Universelle, la Mère des Vivants ou Mère resplendissante, la Puissance

---

[239] F. Cumont, *Les Mystères de Mithra,* Bruxelles, 1913, p. 96 sqq.

[240] Cité dans ORIGÈNE, *in Johan,* II, 12, cf. Hieronimus, in *Math.,* II, VII, 7, où revient la même expression et l'on rappelle précisément que *ruach,* esprit, est féminin en hébreu.

[241] Cf. G. Glotz, *La civilisation égéenne,* qui parle de la déesse-colombe, ou déesse de la colombe, la colombe pouvant être le symbole de la déesse et aussi s'identifier à elle. « Émanation de la déesse, la colombe est l'esprit qui sanctifie tous les êtres et les objets sur lesquels elle se pose : et la possession divine s'opère par son intermédiaire. »

[242] Homère, *Odyssée,* XII, 63.

d'en-haut, « Celle-de-la-Main Gauche » (en opposition au Christ, entendu comme son époux et « Celui-de-la-Main Droite »), comme la Luxurieuse, la Matrice, la Vierge, l'Épouse du Mâle, la Révélatrice des Mystères parfaits, la Sainte Colombe de l'Esprit, la Mère Céleste, l'Égaré, Hélène (c'est-à-dire Séléné, la Lune) ; elle fut conçue comme du monde et comme l'aspect féminin du Logos[243]. Dans la *« Grande Révélation »* de Simon le Gnostique, le thème de la diade et de l'androgyne est donné en termes qui méritent d'être rapportés ici : « Celui-ci est celui qui fut, qui est et qui sera, le pouvoir mâle-femelle, tout comme le pouvoir préexistant illimité qui n'a ni commencement ni fin, parce qu'il existe dans le Un. Ce fut par ce pouvoir illimité que la pensée, cachée dans le Un, procéda d'abord, en devenant deux... Ainsi il arriva que ce qui est manifesté par lui, bien que un, se trouve être deux, mâle et femme, ayant la femme en lui-même »[244].

32. — Archétypes démétriens et archétypes aphrodisiens. La Vierge. La nudité abyssale.

Si jusqu'ici nous avons considéré la polarité primigène surtout en termes abstraits métaphysiques, à présent nous l'examinerons sous les espèces de figures divines au sens propre, de théophanies et de cratophanies. Comme nous l'avons déjà dit, pour l'antiquité traditionnelle ces figures eurent la valeur *d'archées*, d'entités réelles. Avec elles, on s'approche déjà du plan existentiel, et partant, de la sexualité humaine concrète, les sens du mythe sacré se reliant, dans ce nouveau domaine, à des cultes, à des institutions, à des actions rituelles. Pour arriver à ces caractérisations différenciées dans le domaine mythologique, il faut toutefois disposer d'une habileté particulière de discrimination. En effet, on y rencontre une forêt de figures ayant presque toujours des caractères polyvalents, c'est-à-dire servant de base à des sens très différents, non seulement à cause de la multiplicité des aspects qu'on peut considérer et découvrir en elles, mais aussi pour des causes extérieures, historiques, pour le mélange, la transformation ou la juxtaposition de complexes mythologiques et de cultes variés dans les différentes civilisations et parfois même au cours d'une même civilisation.

---

[243] Cf. G. R. S. Mead, *Fragments of a faith forgotten*, cit., p. 247-248.

[244] *Ibid.*, p. 129-130.

En ce qui concerne le principe féminin, la variété multiple de ses images ou épiphanies, peut être rangée sous le signe de deux types fondamentaux, qu'on peut appeler le *type aphrodisien* et le *type démétrien,* et qui se présentent comme les archétypes éternels de l'amante et de la mère humaine. Ils correspondent à la « puissance du divin », *ousia, hulé* ou *çakti,* dans ses deux aspects de force à l'état pur et de force qui a reçu une forme par l'éternel masculin et qui est devenue une vie alimentant une forme.

Le type démétrien est attesté dans l'ancien monde occidental à partir du paléolithique supérieur, se continue dans le néolithique, se précise dans les divinités mères préhelléniques, réapparaît dans une bande méridionale qui, en partant des Pyrénées, au-delà de la civilisation égéenne, de l'Égypte et de la Mésopotamie [245] rejoint l'Inde pré-aryenne et la Polynésie. Le thème de la fécondité se trouve ici au premier plan ; comme traduction naturaliste de l'idée de la Déesse conçue comme vie et origine de la vie, il trouve son expression dans les idoles informes stéatopyges du paléolithique, mais, outre dans la chaste forme tardive de la Déméter hellénisée, ce thème apparaît aussi dans les plus anciennes déesses nues, les représentations les plus crues étant constituées par les déesses aux innombrables seins et par les images féminines nues, debout ou couchées sur le dos, les jambes fortement écartées, pour montrer leur sexe, mais aussi pour libérer, faire couler le *sacrum* sexuel sous les espèces d'une énergie magique, du *mana* de fécondité de la *Genitrix* ou *Mater* primordiale[246]. Chez certains peuples primitifs le même thème trouve une expression particulière et poignante dans le signe linéaire stylisé de la matrice et de cet organe — le triangle renversé ∇, parfois avec un trait dans l'angle inférieur, qui fait allusion au début de la fente vulvaire — mis comme symbole et chrisme d'une force magique visant à fertiliser et en même temps à épouvanter, à faire reculer tous ceux qui ne doivent pas s'approcher[247]. On peut relever un sens analogue de l'ἀνάσυρμα, du soulèvement de la robe en montrant le sexe, geste qui eut aussi le second des sens que nous venons d'indiquer, si, par exemple, c'est par lui que

---

[245] Cf. A. Mosso, *Le origini della civiltà mediterranea,* Milano, 1909, p. 90 sqq., 100.

[246] Cf. J. Przyluski, *La Grande Déesse,* Payot, Paris, 1050, p. 26-27, 48, 50, 127, 156-157 ; U. Pestalozza, *La religione mediterranea,* Milano, 1951 ; C. CONTENAU, *La déesse nue babylonienne,* Paris, 1914.

[247] Ploss-Bartels, *Das Weib,* cit., v. I, p. 137-138. Comme on se le rappellera, ∇ est en même temps le signe des Eaux, de la Çakti et du désir.

dans la légende, les femmes lydennes firent reculer les vagues menaçantes de Poséidon[248] et que, avec l'écartement du voile, encore dans le cycle islamique l'antique déesse lunaire al-Uzzas arrêta l'envoyé du Prophète qui voulait abattre les arbres consacrés à elle[249].

Ici ce n'est pas le cas de dénombrer les noms multiples portés par la Grande Déesse, par la Magna Mater Genitrix, image du principe démétrien, mais aussi, pouvoir, force très réelle. Elle est la Mère Terre. C'est l'iranienne Ardvî qu'Ahura Mazda appelle « son eau » mise en rapport avec un fleuve mythique descendant des hauteurs, duquel dérivent les eaux de la terre, dans leur sens symbolique d'énergies vitalisantes, de forces de fécondité et de fertilisation. Ici, le principe humide constitue la substance élémentaire de la Déesse, et une étymologie néo-platonicienne fait ressortir aussi l'autre aspect de ce principe quand elle fait dériver le nom d'une de ses épiphanies Rhéa, de *rein* — couler. Et c'est pourquoi nous voyons des déesses du type démétrien, comme l'Héra argienne, mais aussi du type amazonien, comme Pallas Athénée, retrouver leur virginité en se plongeant dans les eaux, leur substance primigène qui, comme telle, les rénove et en réintègre la nature[250]. Comme un récit fabuleux des Mystères d'Héra nous a été transmise sa re-émergence du bain rituel dans les eaux de la source Kanathos[251], dont elle sortait toujours de nouveau vierge. On peut aussi rappeler le rapport que le culte romain de Vesta eut avec l'eau de source ou l'eau courante ; on n'employait qu'elle, comme « eau vive », dans certains rites purificatoires accomplis par les Vestales — *aqua vivis fontibus amnibusque hausta*[252]. Comme le Gange, la Grande Déesse hindoue est celle qui dans le fleuve sacré, dont les eaux lavent de tout péché, a sa manifestation, sa « forme liquide »[253].

---

[248] Cf. J. J. Bachofen, *Le madri e la virilità olympica*, cit., p. 82 sqq.

[249] Cf. F. Altheim, *Der unbesiegte Gott*, Hamburg, 1957, p. 31.

[250] Cf. Pestalozza, *Religione mediterranea*, cit., p. 405-408.

[251] Cf. K. Kerényi, *Le Figlie del Sole*, Torino, 1949, p. 110-111.

[252] Tacite, *Ann.*, IV, 53.

[253] Cf. A. et E. Avalon, *Hymns to the Goddess*, London, 1913, p. 41, 127.

On a l'hypostase suprême dans le monde de ces figures, quand la Grande Déesse se présente comme celle qui, à l'instar de la Gaia hésodienne, engendre sans époux, ou bien engendre en se faisant féconder par un époux qu'elle-même a engendré en un premier temps, qui est donc son fils et son amant à la fois : parèdre qui, par rapport à elle, a une position subordonnée et seulement instrumentale, et qui souvent est décrit comme un être périssable qui meurt et qui ne renaît que grâce à la déesse (Tammuz et Attis en face de Rhéa-Cybèle et d'Ishtar), parce que seulement en elle est le vrai principe et la source de la vie. Ici on se trouve sur la frontière, soit de ces scissions et « absolutisations » qui donnent lieu à la gynécocratie démétriquement orientée (pas nécessairement comme souveraineté sociale de la femme, mais, en général,comme prééminence de tout ce qui se relie à elle, ici à elle en tant que mère), soit de ces régressions qui amènent à l'idée, déjà indiquée en son temps, de l'immortalité tellurique, ou immortalité dans la Mère. C'est dans le cadre de ces « absolutisations » que le principe féminin, lié originairement à la Terre, peut aussi assumer la figure de divinité céleste souveraine, de Magna Mater Deorum : transformation, celle-ci, qu'on remarque en particulier dans la personne de l'Isis égyptienne. Isis qui, à l'origine était une divinité tellurique — dans le symbole cosmico-naturaliste, la terre noire d'Égypte baignée et fécondée par le courant du Nil, représentant le mâle Osiris — s'introduit en effet dans le monde céleste et devient « la Maîtresse du Ciel », « Celle qui donne la lumière au Ciel », « la Reine de tous les dieux »[254]. De même, la déesse élamite a la tiare de la souveraineté, elle « qui tient dans la main droite la coupe dans laquelle elle donne à boire aux mortels le fluide vital enivrant, et dans la main gauche l'anneau, symbole du cercle indéfini de la génération ». Enfin, quand la Grande Déesse cesse d'être la Mère Terre et prend, en particulier, la forme d'une divinité lunaire, apparaît en cela une nouvelle expression de l'autre des significations-bases indiquées auparavant. La lune est en effet l'astre qui change ; associée à la force en action partout où il y a changement, altération et transformation, elle reflète d'une certaine façon la nature même des Eaux cosmiques. Astre nocturne, reine de la nuit — dans la transposition morale, « astre changeant et inconstant » — à cause de ces traits, la lune compta comme femme et fut associée à l'archétype féminin divin ; ainsi le croissant lunaire figure

[254] Cf. E. A. Wallis Budge, *The Gods of the Egyptians*, London, 1904, v. II, p. 213-216 ; Apulée, *Mét.*, XII, 5. Il est à peine nécessaire de relever que la Vierge des chrétiens, figure ayant un rôle assez modeste dans le Nouveau Testament, devenue la « Reine des Cieux », est une réapparition de cette même hypostase.

aussi comme un attribut de l'Ardvî iranienne, qu'on a vu être l'« Eau » d'Ahura Mazda.

C'est peut-être dans les épiphanies hindoues de la Grande Déesse — dans Kâlî, dont nous avons déjà parlé, dans Bhairâvî, dans Karalâ et surtout dans Durgâ — formes différentes de manifestations de l'épouse ou *çakti* du « mâle divin » — qu'a la meilleure expression le principe aphrodisien de la féminité primordiale comme force dissolvante, bouleversante, extatique et abyssale du sexe : comme le contraire de la féminité démétrienne. Dans le monde méditerranéen Ishtar, déesse de l'amour, avec beaucoup d'autres déesses de même structure : Mylitta, Astarté, Tanit, Ashera, Anaïtis, a principalement ces traits. On doit considér ici un aspect fondamental. Le nom de Durgâ, la déesse hindoue correspondante, veut dire : « l'inaccessible » ; mais elle est aussi la déesse de rites orgiaques. Les déesses méditerranéennes qu'on vient de citer ont souvent l'épithète de « vierge » παρθένος. Ishtar est « vierge », mais en même temps elle est « la grande Prostituée », la « Prostituée Céleste »[255]. Comme « vierges » on considère Kâlî elle-même — en tant qu'Adya-Kâlî, elle est *Kumâ-rîrûpa dharîni* —, des déesses aphrodisiennes qui ont des amants, même de déesses du type démétrien qui sont mères. Porné, Hetaïra, Pandemos ; ces appellations dans le monde égéo-anatolien furent compatibles avec celle, opposée, de « vierge ». Shing-Moo, la Grande Déesse, la Vierge-Mère chinoise, est aussi la patronne des prostituées. En nous portant dans une autre aire culturelle, comme toujours de nouveau vierges, nous sont décrites les Houri célestes islamiques, bien qu'elles s'offrent tout le temps à l'embrassement des élus, tandis qu'on retrouve un reste de cette idée, en transposition matérialiste, dans le dogme chrétien selon lequel Marie n'aurait pas seulement conçu sans être fécondée par un mâle, mais serait restée vierge même après l'accouchement. Le sens le plus profond de ce contexte n'a été qu'imparfaitement recueilli par les auteurs, qui ont voulu l'expliquer sur les bases de l'emploi que, dans l'antiquité, on peut avoir fait du mot « vierge » pour désigner non seulement la femme qui n'a pas encore eu d'expériences sexuelles, mais aussi la femme non mariée, la « garçonne » qui peut bien avoir eu des rapports avec l'homme, mais non en qualité d'épouse, et qui repousse la subordination et le lien

---

[255] Du nom de la déesse Innini-Ishtar dérive celui des prostituées sacrées appelées elles-mêmes « vierges », dont nous parlerons plus loin : nom qui cependant s'étendit aussi aux prostituées ordinaires, *ishtaritu* ; les unes et les autres tirent leur nom de la déesse, parce qu'on pensait qu'elles'en reflétaient ou en incarnaient d'une certaine façon la nature. Cf. S. Langdon, *Tammus and Ishtar*, Oxford, 1914, p. 75-76, 80-82.

conjugaux[256]. Le fait est que dans cet ensemble ressort plutôt la capacité de la « matière première » à recevoir toute forme et à s'imprégner de toute forme sans être jamais épuisée, sans être possédée dans sa racine dernière[257]. Donc, la virginité entendue comme la qualité insaisissable et abyssale, comme l'ambiguïté foncière de la « femme divine », qui en constituent l'aspect « Durgâ » (l'« Inaccessible »), et qui ont aussi des rapports avec la qualité froide, qualité qui peut bien coexister avec celle ardente et fascinante de la nature aphrodisienne et éthérique. Selon l'aspect donné de préférence aux Sirènes, qui furent elles-mêmes considérées soit comme « vierges » soit comme enchanteresses, la partie inférieure de leur corps est ichtyomorphe et humide, froide.

Un caractère similaire marque aussi, à certain égard, les divinités féminines de type amazonien dont la chasteté ou virginité au sens courant, ne fut souvent qu'un trait tardif superposé à des figures plus anciennes, au cours d'un processus de moralisation, Ainsi, par exemple on sait qu'Artémis-Diane et Athéna, conçues essentiellement comme vierges par le monde hellénique, en tant que divinités pré-helléniques et pélasgiennes, étaient des déesses mères du type décrit plus haut. Le fait que, dans ce contexte, les déesses vierges et Ishtar elle-même, vierge et prostituée à la fois, aient pu se présenter aussi comme les divinités de la victoire (Venus Victrix, Ishtar invoquée comme « la Maîtresse des armes », l'« Arbitre des batailles ») est très caractéristique ; dans l'invocation suivante qui lui est adressée, on voit la dualité des motifs : « Tu es forte, ô Maîtresse de la Victoire, toi qui peux susciter mes désirs violents[258]. » Przyluski a montré ce fait sous son vrai jour, en remarquant qu'elle, la Grande Déesse, est aussi la divinité des combattants, parce

---

256 L. R. Farnell, *The cults of the Greek States,* Oxford, 1896, v. II, p. 413, 442 449 ; R. Briffault, *The Mothers,* New York, 1927, v. III, p. 169-170. Du reste le mot *kumâri,* qui dans l'Inde peut signifier vierge, mais aussi jeune femme (comme dans l'allemand *Jungfrau),* a un sens analogue, sans qu'entre nécessairement en question la virginité anatomique.

257 Ainsi Plutarque dit d'Isis : « Puisqu'Isis est le principe féminin de la nature, celui qui peut accueillir toute la genèse, Platon l'a appelée la « nourrice » et « celle qui reçoit tout » et la « multitude », « celle aux dix mille noms » parce qu'elle est transformée par le Logos et reçoit toutes les formes, toutes les idées ». Pourtant, dans un hymne ancien Isis-Neit est appelée « l'inconnue », la « profondément cachée », « celle qu'il est difficile d'atteindre », la « grande divinité jamais battue », et on l'implore de se montrer nue, « de se débarrasser de ses vêtements ». Wallis Budge, *The Gods of the Egyptians,* v. I, p. 459.

258 Dans W. King, *Seven tables of creation,* London, 1902, p. 223.

qu'en ce cas, la guerre est considérée essentiellement dans son seul aspect d'action qui détruit et tue[259]. C'est dans la même mesure qu'Aphrodite elle-même en tant que ἀρεία, assume les traits d'une divinité guerrière, avec le sens ésotérique de puissance, de *çakti*, d'Arès-Mars. Tout cela fait donc ressortir l'ambiguïté d'un pouvoir qui est simultanément de vie et de mort — d'Astarté on a dit justement : *Diva Astarte hominorum deorum vita, salus, rursus eadem quae est pernicics, mors interitus*[260]. C'est la déesse lunaire lumineuse dont l'autre face est cependant la « déesse noire » abyssale, la *Mater Tenebrarum,* l'Hécate souterraine (Artémis vierge quelquefois infernale, *Domina Ditis* (Virgile), l'Ishtar et Kâlî, « Mère terrible » : archétypes, ceux-ci, dans lesquels converge également le symbolisme de certaines figures dérivées, telles que les vierges des batailles et des tempêtes, les walkyries nordiques, les fravashi iraniennes. Comme pouvoir déchaîné et pouvoir de mort, les hommes cherchent à employer et à activer la déesse contre leurs ennemis ; elle prend alors justement les traits de déesse de la guerre, de la Promachos au lion, avec le javelot et l'arc. Et quand ce pouvoir conduit à la victoire, la Vierge, enfin, apparaît aussi comme déesse de la victoire. Ainsi Durgâ est aussi la vierge noire — Krshna Kumarî — invoquée comme la déesse qui donne la victoire dans la bataille[261]. Pour l'aspect « infernal » de cet ensemble, il est intéressant de remarquer que dans la *devotio* romaine, rite ténébreux par lequel un général s'offrait volontairement comme victime aux forces inférieures pour les déchaîner contre l'ennemi, dans l'invocation, après les déesses lumineuses, y compris Mars, vient le nom de Bellone, qui est précisément une déesse de la guerre au sens indiqué ci-dessus, identifiée aussi par les auteurs anciens aux autres formes de la Grande Déesse[262]. Il faut citer aussi

---

[259] *La Grande Déesse,* cit., p. 28.

[260] King, *Op. cit.,* et en général, W. H. Roscher, *Die Grundbedeutung der Aphrodite und Athena,* Leipzig, 1883, p. 76 sqq.

[261] Cf. Avalon, *Hymns to the Goddess,* cit., p. 70-71, 76, 115,117.

[262] Il est assez évident que les attributs théologiques de la Vierge Marie dans le christianisme sont une absurdité, si l'on se réfère au rôle que la Mère de Jésus a dans les Évangiles ; ils ne sont compréhensibles que comme transposition en elle de traits qui furent déjà propres à la Grande Déesse pré-chrétienne. Meme certains attributs des litanies canoniques, tels que « mère inviolée », « vierge puissante », ont une teinte « durgique », non moins que ceux de « jardin fermé » et de « fontaine scellée ». Les traits amazoniens, à côté d'autres, ne font pas défaut dans les invocations antiques, ainsi par exemple, dans l'hymne acathiste attribué à Saint Germain, patriarche de Constantinople : l'« épouse inviolée » est aussi appelée « génératrice de la lumière indicible, maîtresse qui domine

Sekhmet, la déesse égyptienne nue, léonocéphale de la guerre, qui se réjouissait des sacrifices sanglants et qui était censée s'unir vivante aux vainqueurs.

Sur le plan moral de l'aspect ontologique « Durgâ » de la déesse, une transposition est la cruauté que lui attribuent les thèmes mythologiques variés qui se sont cristallisés autour de figures similaires. La déesse se délecte du sang et de la mort. Ceci est nettement visible dans Kâlî. Mais, autrefois, en Grèce, en beaucoup d'endroits, à Sparte, à Braurone et autres lieux, on offrait des sacrifices à la Vierge divine, à l'Arthémis Orthia appelée aussi Taurique ; quand ces sacrifices furent abolis, resta comme résidu, le rite de la *diamastigosis,* de la flagellation des adolescents de Sparte, au cours des fêtes de la déesse, afin que leur sang en baignât l'autel : car la déesse vierge aimait le sang. Dans d'autres cités grecques aussi, les adorateurs de Déméter se flagellaient mutuellement. La fête de Cybèle, qui à Rome s'inspirait du culte de la Grande Déesse, se célébrait du 15 au 24 mars, y compris le 27 mars, jour marqué dans le calendrier comme *dies sanguinis.* Ce jour-là les prêtres de la déesse se flagellaient et se blessaient, unissant leurs cris au son des flûtes et des timbales. Puis, après une veillée mystérieuse, on croyait que les initiés s'unissaient à la Grande Déesse[263]. Dans le même ensemble rentre le fait que souvent l'exécution des sacrifices sanglants était confiée à des prêtresses : comme chez les Gaulois et en Amérique. Et si un rite archaïque pratiqué par les Vestales, par les vierges sacrées romaines, gardiennes de la flamme qui est la vie, consistait à jeter dans le Tibre vingt-quatre poupées, l'opinion prépondérante des historiens est qu'à l'origine, elles correspondirent à des victimes humaines.

Dans cet ensemble, on peut considérer aussi le sens qu'a la nudité de la femme divine dans son aspect « Durgâ », opposé à celui déjà examiné, de la nudité de l'archétype démétrio-maternel, principe de la fécondité. C'est le nu abyssal aphrodisien. Une de ses expressions symbolico-rituelles les plus fortes et suggestives s'est liée à une danse sacrée à

---

tout enseignement, illuminatrice de l'esprit des croyants, entrée de la porte du paradis, science radieuse de la grâce, éclair qui illumine l'âme, *foudre qui abat les ennemis,* image vivante de l'Eau du baptême, « toi qui lave la souillure du péché, *toi qui donne les victoires, toi qui disperse les ennemis* », « salut de mon corps » etc., cf. P. REGAMEY, *Les plus beaux textes sur la Vierge Marie.*

[263] Cf. F. Cumont, *Les religions orientales dans le paganisme romain,* ch. iii ; Przyluski, *Op. cit.,* p. 29, 30.

l'origine, la danse des sept voiles. À l'enseignement des mystères appartint le symbolisme de la traversée des sept sphères planétaires au cours de laquelle l'âme se détache peu à peu des différentes déterminations ou conditionnalités se rapportant à elles, conçues comme autant de vêtements ou d'enveloppes à rejeter, jusqu'à atteindre l'état de « nudité » complète de l'être absolu et simple, qui n'est lui-même que lorsqu'il se trouve au-delà des « sept ». Dans ce contexte, Plotin[264] rappelle justement ceux qui montent par degrés dans les Mystères sacrés, en déposant leurs vêtements et s'avançant nus ; et dans le soufisme, on parle du *tamzig,* de la lacération des vêtements pendant l'extase. Dans le domaine opposé, dans celui de la nature, le processus correspondant est le dépouillement de la puissance féminine de toutes ses formes jusqu'à a manifester dans son élémentarité, dans sa substance « vierge » antérieure et supérieure à toute forme. C'est précisément qui est sensibilisé par l'action de la femme qui, dans la danse, se libère progressivement des sept voiles, jusqu'à se montrer complètement nue : tout comme dans l'invocation égyptienne déjà citée, on voulait qu'apparaisse Isis. C'est l'inverse de la nudité ouranienne, c'est la nudité féminine abyssale qui peut agir aussi d'une façon fatale : la vision de Diane nue qui tue Actéon (« Diane invulnérable et mortelle »), celle d'Athéna aveugle Tirésias. Comme trace rituelle, l'interdiction ou tabou du nu qu'on rencontre dans certaines légendes et dans certaines coutumes, même chez les primitifs. Et si dans les Mystères grecs la vision des images entièrement nues correspondait au degré suprême de l'initiation, à l'*epopteia,* à cela, dans l'autre domaine, c'est-à-dire du côté du féminin, correspond par exemple le rituel des pratiques sexuelles tantriques : la femme à employer apparaît en elles comme l'incarnation de *prakrtî,* la femme divine et la substance primordiale cachée sous les formes infinies de la manifestation ; nue, la femme signifie cette même substance séparée de chaque forme, c'est-à-dire à son état « vierge » et abyssal. Partant, dans le rite la nudité féminine est progressive, l'emploi de la femme complètement nue n'est pas permis à tous, mais seulement aux initiés tantriques de degré supérieur, comme si à eux seuls il était donné de voir l'abyssal, d'avoir la Vierge nue, de s'unir à elle sans péril mortel ou sans profanation[265]. Peut-être peut-on recueillir un sens analogue de l'union rituelle paradoxale, déjà indiquée, d'un ascète et d'une prostituée au cours de la fête du Mahâvrata : comme si la femme ramenée à sa « matière première », substratum possible et

---

[264] *Ennéades,* I, vi, 7.

[265] Cf. Evola, *Yoga della Potenza,* cit., p. 288.

insaisissable de toutes les formes (la « prostituée »), ne pouvait trouver un parèdre à sa hauteur que dans l'homme qui, par l'ascèse, se serait à son tour réintégré dans son propre principe, c'est-à-dire dans la virilité transcendante. Enfin, à travers le symbolisme, la parole hermétique, que l'Époux et l'Épouse doivent être dépouillés de tous leurs vêtements et être bien lavés avant d'entrer dans le lit nuptial, peut renvoyer à la même idée[266].

Nous nous occuperons ensuite de ces complexes rituels. Pour le moment, nous conclurons en indiquant le trait particulier qui ressort dans l'épiphanie de la Grande Déesse, comme Varunâni. Celle-ci est une divinité hindoue qui eut successivement le nom de Vâruni ou de Surâ, se présentant comme une divinité du ciel, des eaux et des boissons enivrantes. Le mot Vâruni, en pâli, désigne effectivement soit une liqueur enivrante, soit une femme ivre ou possédée, et Vâruni ou Surâ dans l'épopée est la « fille » de Vâruna, du dieu ouranien masculin, et c'est elle qui donne aux dieux la joie et l'ivresse. Dans l'Inde le rapport entre Vâruni et les boissons enivrantes est certain (si bien que dans quelques textes, boire *devî vâruni* — la manifestation de la déesse, la déesse « sous forme liquide » — est synonyme de boire ces boissons) ; tandis que Surâ, nom donné à la même divinité dans l'épopée, en Iran, est aussi un des noms de la Grande Déesse[267]. Même dans les hymnes de l'austère Çankara, la déesse est associée aux boissons enivrantes, tient la coupe ou est elle-même ivre[268]. Dans cet archétype divin se fixe donc l'aspect du féminin comme principe et cause d'ivresse. Et cette ivresse peut avoir soit la forme inférieure et élémentaire, dionysiaque, sauvage et ménadique, soit la forme supérieure d'ivresse transfigurante et lumineuse.

Le christianisme a obscurément fixé ce second aspect dans la figure de la Vierge Mère qui domine et a sous les pieds le croissant lunaire, ou bien

---

[266] Cf. A. J. PERNETY, *Dictionnaire mytho-hermétique*, Paris, 1758, p. 266. En passant, indiquons l'aspect magique de la nudité rituelle. C'est quand est rétabli l'état élémentaire, « nu », séparé de la forme, du principe qu'il incarne et qui correspond à sa véritable nature, c'est alors qu'il manifeste sa puissance supraphysique. De là comme contrepartie analogico-rituelle, précisément la prescription d'être nus pour accomplir certaines opérations.

[267] Cf. PRZYLUSKI, *Op. cit.*, p. 139 ; *Mahânirvâna-tantra*, X, 110.

[268] Cf. Avalon, *Hymns to the Goddess*, cit., p. 26-28, 58-59.

le serpent qui, comme Nahash dans l'ésotérisme hébraïque, a symbolisé le principe élémentaire cosmique du désir. On pourrait aussi relier cela à la division existant dans les Mystères antiques de la Mère, dans lesquels les petits Mystères étaient ceux de la Perséphone infernale, liée aussi à Aphrodite et qu'on célébrait au printemps, plus ou moins à la même époque que les multiples fêtes orgiaco-telluriques, au contraire des Grands Mystères d'Eleusis que l'on célébrait en automne. Et l'on pourrait aussi rappeler la déesse égéenne, Notre-Dame des Flots et *Stella Maris,* dans son double aspect de déesse qui descend des cieux et de déesse qui apparaît des régions infernales, de « déesse des colombes » d'un côté, de « déesse des serpents » et des panthères, de l'autre[269].

Comme dernier point, en considérant la substance ou puissance cosmique dans l'aspect ou situation où elle est fixée à une forme donnée, où, à certain égard elle reste arrêtée dans son caractère fluide, fuyant, incoercible, nous avons le principe démétrien sous forme de figures féminines comme « épouses » liées à un dieu par le lien monogamique et monoandrique : la substance alors n'est plus la « Vierge » et la « Prostituée » mais est l'épouse divine « source scellée » qui est transposée sur le plan moral, quand l'archétype a des caractères de chasteté et de fidélité qui en cachent la nature originaire (la Grande Déesse comme Héra). Dans le mythe, à cette situation ontologique correspondent les couples divins sexués, avec des rapports d'harmonie relative et d'équilibre entre les deux.

33. — Différenciations typiques de la virilité dans le mythe

Si à présent nous voulons examiner les figures typiques du mythe qui incarnent le principe masculin, on peut se reporter aux divinités qui, d'une certaine manière, servent de contrepartie au féminin selon le pur aspect aphrodisien, puis selon son aspect « Durgâ » et enfin selon son aspect démétrien-maternel.

J. J. Bachofen a déjà esquissé en partie une telle morphologie en partant essentiellement des complexes mythologiques que l'antiquité créa autour de la figure de Dionysos, au moyen d'associations qui, de prime abord,

---

[269] Cf. Glotz, *Civilisation égéenne,* cit., p. 290-291.

donnent l'impression d'un syncrétisme désordonné, mais qui en réalité renferment des sens profonds[270].

Comme limite inférieure, on doit tout d'abord considérer la forme tellurico-poséidonienne de la virilité. Sur ce plan, Dionysos fut associé soit à Poséidon, dieu des Eaux, soit à Osiris, conçu comme le cours du Nil qui arrose et féconde Isis, symbolisée comme la terre noire d'Égypte. À un niveau plus élevé, nous rencontrons l'association de Dionysos à Héphaïstos-Vulcain, dieu du feu souterrain. Dans le premier de ces complexes mythologiques, se présente un déplacement du symbolisme des Eaux, parce que maintenant celles-ci désignent le principe humide de la génération en rapport avec la conception purement phallique de la virilité ; le dieu, c'est le mâle considéré sous son aspect de fécondateur de la substance féminine, et, comme tel, en quelque sorte subordonné à elle. Le passage au dieu du feu souterrain, ne fait progresser que d'un pas, car il s'agit là d'un feu terrestre encore trouble, sauvage et élémentaire, dont la contrepartie reste toujours la féminité aphrodisienne dans sa nature fuyante (Aphrodite, comme épouse infidèle de Vulcain).

Bachofen voit une épiphanie plus élevée du principe masculin là où déjà Dionysos se présente comme une nature lumineuse et céleste par sa liaison, en premier lieu avec Lunus, puis avec le soleil et Apollon. Mais si dans le mythe, dans ces formes aussi, Dionysos s'accompagne toujours de figures féminines qui ne sont pas sans rapport avec l'archétype de la Grande Déesse, cela indique la présence d'une limite ; limite bien visible, d'autre part, dans le fait que même quand Dionysos devient un dieu solaire, le soleil, ici, n'est pas vu dans son aspect de pure lumière immuable, mais bien comme l'astre qui meurt et ressuscite. Ce motif, on le sait, est justement un motif du dionysisme orphique, qui ainsi s'encadre dans le même arrière-plan que la religion de la Mère, car c'est là la même situation qu'Attis et Tammuz, dieux masculins mortels que la Déesse immortelle ressuscite toujours de nouveau (en effet, au côté de Cybèle on trouve aussi Sabasius au lieu d'Attis : souvent identifié à Dionysos) : de même que le soleil se couche et ressuscite, que sa lumière n'est pas encore la lumière fixe et abstraite de l'être pur, du pur principe olympique.

Le développement ultérieur de la série que nous sommes en train d'examiner, comporte le passage à un autre complexe mythique, au-delà

---

[270] Sur tout ce qui suit cf. J. J. Bachofen, *Das Mutterrecht*, cit. § 76, 109, 111-112.

de celui centré sur Dionysos. En Dionysos on peut montrer le chaînon de liaison, en qualité d'adversaire et vainqueur des Amazones, et aussi dans la trahison d'Aphrodite, qui s'unit à Arès, dieu de la guerre. Bien qu'Arès — le Mars hellénique — ait encore les traits de la virilité sauvage, avec cela pourtant, on s'approche des figures qui incarnent une virilité non plus phallique ou dionysiaque, sensuelle et élémentaire, mais bien héroïque. Et le type qui est la principale incarnation de cette virilité, c'est l'Héraklès dorien. Héraklès, lui aussi, est un vainqueur des Amazones, et de plus un ennemi de la Mère (d'Héra — tout comme l'Hercule romain est l'ennemi de Bona Dea) ; il se libère du lien de celle-ci, en en possédant toutefois le principe, si, dans l'Olympe, il obtient Hébé, la jeunesse éternelle, après avoir su trouver le chemin du jardin des Hespérides et y avoir cueilli la pomme d'or, symbole lié lui-même à la Mère (les pommes avaient été données par Géa à Héra) et à la force-vie.

Plus haut qu'Héraklès, avec le symbolisme de ses entreprises qui font ressortir la virilité héroïque et, en partie antigynécocratique (nous parlerons en son temps de l'important symbolisme de la tunique de Nessus), on trouve les représentations de la virilité ascétique et apollinienne. Ici, on peut considérer, comme élément de raccord, Çiva lui-même, pris comme divinité du culte et non plus comme principe métaphysique. Si, d'un côté, à la période alexandrine on homologua Çiva à Dionysos entendu comme le dieu des rites orgiaques, de l'autre, on le considéra aussi comme le grand ascète des sommets, qui a bien une épouse, Parvatî, mais sans en subir le lien, car il sait foudroyer Kâma le dieu de l'amour, quand celui-ci cherche à susciter en lui un désir synonyme de besoin, de privation, de soif et de dépendance (dans le mythe hindou Kâma est ressuscité par Çiva, par l'intercession de divinités — comme Ratî — personnifiant au contraire les formes de l'expérience érotique pure, libres de ces conditionnalités).

La virilité a ensuite une des ses figurations typiques, déjà au-delà de toute lutte ascétique, dans Heruka, auquel les textes attribuent une beauté héroïque sévère et majestueuse, parfois même terrifiante, la divinité nue et lumineuse porteuse de sceptre du panthéon indo-tibétain. Dans ce cas la nudité exprimera une signification opposée à la nudité abyssale féminine, elle représente l'être-en-soi pur, la « pureté » ou simplicité ouranienne dominatrice (périlleuse pour la femme : voir l'homme selon cette « nudité » peut signifier, pour elle, le perdre pour toujours — autre thème connu de la légende). Mais Çiva aussi eut souvent le même attribut, on l'appela : *digambara* = « le Nu ».

En revenant aux thèmes helléniques, la série peut donc avoir pour limites la manifestation apollinienne de la pure virilité : Apollon, comme incarnation du νοῦς olympique, de la lumière ouranienne immuable, détaché de l'élément tellurique et aussi de son rapport avec des déesses subsistant dans quelques variétés bâtardes de son culte historique. À ce degré, Apollon, dieu de la « forme pure », fut conçu sans mère et « né de soi », ἀμητωρ et αὐτοφυής : Apollon, dieu dorien « géométrisant », parce qu'au masculin et à la forme appartient la détermination, au féminin l'indéterminé de la matière plastique et le sans-limite, ἄπειρον. Dans le jugement d'Oreste, dans le mythe, Apollon défend le principe opposé à celui de la maternité sans époux, mais aussi à celui de la féminité démétrienne ou aphrodisienne. Il dit que c'est le père qui réellement engendre le fils, que la mère n'est que la « nourrice » du fils[271]. C'est la reconnaissance et la réaffirmation du rapport entre l'éternel masculin et l'éternel féminin, que nous avons indiqué sur le plan métaphysique. Mais dans le symbole apollinien, il y a quelque chose de plus : quelque chose qui, en plus de réétablir l'ordre « selon la justice » entre les deux principes, au fond porte déjà au-delà de tout le monde de la diade. Pourtant, dans le degré de la virilité phallico-tellurique, dans celle dionysiaque au sens limité, dans celle héroïque, dans celle ascétique, et enfin dans celle apollinienne ou olympique, nous pouvons reconnaître les principales différenciations typiques du masculin : centres de complexes mythologiques retrouvables dans des variantes et des transpositions sans fin, dans les traditions les plus différentes comme contreparties du monde des Mères telluriques, des déesses démétriennes, des déesses aphrodisiennes, et enfin des « Vierges » ambiguës, abyssales, amazoniennes et destructrices.

34. — Le masculin et le féminin dans la manifestation

Dans l'exposé qui précède, nous sommes déjà passés en plus d'un point, de la considération *statique* du masculin et du féminin comme principes, catégories ou formes divines, à celle *dynamique* des deux, comme pouvoirs étant dans un rapport varié l'un avec l'autre. Pour traiter plus en détail cet aspect particulier, il faut fixer d'abord un point important.

---

[271] Eschyle, *Eum.*, 658-666.

Il n'y a pas de doctrine métaphysique et traditionnelle complète qui ait envisagé la diade comme point de repère suprême de sa vision du monde. Comme nous l'avons déjà signalé, la tradition extrême-orientale au-delà du *yin* et du *yang* connaît la « Grande Unité » — Tai-î ou Tai-ki. Plotin parle de l'Un supérieur et antérieur à la dualité divine d'être et de puissance-vie. Le tantrisme connaît le Nirgûna-Brahman, ou un autre principe équivalent, au-delà de la diade Çiva-Çakti, etc. À cause de ce point de repère supérieur, on ne saurait reconnaître une égale dignité aux deux principes. Le principe masculin, le *yang*, Çiva ou l'être comme terme de la diade reflète le Un, l'être transcendant ; il représente et incorpore ce Un dans le processus de la manifestation universelle, dans la relativité, dans le courant des formes (chez Plotin, en qualité de Logos). Quant à la « nature », en termes théologiques, on peut dire qu'elle n'est pas un principe coexistant avec Dieu, mais qui dérive de Dieu et a pourtant une « réalité seconde[272] ».

De là, une prééminence de droit, ontologique ou métaphysique, du masculin en face du féminin, à laquelle pourtant ne correspond nécessairement pas une prééminence de fait. Bien au contraire, le premier moment de la manifestation ne saurait être caractérisé que par la puissance féminine réveillée, qui se libère et agit, qui par cela même prend l'avantage sur le principe de l'être pur et de l'identique ; avantage qui se maintiendra dans toute la phase que nous pourrions appeler descendante ou « promanative », dans le πρόοδος plotinien, dans le *pravrttî-marga* dont avons parlé en décrivant les deux voies, la Voie de la Main Droite et celle de la Main Gauche[273]. Cette phase se développe jusqu'à une limite marquée par un équilibre des deux principe, aussitôt après lequel on a un tournant, un point de crise ou de rupture. La puissance, la Çakti peut se détacher ou se disperser dans l'illimité, ou bien elle peut être graduellement reprise et dominée par le principe opposé en des formes et des situations dans lesquelles celui-ci a toujours plus l'avantage, jusqu'à une possession complète, transparente du devenu

---

272 Cela se reflète en quelque sorte dans le mythe biblique selon lequel « *Eve* » dérive d'« Adam », fut formée d'une partie d'Adam, tout comme dans l'idée que seul l'homme aurait été fait à l'image de Dieu. Cf. Éliphas Lévi, *Dogme et rituel de Haute Magie*. La femme sort de l'homme comme la nature sort de Dieu ; ainsi le Christ s'élève lui-même au ciel et y conduit la « Vierge Mère ».

273 Dans la nature, cette situation métaphysique se reflète dans le fait que, plus on descend le long de l'échelle biologique, plus on rencontre la prépondérance des « sociétés féminines » et la prédominance de la femme sur le mâle.

— qui est porté par le féminin — dans le masculin, cause première de tout devenir, et à une synthèse supérieure qui reproduit en quelque sorte l'unité primordiale. C'est là l'arc ascendant possible au-delà du point le plus bas du cycle, arc dans lequel le mouvement va vers ce que, en termes chrétiens, on pourrait appeler la « consommation », que nous pouvons mettre en rapport avec la Voie de la Main Gauche et qui se trouve sous le signe de Çiva au sens propre, c'est-à-dire comme le dieu de la « transcendance » ; tandis que la première phase se trouve sous le signe de la Çakti, mais aussi des divinités de la création et de la conservation (Brahmâ et Vishnu).

Il importe de souligner qu'il ne faut pas concevoir ces différentes phases dans les termes d'une succession temporelle, mais bien d'une multiplicité de situations possibles, avec des rapports différents entre le masculin et le féminin, entre la forme et la matière, entre le Ciel et la Terre, entre *yang* et *yin,* selon une prédominance tantôt de l'un, tantôt de l'autre principe. Ce sont des situations qu'on retrouve partout : dans le cosmos et dans ses périodes ; dans l'histoire et dans ses époques ; dans la structure et dans l'esprit des cultes, des civilisations et des sociétés elles-mêmes (dans ces dernières selon l'opposition entre civilisation du Père et civilisation de la Mère, entre civilisations androcratiques et civilisations gynécocratiques), d'institutions basées sur le pur droit paternel et de civilisations matriarcales ; chez les individus, parce que c'est la prédominance de l'un ou l'autre principe qui donne lieu à la formation du sexe (en tant que sexe aussi bien du corps que de l'âme), aux « hommes » et aux « femmes ». Ainsi exposées, les conceptions qui ont pu paraître abstraites fournissent en réalité des fils conducteurs fondamentaux pour s'orienter dans l'étude de toute réalité.

On peut remarquer que derrière les différentes figurations du mythe de la « chute » se cache souvent l'idée d'une identification du principe masculin au principe féminin (ou « cosmique ») jusqu'à en assumer le mode d'être de celui-ci et s'y perdre. C'est ce qui arrive nécessairement dans la première phase de la manifestation, laquelle pour l'être pur ne saurait avoir que le sens presque d'un état d'oubli, d'obscurcissement *(*l'*avidyâ* hindoue ; dans le mythe platonicien Porus ivre et pantelant qui s'unit à Penia, la déliquescence de Narcisse, le νοῦς qui dans l'embrassement de la *physis* est dévoré par l'obscurité, etc.). C'est l'enseignement du *Corpus Hermeticum :* « Bien que mâle-femme (androgyne) comme le Père [comme l'Un, dont le mâle est le reflet] et supérieur au sommeil, il est dominé par le sommeil[274]. » Le réveil, la reprise (en termes sotériologiques : la « rédemption », le « salut ») pourra se réaliser dans les situations de la seconde phase, de celle ascendante ou çivaïque. La condition préalable pour cela est le dépassement du tournant, la victoire sur la résistance opposée à la force féminine liante ou tendant vers le sans-limites ; c'est la rupture du niveau cosmique.

Il serait long d'énumérer les mythes typiques dans lesquels cette idée a eu une expression plastique. Par exemple, nous avons déjà fait allusion à la conception kabbalistique de l'exil de la Shekinah, symbole de l'état de « rupture » dans le règne des puissances divines (c'est la phase où la Çakti cosmogonique se détache et existe presque pour soi) et à la conception du Sabbat éternel, où tout sera ramené à sa racine originelle — cet état étant conçu comme la réunion du Saint avec sa Shekinah : les noces du Saint avec la Shekinah rétabliront l'unité du Nom Divin, détruite par la chute. Selon la tradition en question, c'est à cela que devrait viser tout précepte sacré, si bien que la formule que les Chassidim prononcent avant d'accomplir chaque commandement est : *Lechem jichud Kutria, berich Hu u-Shekinte* (« au nom de l'unité du Saint — qu'il soit béni — avec sa Shekinah[275] »).

Dans le gnosticisme chrétien, nous trouverons le thème des péripéties de la Sophia cosmique dans le monde inférieur, jusqu'à ce qu'elle soit épousée par le Christ (le Logos, c'est-à-dire celui qui reflète ou « porte » le Un ; le « fils » de l'être transcendant) et ramenée de nouveau dans le monde de la Lumière[276]. semble symbolique d'après lequel Simon le Gnostique l'incarnation de Sophia dans la femme qu'il avait avec lui, dans Hélène (Séléné, la Lune), laquelle précédemment était une prostituée et qui à présent était devenue son épouse, révèle ainsi son sens le plus intérieur. Plus en général, de la Gnose de Marc il nous reste cet important fragment : « Je suis le fils du Père, qui est au-delà de toute existence, tandis que je suis dans l'existence. Je vins [dans l'existence] pour voir [les choses] miennes et non miennes [qu'il faut reporter ces choses respectivement au masculin et au féminin de la diade primordiale] et pourtant non entièrement miennes [dans la phase promanative] parce

---

[274] *Corpus Hermeticum,* I, 15.

[275] Cf. G. G. Scholem, *Les grands courants de la mystique juive,* Payot, Paris, 1950, p. 247, 293. M. D. Langer, *Die Erotik in der Kabbala,* Prague, 1923, p. 116.

[276] Mead, *Fragments of a faith forgotten,* cit., p. 307, 309.

que je suis de Sophia, qui est [ma contrepartie] féminine, et elle les fit pour elle-même. Mais ma naissance vient de celui qui est au-delà de l'existence et je retourne de nouveau au principe d'où je proviens[277]. » Les différentes phases ou situations sont bien indiquées dans l'enseignement des Mystères, rapporté par Irénée[278] à propos d'Adamas, l'« infrangible », appelé aussi « pierre de base » et « homme glorieux ». Ici, ou parle de la barrière derrière laquelle dans chaque homme, se trouve l'homme intérieur, l'homme qui dérive de l'archétype céleste, Adamas, et qui, « tombé dans une œuvre d'argile et de craie », « a tout oublié ». En relation avec la mythologie classique, on parle ensuite de la double direction, du flux et du reflux au sens opposé d'Océan, des Eaux, dont l'effet est la naissance des hommes dans un cas, la naissance des dieux dans l'autre (c'est-à-dire qu'on se réfère aux situations, respectivement de la phase descendante et de la phase dans laquelle les Eaux sont arrêtées et reportées en haut, si bien que le « règne de la femme » a une fin) ; et on dit : « D'abord il y a la nature bienheureuse de l'homme d'en haut, Adamas ; puis la nature mortelle ici-bas ; en troisième lieu, il y a la race des Sans-Roi qui est montée là-haut, où est Mariam, celle qui est cherchée [le féminin comme principe de réintégration]. » L'être produit par le courant repoussé en haut est appelé l'« homme androgyne, ἀρσενόθλυς, qui est dans chacun ». Enfin on parle de deux statues d'hommes nus ithyphalliques (au phallus en érection) du temple de Samothrace, que l'on interprète l'une comme l'image du mâle primordial Adamas, et l'autre comme l'image de l'homme né de nouveau « qui est en tout et pour tout de la même nature que le premier ». Le même enseignement se continuera, inchangé, dans la tradition hermétique, au Moyen Age et jusqu'à la première ère moderne. Pemety parlera de la « Prostituée » identifiée à la Lune, que l'Art Royal ramène à l'état de Vierge ; de la « Vierge, animée par la semence du premier mâle, qui unie à un second mâle [l'homme, comme représentant du mâle primordial qui a fécondé *ab origine* la substance-vie], concevra de nouveau au moyen de la semence corporelle de celui-ci en mettant enfin au monde un enfant hermaphrodite qui sera la source d'une race de rois très puissants[279] ». En essence c'est là le mystère même auquel, en parlant de la tradition extrême-orientale, nous avons fait allusion, en l'appelant le « mystère du

[277] *Apud* Mead, *Op. cit.*, p. 281-282.

[278] *Philosophumena,* V. i, 6-7, 8.

[279] Pernety, *Dict. mytho-hermét.*, cit., p. 408, 522.

Trois », à travers lequel le Un, uni au Deux féminin, revient à lui-même. On peut rapporter à la rectification ou transmutation de la polarité du féminin implicite en cela, soit le symbole hermétique du « fils qui engendre la Mère », soit la curieuse expression dantesque relative à la Vierge : « Vierge Mère, fille de son fils ».

L'importance de ces traditions réside dans le fait que par elles s'établit une relation directe, soit avec le monde des Mystères anciens, soit avec le thème de l'androgyne, tandis qu'elles nous donnent aussi le moyen d'approcher d'un monde d'actions et de réalisations.

Au sujet du premier point, le motif que nous avons trouvé isolément chez Platon et qui nous a servi de base pour comprendre la métaphysique de l'*eros* — le mythe de l'androgyne — s'y représente donc ici, intégré dans un ensemble ayant un caractère d'universalité se définissant sur un arrière-plan cosmique. Il ne sera peut-être pas sans intérêt de donner quelque autre documentation à ce sujet.

Le *Corpus Hermeticum* connaît l'état de l'androgyne originel qui, à un moment donné — on dit : « la période étant accomplie » — défaille ; alors prennent forme, d'une part le mâle, de l'autre la femme[280]. En faisant abstraction de la doctrine, déjà rappelée, de la Shekinah, l'exégèse kabbalistique de la *Genèse* connaît le même thème. Selon le *Bereshit-Rabbâ* (I, i, 26) l'homme primordial est androgyne. La femme tirée d'Adam s'appelle Aisha, parce que tirée d'Aish (l'homme) ; ensuite, Adam lui donne le nom d'Eve (la vie, la vivante) parce qu'à travers elle il peut revenir à l'unité[281]. Dans ce texte, comme plus tard dans Maïmonide[282], on rencontre la même fabulation platonicienne de l'être brisé en deux parties, et le thème, qu'il faut comprendre sur le plan métaphysique, de l'être « qui à certain égard est un, à l'autre est deux ». Léon le Juif (Jehuda Abardanel) se référera explicitement à Platon, en cherchant à rapporter sa doctrine de l'androgyne au mythe biblique de la chute de l'homme primordial, et en maintenant l'interprétation platonicienne du sens plus profond de chaque *eros*. Que l'homme quitte père et mère et s'unisse à la femme, en formant avec elle une seule chair

---

280 *Corpus Hermeticum (Poimandres)*, I, 9-15.

281 Langer, *Erotik in der Kabbala*, cit. p. 111 ; cf. aussi S. Péladan, *La science de l'amour*, Paris, 1911, ch. II.

282 *More Nevokim*, II, 30.

— comme il est dit dans la Bible — Léon le Juif l'explique par l'impulsion des deux parties, à laquelle l'être des origines a donné lieu par dissociation, afin de recomposer l'unité originaire, puisque les deux « ont été divisés dans un individu unique[283] ».

Ce motif qui tire son origine des Mystères ne fut pas étranger aux milieux de la patrologie grecque elle-même, desquels, probablement par Maxime le Confesseur il passa à Scot Erigène, auquel on doit une formulation digne d'être rapportée. Scot enseigne que « la division des substances commence en Dieu même, et se définit en une descente progressive jusqu'à ce terme, qui est la division en homme et femme. C'est pourquoi aussi la réunification des substances doit commencer dans l'homme et parcourir de nouveau les mêmes degrés jusqu'à Dieu, en qui il n'y a aucune division, parce qu'en Lui tout est un [cela équivaut au niveau de l'Un plotinien, de la Grande Unité extrême-orientale, etc.]. L'unification des créatures commence donc dans l'homme. Comme chez Platon, chez Scot aussi, le motif métaphysique est présenté en termes moraux, c'est-à-dire est rapporté à la « chute » (on a déjà vu ce qui métaphysiquement correspond à ce concept : la situation ontologico-dynamique propre à la phase descendante ou promanative). Ainsi Scot enseigne que « si le premier homme n'avait pas péché, sa nature n'aurait pas subi la différenciation sexuelle », que cette différenciation est consécutive à la chute[284]. D'où la contrepartie eschatologique : « À la réunification de l'être humain sexuellement divisé dans son unité originelle où il n'était ni homme ni femme, mais simplement être humain, succédera la réunification du cercle terrestre avec le paradis dans la consommation des temps[285]. » Le Christ aurait anticipé cette réunification restauratrice de la dignité ontologique originaire de l'être. Scot rapporte la tradition venant des milieux des Mystères, indiqués auparavant, mais pour laquelle il cite Maxime le Confesseur, selon lequel le Christ aurait unifié dans sa nature les sexes divisés et, dans la résurrection, n'aurait été « ni homme ni femme, étant cependant né et mort homme[286] ». Par la grâce de la

---

[283] Léon le Juif, *Dialoghi d'Amore,* éd. Caramella, Bari, 1929, p. 417 sqq.

[284] *De divisionibus naturae,* II, 6 ; II, 9 ; II, 12.

[285] *Ibid.,* II, 4 ; II, 8.

[286] *Ibid.,* II, 12, 14.

rédemption l'homme aussi a été rendu virtuellement capable de la même œuvre[287].

Chez Scot Erigène, ces aperçus ont un simple caractère doctrinal théologico-eschatologique. Toute référence à l'*eros* comme instrument possible de la réintégration, ou à quelque pratique concrète, y manque. Par contre, il y a des raisons de croire que le mystère de l'androgyne, avec un rapport plus direct à la tradition initiatique où il avait pris forme déjà avant le christianisme, ait été assumé sur le plan opératif par la tradition hermético-alchimique, laquelle dès le début, dès les textes helléniques, avait ramené l'essence du Grand Œuvre à l'union du masculin avec le féminin, et qui dans la littérature médiévale, tout comme dans ses prolongements allant jusqu'à une période relativement récente, donna un grand relief au symbole énigmatique du *Rebis*, faisant allusion à l'« être double », à l'androgyne qui réunit en soi les deux natures, le masculin et le féminin, le solaire et le lunaire. Parmi toutes, on peut signaler comme particulièrement suggestive la figure androgyne correspondant à l'Épigramme XXXIII du *Scrutinum Chymicum* de Michel Maier, avec le commentaire : « L'hermaphrodite semblable au mort, gisant parmi les ténèbres, a besoin du Feu[288]. » En son temps, nous reviendrons sur les enseignements pratiques ou susceptibles d'application pratique en termes de magie sexuelle, se rapportant à tout cela. Pour conclure cette digression, nous dirons seulement que, dans la ligne de cette tradition, l'association établie par Scot Erigène entre le Christ et l'androgyne réapparaît dans Khunrath. Dans le tableau II de son *Amphiteatrum Eternae Sapientiae* (1606), on voit en effet l'Adam-Eve régénéré sous la figure de l'androgyne, avec le commentaire : « L'homme qui repousse le binaire (la diade) habillé en Christ, imitant le Christ — *Homo binarium repellens, Christo indutus, et eum imitans.* » Dans le tableau III de la même œuvre, tableau qui indique la « pierre philosophale », le même thème est donné plus explicitement. Dans sa partie centrale on trouve le *Rebis,* Homme-Femme, Soleil-Lune, avec l'adage : *Etiam Mundus*

---

[287] *Ibid.*, II, 6. Dans Scot Erigène on doit noter aussi l'idée que de la séparation des sexes viendrait le fait de la « terrestréité », de la corruptibilité et de la séparation du terrestre du céleste (II, 9 ; II, 12). F. von Baader *(Gesammt. Werke,* v. III, p. 303) dira que si Adam avait fixé en lui la nature d'androgyne, s'il ne l'avait pas détruite en cédant à la tentation, « il aurait aussi dominé l'esprit cosmique en lui et hors de lui et il serait devenu maître et souverain effectif du monde extérieur, selon sa destination ».

[288] Sur l'histoire du *Rebis* hermétique, cf. *Introduzione alla magia quale scienza dell'Io,* cit., v. I, p. 312 sqq.

renovabitur igne. Enfin, nous pouvons noter ce fait : il est difficile de douter de l'existence d'un ésotérisme chez Léonard de Vinci. Or, dans ses tableaux le thème de l'hermaphrodite joue un rôle remarquable, surtout dans les figures les plus significatives, comme saint Jean et Bacchus (Dionysos). De plus, dans ses peintures revient d'une façon énigmatique, presque comme un sigle, le motif de l'*ancolie*, c'est-à-dire d'une plante qui était considérée comme « androgyne ».

35. — Sur le démonisme du féminin. Le symbolisme de l'étreinte inversée

On sait que dans les traditions de nombreux peuples, le principe féminin a été associé non seulement au principe d'une « séduction », mais aussi à l'élément « démoniaque ». Selon la Kabbale, le démoniaque procède précisément de l'élément féminin[289] et selon le taoïsme, du principe *yin,* tout comme dans la tradition égyptienne, la personnification des forces antisolaires est principalement féminine et Isis elle-même a quelquefois ce caractère, comme dans la légende où lui sont donnés les traits d'une enchanteresse qui s'empare par ruse du « nom de puissance » de Râ, afin de l'assujettir[290]. Il serait facile de recueillir d'autres données de différentes traditions à propos de cet aspect du féminin, qu'il faut pourtant comprendre sur un plan non moral, mais ontologique, en rapport avec la tendancialité naturelle propre au principe çaktique, au principe de la « matière » ou des « Eaux », si l'on envisage la manifestation sous ses aspects dynamiques et dramatiques, et non sous ceux d'un processus éternel d'émanation de type presque spinozien.

Cela nous conduit à un enseignement ésotérique déjà voisin de la métaphysique de la sexualité humaine. La tendancialité démoniaque féminine se manifeste dans le fait de capter et d'absorber le principe de la virilité transcendante ou magique : principe à rapporter, en général, à ce qui dans le masculin reflète l'élément surnaturel, antérieur à la diade, à ce qui dans la nature est supérieur à la nature et qui virtuellement aurait le pouvoir de « faire remonter le courant en haut » et de briser le lien cosmique. Ce sens est exactement celui que, dans la terminologie

[289] Cf. Scholem, *Op. cit.,* p. 51.

[290] Cf. G. A. Wallis Budge, *The Book of theDead,* London, 1895, p. LXXXIX sq.

bouddhiste a l'expression *vîrya*, dont la racine d'autre part est la même que celle du latin *vir ;* elle désigne la virilité au sens éminent et transcendant telle qu'elle s'active dans la haute ascèse, qui peut conduire au-delà de la région du devenir, du samsâra, « en arrêtant le courant ». Selon la polyvalence qui lui est propre dans la terminologie technique tantrique et du Hatha-Yoga, le même terme *vîrya* peut pourtant désigner aussi la semence masculine, ce qui dans un ensemble plus général, n'est pas sans rapport avec la théorie qu'à l'homme, en tant que tel, c'est-à-dire déjà du simple fait de sa virilité — *purushamâtra sambandhibhih* — il est donné potentiellement de parvenir à la réalisation surnaturelle de soi[291]. Or, il est dans la nature du féminin d'asservir, d'absorber ce principe, en fonction démétrienne ou en fonction aphrodisienne, pas tant sur le plan matériel et humain, en rapport avec la procréation et avec le lien de la chair et du désir, que sur un plan occulte. En cela se manifeste son « démonisme » essentiel, sa fonction antagoniste, visant au maintien de l'ordre que le gnosticisme, dans un encadrement dualiste, appelle le « monde du Démiurge » (c'est le monde de la nature, au sens plus vaste, opposé à celui de l'esprit). On a pu parler ainsi d'une « mort suçante » qui vient à l'homme par la femme, parce que, pour l'homme, perdre la *vîrya,* le principe viril magique, quand il se confond avec la substance féminine faite de désir, équivaut à « être effacé du Livre de la Vie » — vie, bien entendu, au sens supérieur, figuré, initiatique. Nous rencontrons donc ici le thème d'une « inexorabilité » du principe féminin et d'une « guerre des sexes » sur un plan antérieur et supérieur à tout ce qui peut avoir ces traits, dans le domaine des relations simplement humaines et individuelles, profanes et sociales.

G. Meyrink a mis en relief cet ordre d'idées, en en indiquant la concrétisation plus crue, dans une variété de Mystères antiques qui se célébraient dans le Pont sous le signe d'une des variétés de la figure de la Grande Déesse, Isaïs[292]. Mais même aux Mystères de Rhéa-Cybèle, il n'est pas risqué d'attribuer un sens analogue. L'« orgie sacrée » célébrée sous le signe de cette déesse aboutissait à une ivresse extatique dévirilisante, si bien que dans les dégénérescences de ce culte, il pouvait

---

[291] Cf. S. Radhakrishnam, *The Hindu view of Life,* London-New York 1927, p. 112, 122. En rapport avec les significations qui, dans l'ancien monde méditerranéen surgirent de la rencontre de mythes opposés, J. J. Bachofen écrit : « La femme apporte la mort, l'homme la domine par l'esprit », non avec la virilité phallique, mais avec la virilité spirituelle *{Dos Mutterrecht,* cit., § 76, p. 191).

[292] Dans *L'Angelo della fineslra d'Occidente,* Milano, 1949, p. 344 sqq.

arriver que les mystes sacrifiassent à la déesse le principe de leur virilité dans son expressio physique elle-même, s'émasculant et se revêtant d'habits féminins. Et la déesse, dans ce culte comme dans d'autres du même cycle (dans les Mystères d'Hécate de Laguira, d'Astaroth, de l'Astarté d'Héliopolis, d'Artémis d'Éphèse, etc.) avait des prêtres émasculés ou endossant des vêtements féminins.

D'ailleurs, dans le dionysisme pré-orphique, courant dans lequel la prédominance de l'élément féminin est fort significative, et qui en plus du culte public célébrait ses propres Mystères, dont dans quelques cas (comme au début, dans les Bacchanales à Rome), les hommes étaient exclus, et seules les femmes, initiées, il y a des aspects qui ramènent sur la même ligne à cause de la souveraineté que la femme dionysiaque réalise à l'égard de la simple virilité phallique : l'excitation, l'exécution et l'absorption de cette dernière par la femme, équivalant pratiquement à une lésion et à une fracture de la virilité transcendante, selon cette ambivalence de l'*eros*, dont nous avons maintes fois parlé[293].

Mais la tendancialité démoniaque du féminin doit être reconnue autant dans ces formes « infernales » que dans les formes « célestes », qui comportent elles-mêmes une limite « cosmique ». Si la femme peut donner la vie, elle barre ou tend à barrer l'accès à ce qui est au-delà de la vie. Fréquemment aussi, ce thème se rencontre dans le monde des légendes et des mythes héroïques. Par exemple le chamanisme connaît un mythe caractéristique, celui d'une femme céleste qui, si elle aide et protège le chaman, s'efforce pourtant de l'avoir pour elle seule dans le septième ciel et s'oppose à la continuation de son ascension céleste. Elle lui dit que la voie suivante est coupée et le tente avec une nourriture

---

[293] Bien que mélangé avec des situations assez profanes, D. H. Lawrence a assez bien rendu ce complexe dans le passage suivant : « Être ardente comme une bac chante qui s'enfuit à travers les bois, à la recherche d'Iacchus, le *phallus* lumineux, *phallus* qui n'a pas une personnalité indépendante derrière lui, mais qui est seulement le pur dieu-esclave-de-la-femme. L'homme, l'individu : il fallait empêcher son intervention. Il n'était qu'un esclave du temple, porteur et gardien du *phallus* lumineux qui appartenait à elle. Ainsi, dans le flot de sa renaissance [celle de la femme] l'antique passion véhémente brûla pour quelque temps en elle et l'homme se réduisit à l'état d'instrument méprisable, à celui de simple porteur du *phallus*, destiné à être mis en pièces après l'accomplissement de son office ». Il y a une part de vérité dans cette affirmation de G. R. Taylor *(Sex in history*, cit., p. 263) : « Bien que cette idée puisse sembler désagréable, l'acte sexuel présente un symbolisme similaire, en ce que la fin de l'orgasme sexuel coïncide avec une petite mort, et la femme effectue toujours, en un certain sens, la castration du mâle ».

céleste[294]. Dans les légendes héroïques, l'amour d'une femme aux traits plus ou moins surnaturels, est souvent présenté moins comme aide que comme obstacle et péril pour le protagoniste.

Non sans rapports avec tout cela, il est important de distinguer deux types de Mystères, qu'on peut appeler Grands Mystères et Petits Mystères, ou aussi Mystères d'Ammon et Mystères Isiaques, en dehors pourtant d'un rapport historique rigoureux avec la physionomie réelle des institutions antiques sacrées qui peuvent avoir eu cette désignation, plutôt aux fins d'une définition morphologique générale. Les Petits Mystères ou Isiaques, peuvent donc être définis comme les Mystères de la Femme, comme les Mystères, dont le but est la réintégration « cosmique » de l'individu, son union avec la substance féminine, force-vie et substratum de la manifestation. Ces Mystères peuvent avoir un caractère aussi bien lumineux que démoniaque, selon leur fonctionnalité : démoniaque, dans les formes et dans les situations indiquées auparavant, correspondant à une « absolutisation » de leur principe — du féminin — qui, ici, est activé dans une fonction antagoniste vis-à-vis de tout ce qui est supra-« cosmique ». Comme nous l'avons dit, cette tendance peut n'être pas toujours directement visible ; mais même quand le principe de la Femme et de la Mère se transfigure dans la forme d'une Mère Divine ou Mère de Dieu — motif déjà présent dans l'antiquité égéenne et dans le culte isiaque, dont l'iconographie connaissait la déesse avec l'enfant — qui, sous un certain aspect, est la *Juana Coeli* chrétienne, même alors la limite subsiste.

On peut définir les Grands Mystères ou d'Ammon, comme ceux qui se relient à la « remontée », au reflux en haut du courant, au dépassement du niveau « cosmique » ; ils sont donc sous le signe de la virilité transcendante, et ouvrent la série des situations dans lesquelles cette virilité prend toujours plus le dessus.

Dans une de ses acceptions particulières, le complexe mythologique de l'inceste peut s'insérer dans cet ensemble. La Femme qui a eu le rôle de « mère », qui a fourni à l'être divisé l'« eau de vie » et de résurrection (la « seconde naissance » propre aux Petits Mystères), est possédée par celui qu'elle a ainsi engendré d'une certaine façon, et qui est son fils. Bien qu'en rapport avec les opérations de l'Art Royal (qui toutefois est dit

---

[294] Chez M. Eliade, *Le chamanisme et les techniques archaïques de l'extase*, Payot, Paris, 1951, p. 86-87.

reproduire dans ses phases l'œuvre de la création), dans l'hermétisme, ce symbolisme se présente dans une forme rigoureuse. On y parle d'une première phase appelée régime de la Femme, des Eaux ou de la Lune, ou *albedo,* dans laquelle la Femme a le dessus sur l'Homme et le réduit à sa nature (Petits Mystères). Quand l'homme s'est dissous dans le principe qui lui est opposé, succède alors le régime dit du Feu ou du Soleil, ou *rubedo,* dans lequel c'est l'Homme qui reprend le dessus pour dominer la Femme et la réduire à présent à sa nature : et pour désigner cette seconde phase, certains textes ont parfois précisément employé le symbolisme de l'inceste du Fils avec la Mère[295]. Si l'on ne considère pas ces deux phases comme se suivant et l'une subordonnée à l'autre, mais en opposition, d'après leur contenu essentiel, les deux phases correspondent aux deux formes antithétiques soit d'extases, soit de traditions des Mystères, soit de « naissances » dont nous avons parlé.

En glanant dans la riche et multiforme matière des symboles et des images traditionnelles, cette antithèse a trouvé un sigle fort expressif dans l'opposition de sens présentée par un même thème étrange, par celui de l'« étreinte inversée », dans deux contextes différents. L'un appartient à l'Égypte. L'ancienne déesse égyptienne Nut est une de ces représentations du féminin qui — comme Isis — semble avoir eu à l'origine un caractère tellurique, c'est-à-dire un rapport essentiel avec la Terre, mais qui ensuite devait revêtir un caractère céleste et devenir absolue. Identifiée à Rhéa par Plutarque, Nut se présente en effet comme la « Grande Maîtresse qui donna naissance aux dieux », comme la « Dame du Ciel », la « Maîtresse du Ciel, Souveraine des deux Terres », qui tient le sceptre de papyrus et la clef de vie. Or, dans une des représentations les plus fréquentes, Nut est « celle qui se courbe » : « presque toujours nue, elle courbe le corps jusqu'à toucher la terre avec le bout des doigts, les jambes et les bras paraissant les soutiens ou piliers de son corps placé horizontalement ». Dans cette posture Nut est le Ciel et elle n'est pas seule : sous elle est couché Seb, conçu comme un Dieu de la Terre, sa virilité en érection, et l'ensemble ne laisse aucun doute sur le fait que Nut va s'abaisser et s'étendre sur le dieu couché pour s'unir à lui et le prendre dans sa chair en une union sacrée — dans la *mixis* sacrée du Ciel et de la Terre. U. Pestalozza a fait justement remarquer que la position inhabituelle, inversée, de la déesse dans l'étreinte sexuelle, voile un sens précis ; cette posture se rencontre non seulement dans les images égyptiennes indiquées ci-dessus, mais revient aussi dans d'autres

---

[295] Cf. J. EVOLA, *La tradizione ermetica,* Bari, 1948, § 19.

figurations du monde sumérien, le bas-relief de Laussel nous reportant même jusqu'au paléolithique supérieur. Le principe de la souveraineté féminine a en elle une expression curieuse, crue. La position dominante de la déesse signifie rituellement la prépondérance que possède le principe féminin, au sein des formes d'une civilisation orientée gynécocratiquement, sa souveraineté affirmée et revendiquée dans l'exercice même de l'acte qui perpétue la vie[296].

Le même symbolisme de l'étreinte sexuelle inversée entre les figures divines, se voit aussi dans des civilisations orientées androcratiquement, mais avec un sens absolument opposé. En passant, on peut rappeler que chez les peuples islamiques, un tel type d'étreinte est flétri dans un ensemble symbolique précis, selon la sentence : « Que soit maudit celui qui fait de la femme le Ciel et de l'homme la Terre ». Mais dans le monde hindou et indo-tibétain, très fréquentes sont les représentations plastiques de ce *viparîta-maithuna* dont nous avons déjà parlé, c'est-à-dire d'une forme d'étreinte sexuelle qui, étant caractérisée par l'immobilité du mâle et le mouvement de la femme, répète en partie la situation des figurations égyptiennes de Nut, pour exprimer alors l'idée opposée de la souveraineté masculine. Le dieu ici est Çiva, ou une autre divinité équivalente de type « purushique », et son immobilité exprime le caractère de la véritable virilité qui, comme nous l'avons vu, n'agit pas au sens propre, éveille seulement le mouvement en *prakrtî,* dans la « nature » ou Çakti ; c'est à elle de « se mouvoir », de développer le dynamisme de la création. Pour employer une heureuse expression de T. Burckhardt, il s'agit ici de « l'activité de l'immuable et de la passivité du dynamique ». Et si les représentations tibétaines du couple divin uni dans ce type d'accouplement portent souvent le nom de « le-dieu-qui-possède-la-Mère » [297] , là aussi réapparaît le symbolisme de l'inceste, déjà rencontré dans les traditions occidentales de souche hermético-

---

[296] Sur tout cela, cf. Pestalozza, *La religione mediterranea,* cit., et ch. ii, p. 71 sqq. Cf. p. 51, où l'on rappelle que dans certains textes des Pyramides, on rapporte une situation analogue à la déesse Isis elle-même, parce qu'on décrit la déesse comme s'unissant avec son frère et parèdre (le thème du symbolisme de l'inceste non plus avec la mère, mais avec la soeur, a pour base la dichotomie de la diade, le masculin et le féminin considérés comme frère et sœur, pour être « fils » de l'Un primordial) qui est couché sur le dos, comme mort, mais ithyphallique : la déesse descend sur lui comme la femelle du faucon — dit le texte — pour s'étendre sur lui et en prendre la semence, cf. T. Hopfner, *Plutarch über Isis und Osiris,* Prag. 1940, v. I, p. 81.

[297] Cf. G. TUCCI, *Il libro tibetano del Morto,* Milano, 1949, p. 25, 71-72, 74.

mystériosophique[298]. Il convient ensuite de remarquer que la posture du *viparîta-maithuna* appartient à un cadre essentiellement sacral et rituel. En effet, d'après des textes comme le *Kâma-Sûtra,* il ne semble pas que dans l'Inde elle soit particulièrement usitée dans le domaine de l'amour profane, où, d'ailleurs, d'habitude tout rapport entre les sexes, correspondant au symbolisme propre à une telle position, est inexistant : à part les figurations iconographiques et sculpturales, il semble que cette posture ait été surtout mise en pratique, comme *la latâ-sâd-hana* et *latâ-veshtitaka,* dans les rites secrets de magie sexuelle tantrique, et non sans raison. En effet, dans ces rites, l'homme est tenu d'incarner Çiva et pourtant de prendre en face de la femme, cette attitude intérieurement active dont il n'y a presque pas de trace dans le transport de l'acte ordinaire de l'amour physique, mais dont le « sigle » est précisément le *viparîta-maithuna.*

Enfin il est intéressant de remarquer que le sens le plus profond de l'immobilité masculine, qu'on peut recueillir du symbolisme sexuel que nous venons d'indiquer, correspond au sens analogue que, dans un domaine différent, mais avec une convergence essentielle, revêt l'immobilité comme immobilité hiératique ou immobilité royale : qui sont l'une et l'autre des expressions éminentes de la véritable virilité.

36. — Phallus et menstruum

Nous conduerons cet ordre de considérations par l'examen de deux motifs particuliers du *sacrum* sexuel.

Il s'agit en premier lieu du « culte phallique ». Dans le domaine de l'histoire des religions, presque toujours on attribue à ce culte un sens uniquement naturaliste, sinon même « obscène » en le réduisant à un culte de la fécondité et de la virilité procréatrice pandémique. Mais, au fond, cela ne concerne que les aspects plus extérieurs, dégénérés et populaires de l'ensemble dont il s'agit. En réalité, on a aussi employé le

---

[298] Il existe aussi des représentations tantriques avec Çiva gisant tel un cadavre, et la Çakti faite de flamme qui danse sur son corps : immobilité, celle-là, à laquelle il faut attribuer le même sens positif indiqué auparavant. Puisqu'une image assez connue est celle de la « danse de Çiva », il sera opportun de remarquer que le symbolisme auquel elle obéit concerne le dieu Çiva conçu synthétiquement, à savoir, comme celui qui réunit en soi, soit l'immutabilité, soit le mouvement.

symbole phallique pour exprimer justement le principe de la virilité transcendante, magique ou surnaturelle, donc une chose assez différente de la variété purement priapique du pouvoir mâle. C'est ainsi que l'on a pu associer le *phallus* au mystère de la résurrection, à l'espoir en elle et à la force qui peut la produire ; c'est pourquoi le *phallus* figure dans l'art sépulcral, et souvent en Grèce et à Rome, il fut mis sur les sépultures. Nous avons déjà rapporté des textes dans lesquels le dieu ithyphallique — le dieu avec le *phallus* en érection — est mis en rapport avec l'image de celui en qui se manifeste et se réaffirme la nature de l'être primordial, d'Adamas, de « celui qui ne peut être brisé ». Dans un autre témoignage provenant de la même source, on appelle aussi cet être « celui qui se tint debout, qui se tient debout, qui se tiendra debout », et le symbolisme ithyphallique, basé sur la verticale, exprime précisément la station droite ou debout, opposée à la condition de celui qui est tombé ou est abattu. Le texte ramène de façon explicite à l'ensemble métaphysique exposé auparavant, en parlant de « celui qui se tint debout là-haut, dans la puissance incréée, et qui se tient debout ici-bas, ayant été engendré par l'[image] portée par les Eaux[299] », et parlant aussitôt après de l'Hermès ityphallique. Dans le monde égyptien (dans ses aspects « solaires » opposés à ceux qui s'exprimèrent dans le symbolisme indiqué plus haut de le « déesse qui se courbe ») le dieu ithyphallique Osiris ne symbolisait pas la fécondité, la naissance, et la mort qui se lient à la procréation animale et au principe humide de la génération et du désir, mais bien la résurrection de la mort. « O dieux issus du *phallus*, tendez-moi les bras », dit par exemple une inscription égyptienne à côté de la figure d'un mort qui se lève du tombeau — et on lit aussi : « O *phallus* surgissant pour l'extermination des rebelles contre le dieu solaire ! Grâce à ton *phallus* je suis plus fort que les forts, plus puissant que les puissants ! »[300] Et dans des statues et des représentations variées, le même Osiris tient ou montre le *phallus* pour faire allusion à sa résurrection, prototype de celle de ses fidèles. Pourtant en Égypte, il y eut des Mystères phalliques auxquels, selon un témoignage de Diodore de Sicile, chacun de ceux qui voulaient devenir prêtre de cultes particuliers, devait se faire initier. Enfin, mérite une mention spéciale le fait que, dans l'Inde, le *phallus* — *lingam* — est un des symboles de Çiva et que les ascètes portent comme leur signe distinctif un pendentif qui en reproduit la forme, donc dans un ordre d'idées opposé à tout arrière-plan procréateur, à la Pan ou à la Dionysos,

---

[299] *Apud* Hippolyte, *Philos.*, VI, 17.

[300] *Apud* D. Merejkowski, *Les Mystères de l'Orient*, Paris, 1927

en rapport au contraire, avec la force de la *vîrya*, de la virilité qui s'éveille et active par le détachement ascétique du monde conditionné.

Or, il existe une correspondance secrète entre ce sens et la dégénérescence du même symbolisme propre au fait que, dans le monde romain antique, les gens du peuple employaient l'image du *phallus* comme talisman ou amulette contre les influences néfastes, pour détruire tout charme maléfique ; même ici persiste l'écho du sens propre à une virilité lumineuse qui triomphe et disperse tout ce qui est oblique et démoniaque. C'est pourquoi la présence iconographique du *phallus* dans quelques temples (dans les temples non seulement de Bacchus, de Vénus, de Priape, mais même de Jupiter, Apollon et Hermès) était considérée comme celle d'un pouvoir purificateur et neutralisateur des forces adverses. D'autre part, nous voyons le *phallus* figurer dans le culte impérial, après que, selon un témoignage de Pline, les *imperatores* l'eussent déjà placé devant leur char triomphal. Mais selon l'antique mystique de la victoire, Jupiter est le principe lumineux ou ouranien, qui rend tel le vainqueur. C'est dans cet ensemble tout autre que naturaliste et priapique, qu'on doit intégrer le symbolisme et aussi le culte du *phallus* connu par le monde traditionnel. Par contre, l'histoire courante des religions s'est bornée à en considérer les valeurs les plus grossières.

Une dernière référence à la tradition égyptienne ne manquera pas d'intérêt. Selon un mythe connu de cette tradition, Osiris, le dieu primordial, aurait été mis en pièces ; mais on retrouva ses différents morceaux et on le reconstitua. On ne retrouva cependant pas son *phallus*. Le démembrement est le symbole du passage du monde de l'Un à celui de la multiplicité et de l'individuation. Dans ce monde, l'être primordial tend à se recomposer chez l'homme. L'homme est cependant encore privé du *phallus*, non de la virilité physique, mais de celle transcendante, du pouvoir créateur et magique divin. Il le retrouvera — et il sera complet — seulement comme l'initié et comme l'« osirifié ». Le thème du *phallus* d'Osiris se présente donc comme une variante du motif général de quelque chose de perdu qui doit être retrouvé : la parole sacrée perdue ou oubliée, la véritable boisson céleste qu'on n'a jamais plus connue, le Graal lui-même qui s'est rendu invisible, etc.

À l'aspect masculin du *sacrum* sexuel considéré à présent, on peut opposer l'aspect ambigu et même dangereux attribué par un ensemble de traditions concordant avec le principe féminin. Ce n'est pas seulement dans le cadre de religions puritaines et ennemies du sexe, que la femme fut conçue comme principe d'« impureté » ; le précepte, d'« être pur de femme » est en effet un précepte qui figure dans un système rituel et cultuel bien plus vaste. Cette « impureté » ne doit pas être conçue en termes moraux, elle se rapporte au contraire à la qualité objective, impersonnelle d'une influence déterminée, liée à un côté essentiel de la nature féminine. On retrouve la même idée à la base de conceptions et de croyances, variées concernant la puberté féminine, et surtout les menstrues.

Dans une « macroscopisation » primitiviste, l'idée à laquelle nous faisons allusion, a trouvé peut-être son expression la plus crue dans la coutume de quelques peuples sauvages, chez lesquels les jeunes filles sont éloignées du groupe[301], voire même isolées du sol, au premier signe de la puberté. C'est qu'on les considère comme « chargées d'une force puissante qui, si l'on ne la retient pas entre des limites données, peut détruire la jeune fille ainsi que ceux avec lesquels elle entre en contact ». Donc, on la considère comme tabou, porteuse d'une énergie mystérieuse, ni bonne ni mauvaise en soi, mais capable d'agir dans un sens ou dans l'autre selon ses applications et les circonstances. L'isolement initial à l'apparition de la première menstrue pouvait se répéter à chaque retour de cette dernière. L'« influence » dont il s'agissait, était envisagée en termes si objectifs, presque « physiques » dirons-nous, que la première fois on brûlait même les vêtements de la jeune fille, dans l'idée qu'ils étaient imprégnés de cette influence[302]. Dans certains cas et chez certains peuples, avec l'effusion de sang et le contact des cadavres, l'accouchement était précisément une circonstance contaminante qui imposait le rite de purification, parce que l'on étendait le danger et l'impureté à la femme qui accouchait : elle était isolée et purifiée. Dans l'Hellade, défense était faite à la femme d'accoucher dans l'enceinte sacrée des temples, dans le Temenos. Et si chez d'autres peuples, en particulier dans les cas d'avortement le danger semblait encore plus grand, sans doute est-ce parce qu'à la base de cette croyance était l'idée d'une énergie entrée en action, mais non épuisée par le processus — interrompu — de la gestation. D'ailleurs, l'Église romaine et l'Église anglicane ont connu un service spécial, appelé en français relevailles, qu'il faut voir comme « la survivance de la vieille croyance qui veut que la femme qui a mis un enfant au monde soit désinfectée, non pas

---

[301] Détail intéressant, c'est pendant la nuit que, dans quelques cas, l'isolement était interrompu.

[302] Sur tout cela, cf. G. Frazer, *The golden bough*, v. I, ch. XX, 3 ; v. II, ch. LX, 3, 4.

médicalement mais religieusement (spirituellement). À titre de superstition populaire, continue à subsister çà et là l'idée, « que tant qu'une femme, après un accouchement ne s'est pas rendue à l'église pour être purifiée, il est très dangereux pour elle de sortir de chez elle[303] ».

Dans tout cela, il est intéressant de remarquer que le côté ambigu, dangereux de la substance féminine, dans son aspect occulte semble être rapporté moins à la potentialité aphrodisienne qu'à celle démétrienne (maternelle) de la femme. Ceci est confirmé par le fait que, selon une tradition presque universelle, c'est en relation avec les menstrues — phénomène lié précisément à la possibilité maternelle, non à la possibilité aphrodisienne ou dionysiaque de la femme — que l'idée du danger magique acquiert le plus grand relief, puisqu'il est question ici d'une influence censée non seulement paralyser le sacré, mais aussi atteindre le noyau le plus profond de la virilité. Ainsi, si dans les *Lois de Manu* il est dit que la « sagesse, la vigueur, la force, la puissance et l'énergie vitale d'un homme qui s'approche d'une femme quand elle a ses menstrues, disparaissent entièrement », on trouve une croyance analogue chez les populations indigènes nord-américaines, qui pensent que « la présence d'une femme en cet état, peut enlever le pouvoir à un homme saint[304]. » À Rome, les vierges qui remplissaient le rôle de Vestales suspendaient cette fonction pendant la période menstruelle ; chez les Mèdes, les Bactriens et les Perses, au moment de leurs menstrues les femmes devaient se tenir loin des éléments sacrés, en particulier du feu. Chez les Grecs orthodoxes, il leur était défendu de recevoir la communion et d'embrasser les icônes à l'église ; et dans certaines parties du Japon, il leur est sévèrement interdit de visiter les temples et de prier les dieux et les bons esprits ; dans l'Inde, selon le *Nitya-Karma* et le *Padma-purâna,* le précepte est : « [dans cette période la femme] ne doit penser ni à Dieu, ni au soleil, ni aux sacrifices ou aux prières. » Chez les Hébreux, dans certains cas, la peine de mort était même prévue pour celui qui s'unissait charnellement à une femme qui avait ses menstrues ; pour le zoroastrisme, cela constituait un péché pour lequel il n'y a pas de rémission. Le code islamique de Sidi Khebil dit : « Celui qui pour satisfaire son plaisir touche une femme durant les menstrues perd la force et la tranquillité de l'esprit. » Un ancien dicton anglais, cité par Ellis, est :

---

303 E. Harding, *Les Mystères de la Femme,* Payot, Paris, 1953, p. 65.

304 Black Elk, *The Sacred Pipe,* Norman, 1953, p. 116.

Oh ! menstruating woman, thou'rt a fiend — from whom all nature should be closely screened ![305]

Entre toutes, l'idée hindoue qu'une femme, quelle que soit sa caste, pendant ses menstrues a à cette période la substance d'un paria, possède une valeur indicative particulière ; cette qualité de paria ne s'atténue en elle qu'au déclin de la période. C'est très intéressant, si l'on se rappelle que selon les enseignements hindous le paria, le hors caste, représente l'élément chaos, ou élément démoniaque de base, toujours plus freiné dans la hiérarchie des castes supérieures. Dans cet ordre d'idées, la menstrue a donc un rapport indubitable surtout avec l'aspect négatif du *mana,* de la force mystérieuse portée par la femme, contenue en elle : aspect qui se manifeste principalement comme tel, par contraste quand il s'interfère avec une sacralité au sens viril et vraiment surnaturel. Mais la menstrue a eu une part dans la magie des charmes et des philtres d'amour. Au Moyen Age européen, on attribuait à son emploi dans des potions déterminées, le pouvoir de rendre idiots ou hypochondriaques, dans d'autres cas fous furieux et insensés (ce sont plus ou moins les mêmes effets que nous avons rencontrés dans la pathologie de la puberté) ; mêlée au vin, elle aurait rendu somnambules, déments ou fous d'amour[306] tandis qu'est encore répandue la « superstition », selon laquelle, le sang menstruel qu'on a fait porter sur soi à un homme, à son insu, le lierait insensiblement à une femme déterminée. Une double tradition conservée chez les Tziganes a la même valeur assez indicative, c'est-à-dire que, d'un côté, le sang menstruel mêlé à certaine boisson provoque un déchaînement à cause duquel on ne peut plus renoncer à boire ; en second lieu, que toutes les femmes qui vont célébrer le Sabbat sur le « Mont de la Lune », ratifient tous les sept ans leur pacte avec le diable, au moyen de leur sang menstruel[307]. Que tout cela soit ou non pure superstition, son sens est toutefois précis, quant à l'idée que par le truchement de sa menstrue, la substance de la femme est liée au monde d'une magie nocturne (non apollinienne) et à des influences possibles psychiquement

---

[305] Sur tout cela : Ploss-Bartels, *Das Weib,* cit., v. I, p. 324 sqq., 327, 335-351, 338-339 ; H. Ellis, *Studies in the psychology of sex,* v. I, Philadelphie, 1905, p. 208 sqq. ; Harding, *Op. cit.,* p. 66 sqq.

[306] Ploss-Bartels, *Op. cit.,* p. 349.

[307] H. von Wlislocki, *Aus dem inneren Leben der Zigeuner,* Berlin, 1892.

désagrégeantes et déchaînantes[308]. Répétons-le, le plus intéressant c'est qu'ici il s'agit essentiellement d'un *sacrum* féminin lié à l'aspect maternel de la femme.

Naturellement, comme pour tout ce qui a le caractère de *mana* une ambivalence est aussi attestée dans ce cas. On peut faire éventuellement un usage positif de la force dangereuse. Ainsi, déjà Pline[309] put parler d'influences non seulement maléfiques, mais aussi positives, attribuées aux menstrues, selon un pouvoir efficace sur les éléments mêmes et les phénomènes de la nature. On a mentionné leur usage thérapeutique contre le *morbus comitalis* et l'épilepsie. Dans le *Getreuer Eckarth,* on attribue des vertus magiques particulières au *menstruum virginis primus,* avec un rapport évident aux possibilités propres à tout pouvoir dans sa première manifestation, c'est-à-dire quand il est encore d'une certaine façon, à l'état libre. Chez les anciennes populations nordiques, chez les Finnois et les Goths, on certifie son usage pour obtenir la victoire dans les luttes, pour la chance aux jeux, pour des contre-enchantements dans les péripéties de la navigation[310]. Mais dans l'ensemble des traditions de ce genre, prévaut l'aspect négatif du Mystère de la Mère, aspect qui, obscurément perçu là où l'on eut une sensation de l'essence du principe opposé (à laquelle on pourrait associer les valeurs supérieures du symbole phallique), en contre-balance l'aspect lumineux.

Sur un autre plan, se trouve un fait qui pourrait avoir une signification profonde et qui s'accorde exactement avec ce que nous avons dit tout à l'heure. Tandis que tout ce qui se rattache au corps de la femme et toutes

---

[308] En passant, nous relèverons à cet égard, qu'un auteur sérieux comme Ellis *(Op. cit.*, v. I, pp. 213, 215-216) mentionne certains phénomènes de caractère « métapsychique » attribués à la présence de jeunes filles en période menstruelle, phénomènes qui dans quelques pays non européens, par exemple en Annam, seraient du reste considérés comme assez courants (à ce sujet, ElliS cite la monographie du Dr D. L. LAURENT, *De quelques phénomènes mécaniques produits au moment de la menstruation,* dans « Annales de sciences psychiques », septembre-octobre, 1893), mais qui se seraient vérifiés aussi en Europe. De plus Ellis rapporte le témoignage de jeunes filles qui dans la période critique disent ressentir comme « une charge électrique ». Nous croyons savoir d'autre part que non seulement dans le peuple, mais aussi dans quelques milieux qui pratiquent consciemment la magie sexuelle, la menstrue est parfois employée encore comme ingrédient.

[309] *Nat. Hist.*, VII, 13 ; XXVIII, 12.

[310] Ploss-Bartels, *Op. cit.*, v. I, p. 350-352.

les secrétions féminines peuvent avoir un pouvoir érotique fascinant à cause du fluide qui s'y relie, la matière menstruelle fait exception. Les cas dans lesquels la menstrue n'a pas un effet nettement anti-aphrodisiaque sur l'homme, sont presqu'inexistants. Peut-être peut-on penser à un dessous métaphysique de ce fait, sur la base de l'idée qu'alors que la potentialité aphrodisienne de la femme est celle qui correspond à des possibilités d'intégration, de vivification et même de dépassement extatique, sa possibilité maternelle, ayant dans les menstrues et le *mana* menstruel sa manifestation la plus crue, est celle qui présente un caractère exclusivement naturaliste, et par là elle est incapable d'activer les valeurs supérieures renfermées dans tout *eros* masculin. Comme nous le verrons, on prétend que chez les jeunes filles employées dans la magie sexuelle, les menstruations cessent, même quand elles sont très jeunes.

37. — Psychologie masculine et psychologie féminine

Au début de ce chapitre, nous avons dit que, des structures de la mythologie du sexe on peut déduire les principes généraux pour une psychologie de l'homme et de la femme, de caractère non empirique mais déductif et normatif, c'est-à-dire pour une psychologie qui envisage les caractères morphologiques fondamentaux de la nature la plus profonde, de la psyché et du comportement des individus des deux sexes au-delà de toute variation, modulation ou déformation possible due à des facteurs accidentels et ambiants. Nous nous hasarderons maintenant à une exploration rapide et sommaire de ce domaine particulier, dans ce qui précède tout ce qu'il faut ayant déjà été recueilli pour s'orienter à cet égard, même aussi ce que pourrait demander une recherche beaucoup plus étendue que celle permise par l'économie de ce livre.

On sait que jusqu'à une période relativement récente les théologiens catholiques se demandèrent s'il fallait reconnaître une âme à la femme, que, semble-t-il, déjà Saint Augustin avait déclaré « *mulier facta non est ad imaginen Dei* » ; qu'encore en 1555 on discuta la thèse : *mulieres homines non sunt* (au sens qu'elles ne seraient vraiment pas des êtres humains mais appartiendraient à une autre espèce). Dans l'Islam on retrouve un motif analogue, tandis que la tradition extrême orientale enseignait que dans la « Terre Pure », dans le soi-disant Paradis Occidental, il n'y aurait point de femmes, parce que les femmes dignes d'y être accueillies seraient préalablement « nées de nouveau » comme hommes : ce qui équivaut plus ou moins à la question discutée au Concile de Mâcon, si, le jour de la résurrection de la chair les femmes méritantes, avant de passer dans le royaume des cieux, ne devaient pas être transformées en hommes. Il y a une certaine correspondance entre des idées de ce genre et les aperçus exposés par Platon dans le *Timée,* où il est dit qu'il est possible que, par régression, à cause de l'identification de son principe intellectuel à l'élément sensible et sensuel, un homme au lieu de revenir à l'être ouranien duquel il provient, réapparaisse sur la terre comme femme.

Dans toutes ces conceptions, on a quelque chose de plus qu'une extravagance digne d'intérêt seulement à titre de curiosité historique. De nos jours Otto Weininger reprit des idées analogues, dans son intéressante application de la philosophie transcendantale de Kant à la psychologique des sexes. Les principes exposés au cours du précédent chapitre, peuvent éclairer l'état réel des choses. Comme reflet de l'essence de l'éternel féminin, chaque femme appartient ontologiquement à la « nature », au sens le plus large, « cosmique », non simplement matériel du terme (comme dans le grec φύσις). Au contraire, dans chaque homme, dans la mesure où il incarne le principe opposé, est virtuellement présent, outre la « nature », ce qui dépasse la nature, qui est supérieur et antérieur à la diade. En disant qu'à la femme manque une âme, on ne veut rien dire de plus que cela : mais cette façon de s'expliquer prête naturellemment à équivoque. À prendre le mot « âme » au sens originel de *psyché* et de principe de vie, on devrait en effet dire que la femme non seulement a une âme, mais qu'elle est éminemment « âme ». Ce qu'elle n'a pas par nature si elle est en tout et pour tout femme, si elle est « femme absolue », ou dans ce qui est femme en elle et non homme — ce n'est pas l'âme mais bien l'esprit (le νοῦς et non la ψύχη) : par esprit ici l'on doit précisément entendre le principe surnaturel et la théologie catholique se réfère à ce principe quand elle parle d'« âme » et quand elle soutient, qu'à la différence de la femme, l'homme est fait à l'image de Dieu. Quelqu'un a dit : « L'esprit est en nous le principe masculin, la sensualité le principe féminin[311]. » Nous reviendrons sur la sensualité. Le point qui pour l'instant peut rester assuré, c'est que la femme est une partie de la « nature » (métaphysiquement, c'est même une manifestation de son principe) et affirme la nature, tandis que chez l'homme, l'être né dans la condition humaine va *tendanciellement* au-delà de la nature.

Weininger semble être plus radical quand il dénie à la femme non seulement l'âme, mais aussi le « Moi » et l'« être » en affirmant qu'on

[311] Philon d'Alexandrie, *De off. mundi,* 165.

est homme ou femme selon qu'on a l'être ou qu'on en est dépourvu[312]. Tout cela revêt un caractère misogyne paradoxal seulement à cause d'une autre équivoque terminologique. De fait, quand Weininger parle du Moi, il entend, à la façon de Kant, non le Moi psychologique, mais le Moi nouménique ou transcendantal qui dépasse tout le monde des phénomènes (en termes métaphysiques on dirait : toute la manifestation, comme l'*âtmâ* hindou), et quand il parle de l'être, il entend l'être absolu, à la mesure duquel toute la réalité naturelle et empirique, pour Parménide pas moins que pour le Vedânta, est le non-être.

Que l'homme — chaque homme — possède de fait ce Moi et cet être, c'est une autre question. On peut même dire tout carrément, que pratiquement pour la très grande majorité des hommes un tel principe est comme si on ne l'avait pas. Mais le fait qu'ontologiquement l'homme est lié à ce principe quoiqu'au-delà de toute conscience distincte, le fait que, comme s'exprimerait la tradition extrême-orientale, c'est le « Ciel » qui produit les hommes — un tel fait est déterminant pour toute psychologie masculine et pour les possibilités ouvertes en principe à l'homme en tant que tel : qu'il en fasse ou non usage. La femme absolue non seulement ne possède pas ce Moi, mais elle ne saurait pas même qu'en faire, elle ne sait pas même le concevoir et sa présence agirait d'une façon extrêmement gênante dans toute manifestation de sa nature la plus profonde.

D'ailleurs, un tel *status* ontologique ne préjuge rien de ce que les femmes à quelques époques et précisément à l'époque actuelle peuvent élire comme objet de leurs ambitions erronées : un Moi « intellectuel » et pratique au sens courant, une femme peut se le construire presque aussi bien que l'homme, à titre de stratification juxtaposée sur sa nature la plus profonde. À part ce qui peut suivre d'une orientation de ce genre, dans des civilisations de type différent de la civilisation moderne la « naturalité » (être « nature ») indiquée, consubstantielle de la femme, ne lui a pas barré du reste l'accès à des fonctions de caractère sacré, dont nous parlerons, en correspondance avec des vocations bien plus intéressantes que celles pour lesquelles les féministes occidentales se sont tellement agitées. En parlant des Mystères de la Mère, nous avons toutefois remarqué que cela n'a point aboli la limite « cosmique ». Il n'est pas facile de nos jours, de voir clairement ce point fondamental de l'ontologie des sexes. C'est qu'aujourd'hui, on n'a presque plus aucune

---

312 O. Weininger, *Geschlecht und Charakter,* Wien, 1918, p. 388, 404-406, 398-399.

idée de ce qui est vraiment surnaturel et, par conséquent, le type de l'homme absolu est presque disparu. À la suite d'un effritement spirituel, des limites qui en d'autres temps étaient bien claires, sont devenues maintenant extrêmement fuyantes.

Le symbolisme des Eaux et de la nature lunaire changeante qui, comme on l'a vu, a un rapport essentiel avec l'archétype féminin, fournit aussi la clef de la psychologie plus élémentaire de la femme. Dès maintenant, on doit pourtant mettre en relief un point fondamental d'ordre général : les caractéristiques dont on parlera maintenant et plus loin, ne concernent pas la personne en tant que telle, ne sont pas des « qualités du caractère » ou « qualités morales » dont soit responsable l'un ou l'autre individu féminin ; il s'agit au contraire d'éléments objectifs en action chez les particuliers, presque aussi impersonnellement que les propriétés chimiques manifestées par une substance donnée. C'est effectivement une « nature propre » qui agit d'une façon plus ou moins précise et constante, au sujet de laquelle — on doit aussi le souligner dès maintenant — cela n'a pas de sens de formuler des jugements sur les valeurs, de parler de « bon » ou de « mauvais ».

Ceci posé, il serait banal de s'étendre sur la volubilité, sur la versatilité et sur l'inconstance du caractère féminin (et du masculin aussi, partout où l'homme a en soi de la femme) comme effets de la nature « humide » (« aqueuse ») et « lunaire » de la femme. Certains auteurs médiévaux connurent encore cette « déduction existentielle ». Ainsi Cecco d'Ascoli donne cette explication pour le manque de « fermeté » chez la femme, c'est le fait de sa versatilité, d'aller « tantôt ici, tantôt là comme le vent » : « Naturellement chacune est humide, et l'humide ne conserve pas la forme », et ce n'est pas à une autre cause qu'il rapporte un autre fait féminin dont nous parlerons bientôt : « C'est par nature en elle, la fausse foi[313]. »

Du reste, ici nous pouvons aussi nous rapporter à la nature de l'émotivité et à la prépondérance que, dans la psychologie féminine a précisément la partie émotive, laquelle possède des caractères passifs, « lunaires » et discontinus. Comme contrepartie physiologique, s'ensuit la mobilité de l'expression féminine qui, cependant est superficielle, est la mobilité d'un masque, sans une dimension en profondeur, ce qui d'ailleurs serait impossible. Il s'agit presque d'ondes superficielles mobiles qui ne « se

---

[313] M. Alessandrini, *Cecco d'Ascoli,* Roma, 1955, p. 169-170.

gravent » pas sur la physionomie, comme il arrive au contraire sur le masque masculin : plus mobilité que véritable expression caractérologique, en rapport avec une plus grande excitabilité neuro-musculaire (on pense à la rougeur et aussi au sourire des femmes). C'est pour cette raison aussi, que l'art où les femmes excellent est le théâtre et que dans chaque acteur il y a toujours quelque chose de féminin[314].

Dans un ordre d'idées plus vaste, on doit envisager ce qui résulte pour la femme, du fait qu'elle reflète le féminin cosmique selon l'aspect de celui-ci comme matière recevant une forme qui lui est extérieure, qu'elle ne produit pas de l'intérieur *(natura naturata* ou *natura signata).* Dans le domaine de la psychologie humaine, en procèdent la grande plasticité, crédulité ou suggestionabilité et adaptabilité de la psyché féminine, l'attitude féminine d'accepter et d'assimiler des idées et formes qui lui viennent de l'extérieur, avec par conséquent une rigidité éventuelle due justement à la passivité de la réception : ce dernier trait étant susceptible aussi de se manifester sous forme de conformisme et de conservatisme. C'est ainsi que s'explique le contraste apparent inhérent au fait que, alors que d'un côté la nature féminine est mobile, de l'autre, sociologiquement, la femme manifeste de préférence des tendances néophobes et conservatrices[315]. Dans le domaine du mythe, cela peut se rattacher au fait que les entités gardiennes et vengeresses de la coutume et de la loi — la loi du sang et de la terre, non de la loi ouranienne, ont été principalement représentées comme figures féminines de type démétrien ou tellurique. Cette situation se retrouve aussi sur le plan biologique. Déjà Darwin avait remarqué la tendance de la femme à conserver le type moyen de l'espèce et à y ramener des facteurs individualisants, alors qu'au mâle appartient un plus grand pouvoir de variation physio-anatomique. Nous nous trouvons là en face de deux types opposés de mutabilité : l'une, la mutabilité féminine, procède du principe matériel et plastique et a pour contrepartie la force d'inertie, la fixité statique, une

---

[314] H. Ellis, *Man and Woman.* Ce que dit une Danoise, Karin Machaelis, au sujet du sourire féminin est fort significatif : « Dans le sourire se reflètent nos vertus majeures, *mais aussi notre grand vide intérieur ».* Elle ajoute qu'une « histoire du sourire n'a pas encore été écrite » ; seule une femme pourrait l'écrire mais elle ne le fera jamais « par solidarité avec les autres femmes » (cité par F. O. Brachfeld, *Los complejos de inferioridad de la mujer,* I, XV).

[315] Cf. P. J. Moebius, *Ueber den physiol. Schwachsinn des Weibes : «* Comme les animaux depuis des temps immémoriaux agissent toujours de la même façon, ainsi le genre humain serait resté à son état originaire s'il n'y avait eu que des femmes. »

fois que la matière a « reçu une forme » (aspect « démétrien » du féminin opposé à l'aspect aphrodisien). L'autre, la mutabilité masculine, se relie au contraire au principe « séminal » créateur, à un principe d'activité, au sens propre, et libre. La contradiction entre les deux aspects de la nature féminine, volubilité et inconstance à côté du conservatisme, n'est donc qu'apparente.

O. Weininger est peut-être l'unique auteur qui, dans la psychologie des sexes, s'est élevé au-delà du plan des explications banales des écrivains qui affrontèrent le sujet. Recourons de nouveau à lui pour préciser d'autres points essentiels. Avant tout, Weininger établit un rapport organique entre la mémoire, la logique et l'éthique, d'après la relation que toutes trois ont avec le « Moi transcental ». Cela concerne essentiellement la structure de la psyché de l'homme absolu. L'« être » tend à conserver son unité dans le monde du devenir ; dans le domaine psychologique, cela se manifeste dans la mémoire qui, en agissant comme une fonction synthétique, s'oppose à la dispersion de la conscience dans la multiplicité fluide et instantanée de ses contenus. Dans le domaine intellectuel, la même impulsion se manifeste dans la logique basée sur le principe d'identité A = A, et pour idéal le différent a reconduit à l'un. Sous ce rapport, la mémoire ainsi que la mentalité logique ont une valeur éthique normative car elles expriment la résistance de l'être, son effort pour rester debout, identique à soi, et pour se réaffirmer dans le courant des phénomènes intérieurs et extérieurs. Selon Weininger, chez la femme absolue, étant donné qu'elle est dépourvue d'« être », ni la mémoire, ni la logique, ni l'éthique n'existeraient, elle ne connaît ni un impératif logique, ni un impératif éthique ; elle ignore aussi la détermination, le décrétisme et la rigueur de la pure fonction intellectuelle du jugement, de caractère nettement masculin[316]. Précisons tout ceci. Bergson fit remarquer l'existence de deux formes distinctes de mémoire, l'une « vitale », liée à la « durée », c'est-à-dire au continu de l'expérience vécue (c'est la mémoire qui se relie au subconscient ; ainsi, à certains moments, d'une manière inattendue et involontaire, apparaissent des souvenirs très lointains et quand on est en danger de mort, tout le contenu de l'existence peut même se dérouler instantanément) ; l'autre forme déterminée, organisée et dominée par la partie intellectuelle de l'être. Cette seconde mémoire manque à la femme, à cause de sa nature « fluide » et lunaire, mais elle peut être bien plus douée de la première que l'homme. À cette mémoire cependant, il

[316] *Op. cit.*, IIe partie.

manque le sens éthique, cité plus haut, elle procède non de la présence, mais de l'absence d'un « Moi transcendantal ».

En ce qui concerne la logique on doit se rappeler qu'il existe deux façons différentes de l'envisager. Il ne s'agit pas ici de la logique courante qu'à l'occasion, la femme sait utiliser « instrumentalement » avec une habileté et une subtilité indubitables, en ne l'employant pas de front, mais d'une manière polémique et fuyante, comme dans une guerrilla, proche de la sophistique. Il s'agit au contraire de la logique comme expression d'un amour pour la vérité pure et pour la cohérence intérieure, qui conduit à une attitude rigoureuse et impersonnelle de la pensée constituant une sorte d'impératif intérieur. La femme est presqu'incapable de cette logique — parce qu'elle ne l'intéresse pas. Elle la remplace par l'intuition et la sensitivité, attitudes qui sont liées à l'élément fluide de la vie, à son aspect *yin* — en opposition aux formes précises, fermes, lumineuses, apolliniennes (mais souvent arides) du νοῦς et du *logos*, du principe intellectuel masculin.

L'affirmation de Weininger, que la femme absolue ignore l'impératif éthique, est beaucoup plus vraie. L'éthique au sens catégorique, comme loi intérieure autonome, détachée de toute référence empirique, eudémonique, sensible, sentimentale et personnelle, la femme en tant que femme, l'ignorera toujours. Tout ce qui chez une femme peut avoir un caractère éthique est inséparable de l'instinct, du sentiment et de la sexualité : de la « vie ». Il n'a pas de rapport avec l'« être » pur. Ainsi il présente presque toujours un caractère naturaliste, ou bien est la sublimation d'un contenu naturaliste, comme nous le verrons plus loin, en parlant de l'éthique traditionnelle de la mère et de l'amante. Pour tout le reste, il n'y a pas à parler d'éthique, mais tout au plus de morale : c'est chez la femme une chose superficielle, reçue par le monde de l'homme, souvent comme simple conformisme. On doit penser ainsi, par exemple, des idées féminines sur l'honneur, la « vertu » et bien d'autres conceptions de l'« éthique sociale », qui n'est pas une véritable éthique, mais simple coutume (de la femme démétrienne en tant que gardienne des usages dont nous avons déjà parlé). La femme peut bien apprécier chez l'homme quelques qualités ayant une valeur éthique : rarement la justice, mais souvent l'héroïsme, la force de décision et de commandement, parfois même une disposition ascétique. Mais ce serait une vue très superficielle, si l'on ne s'apercevait pas que l'appréciation féminine ne concerne pas l'élément éthique en soi, de ces comportements, mais plutôt quelque chose d'eux qui se traduit dans des qualités personnelles sexuellement attractives, d'un homme donné. En d'autres termes, ces qualités ne parlent pas à l'éthicité de la femme, mais bien à sa sexualité.

La sagesse populaire a reconnu en tous temps et en tous lieux que le mensonge est un trait essentiel de la nature féminine. Weininger rapporte également ce trait à l'absence d'un « être » chez la femme absolue. En effet, on peut y voir une disposition qui est une conséquence particulière possible due au manque existentiel de forme de la femme, faillibilité reflétant celle de la « matière première », de la ὕλη, qui selon Platon et Aristote est le principe du « différent », du non-identique, de l'altération et de la « déclinaison ». Weininger note que rien n'est plus déconcertant pour l'homme que, demandant à une femme surprise à mentir : « Pourquoi mens-tu ? » il voit la femme ne pas comprendre cette demande, rester étonnée ou chercher à le tranquilliser par un sourire, ou bien fondre en larmes[317]. C'est qu'elle ne comprend pas le côté éthique, transcendantal du mensonge, ce côté qui fait apparaître le mensonge comme une lésion de l'« être », et dans l'Iran antique, on le reconnut comme une faute plus grave même que le meurtre. C'est une sottise de déduire de facteurs sociaux ce trait de la femme : le mensonge — prétendent quelques-uns — serait l'« arme naturelle » employée par le plus faible pour sa défense, donc aussi par la femme, dans une société où pendant des siècles elle a été tenue en sujétion. La vérité, c'est que la pure femme est encline à mentir et à se présenter pour ce qu'elle n'est pas, même quand elle n'en a pas besoin du tout ; il n'est pas question d'une « seconde nature » acquise socialement dans la lutte pour l'existence, mais de quelque chose qui se rapporte justement à sa nature la plus profonde et authentique. Comme la femme absolue ne perçoit vraiment pas le mensonge comme une faute, de même en elle — au contraire de l'homme — le mensonge n'est pas une faute, n'est pas un fléchissement intérieur et une défaillance à la loi existentielle de soi-même. C'est une contrepartie éventuelle de sa plasticité et fluidité. On peut ainsi parfaitement comprendre un type comme celui dont d'Aurevilly dit : « Elle pratiquait le mensonge au point d'en faire une vérité, tant elle était simple et naturelle et sans affectation. » C'est absurde de juger la femme avec les valeurs de l'homme (de l'homme absolu), même dans les cas où, se faisant violence, elle fait mine de suivre ces valeurs et croît même sincèrement les suivre.

---

[317] *Op.cit., p* 191.

38. — La femme comme mère et la femme comme amante

Nous avons dit que dans le domaine de la manifestation et de la « nature » le masculin est bien le corrélatif complémentaire du féminin, mais qu'en outre il reflète le caractère de ce qui est antérieur et supérieur à la diade. Sur le plan humain, il en résulte que, tandis que tous les rapports basés sur la diade ont pour la femme un caractère essentiel et épuisent la loi naturelle de son être, ce n'est pas le cas pour l'homme, en tant qu'il est vraiment homme. Ces rapports sont les rapports sexuels au sens strict et les rapports de mère à fils. Ce n'est pas sans raison que dans toute civilisation supérieure, on n'a pas considéré l'homme comme vraiment homme, jusqu'à ce qu'il soit soumis à ce double lien, au lien de la mère et au lien de la femme, épuisant dans la sphère correspondante le sens de son existence. Nous avons déjà rappelé que même dans les « rites de passage » ou de la puberté, la consécration de la virilité et l'agrégation à une « société des hommes », se présentent comme un dépassement de cette sphère naturaliste. La Rachel biblique dit : « Donne-moi un fils, sinon je meurs. » Des textes bouddhiques font ressortir l'« inexorabilité » de la femme au sujet de la maternité et de la sexualité, dont elle n'est « jamais repue »[318]. Et ce n'est pas tant comme personne que par une impulsion métaphysique que la femme tendra à ramener l'homme sous le joug de l'une ou de l'autre.

À propos de la sexualité, Weininger a raison lorsque pour caractériser l'homme et la femme, il dit que la femme absolue n'est que sexualité, alors que l'homme véritable « est sexuel, et quelque chose d'autre en plus ». On peut reconnaître avec lui le sens profond de symbole, qu'a le fait anatomico-somatique que, tandis que les organes sexuels de l'homme paraissent quelque chose de circonscrit, de détaché et presque d'ajouté par l'extérieur au reste du corps, chez la femme les organes sont dans la profondeur de sa chair la plus intime. Parce qu'il existe en l'homme une certaine distance de la sexualité, il en « sait » ; la femme peut ne pas en être tout à fait consciente et la nier : du fait qu'elle n'est autre que sexualité, qu'elle est la sexualité même[319]. Une désignation hindoue de la femme est *kâminî,* c'est-à-dire « celle qui est faite de désir » — ce qui est l'équivalent de l'antique sentence occidentale : *tota mulier sexus.* Entre

---

[318] *Jâtaka,* LXI ; *Anguttara-nikâya,* II, 48.

[319] Weininger, *Geschlecht und Charakter,* cit. p. 113, 115, 116.

autres choses, en rapport avec cela il y a le caractère provocant que, sans la moindre intention, présentent très souvent des types de femmes très jeunes et « innocentes », voire même des fillettes. Il y a lieu de remarquer ensuite, dans le même ordre d'idées, un narcissisme spécial, presque inconscient, existant chez toute femme : c'est sa sensation du potentiel de plaisir qu'elle peut donner à l'homme et le fait de le savourer, en s'imaginant ce plaisir, même en dehors de n'importe quelle relation sexuelle réelle. Partant, Ellis est dans le vrai quand il dit que, tandis que par la sexualité et la maternité la femme s'épanouit et manifeste son être, il ne saurait être question d'une correspondance de cela pour l'homme (nous ajouterions : sauf qu'il réalise d'une façon quelconque les dimensions supérieures de l'expérience du sexe). Même en faisant abstraction du fait occulte dont nous parlerons plus loin (§ 40), sur la ligne aphrodisienne la contrepartie chez l'homme peut être même une certaine dévirilisation[320]. Sur la ligne démétrienne on a enfin remarqué qu'au désir obscur et prédominant qu'a la femme d'être mère, ne correspond pas chez l'homme un besoin aussi élémentaire d'être procréateur. Au cas où ce désir existe chez l'homme, il appartient à un plan différent qui déjà n'est plus purement naturaliste, qui est plus éthique naturaliste (souci de la continuation de la race, de la famille ou caste, etc.).

Comme nous l'avons vu, le cosmique féminin est caractérisé par ce que les Grecs appelaient l'« hétérité », c'est-à-dire le rapport à un autre, l'hétérocentrisme. Pendant qu'il appartient au masculin pur d'avoir en soi son principe, au féminin propre, naturel, d'avoir son principe dans un autre. Sur le plan psychologique, il en résulte plusieurs caractères bien visibles de la femme dans la vie courante : la vie féminine est presque toujours dépourvue d'une valeur propre, elle se rapporte à un autre, soit dans tout ce qui est vanité, soit dans le besoin qu'a la femme d'être reconnue, remarquée, adulée, admirée, désirée (on peut associer cette tendance extravertie à ce « regarder dehors » qui dans la métaphysique a été attribué à la Çakti). Et le régime du « courtisement », de la flatterie, de la galanterie, du compliment (même insincère) de la part de l'homme, serait inconcevable si l'on faisait abstraction de la base obligée constituée pour lui, précisément par ce trait congénital de la psyché féminine, dont en tous temps et en tous lieux, le sexe masculin a dû tenir compte.

---

[320] Cf. H. Ellis, *Op. cit.*, v. III, p. 199 : « *That (sexual) emotion which one is tempted to say, oft unmans the man, makes the woman for the first time truly herself* ».

Qne les valeurs de l'éthique féminine soient très différentes de celles de l'éthique masculine — soit dit en passant — cela se manifeste aussi dans le fait qu'une femme devrais mépriser l'homme pour une telle attitude d'adulation, souvent prise pour avoir d'elle rien de plus que son corps. Au lieu qu'il arrive le contraire.

Cependant ce n'est pas dans un sens différent que, sur un plan moins frivole, se définissent les deux possibilités fondamentales de la nature féminine, correspondant l'une à l'archétype aphrodisien et l'autre à l'archétype démétrien : la femme comme amante et la femme comme *mère*. Dans l'un et l'autre cas il s'agit du fait d'être, de valoir, d'arriver à une confirmation de soi-même, en fonction d'un autre : en fonction de l'homme aimé pour l'amante, en fonction du fils pour la mère. En cela s'accomplit sur le plan profane (mais se continuera dans une large mesure aussi sur le plan sacral) l'être de la femme et, déontologiquement, avec cela se définissent sa loi et son éthique éventuelle, dans le cadre de la tradition.

C'est de nouveau à Weininger, qu'on doit une description classique typologico-existentielle de ces deux possibilités fondamentales de la féminité humaine. Mais, comme dans l'ensemble de tout ce que cet auteur dit sur la femme, dans cette caractérisation aussi, il faut distinguer certaines déformations dérivant d'un complexe misogyne inconscient à base presque puritaine. C'est en effet dans la « prostitution », que Weininger voit la possibilité féminine basale, opposée à celle maternelle, ce qui donne un sens péjoratif et dégradé à cette possibilité. Fondamentalement, c'est au contraire du type pur de l'amante et de la vocation féminine correspondante qu'il s'agit, la prostitution professionnelle n'entrant en question que d'une façon très subordonnée et conditionnée, car elle peut aussi être imposée par certaines circonstances ambiantes, économiques et sociales, sans correspondre à aucune disposition intérieure. Au surplus, on pourrait parler du type de l'hétaïre antique et orientale ; ou bien de la femme « dionysienne ». Une chose que tout homme véritable remarque immédiatement, c'est qu'il exite une antithèse, un antagonisme entre l'attitude vraiment aphrodisienne de la femme et son attitude maternelle. Dans leur base ontologique, les deux types opposés se rattachent aux deux états principaux de la « matière première », à son état pur, dynamiquement informe, et à son état de force-vie liée à une forme, orientée vers une forme, nourricière d'une forme. Ce point éclairci, la caractérisation différentielle de Weininger est exacte : c'est le rapport avec la procréation et avec le fils, qui distingue les deux types opposés. Le type mère cherche l'homme en vue de l'enfant, le type amante le cherche pour l'expérience érotique en elle-même (dans les formes les plus basses : pour le « plaisir »), dans une étreinte sexuelle qui ne vise pas à la procréation et qui est désirée en soi et pour soi. Ainsi le type maternel rentre spécifiquement dans l'ordre naturel — si l'on veut se référer au mythe biologique, on peut dire qu'il rentre dans la loi et la finalité de l'espèce — tandis que le pur type « amante » sort en quelque sorte de cet ordre (symptôme significatif : la stérilité qu'on rencontre souvent dans le type de l'amante et de la « prostituée »)[321]. Plus qu'un principe ami et affirmateur de la vie terrestre, physique, c'est un principe qui lui est potentiellement ennemi — à cause, dirons-nous, du contenu virtuel de transcendance propre au déploiement absolu de l'*eros*[322]. Ainsi, pour choquant que cela puisse paraître du point de vue de la morale bourgeoise, ce n'est pas comme mère, mais comme amante que, d'une façon naturelle, c'est-à-dire non selon une éthique (comme nous le verrons plus loin), mais en laissant simplement agir et en activant une disposition spontanée de son essence, la femme peut s'approcher d'un ordre supérieur. Mais c'est sur une équivoque que se base l'affirmation que, tandis que le type maternel sentirait dans l'étreinte sexuelle un accroissement de l'existence, à la femme de type opposé, serait propre le désir de se sentir détruite, anéantie et écrasée par le plaisir[323]. Ceci est inexact à un double vue. En premier lieu, comme nous l'avons démontré, parce que le « délire mortel de l'amour » comme désir de détruire et de se détruire dans une extase, est commun, dans toute forme supérieure et intense d'expérience érotique, aussi bien à l'homme qu'à la femme. En

---

[321] On peut ici rappeler les vers de Baudelaire contenant un pressentiment de l'archétype « durgique » : « Et dans cette nature étrange et symbolique — où l'ange inviolé se mêle au sphynx antique... resplendit à jamais... la froide majesté de la femme stérile. »

[322] Weininger, *Op. cit.*, ch. x *passim* et en particulier, p. 280 sqq., 287, 304, 310-311 : « Vie physique et mort physique, toutes deux unies d'une façon mystérieuse dans le coït, se répartissent entre la femme comme mère et la femme comme prostituée ». Tout en insistant sur le mot « prostituée », Weininger (p. 312) remarque la signification du fait que « la prostitution est quelque chose qui n'apparaît que chez les êtres humains », elle est inexistante chez les espèces animales. Ce fait doit être mis précisément en rapport avec la potentialité « çivaïque » du type pur de l'amante. Albert le Grand *(De secretis mulierum)* en décrivant le type de femme qui aime l'étreinte sexuelle, indique comme caractéristiques, la rareté ou l'irrégularité des menstrues, la rareté du lait au cas où des femmes de ce type deviennent mères, en plus d'une disposition à la cruauté : nous reviendrons sur ce dernier point.

[323] Weininger, *Op. cit.*, p. 307.

second lieu, parce que la disposition indiquée par Weininger dans l'amante, concerne tout au plus les traits psychiques superficiels ; pour la substance « Vierge » ou « Durgâ » de la femme aphrodisienne, c'est le contraire qui est vrai, sur un plan profond.

Or, qu'il s'agisse du type de la mère ou bien du type de l'amante, est caractéristique chez la femme, une angoisse existentielle plus grande que celle de l'autre sexe, l'horreur de la solitude, le sentiment d'un vide anxieux si elle n'a pas et ne possède pas un homme. Les faits sociaux et même économiques qui souvent semblent constituer la base de cette sensation, ne sont en réalité que des circonstances propitiatoires, et non déterminantes. La racine la plus profonde est au contraire justement l'« hétérité » essentielle de la femme, le sentiment de la « matière », de Penia qui, sans l'« autre » *(l'heteros),* sans la forme, est le néant ; c'est pourquoi abandonnée à soi, elle éprouve l'horreur du néant. Pour citer une dernière fois Weininger, il a raison de ramener à ce contenu métaphysique même un comportement fréquent de la femme dans l'étreinte sexuelle, en disant : « Le moment suprême de la vie de la femme, celui où se manifeste son être inné, son plaisir élémentaire, c'est le moment où elle sent couler en elle la semence masculine : alors elle embrasse sauvagement l'homme et le serre contre elle ; c'est le plaisir suprême de la passivité... la matière qui, justement, est formée et ne veut pas abandonner la forme, mais la tenir éternellement liée à elle[324]. » Cependant la situation est la même chez la femme plus voisine du type Durgâ, quand, au même instant elle n'étreint pas, mais est presqu'immobile, et sur son visage s'esquissent les traits d'une extase ambiguë, ayant quelque chose de l'indéfinissable sourire de quelque Bouddha et de certaines têtes khmères. C'est alors qu'elle prend quelque chose de plus que la semence matérielle, qu'elle absorbe la *vîrya,* la virilité magique, l'« être » du mâle. Là, entre en question la qualité suçante, cette « mort suçante qui vient par la femme », dont nous avons parlé avec Meyrink, en considérant l'aspect occulte de toute étreinte charnelle vulgaire : aspect qui peut trouver sa manifestation symbolique et son reflet, jusque dans l'extériorité somatique et physiologique.

Ainsi, si d'Annunzio dit au sujet de l'un de ses personnages féminins : « Comme si tout le corps de la femme avait pris la qualité d'une bouche suçante » (dans *Il Fuoco),* ce n'est pas là une chose qui se vérifie seulement sur le plan subtil, au point de faire apparaître le geste érotique

---

[324] *Ibid.,* p. 402.

de la *fellatio,* comme celui qui exprime le plus l'essence de la nature féminine. En réalité les Anciens avaient déjà reconnu une participation active particulière de la femme dans l'étreinte sexuelle, et Aristote parla de son aspiration du fluide séminal[325]. Reprise par Fichstedt vers la moitié du siècle dernier, le côté physiologique de cette théorie est aujourd'hui reconnu exact par beaucoup d'auteurs : on admet l'existence de contractions rythmiques du vagin et de l'utérus, comme dans une aspiration ou succion, d'un automatisme spasmodique avec un péristaltisme qui lui est particulier, basé sur des ondes toniques spéciales, à rythme lent, avec l'effet, justement, d'une absorption en aspirant ou en suçant. Ce comportement somatique est actuellement d'autant plus vérifiable que le degré de sexualisation de la femme est plus élevé ; mais ce n'est pas sans raison que les Anciens le considéraient comme un phénomène général. Car il y a lieu de penser qu'au cours de l'histoire s'est produite une sorte d'atrophie même physiologique, de ce qui chez la femme pouvait correspondre à une sexualisation complète, c'est-à-dire à une plus grande approximation au statut de la « femme absolue »[326]. Ainsi, chez les femmes orientales, où s'est conservé davantage le type antique, ce comportement physiologique dans l'étreinte sexuelle est tout-à-fait normal et s'unit à des possibilités physiologiques devenues rarissimes chez les Européennes modernes, tandis qu'elles étaient vraisemblablement présentes aussi chez les femmes occidentales de l'antiquité[327].

---

[325] Du point de vue subtil, il ne s'agit pas de la semence matérielle, mais justement de sa contrepartie immatérielle. Paracelse *(Scritti scelti,* Milano, dit : « Dans la matrice fut placée une force attractive qui est comme un aimant, et celle-ci attire la semence, en rejetant le sperme et en retenant le germe. » Sur cette base, Paracelse traite aussi des conditionnalités transbiologiques de la fécondation. Pour la distinction qu'on vient d'indiquer, on peut cf. ce qu'écrit, mais dans un domaine bien plus général, le COSMOPOLITE *(Novum Lumen Chemicum,* Paris 1669, p. 37) : « Comme je l'ai dit plusieurs fois, le sperme est visible, mais la semence est donc une chose invisible et presque comme une âme vivante qu'on ne trouve pas dans les choses mortes. »

[326] Ainsi dans l'Orient antique, on put dire que « la sensualité de la femme est huit fois plus grande que celle de l'homme », tandis que dans l'antiquité occidentale on trouve des expressions, comme par exemple celles d'Ovide *(Ars Amandi,* I, 443-444) : *[Libido foeminae] acrior est nostra, plusque furoris habet.*

[327] Il s'agit d'un contrôle anormal non seulement du *constrictor cunni,* mais aussi de certaines fibres lisses de l'organe féminin, qui permet l'intensification du dit automatisme suçant. Dans certains cas le développement de cette possibilité fait partie de l'éducation érotique de la femme, au point que chez quelques peuples c'est pour une jeune fille un motif de disqualification, si elle n'en est pas capable (sur tout cela, cf. Hesnard, *Manuel*

Il s'agit en cela d'un symbole physique, ou reflet, d'un sens essentiel. L'assimilation suçante, sur ce plan de reflets physiques, a ensuite une expression liminale dans un fait qui, jusqu'à maintenant, reste physiologiquement obscur : l'odeur qu'émet parfois la femme, loin des parties génitales, peu après l'étreinte (un poète italien, Arturo Onofri, a même pu parler d'un « sourire spermatique »).

39. — Pitié, sexualité et cruauté chez la femme

Dans une légende persane, parmi les ingrédients dont la femme aurait été composée, on indique « la dureté du diamant et la douceur du miel, la cruauté du tigre, la splendeur chaude du feu et la fraîcheur de la neige ». Ce sont les mêmes ambivalences que nous avons rencontrées dans l'archétype de la Femme Divine et qui sont à la base d'un autre trait de la psychologie féminine : la coexistence chez la femme de la disposition à la pitié et de celle à une cruauté particulière. Déjà Lombroso et Ferrero avaient remarqué que la femme est, en même temps, plus compatissante et plus cruelle que l'homme, parce qu'à la capacité d'une pitié aimante et protectrice, souvent correspond une cruauté, une insensibilité et une violence destructrice de la femme qui, si elles se déchaînent, dépassent celles des hommes ; c'est un fait attesté aussi historiquement dans des formes collectives, en cas de révolution ou de lynchages[328]. S'il est facile et même banal de rapporter, avec les deux auteurs qu'on vient de citer, la pitié féminine à la disposition maternelle, c'est-à-dire à l'élément démétrien de la femme, on doit au contraire expliquer la cruauté en se référant à l'autre de ses moments, à l'essence plus profonde de la sexualité féminine.

---

de sexologie, cit., p. 94-95 ; H. Ellis, *Studies,* cit., v. V, p. 159-165 ; Ploss-Bartels, *Das Weib,* cit., v. I, p. 399, 408). Chez les femmes utilisées dans la magie sexuelle tantrique, un entraînement de ce genre semble être porté à un très haut degré, si dans le *Hathayogapradîpika* (III, 42-43, 87-89) chez la femme pour la pratique appelée *yonî-mudra,* on suppose un pouvoir de contraction volontaire du *yoni,* capable d'empêcher, par étranglement du *lingam,* l'émission de la semence masculine. Dans le domaine de l'ethnologie, chez Ploss-Bartels (v. I, p. 408) sont rappelés des cas de femmes capables d'expulser le sperme après l'avoir reçu en elles.

[328] Lombroso-Ferrero, *La donna delinquente, la prostituta e la donna normale,* Torino, 1915, p. 55-59, 79. Dans le domaine de la pathologie pour la manifestation prédominante chez les femmes, d'« explosions spasmodiques de sauvage violence destructrice » cf. Krafft-Ebing, *Psychopathia sexualis,* cit., p. 361.

Déjà dans l'antiquité classique, l'association entre cruauté et sexualité, fut dramatisée dans le type de la bacchante et de la ménade. Il importe toutefois de remarquer la présence de ce trait (qui n'est pas sans rapport avec la qualité « suçante » dont nous avons parlé auparavant) aussi derrière les formes d'une sexualité féminine profane, et pas même exaltée. Ce moment est le moment *froid* de la femme, comme incarnation terrestre, humaine, de la « Vierge », de Durgâ, et comme un être *yin* ; et c'est là que s'intervertissent les caractéristiques présentées par la psychologie plus superficielle des sexes. Pour bien considérer les choses, il faut distinguer deux formes de la Çakti pandémie elle-même, du type féminin aphrodisien : la forme inférieure qui correspond à la « femelle » au sens primitif et, si l'on veut, « dionysiaque » (dans l'acception populaire de ce terme) ; et la forme supérieure ayant au contraire des traits subtils, lointains, ambigus, apparemment chastes. La figure de Dolorès que Swinburne appelle « Notre-Dame du Spasme » et « fille de la Mort et de Priape », et à propos de laquelle il écrit : « Du dernier portail, j'ai pénétré jusqu'au sanctuaire où le péché est une prière : qu'importe si le rite est mortel, ô Notre-Dame du Spasme ? Qu'importe ? Absolument tien est le vin que je verse, le dernier calice que nous vidons, ô atroce et luxurieuse Dolorès, Notre-Dame du Spasme » — une telle figure est en bonne partie une hypostase cérébrale d'un romantisme littéraire décadent et « pervers »[329]. On est pourtant plus proche déjà de situations réelles quand d'Annunzio écrit : « La cruauté est latente au fond de son amour, pensa-t-il. Quelque chose de destructeur est en elle, d'autant plus évident que dans les caresses son orgasme est plus violent... et, en pensée, il revoyait l'image terrifiante, presque de Gorgone, de la femme, telle qu'elle lui était apparue plusieurs fois, à travers ses paupières demi-closes, à lui convulsé en un spasme ou inerte, plongé dans un épuisement (dans *Trionfo della Morte)*[330]. En cela, il n'est nullement question d'une cruauté due à une inversion, c'est-à-dire à un trait masculin de certaines femmes, mais justement du contraire. Il est vrai que, pour douce et aimante qu'elle soit, l'expression de toute femme, au moment du désir, a quelque chose de cruel, de dur, d'impitoyable : à côté de la douceur, de la tendresse et de l'abandon, coexistent de l'insensibilité, un égoïsme

---

[329] M. Praz, *La carne, la morte eil diavolo nella letteratura romantica,* cit.,p. 233-234.

[330] Cf. aussi dans *Forse che si forse che no* : Tandis que chez l'homme le désir était cette « élection irrévocable », le « désir d'elle était sans cercle, sans limite, infini comme le mal de l'être et la mélancolie de la terre ». « Il découvrait à travers ses cils, à elle, un regard bien plus lointain du regard humain, qui semblait être exprimé par le caractère terrible d'un instinct plus antique que les astres. »

subtil, cela au-delà de la personne, en un rapport essentiel avec sa substance élémentaire « durgique » d'amante. P. Viazzi note avec raison que ces traits ne sont pas étrangers même au type le plus idéal de jeune fille, genre de la romantique Mimi comme Murger la décrit : « Elle avait vingt-deux ans... Son visage paraissait l'ébauche d'une figure aristocratique ; mais les traits d'une finesse extrême et doucement éclairés par la lumière des yeux limpides et bleus prenaient à certains moments d'ennui et de mauvaise humeur un caractère de brutalité presque sauvage, si bien qu'un physionomiste y aurait peut-être aperçu les signes d'un profond égoïsme et d'une grande insensibilité... »

Et P. Viazzi remarque combien souvent on peut surprendre quelque chose de semblable « dans les attitudes les plus sincères de la femme qui aime[331] ». Ce qui agit de plus profond et de plus subtil même dans l'« abandon » de la femme, est rarement compris ou perçu. Mais c'est une femme, et par surcroît, une psychanalyste, qui fait cette observation : « II est assez rare de rencontrer des hommes qui restent froids dans une situation érotique ; mais il est d'innombrables femmes qui, alors même qu'elles mènent une vie érotique, se montrent aussi froides que des agents de change. La froideur de la lune et la dureté de cœur de la Déesse Lune symbolisent cet aspect de la nature féminine. En dépit de son absence de chaleur et de son insensibilité, peut-être même à cause de son indifférence, cet érotisme impersonnel, chez une femme, attire souvent l'homme[332]. »

Du reste, sur le plan de la vie courante, on ne saurait établir si le fait que, malgré tout, dans l'amour, la femme est capable de viser à un aspect positif, montrant une attitude calculatrice, plus que l'homme, à qui, dans des cas donnés, on peut reprocher seulement l'instinctivité et la recherche irresponsable du plaisir, si ce fait ne dépend que de circonstances extérieures, économico-sociales. Ceci mis à part, l'élément de cruauté et de froideur féminine peut se manifester sur le plan moral, parce que s'il existe la femme orgueilleuse de tout ce que comme héros et réalisateur de choses extraordinaires, l'homme fait pour l'amour d'elle (parce que tout cela la met indirectement en valeur — cf. § 38, 3e alinéa), il y a aussi la femme pour laquelle la suprême preuve d'amour est le renoncement, pour elle, à toute valeur virile supérieure et éventuellement même la ruine

---

331 P. Viazzi, *Psicologia dei sessi,* Milano, 1903, p. 72.

332 E. Harding, *Les Mystères de la Femme,* Payot, Paris, 1953, p. 125-126.

de son amant. Un personnage de Donn Byrne dit : « L'homme qui se perd complètement dans une femme, pour fort que soit son amour, n'est pas un homme ; et la femme éprouvera du mépris pour lui. » La femme répond : « Je le mépriserai, c'est vrai ; mais je l'aimerai aussi davantage. » Ce n'est pas pour la soi-disant « femme fatale », mais en général, que Remarque a employé l'apologue d'un rocher qu'aimait la vague : « La vague écumait et tournait autour du rocher, le baisait nuit et jour, l'embrassait de ses bras blancs et le suppliait de venir chez elle. Elle l'aimait et ondoyait autour de lui, ainsi elle le minait lentement ; et un jour, le rocher complètement sapé à la base, céda et tomba dans les bras de la vague. Et tout d'un coup, il ne fut plus un rocher avec lequel jouer, à aimer, à rêver. Il ne fut qu'une masse de pierre au fond de la mer, noyé en elle. La vague se sentit déçue et se mit à chercher un autre rocher. » « Les femmes, écrivait Martin, sont sans pitié pour le mal qu'elles font aux hommes qui aiment. »

40. — Sur la fascination féminine. Activité et passivité dans l'amour sexuel.

Au trait métaphysique de la femme éternelle comme magicienne, comme Mâyâ et *mâyâ-çakti,* magie cosmogonique de l'Un, correspond en général la fascination féminine. L'association du type aphrodisien avec le type de la magicienne est très fréquent dans le mythe et dans la légende. On attribua les deux aspects, par exemple à Calypso, à Circé, à Médée, à Iseult, et dans certaines versions de la saga, à Brunhilde elle-même. À Rome, on concevait Vénus Verticordia comme experte dans les arts magiques. On connaît les figures minoïques de femmes tenant en main la baguette magique. Il serait facile de recueillir beaucoup d'autres témoignages similaires. Que la femme soit plus liée que l'homme à la « terre », à l'élément cosmico-naturel, c'est un fait démontré aussi dans l'ordre plus matériel par les influences qu'à la différence de l'homme, la femme ressent des rythmes périodique de l'univers (par exemple, dans le cycle des menstruation). Mais dans l'antiquité, cette liaison se rapportait plutôt à l'aspect *yin* de la nature, au domaine suprasensible nocturne et inconscient, irrationnel et abyssal, des forces vitales. De là, chez la femme, certaines dispositions à la voyance et magiques au sens rigoureux (opposées à la ligne masculine et apollinienne de haute magie et de théurgie), susceptibles de dégénérer en sorcellerie. Dans les procès de l'inquisition, par rapport au sexe masculin, le féminin figura à une écrasante majorité — en 1500 Bodin indiquait un pourcentage de cinquante femmes contre un seul homme dans les procès concernant la sorcellerie et les arts occultes. Un des traités de démonologie les plus répandus en ces temps, le *Malleus Maleficorum* s'arrête longuement à expliquer pourquoi la sorcellerie serait surtout l'œuvre des femmes. Et dans les traditions de nombreux peuples, par exemple en Chine, les arts magiques au sens restreint que nous venons d'indiquer, se rapportent à une tradition archaïque féminine et lunaire. Précisément pour la Chine antique, il est intéressant que le caractère *wu*, employé pour désigner l'individu qui exerce les arts magiques au sens étroit (« chamanique ») à l'origine s'appliquait exclusivement aux personnes du sexe féminin. Les techniques employées par la *wu* pour entrer en rapport avec les forces suprasensibles, avaient un caractère tantôt ascétique, tantôt orgiaque ; dans le cas de ces derniers, il semble qu'à l'origine les *wu* officiaient complètement nues. Un fait intéressant aussi, ce sont les qualités préliminaires demandées aux *wu*, et nécessaires pour leur activité : il fallait la jeunesse et la beauté fascinante et c'est que les caractères *yao* et *miao*, signifiant l'« étrange », l'« inquiétant », le « mystérieux », renvoient au type et aux qualités des *wu*[333], tandis que pour la nature non-ouranienne des forces que ces jeunes femmes faisaient descendre, un texte significatif dit qu'attirées par leurs rites, ces forces « obscurcissaient le soleil ».

En dehors de ces références particulières au suprasensible, ce qui nous intéresse ici, c'est la magie de la femme, c'est le sens de sa fascination naturelle et de son pouvoir de séduction.

Alphonse Daudet faisait dire à un de ces personnages : Je me sentais invinciblement attiré vers elle : seul un abîme peut provoquer une telle fascination. Nous avons déjà parlé tant du symbolisme que du rite du dépouillement, et de l'expression la plus crue que ce dernier, sur la ligne féminine, eut dans des formes comme la danse des sept voiles. Il s'agit de la femme qui se dépouille non des vêtements matériels qui cachent son corps, mais bien de son individuation comme être empirique et personne particulière, jusqu'à se montrer dans sa substance élémentaire et abyssale, comme la Vierge, comme Durgâ, comme la Femme antérieure aux multiples variétés des femmes mortelles. Dans sa racine dernière, la fascination exercée par toute nudité féminine se base sur le fait que celle-ci fait pressentir d'une certaine façon obscure, perçue seulement par les sens, l'autre nudité. Il n'est pas question de « beauté » ou d'attrait animalement charnel ; dans la fascination du nu féminin, il y a un aspect

---

[333] E. Erkes, *Credenze religiose della Cina antica*, Roma, 1958, p. 10-13.

de vertige semblable à celui provoqué par le vide, par le sans-fond — dans le signe de la substance première de la création et de l'ambiguïté de son non-être. Ce trait appartient uniquement au nu féminin. L'effet du nu masculin sur la femme, en comparaison, non seulement est très réduit, mais est spécialisé, il est d'ordre essentiellement physique et phallique ; cette nudité n'agit sur elle que dans la forme banale de lui suggérer l'efficience musculaire et animale du « mâle ». Il n'en est pas ainsi pour le nu de la femme : chez la femme complètement nue, c'est « Durgâ » que l'homme sent obscurément ; c'est elle qui, déesse des fêtes orgiaques, est aussi l'« Inaccessible » ; c'est la Prostituée et la Mère qui est aussi la Vierge, l'Inviolable, l'Inépuisable. C'est justement cela qui suscite chez l'homme un désir élémentaire uni au vertige ; et aussi ce qui pousse le désir au paroxysme, qui accélère les rythmes, jusqu'à ce que l'homme priapique s'abatte, près de l'extase subtile et « suçante » de la femme immobile. Si en général, l'homme a le plaisir de la défloration et du stupre, tout ce qui dans ce plaisir peut être ramené à l'instinct ou à l'orgueil de la première possession, n'est qu'un élément superficiel ; le fait le plus profond, c'est la sensation, quoiqu'illusoire, que le geste physique lui donne, de violer l'inviolable, de posséder celle qui dans sa racine dernière, dans sa « nudité », ne sera jamais possédée à travers la chair : c'est le désir de posséder cette « vierge », qui obscurément agit dans le désir de posséder la femme physiquement, anatomiquement intacte, ou la femme qui résiste. Et il en est de même aussi de la racine d'un élément spécifique de sadisme qui se relie non seulement à l'acte de la défloration, mais qui accompagne presque toute étreinte sexuelle : c'est quelque chose de différent de l'algolagnie ambivalente citée plus haut, c'est quelque chose de beaucoup plus profond, c'est une cruauté et une férocité qui est la contrepartie de la sensation transcendantale de l'intangibilité fascinante, de la « froideur », de l'impossibilité de la substance féminine élémentaire d'être comblée. On veut « tuer » la femme occulte, la femme absolue contenue dans chaque être féminin, dans un vain désir de « possession »[334]. Et c'est pour cela aussi, qu'en

---

[334] Cf. *Una notte a Bucarest* in « Roma », 9, III, 1951 : « Le rythme sourd de base de la musique s'accélère et alors un violon passe à un motif qui se définit sur des notes aiguës : et à mesure que le rythme d'accompagnement devient plus convulsif, il se porte à des limites qui semblent finales, mais que tout à coup des solutions neuves et inattendues résolvent et dépassent comme si l'on allait en avant, toujours en avant sur une corde suspendue ou sur un fil de rasoir. De nouveau on crie : « Baskie » ! Alors une jeune fille s'avance enfin, esquisse quelques pas de danse entravés par la longue robe, lance un regard alentour, puis jette les vêtements et le linge intime jusqu'à la nudité complète d'un corps olivâtre. La musique continue, pressante, poignante, et maintenant c'est comme si, dans cette jeune fille nue, un tourbillon avait trouvé son centre. Courses brusques de ce

général rien n'excite plus l'homme, dans l'étreinte sexuelle, que de sentir la femme épuisée jusqu'à la mort, sous son délire hostile.

Kirkegaard[335], en reprenant le mythe de Pandore, a écrit que, comme couronnement de tous les autres, les derniers dons faits par les dieux jaloux à la « femme du désir » envoyée à Êpithémée, furent son innocence, sa modestie, sa résistance, qui étaient destinés à accroître son pouvoir. Nous avons déjà remarqué que chez la femme, la pudeur n'a pas un caractère éthique, mais purement fonctionnel sexuel ; de même, il serait banal de mettre en évidence que chez la femme, tout ce qui est réserve et résistance joue presque toujours le même rôle d'excitant sexuel[336]. Ces traits appartiennent pourtant en grande partie au domaine du comportement individuel conscient. De plus, au-delà de la coquetterie, de la pudeur et du régime rationalisé de l'abandon, propres à une féminité experte, il y a quelque chose de plus subtil et de plus impersonnel, constitué précisément par l'élément sexuel fascinant, propre à l'innocence et à la chasteté elle-même. Si le fait qu'une femme manifeste ouvertement son désir, au lieu d'exciter, peut même dégriser et dégoûter tout homme non animalisé, qui sera au contraire attiré par l'innocence[337], si ce fait, d'un côté, dans son sens le plus profond ramène à la situation indiquée auparavant, la jeune fille « pure » incarnant davantage le contenu de provocation pour l'homme, inhérent à la substance « Durgâ », de l'autre on doit considérer un aspect objectif et tout à fait impersonnel de cet ensemble. L'ignorance d'une loi de caractère occulte ne fait pas reconnaître le sens véritable de la pureté féminine et le secret de sa fascination potentielle. Selon cette loi, toute énergie inhibée ou arrêtée devient plus puissante, elle se traduit dans une influence qui, tout en étant invisible, est beaucoup plus efficace. Dans la terminologie hindoue, c'est ce qu'on appelle sa transformation en force *ojas*. Eh bien, dans la pureté

---

corps qui à la fin s'arrête, les bras levés, immobile, hormis une sorte de frisson et le jeu d'une expression de sensualité élémentaire mêlé à quelque chose d'équivoquement intangible. Seul ce frisson et cette mimique et un éclair des yeux entrouverts, accompagnent et exaspèrent le démonisme de la muse tzigane, jusqu'à une tension insoutenable *qui semble demander, qui exige un acte élémentaire, une violence absolue, le meurtre plus que la violence de la possession charnelle* » (les italiques sont de nous).

[335] *In vino veritas.*

[336] Cf. Ovide, *De arte amandi*, I, 658 : « *Pugnando vici se tamen illa volet* ».

[337] Même le *Kâma-sûtra* place dans la catégorie des femmes dont il ne faudrait pas jouir, « le type de ces femmes qui expriment ouvertement leur désir de commerce sexuel ».

et la chasteté d'une jeune fille qui n'est pas anormale, il n'y a rien de ce que l'on croit communément, en elle ne se manifeste pas du tout la « tendance innée de la nature féminine à la pureté » imaginée par certains écrivains catholiques modernes, oublieux des aperçus bien différents de leurs prédécesseurs. La femme en tous cas reste la *kâminî*, celle qui par substance a la sexualité, celle qui, au-delà du seuil de la conscience plus périphérique, « pense au sexe, pense sur le sexe, pense sexe, se réjouit du sexe ». L'inhibition impersonnelle, « naturelle », de cette disposition la rend active sous forme d'un pouvoir subtil, magique, qui constituera l'auréole de fascination qui entoure le type de la femme « chaste » et « innocente », et qui sur un homme différencié fait plus d'effet que tout comportement féminin grossièrement sensuel, impudique et luxurieux. La femme dispose de cette force bien plus dangereuse, précisément quand tout cela n'est pas voulu, quand il ne s'agit ni d'un expédient, ni d'une inhibition consciente à base de moralisme, mais d'une donnée de sa nature, de quelque chose d'élémentairement existentiel dont la racine archétype est celle que nous avons indiquée plus haut[338].

Cela nous amène à considérer un dernier point fondamental pour ce qui concerne le côté moins visible des relations ordinaires entre les deux sexes. Si métaphysiquement, le masculin correspond au principe actif et le féminin au principe passif, ces rapports s'intervertissent dans tout le domaine de la sexualité courante, c'est-à-dire dans le domaine qu'on peut appeler « naturel », où bien rarement l'homme va vers la femme en porteur effectif du pur principe « être », émanation du pouvoir de l'Un, mais en général apparaît comme celui qui *subit* la magie de la femme Dans cet ordre d'idées les rapports, en fait, s'intervertissent donc et sont indiqués d'une façon précise par une formule de Titus Burckhardt : la femme est activement passive, l'homme est passivement actif. La qualité « activement passive » de la femme est la substance de sa fascination — et elle est activité au sens supérieur. Le langage courant y fait allusion, quand il qualifie une femme d'« attrayante » : attraction qui est le pouvoir

---

[338] H. Ellis *(Studies,* v. III, Philadelphia, 1908, p. 47), écrit justement : « La résistance apparente de la femme ne vise pas à inhiber l'activité sexuelle chez le mâle ou chez elle, mais à l'accroître chez tous les deux. La passivité n'est donc pas réelle, mais apparente et cela reste vrai, soit dans le cas de notre espèce, soit dans celui des animaux inférieurs... *Une énergie intense se cache derrière cette passivité,* une préoccupation toute concentrée sur le but à atteindre. » Il est inutile de remarquer que l'inhibition dont on parle ici, n'a rien à faire avec l'inhibition névropathique étudiée par les psychanalystes, à cause de laquelle on repousse hystériquement la sexualité ; c'est au contraire un moment intérieur, normal, de la sexualité féminine intégrale.

de l'aimant. À cet égard, la femme est active ; l'homme est passif. « On dit et on admet généralement que dans la lutte amoureuse, la femme est presque passive. Cette passivité est pourtant bien loin d'être réelle. C'est la passivité de l'aimant qui, dans son apparente immobilité fait précipiter dans ses tourbillons le fer qui l'approche[339]. » La tradition extrême-orientale qui a connu le concept de l'« agir sans agir » *(wei-wu-wei),* est aussi celle qui en rapport avec cela, dans le cadre d'un système social cependant nettement androcratique, a su reconnaître : « Dans sa passivité et infériorité apparente, le féminin est supérieur au masculin[340]. » Pour paradoxal que cela semble, c'est toujours l'homme qui est « séduit », au sens rigoureux, c'est-à-dire étymologique du mot ; son initiative active se réduit à s'approcher d'un champ magnétique ; à peine entré dans son orbite, il en subira la force[341]. En face de l'homme qui désire, c'est-à-dire en face du pur besoin sexuel masculin, la femme a toujours une nette supériorité. Elle ne se donne pas autant qu'elle *se fait* prendre. Une expression adéquate a été donnée à cet ensemble par A. Charmel, dans sa *Dernière semaine de Don Juan* : toutes les femmes que Don Juan a « possédées », se révèlent à lui comme autant d'aspects d'une femme unique sans visage (la femme éternelle, Durgâ) qui a voulu exactement les paroles et les gestes par lesquels il a « séduit » chacune d'elles. Il a désiré toutes ces femmes, « comme le fer désire l'aimant ». C'est en faisant surgir en Don Juan cette connaissance, que le Commandeur fait en sorte qu'il se tue.

Ainsi l'homme priapique s'illusionne beaucoup quand il croit et se vante d'avoir « possédé » une femme parce qu'elle a couché avec lui. Un trait élémentaire, qui mérite à peine une mention, c'est le plaisir que la femme éprouve à être « possédée » ; « elle n'est pas prise, mais elle accueille et

---

[339] A. Marro, *La pubertà,* cit., p. 453.

[340] Cf. Lao-Tze, *Tao-té-Ching,* 61. En reprenant les idées d'Aristote, Scot Erigène *(Divis. Naturae,* I, 62) dira que « celui qui aime ou désire subit, celui qui est aimé est actif ».

[341] Le dicton des Américains affirmant que l'homme poursuit la femme jusqu'à ce qu'elle l'attrape *(the man chases the woman as long as she catches him),* n'est pas qu'humoristique. À propos d'une certaine « violence » masculine, Viazzi *(Op. cit.,* p. 148) emploie à juste titre l'image de celui qui donnerait l'assaut à un pénitencier, en bousculant toute résistance des geôliers et des gardiens, rien que pour pouvoir y être enfermé.

dans l'accueil elle triomphe et absorbe » (G. Pistoni)[342]. En ces cas, il y a même une analogie biologique, un parallélisme entre ce qui se passe entre les deux sexes et ce qui se produit entre les cellules germinales : le mouvement, l'activité, l'initiative du spermatozoïde fécondant, dépourvu en lui de substance vitale, de plasma nutritif qui, après avoir réussi à devancer tous les autres spermatozoïdes versés dans le vagin, pénètre dans l'ovule féminin presqu'immobile, riche d'aliments vitaux, par lequel il est attiré, y ouvre une brèche qui se refermera sur lui et l'emprisonnera dès qu'il sera complètement entré ; après quoi a lieu la destruction réciproque des deux gènes, masculin et féminin, entrés en contact à l'intérieur. La femme « connaît une reddition si complète, qu'on doit la considérer comme plus active que l'assaut de l'homme » (A. Huxley). Enfin, si l'on envisage le côté psychologique le plus intime de l'expérience de l'étreinte sexuelle, très souvent s'y répète la situation de l'« aimant » : cela vient du fait que l'homme plus différencié est en majeure partie passif, au sens qu'il s'oublie lui-même et, comme dans une fascination, toute son attention est irrésistiblement captée par les états psycho-physiques qui se produisent chez la femme au cours de l'étreinte sexuelle, en particulier dans leurs reflets sur sa physionomie *(the tragic mask of her, labouring under the rythmic caress* — A. Koestler) : et justement cela constitue l'aphrodisiaque le plus intense pour l'ivresse et l'orgasme de l'homme.

Dans le cycle méditerranéen de la Grande Déesse, le pouvoir « non agissant », ou magie de la femme, dont nous avons parlé, fut représenté par la Potnia Theron, par la Déesse qui, maîtresse des animaux sauvages, chevauche le taureau ou tient le taureau en laisse, Cybèle qui se fait transporter dans son char par deux lions domptés, comme symbole de sa domination ; Durgâ assise sur un lion et avec le lacet à la main, en est la correspondance hindoue. Le même thème réapparaît dans le symbolisme, d'inspiration kabbalistique, de la lame XI des Tarots : la Force, représentée par une femme qui, sans effort tient ouverte la gueule d'un lion furieux. Et toute femme, en ce qu'elle participe de la « femme absolue », possède dans une certaine mesure cette force. L'homme s'en aperçoit souvent, et c'est fréquemment par une supercompensation névropathique inconsciente du complexe sinon de l'angoisse, d'infériorité qui en découle, qu'il étale en face de la femme une masculinité affichée, de l'indifférence, voire même de la brutalité et du

---

[342] Cf. Jamblique, *De vita pythag.*, XI : « On doit considérer victorieuses les femmes si elles s'étaient fait vaincre par eux. »

mépris[343], toutes choses qui en ce qui concerne les rapports entre les deux sexes, ne l'avancent pas d'un seul pas, tout au contraire. Qu'en tant qu'individu, sur le plan extérieur matériel, sentimental ou social, souvent la femme devienne elle-même la victime de cette force qu'elle emploie – d'où parfois une « peur d'aimer » instinctive — ne change rien à la structure fondamentale de la situation.

Il n'est pas nécessaire de spécifier que, sur le plan subtil, la condition de passivité de l'homme est d'autant plus grande qu'en lui les aspects matériels du « mâle », les traits instinctifs violents et sensuels de la virilité, sont développés et prédominants. Même le type dans lequel l'Occident moderne a de plus en plus reconnu l'idéal de la virilité, l'homme pris par l'activité et par la production, le *Leistungsmensch*, l'homme athlétique à la « volonté dure » est en général le moins riche de virilité intérieure ; en conséquence, il est parmi les plus désarmés en face du pouvoir plus subtil de la femme. Ce sont des civilisations différentes de la civilisation occidentale moderne, comme par exemple la civilisation extrême-orientale, l'hindoue et l'arabe, qui ont perçu plus exactement ce qui est vraiment viril, en exprimant cette sensation à travers un idéal de l'homme qui, par ses traits, soit somatiques soit intérieurs caractérologiques et spirituels, est fort différent du type européen et américain de l'homme « mâle ».

En général, nous pouvons résumer les formes possibles des rapports intérieurs entre les deux sexes, en disant que l'activité de l'homme et la passivité de la femme ne concernent que le plan le plus extérieur ; sur le plan subtil, c'est la femme qui est active, l'homme qui est passif (la femme est « activement passive », l'homme « passivement actif ») ; en particulier quand l'union des sexes conduit à la procréation, c'est la femme qui absorbe et possède. On dépasse bien peu cette situation dans tout le domaine de l'*eros* profane ; d'où l'ambiguïté de ce dernier. Sur la base de telles situations, ce n'est que fortuitement et tangentiellement que l'extase érotique comporte les phénomènes de transcendance dont nous avons parlé dans le troisième chapitre, et dont, de fait, les amants ordinaires sont habituellement peu conscients. Ce n'est que dans l'*eros*

---

343 Cf. Harding, *Op. cit.*, p. 45 : « L'attitude dépréciative que bien des hommes adoptent envers les femmes, témoigne d'une tentative inconsciente de dominer une situation qu'ils sentent être à leur désavantage. » Dans le même ordre d'idées, on peut accepter différents aperçus formulés par A. Adler à propos du caractère névropathique de beaucoup de démonstrations masculines de supériorité affectées en face de la femme. (Cf. *Op. cit.*, *passim* et par exemple p. 70.)

sacralisé que les rapports d'activité et de passivité changent fondamentalement, au point de refléter le statut propre aux deux principes sur le plan métaphysique, l'homme devenant vraiment actif devant la femme. La chose est évidente en elle-même, car seulement dans l'esprit, dans la sacralité, peut être réveillé de façon ou d'autre, ce qui contresigne la dignité supérieure potentielle de l'homme. Alors la polarité s'intervertit et se définit une troisième situation, un troisième niveau de l'expérience érotique, à laquelle le symbolisme tantrique, déjà indiqué, du *viparîta-maithuna,* de l'étreinte sexuelle inversée, peut offrir une expression symbolico-rituelle très adéquate. Cette immobilité de l'homme est le chrisme de l'activité supérieure, de la présence de la *vîrya,* pour laquelle la magie de la femme ne constitue plus un danger et la vision de la « Diane nue » elle-même, n'est plus mortelle. Ceci conduit d'une façon naturelle au domaine qu'il reste à traiter dans ce livre.

En ce qui concerne la psychologie des sexes esquissée dans les pages précédentes, il convient d'en rappeler, de nouveau, le fond ontologique. Nous voulons dire que nous avons parlé moins de qualités ou « caractéristiques » individuelles que de composantes objectives, de manifestations, chez les individus, de la nature de la féminité absolue et de la virilité absolue, selon les aspects fondamentaux de l'une et de l'autre, métaphysiquement déductibles et dramatisés par le mythe. Ces « éléments » ou « constantes » superindividuels du sexe, peuvent être présents chez les individus à des degrés différents de pureté et d'intensité ; de plus ils admettent des formes variées de manifestations, selon les races et le type prédominant de civilisation. On peut parler aussi de structures ou possibilités de la conscience profonde, que la conscience plus superficielle et sociale — celle du plan où se définit précisément la « personne » (cf. § 12) — ne reconnaît et n'admet pas toujours, que presque jamais elle n'actualise complètement dans le domaine profane. À l'égard des femmes, Harding[344] dit fort bien qu'il est trop dangereux pour elles de reconnaître ce qu'elles sont au fond d'elles-mêmes ; elles préfèrent croire être ce qu'elles paraissent, dans la façade de la conscience extérieure qu'elles se sont construite.

Il conviendra aussi de revenir sur un autre point, en rappelant que tout ce que nous avons constaté, sur cette ligne, comme différence de nature chez l'homme et chez la femme n'implique aucunement une différence de valeur. La question de la supériorité ou infériorité d'un sexe par rapport

---

[344] *Les Mystères de la femme,* cit. p. 46.

à l'autre, est tout à fait dépourvue de sens, nous l'avons déjà dit. Tout jugement sur la valeur ou la non-valeur de certains côtés de la nature ou de la psyché masculine comparée à la psyché féminine et vice-versa, se ressent d'un préjugé, c'est-à-dire du point de vue unilatéral propre à un sexe ou à l'autre. On doit le dire aussi à propos de quelques aspects de la psychologie de la « femme absolue » qui sembleraient comporter une non-valeur : la tendance à mentir, par exemple, la « passivité », la fluidité, le manque d'impératif logique et éthique, l'extraversion. Répétons-le : la non-valeur ici est relative, elle n'apparaît comme telle que, parce que dans une société androcratique, l'on s'est accoutumé au point de vue de l'homme. Pour s'exprimer en termes extrême-orientaux, la « perfection passive » n'est pas moins parfaite que la « perfection active », et a sa place à côté d'elle. Ce qui peut sembler négatif a une positivité à lui, si on la considère en fonction de son principe, c'est-à-dire en termes ontologiques de « nature propre », et de conformité à elle.

Enfin on doit se rappeler qu'à part la sexualisation élémentaire, presqu'aucun homme n'est seulement et sous tous les rapports un homme, et aucune femme n'est seulement et sous tous les rapports une femme. Nous avons déjà dit que les cas d'une sexualisation complète sont très rares, que presque chaque homme porte en lui des résidus de féminité et chaque femme des résidus de masculinité, dans des proportions présentant une grande marge d'oscillation. Il faut tenir compte de tout ce qui dérive de ce fait, en particulier quand on envisage le domaine psychique, où l'oscillation indiquée peut avoir une ampleur remarquable. Ainsi on peut retrouver les traits que nous avons considérés comme typiques de la psyché féminine, non seulement chez les femmes, mais beaucoup d'hommes peuvent les présenter au même degré, en particulier dans les phases régressives des civilisations. Weininger qui a pourtant bien mis en évidence la réalité et l'importance des « formes sexuelles intermédiaires », n'a pas tenu suffisamment compte de cela. Un seul exemple : Weininger a cru pouvoir attribuer à la femme le mensonge intérieur (dans le cas-limite : le mensonge hystérique ou névrotique) dû à son adoption passive de valeurs et de normes non conformes à sa nature sensuelle, propres à l'ambiance. Or, la psychanalyse a mis en lumière combien souvent ceci est aussi le cas pour l'homme, en particulier pour l'homme moderne ; elle est même parvenue à affirmer que, ce qui selon quelques-uns constituerait le noyau essentiel de la psyché masculine, ce qu'on appelle le « super-Moi » dominateur, censeur et vengeur de la vie instinctive, n'est que le produit artificiel de conventions sociales reçues et « introjectées » : par là il est cause de névroses et de déchirements intérieurs de tous genres. Et si, à l'égard des traits caractérologiques, psychologiques et moraux typiques de l'homme du dernier après-guerre, nous-mêmes avons pu parler d'une « race de l'homme fuyant », on voit donc combien peu la caractéristique « liquide » du féminin peut être attribuée seulement aux femmes.

On doit pourtant être sûr d'un point, c'est que s'il est arbitraire de juger la femme en fonction de l'homme ou vice-versa, quand on considère les deux sexes en eux-mêmes, un tel jugement est légitime lorsqu'il s'agit des composantes ou dispositions de l'autre sexe qu'un homme ou une femme peut accueillir ou développer en soi. Dans ce cas, il s'agit en effet d'imperfections du type, d'une privation de la « forme », de l'hybridisme qui caractérise un être inachevé ou dégénéré. Et du point de vue de l'éthique traditionnelle, est mal et non-valeur ce qui chez la femme est homme et qui chez l'homme est femme.

41. — Sur l'éthique des sexes

Cette dernière observation nous amène à dire quelques mots sur le problème de l'*éthique des sexes.* C'est un problème que nous ne ferons qu'effleurer ici, pour une double raison. En premier lieu, parce que, à l'encontre de ce que beaucoup pensent aujourd'hui, l'éthique selon la conception traditionnelle ne constitue pas un domaine autonome. Si elle doit avoir une valeur réellement normative, il faut qu'elle ait une base dans la sphère du sacré et du métaphysique. En second lieu, parce que nous avons déjà traité autre part l'éthique sexuelle considérée selon cette perspective[345]. Ici, nous effleurerons donc simplement le sujet, en partie à titre d'introduction à l'examen des formes sacralisées de la sexualité.

Toute éthique véritable, c'est-à-dire traditionnelle et non « sociale », ou abstraite, philosophique, se base sur l'élévation en forme aussi libre qu'absolue, de ce qui correspond à la nature propre de chaque être. Une donnée originellement « naturaliste », en devenant le contenu d'un acte pur du vouloir perd ce caractère, et prend une valeur éthique. La formule de toute éthique se résume dans le « sois toi-même » ou « sois fidèle à toi-même ». Dans le « soi-même », il faut comprendre la nature la plus profonde de chacun, son « idée » ou typicité.

---

[345] Dans *Révolte contre le monde moderne,* Partie I, § 21.

Or, si dans l'être pour soi et dans l'être pour l'autre, nous avons reconnu les caractères élémentaires de la masculinité et de la féminité, il paraît assez clair quelle est l'éthique de l'homme et quelle est celle de la femme : ce sera la reprise, l'affirmation inconditionnée et le développement des dites dispositions des individus empiriques de l'un et l'autre sexe. À cet égard, dans notre ouvrage mentionné plus haut, nous avons indiqué une symétrie. Comme types de la virilité pure, réalisateurs de l'être pour soi, nous avons signalé ceux du guerrier et de l'ascète , leur pendant idéal, ce sont les types de la féminité pure, exprimés par l'amante et par la mère, en tant qu'expressions du principe opposé, du principe de l'être pour l'autre, ou « hétérité ».

Nous ajouterons seulement la considération suivante pour ce qui concerne la femme. Si on les prend en elles-mêmes, ni la disposition maternelle, ni la disposition aphrodisienne n'ont une valeur éthique, déontologique, quelconque ; toutes deux attestent l'appartenance de la femme à la simple « nature ». Si l'on reconnaît généralement ceci pour la disposition aphrodisienne, beaucoup s'adonnent au contraire à une exaltation entièrement sans fondement à l'égard de la disposition maternelle. On parle de « la fonction sublime de la maternité », alors qu'il serait difficile de montrer ce que la maternité a de sublime. L'amour maternel, la femme de l'espèce humaine l'a en commun avec la femelle de beaucoup d'espèces animales[346] ; il est un trait naturaliste impersonnel et instinctif de l'être féminin, en soi-même dépourvu d'une dimension éthique, qui peut même se manifester dans une nette antithèse avec les valeurs éthiques. Ainsi on a justement relevé que dans le type de la mère absolue, un tel amour n'est aucunement en fonction de principes supérieurs[347] ; il est aveugle et peut même être injuste. La mère aime l'enfant uniquement parce qu'il est son enfant, non parce qu'elle voit en lui l'incarnation de ce qui est digne d'être aimé. Pour défendre ou sauver l'enfant, la mère absolue sera prête non seulement à sacrifier sa vie (et jusque-là subsisterait la base naturaliste pour une attitude éthique) mais aussi à se souiller de fautes impardonnables du point de vue éthique. L'exemple le plus cru est peut-être donné par le type de mère de la

---

346 Cf. Meunier, *L'amour maternel chez les animaux*, Paris, 1877.

347 Cf. L. Klages, *Vom kosmogonischen Eros*, cit., p. 18 : « L'amour maternel presqu'impersonnel d'une femme ressemble à s'y méprendre à celui d'une autre femme... Puisque tout instinct a en soi quelque chose d'animique, l'amour maternel a bien une profondeur d'âme, mais en aucune façon une hauteur spirituelle et n'appartient pas à l'animal mère, d'une façon différente de la mère humaine. »

nouvelle *Imant et sa mère,* d'Aino Kallas : une mère qui ayant appris que son fils risquait sa vie dans une conspiration contre son seigneur, n'hésite pas à trahir tous les conjurés, à condition que le seigneur s'engage à épargner le fils. Tous les compagnons de celui-ci sont massacrés, le fils a la vie sauve, mais naturellement, à peine connaît-il la vérité, qu'il ne lui reste plus qu'à se tuer. Le contraste entre l'éthique masculine et l'amour maternel se présente ici dans ses termes les plus nets.

Il faut un auto-dépassement, une disposition héroïque, sacrificielle, supraindividuelle, pour que les tendances naturelles de la femme en tant que mère et en tant qu'amante, assument un caractère éthique. Pour la mère, il ne s'agira alors plus d'un amour aveugle, d'un instinct, de quelque chose de coactif, ne laissant pas la possibilité de choix, mais d'un acte libre, d'un amour clairvoyant dans lequel demeurera la disposition à ne pas vivre pour soi, à être pour l'autre (ici pour son fils), mais unie à la faculté de discriminer et à une volonté positive capable de porter au dépassement du substratum naturaliste, au point de faire éventuellement désirer la mort du fils indigne. Certains types Spartiates, antico-romains, hibériques et germaniques de mères, peuvent illustrer cette première possibilité éthique féminine.

La seconde possibilité éthique féminine correspond au type de l'amante, et se concrétise dans la volonté d'être pour un autre, de vivre pour un autre[348], dans un climat héroïque et transfigurant où elle désire que l'homme soit son « seigneur et époux », mais le vénère aussi presque comme son dieu : en dépassant tout exclusivisme et tout égoïsme passionnel, en faisant presque de son offrande un acte sacrificiel, en conservant le potentiel désagrégateur, vivifiant et « démoniaque » de la femme absolue aphrodisienne, mais en le libérant du côté destructeur et « suçant » dont nous avons parlé. Dans notre ouvrage précédemment cité, nous avons indiqué des institutions du monde traditionnel qui eurent pour prémisse cette attitude éthique possible, de la femme en tant que nature non démétrienne, mais aphrodisienne et dionysiaque. La femme qui *veut* suivre son époux dans l'au-delà, même parmi les flammes du bûcher

---

[348] Comme témoignage intéressant de cette disposition on peut citer les parole de Mlle de Lespinasse à de Guilbert : « Ce moi dont parle Fénelon, est une chimère , je sens positivement que je ne suis pas *moi*. Je suis vous, et pour être vous, je ne dois faire aucun sacrifice. Vos affections, vos pensées, voici, ô ami, le moi qui m'est cher, qui m'est intime ; tout le reste m'est étranger. » (Cf. B. Dangennes, *Op. cit.).* La Sîtà de l'épopée dit que pour une femme bien née, la voie à suivre ce ne sont pas les parents, les fils, les amis, « *pas même son âme même* », mais c'est son époux.

funéraire — coutume faussement attribuée à l'Inde seule, parce que des coutumes animées par le même esprit se retrouvent aussi chez les Thraces, les Vendes, les anciens Germains, en Chine, chez les Incas, etc. — représente la limite de cette voie[349].

Dans un ouvrage comme celui-ci, en fait d'éthique des sexes, nous nous bornerons à ces aperçus plus que schématiques. Nous négligeons complètement le « problème de la femme » et celui des « relations sexuelles » comme les modernes les envisagent, qu'ils soient en rapport ou non avec le mariage, le divorce, l'émancipation, l'amour libre, etc. Tous ces problèmes sont inexistants. L'unique problème sérieux est celui de la mesure dans laquelle dans une société donnée et à une époque donnée, l'homme peut être lui-même et la femme peut être elle-même, dans une nette approximation des archétypes correspondants, et le problème de la mesure où, au-delà de la variété des formes extérieure et des différents cadres institutionnels, leurs rapports reflètent la loi naturelle immuable enracinée dans la métaphysique même du masculin et du féminin, loi qui est : *intégration et complètement réciproque auprès d'une subordination principielle de la femme à l'homme.* Tout le reste — pour nous exprimer à la façon de Nietzsche — est sottise ; et dans l'introduction, nous avons déjà relevé dans quel état, quant à l'homme, à la femme et au sexe, on se trouve dans le monde occidental moderne, grâce au soi-disant « progrès »[350].

---

[349] Saint Boniface parle de certaines femmes des peuples nordiques, qui ne voulaient absolument pas survivre à leur mari et qui « avec une fureur inouïe » se faisaient brûler avec lui ; la légende présente le même motif dans les figures de Nama et Brunhilde. Chez les Lettons, les Goths et les Hérules, les cas de femmes dont les maris étaient tombés à la guerre, et qui se tuaient, étaient fréquents. Cf. aussi E. Westermarck, *Histoire du mariage,* cit.

[350] Le monde moderne a connu la femme qui a voulu s'émanciper (matériellement, socialement) de l'homme, mais non l'homme qui a eu envie de s'émanciper (intérieurement, spirituellement) de la femme. Le climat « gynécocratique » de l'actuelle civilisation occidentale (et, à un degré plus élevé encore, de la civilisation américaine), est assez bien indiqué par ces paroles d'un personnage de D. H. Lawrence *(Aaron's rod,* ch. xiii) : « L'importance fondamentale de la femme dans la vie, la femme porteuse et source de vie, c'est la croyance professée et profonde de tout le monde blanc... Presque tous les hommes acceptent ce principe. Presque tous les hommes au moment même où ils imposent leurs droits égoïstes de maîtres mâles, acceptent tacitement le fait de la supériorité de la femme porteuse de vie. Tacitement ils professent le culte de tout ce qui est féminin. Tacitement ils sont d'accord pour admettre que la femme c'est ce qu'il y a de productif, de beau, de passionné et d'essentiellement noble dans le monde. Et bien qu'ils puissent réagir contre cette croyance, en détestant leurs femmes, en recourant aux

5. SACRALISATIONS ET ÉVOCATIONS

Le sujet duquel nous devrons nous occuper dans ce chapitre comporte quelques difficultés, quant au choix de la meilleure façon de l'exposer. En essence, il s'agit en effet d'expériences propres à une humanité différente de celle d'aujourd'hui, soit pour le type de civilisation, soit pour le monde dans lequel cette humanité vivait : un monde qui avait d'autres dimensions et comprenait le suprasensible comme une partie fondamentale de la réalité, et comme une « présence » virtuelle. Nous ne pourrons pas suivre ici la méthode de ces recherches modernes « neutres », qui bornent à collectionner et ordonner les faits des traditions antiques ou des traditions exotiques dans leur extériorité opaque. Nous procéderons au contraire à une interprétation qui, avant tout, considérera la dimension intérieure de tels faits, tout en nous rendant compte qu'une telle interprétation comporte pratiquement une certaine marge inévitable de doute. Dans les faits de l'*eros* sacralisé et de l'emploi non naturaliste du sexe, le moment rituel et évocatoire a toujours eu un rôle fondamental. Mais spécialement, quand il s'agit de formes institutionnelles désormais disparues, il est presqu'impossible d'établir dans quelles limites et dans quels cas, tout ce dont nous parlerons conserve une dimension authentique en profondeur, l'élément rituel comportant des évocations effectives, et dans quels autres cas, tout se réduit à une routine, à des coutumes suivies seulement dans la forme. La situation s'aggrave ensuite, du fait que souvent nos connaissances dans ce domaine se basent sur des témoignages fragmentaires et sur des formes

---

prostituées, à l'alcool et à n'importe quelle autre chose, en révolte contre ce grand dogme ignominieux de la supériorité sacrée de la femme, néanmoins ils ne font encore, toujours, que profaner le dieu de leur véritable foi. En profanant la femme, ils continuent, quoique négativement, à lui rendre un culte... L'esprit de la virilité a disparu du monde... Les hommes [d'aujourd'hui] ne pourront jamais s'unir pour combattre la bonne bataille, parce qu'à peine une femme s'avance avec ses enfants, elle trouvera un troupeau de moutons prêts à la défendre et à étouffer la révolte. »

déjà assez éloignées des origines. De toutes façons, nous chercherons à ordonner le mieux possible le matériel essentiel dont nous disposons.

En vue d'une orientation générale, en reprenant ce que nous avons déjà indiqué plus d'une fois, nous distinguerons comme suit les solutions fondamentales qui, hors du domaine profane, furent données au problème du sexe :

1° Sacralisation institutionnelle de l'union sexuelle.

2° Formes cultuelles évocatoires et sacramentelles de l'union sexuelle.

3° Détachement ascétique de la force sexuelle du plan de la diade, donc renoncement à son activation à travers le complément féminin — c'est-à-dire à travers la femme — et sa transformation intérieure en vue de réalisations surnaturelles.

4° Régime particulier de l'union sexuelle aux fins d'une rupture existentielle — extatique ou initiatique — de niveau.

5° Chacune de ces possibilités peut donner lieu, accessoirement, à des applications opératives, c'est-à-dire magiques, au delà du pur fait d'expérience intérieure. Ainsi on peut distinguer : *a)* une magie sexuelle primitive (rites de fécondité, orgies sacrées) ; *b)* une magie sexuelle individuelle opérative, au sens strict, cérémoniel ; c) une magie sexuelle initiatique.

42. — Le mariage comme « Mystère » dans le monde de la Tradition

Surtout après l'ouvrage fondamental de Fustel de Coulanges, on reconnaît généralement que la famille antique fut une institution à base religieuse, plus qu'une association naturelle. D'une façon générale, c'est valable également pour ce que fut la famille dans toute grande civilisation des origines, ou civilisation du monde de la tradition. Ce caractère sacral ne pouvait pas ne pas atteindre dans une certaine mesure aussi, les relations intimes entre les deux sexes, et l'usage conjugal de la sexualité.

Avant tout, on doit remarquer que dans le mariage antique, le facteur individualiste était d'ordinaire très réduit, n'apparaissait pas comme le facteur déterminant. Souvent, on ne se souciait qu'accessoirement de l'inclination et de l'affection ; c'était surtout la race qu'on avait en vue. La *dignitas matrimonii*, à Rome, dès le début se relia à l'idée de la descendance nobiliaire. C'est pourquoi, non seulement à Rome, mais aussi en Grèce et dans d'autres civilisations traditionnelles, on distinguait la femme à élever dans ce but à la *dignitas matrimonii* et les autres femmes dont l'usage était éventuellement consenti en même temps à l'homme aux fins de la pure expérience érotique (d'où l'institution du concubinage, légalement admis à côté du régime familial, comme son complément). De plus, à l'égard même de l'épouse, on rencontrait souvent une distinction entre son pur usage érotique et un usage spécifique en vue de la volonté consciente de procréer. Quand dans cette intention on s'approchait de l'épouse, on suivait un rituel spécial, avec des cérémonies lustrales ou propitiatoires, avec des détails particuliers du régime de l'étreinte sexuelle. Parfois, on faisait précéder cette dernière d'une période d'abstinence ; un rituel envisage même l'exorcisme du démon de la lascivité qui d'abord a la femme en son pouvoir ; dans quelques cas on priait et l'on invoquait les dieux, on choisissait une date propice, puis on s'isolait. On a relevé des éléments d'une science concernant les circonstances qui rendent plus probable la naissance d'un enfant d'un sexe plutôt que d'un autre[351].

Il est important, ensuite, de faire ressortir que, même dans les sociétés totémiques, la conception de procréation ne se réduisait pas à celle, naturaliste, de la continuation biologique de l'espèce, car en engendrant on voulait essentiellement conserver et transmettre dans le temps la force mystique de son sang, de sa *gens*, surtout celle de l'ancêtre primordial, immanente comme le *genius* de la souche, représentée sous une forme sensible, dans l'antiquité classique, par le feu sacré éternel de la maison. Et de même que la participation aux rites d'une famille créait éventuellement de nouvelles parentés, c'est-à-dire agrégeait à elle un étranger, de même il y a des indices qui font penser que dans l'antiquité traditionnelle, la femme avant d'appartenir au mari, était « épousée » par cette force mystique de la souche ancestrale. Il est significatif qu'à Rome on appelait *lectus genialis*, c'est-à-dire le lit du *genius*, le lit nuptial. Un témoignage résiduel plus précis concerne l'usage nuptial romain selon lequel, la femme avant de s'unir au mari devait s'unir au dieu Matitus, au Tutinus priapique qui, au fond, ne faisait qu'un avec le *genius domesticus* ou *lar familiaris*. Entrée dans la maison de son époux, la jeune fille, la

---

351 Cf. S. Péladan, *La Science de l'Amour*, Paris, 1911, p. 324-325.

nova nupta, avant d'accéder au lit conjugal devait s'asseoir sur le simulacre ithyphallique de ce dieu, comme s'il appartenait à celui-ci de la déflorer le premier — *ut illarum pudicitiam prior deus delibasse videtur*[352]. Et dans d'autres civilisations, on pourrait indiquer des rites analogues ayant le même sens. Le vrai but du mariage n'était pas une descendance quelconque, mais en premier lieu le « fils du devoir », comme dans l'Inde on appelait le premier-né male, faisant le vœu qu'il soit un « héros » — la formule finale de la cérémonie nuptiale *çraddhâ,* était celle-ci : *vîram me datta pitarah* (« O pères, faites en sorte que j'aie un héros pour fils ! »)[353].

Dans la famille sacralisée la polarité des sexes apparaît subordonnée à un régime de complémentarité. De là le rôle que la femme eut souvent dans le culte domestique indo-européen, en rapport avec le feu, dont elle était la gardienne naturelle, ayant elle-même par principe, la nature de Vesta, « flamme vivante » ou feu-vie. La femme était d'une certaine façon le soutien vivant de cette influence suprasensible, la contrepartie du principe viril du *pater familias.* Ainsi c'était surtout à la femme qu'il appartenait de veiller à ce que la flamme ne s'éteigne pas et reste pure ; elle en invoquait la force sacrée en offrant les sacrifices dans le feu[354]. À Rome, existait également un régime similaire de complémentarité pour le sacerdoce. C'est pourquoi, si l'épouse du Flamen — la *flaminica dialis* — mourait, il devait abandonner sa charge, comme si par le manque de complément vivifiant, son pouvoir était amoindri ou paralysé. On peut recueillir des témoignages analogues d'autres traditions, par exemple de la tradition brahmanique où déjà des sens ultérieurs sont aussi en relief. La femme unie à l'homme par le sacrement — *samskâra* — se présente comme la « déesse de la maison » — *grhadevatâ* — et à l'origine était associée au mari dans le culte et dans les rites. La femme sert soit de foyer — *kunda* —, soit de flamme du sacrifice. On dit de méditer sur la femme conçue comme un feu — *yosha-magnin dhyâyîta.* Et déjà s'annonce le plan réalisateur, outre que rituel, si dans ces cadres l'union entre l'homme et la femme était conçue comme un grand rite — *vajna* —, comme un équivalent du sacrifice dans le feu — *homa.* On lit : « Celui qui connaît

---

352 Properce *(Carm.,* IV, ii, 33 ; Lactance. *Div. Inst.* i, 20, 36 *(apud* Pestalozza, *Op. cit.,* p. 387, 407). Cf. aussi A. de Marchi, *Il culto privato in Roma antica,* Milano, 1896.

353 Cf. S. Radhakrishnan, *The Hindu view of life,* London-New York, 1927, p. 84.

354 F. de Coulanges, *La cité antique,* Paris, 1900, p. 107-166.

la femme sous forme de feu, atteint la libération. » Et le *Çathapata-brahmâna* fait dire à la femme : « Si tu fais usage de moi dans le sacrifice, quelle que soit la bénédiction que tu demandes, tu l'obtiendras par moi »[355]. On a homologué les fruits d'une des formes du sacrifice du *soma (Vajapeya)* à ceux produits par l'union avec une femme, quand on l'accomplit en connaissance des correspondances et des équivalents cosmiques d'elle et de son corps. On indique la matrice, centre de la femme, comme le feu sacrificiel[356]. Un autre texte traditionnel fait correspondre toutes les phases de l'étreinte sexuelle aux phases d'une action liturgique et montre la possibilité que la seconde se réalise tissée avec la première[357].

En général, en ces termes déjà le mariage pouvait présenter les caractères d'un « mystère » dans un régime de ritualisation. Dans un rituel indo-européen bien connu, relatif à l'acte procréateur, la position consciente des correspondances cosmiques du masculin et du féminin — le Ciel et la Terre — est nettement attestée : « Donc, que l'époux s'approche d'elle en prononçant la formule : Je suis Lui et tu es Elle ; tu es Elle et je suis Lui. Je suis le chant *(sâman)* et tu es la strophe (*rc*)... Je suis le Ciel et tu es la Terre. Viens, embrassons-nous, mêlons notre semence, pour la naissance d'un mâle, pour la richesse de notre maison. » Ensuite, faisant en sorte que la femme écarte les jambes, dis : O vous Ciel et Terre, mêlez-vous ! » En entrant en elle, la bouche unie à sa bouche, en la caressant trois fois du haut en bas, dis : « ... Comme la Terre accueille le Feu dans son sein, comme le Ciel enferme Indra dans son giron, comme les points cardinaux sont remplis de vent, ainsi je dépose en toi le germe de N. (nom du fils)[358]. » Donc, la virilité dans le signe du Ciel, la féminité dans celui de la Terre. De même en Grèce, selon Pindare, pour un rapport au fondement ontologique de leur nature plus profonde, dans l'amour les hommes invoquaient Hélios, le Soleil, les femmes Séléné, la Lune[359]. On peut aussi remarquer que dans presque tous les dialectes hindous

---

[355] I, viii, i, 9. — J. Woodroffe, *Shakti and Shâkta,* Madras-London. 1929, p. 96-97.

[356] *Brhadâranyaka-upanishad,* IV, iv, 3.

[357] *Chândoya-Upanishad,* II, xii, 1-2.

[358] *Brhadâranyaka-upanishad,* VI, iv, 20-22 ; formule analogue abrégée dans *Atharva-Veda,* XIV, ii, 71.

[359] Cf. Kerényi, *Figlie del Sole,* cit., p. 134.

d'origine sanskrite, on appelle les femmes *prakrti*, mot qui, comme on l'a vu, désigne métaphysiquement la « nature », tout comme la force-femme du dieu impassible, du *purusha* [360] . Cet arrière-plan de sacralisation du mariage même, devait peu à peu se voiler ; néanmoins en sont restés dans les temps plus récents des traces, dans des faits positifs explicables seulement si l'on se rapporte à cet arrière-plan. Avec des homologations divines et cosmiques précises, il ne se conserva que dans le domaine culturel au sens spécifique, dans les variétés du *hieros gamos*, de l'hiérogamie et théogamie rituelles suivant ce que nous en dirons bientôt. Mais pour l'antiquité, c'est à juste titre que l'on a affirmé qu'un peuple chez lequel les pratiques nuptiales étaient ritualisées et toujours conformes aux lois éternelles, constituait une grande chaîne magique reliant la sphère matérielle aux sphères supérieures[361]. Novalis a raison de considérer le mariage, tel qu'on le connaît aujourd'hui, comme un « mystère profané » ; au cours du temps, il s'est effectivement réduit à n'être plus que l'unique alternative offerte à celui qui sent l'horreur de la solitude. Le fait que Claude de Saint-Martin n'ait pas réalisé certainement toute la portée de ses paroles, et n'ait pas eu une vision de la situation où elles sont vraies, ce fait ne diminuera pas l'exactitude de ce qu'il a écrit : « Si le genre humain savait ce qu'est le mariage, il aurait à la fois un désir extraordinaire et une peur terrible de lui, vu que grâce à lui, l'homme peut de nouveau se rendre semblable à Dieu ou bien finir dans un désastre total[362]. »

Dans le cadre des religions créationistes elles-mêmes, a toutefois subsisté la conception générale d'un caractère sacré de l'acte procréateur, en tant que reflet, prolongement ou reproduction de l'acte créateur divin. Pour l'Iran mazdéen, on peut rappeler un ancien rituel nuptial, dans lequel l'idée de grâces divines est même associée à l'intensité maxima de l'étreinte sexuelle[363]. Pour l'Islam, un rituel qui rappelle en partie le rituel indo-européen, précédemment cité, nous dit combien sort de ces traditions l'idée de la sexualité comme quelque chose de coupable et

---

[360] Il est intéressant que dans certaines langues romanes — par exemple en italien et en français — l'organe sexuel féminin dans le parler populaire est appelé « la nature », de même que *prakrti* en face de *purusha* représente la « nature ».

[361] P. B. Randolph, *Magia sexualis*, Paris, 1952, p. 28.

[362] C. de Saint-Martin, *Le Ministère de l'Homme-Esprit*, Paris, 1802, p. 27.

[363] *Yaçna*, 53, 7.

d'obscène, où toute référence à la divinité serait un blasphème. Selon ce rituel, au moment de pénétrer dans la femme, l'époux dira : « Au nom d'Allah clément et miséricordieux — *Bismallah al-rahman al-rahim.* » Puis la femme ainsi que l'homme diront ensemble : « Au nom de Dieu », et, enfin, seul l'homme au moment de sentir défaillir la femme et d'émettre le sperme en elle, dira le reste de la formule, c'est-à-dire les mots « ... clément et miséricordieux »[364]. Sur la même ligne, un maître du soufisme, Ibn Arabî, en vient même à parler d'une contemplation de Dieu dans la femme, dans une ritualisation de l'étreinte sexuelle conforme à des valeurs métaphysiques et théologiques. Dans son traité *Fucuc Al-Hikam* il écrit : « Cet acte [conjugal] correspond à la projection de la Volonté divine sur ce qu'au moment même où Il le créa. Il créa dans Sa forme pour s'y reconnaître Lui-même... Le Prophète aima les femmes précisément en raison de leur rang ontologique, parce qu'elles sont comme le réceptacle passif de son acte, et qu'elles se situent par rapport à lui comme la Nature Universelle *(at-tabî'ah)* par rapport à Dieu. C'est bien dans la Nature Universelle que Dieu fait éclore les formes du monde par la projection de Sa volonté et par l'Acte Divin, lequel se manifeste comme acte sexuel dans le monde des formes constituées par les éléments, comme volonté spirituelle *[al-himmah* — c'est ce que nous avons appelé la virilité transcendante] dans le monde des esprits de lumière, et comme conclusion logique dans l'ordre discursif [à ce propos on pourrait s'en rapporter à la rigueur logique conçue comme une manifestation essentielle du principe masculin — cf. § 37]. » Ibn Arabî dit que celui qui aime ainsi les femmes, c'est-à-dire en réalisant ces significations tandis qu'il s'unit à elles, « les aime par amour divin ». Mais pour celui qui n'obéit qu'à l'attrait sexuel, « l'acte sexuel sera une forme sans esprit ; bien entendu l'esprit reste toujours immanent à la forme comme telle, seulement il demeure imperceptible à celui qui s'approche de son épouse — ou d'une femme quelconque —pour la seule volupté, sans connaître l'objet véritable de son désir... » « Les gens savent bien que je suis amoureux. — Seulement ils ignorent de qui... » — ce vers s'applique bien à celui qui aime pour la seule volupté, c'est-à-dire qui aime le support de la volupté, la femme, mais reste inconscient du sens spirituel de ce dont il s'agit. S'il le connaissait, il saurait en vertu de quoi il jouit et qui. jouit [réellement] de cette volupté ; dès lors il serait

---

[364] Haleby Othman, *Les lois secrètes de l'amour,* Paris, 1906. L'évocation de Brâhma au moment d'éjaculer la semence, en même temps que la formule citée auparavant, se trouve par exemple dans le *Mahanirvâna-tantra,* IX, 112-116.

[spirituellement] parfait[365]. » Dans cette théologie soufiste de l'amour, on doit voir seulement l'amplification et l'élévation à une conscience plus précise du mode rituel avec lequel, l'homme de cette civilisation a plus ou moins distinctement assumé et vécu les rapports conjugaux en général, en partant de la sanctification que la loi coranique confère à l'acte sexuel, dans un régime non seulement monogamique, mais aussi polygamique. De là naît aussi le sens particulier que peut revêtir la procréation, entendue précisément comme l'administration du prolongement du pouvoir créateur divin existant dans l'homme.

L'hébraïsme ancien ignora, lui aussi, la condamnation ascétique et puritaine du sexe, il conçut le mariage non comme une concession à la loi de la chair, plus forte que l'esprit, mais comme un des mystères les plus sacrés. Pour la Kabbale juive, chaque vrai mariage était comme une réalisation symbolique de l'union de Dieu avec la *shekinah*[366].

Enfin, en passant, la doctrine chinoise des unions royales, vaut aussi la peine d'être indiquée. En dehors de celle qui est proprement son épouse le roi a cent vingt femmes. L'usage d'elles toutes revêt aussi le sens d'un rite et obéit à un symbolisme précis. Les femmes royales sont divisées en quatre groupes différents dans un rapport inverse entre leur nombre et leur valeur : le groupe le plus nombreux est composé des femmes que l'on considère comme moins nobles. Il n'est permis aux femmes de s'approcher du roi qu'en des nuits données, à une période décroissante de la nuit de la pleine lime, en commençant par les groupes les plus nombreux et extérieurs, appelés dans des nuits presque obscures, sans lune, jusqu'au dernier groupe, composé de trois femmes seulement, qui ont pour elles les deux nuits avant la nuit sacrée de la pleine lune. En cette nuit, où macro-cosmiquement la lune nue en toute sa lumière se trouve en face du soleil, la reine seule reste devant le roi, l'Homme Unique, et elle ne fait qu'un avec lui. C'est là l'idée d'une union qui, absolue au centre, se multiplie atténuée dans les degrés où le multiple — la quantité — croît et la dignité diminue, tout comme la force de l'Un, lorsqu'il féconde la matière : reflets, toujours plus conditionnés de ce qui est

---

365 Ibn Arabî, *La Sagesse des Prophètes,* trad. T. Burckhardt, Paris, 1955, p. 187-189.

366 Cf. Scholem, *Mystique juive,* cit, p. 251.

absolument en acte dans la hiérogamie du couple royal, dans un système de participations qui répète un modèle cosmique[367].

43. — Le christianisme et la sexualité

En ce qui concerne les unions sacralisées dans un cadre institutionnel et plus précisément dans les formes de mariage monogamiques, nous ferons allusion au caractère hybride que celui-ci présente dans le catholicisme, à cause de la morale propre à cette religion. Ce n'est pas seulement à cet égard que, dans le catholicisme, sont visibles les conséquences de l'interférence illégitime entre des principes et des normes se rapportant à deux plans bien distincts. Les religions traditionnelles à fond créationiste ont toujours reconnu deux lois. L'une concerne la vie dans le monde conçu comme œuvre divine, comme chose voulue et conservée dans son existence par le Dieu créateur (par la divinité selon son aspect de « créateur » et de « conservateur » : Brahmâ et Vishnu), et cette loi consiste, non dans la négation mais dans la sacralisation de la vie dans le monde. La seconde loi concerne au contraire la petite minorité de ceux qui ont une vocation ascétique, auxquels est indiquée la voie du détachement, de la transcendance (voie de Çiva). Au contraire de l'hébraïsme antique, du mazdéisme, de l'hindouisme védique, de l'Islam même, etc., le catholicisme a confondu les deux ordres et a introduit des valeurs ascétiques dans le domaine de la vie ordinaire ; une des conséquences en a été la condamnation du sexe, voire même une véritable haine théologique pour le sexe.

Par contre, dans les Évangiles, la distinction indiquée était encore assez apparente : Dans Luc (XX, 34-36) on lit : « Les fils de ce monde épousent et les filles se marient. Mais ceux qui ont été réputés dignes d'obtenir cet autre siècle et la résurrection des morts, n'épousent pas et ne se marient pas ; afin qu'ils ne meurent plus et soient semblables aux anges. » Et Matthieu (XIX, 12) parle de ceux « qui se sont faits eunuques eux-mêmes, à cause du Royaume des Cieux », ajoutant : « Que celui qui peut en être capable, le soit », l'allusion aux « eunuques » étant pourtant assez malheureuse ; s'il s'agit jamais de la réalisation de la virilité dans une forme supérieure, absolue, c'est bien ici. Toujours dans Matthieu (XIX, 4-6), on trouve des paroles qui pourraient même nous ramener au motif

---

[367] M. Granet, *La pensée chinoise*, Paris, 1950, p. 293-295.

de l'androgyne, parce qu'on lit : « N'avez-vous pas lu que Celui qui au commencement créa toute chose, créa l'homme mâle et femelle ? Et qu'Il dit : À cause de cela l'homme quittera son père et sa mère et s'unira à sa femme et les deux deviendront une seule chair. Ainsi ils ne sont plus deux, mais une seule chair. Pourtant, que l'homme ne sépare pas ce que Dieu a uni. » Rigoureusement, ces paroles feraient donc concevoir l'union des sexes comme une œuvre de restauration androgynique et c'est en ces termes qu'elles la justifieraient ; la dernière phrase plutôt que de se rapporter à l'indissolubilité du mariage comme fait social, pourrait même renvoyer à la doctrine que nous avons vue professée par Scot Erigène, c'est-à-dire que la séparation des sexes n'est qu'un fait humain, concernant exclusivement l'être originaire déchu. En effet, Paul en reproduisant le passage biblique parlant des deux qui quittent père et mère et font une seule chair, ajoute : « Ceci est un grande mystère » *(Ephés.*, V. 31- 32 : τό μυστήριον τοῦτο μέγα ἐστιν*)* — le mot employé étant exactement « mystère », non « sacrement », comme on lit dans la Vulgate. Dans Paul, il y a encore une allusion soit au double statut masculin et féminin, et implicitement aux voies correspondantes pour l'homme et pour la femme, avec les paroles : « L'homme est l'image de la gloire de Dieu, mais la femme est la gloire de l'homme » (I. *Cor.*, XI, 7), soit au mystère de la conversion (« rédemption ») du féminin à travers le masculin (la Çakti reconduite à Çiva) avec le précepte que le mari doit aimer l'épouse comme le Christ a aimé l'Église, « se donnant à elle afin de la sanctifier, après l'avoir lavée par le lavage de l'Eau, dans la vertu de la Parole » — après quoi suivent les mots : « C'est ainsi que les maris doivent aimer leurs femmes, comme leur propre corps : celui qui aime sa femme s'aime lui-même » *(Ephés.*, V, 25-37). Mais en même temps, contradictoirement s'annonce chez Paul la dénégation de toute possibilité supérieure du sexe, l'expérience sexuelle prise en elle-même étant conçue comme « fornication » et « impudicité », et le mariage comme un simple pis-aller. On lit en effet : « Il serait bon pour l'homme de ne pas toucher la femme. Mais à cause des fornications, que chaque homme ait sa femme et chaque femme son mari » — et encore : « S'ils ne peuvent se contenir, qu'ils se marient, car il vaut mieux se marier que brûler » (I. *Cor.*, VII, 1-2, 9).

Justement ce dernier point de vue a été pris comme base par le christianisme post-évangélique. D'après lui, la vie sexuelle en général, est un péché[368] ; elle n'est permise aux catholiques que lorsqu'elle prend la forme sociale de mariage, et uniquement en vue de la procréation. On sait pourtant que le mariage comme « sacrement » régulier, et non comme simple bénédiction des époux, n'est apparu que tardivement dans le christianisme (vers le XIIe siècle) et que l'imposition du rite religieux pour tout mariage qui ne veut pas être considéré comme un concubinage, est encore plus récente, elle remonte au concile de Trente (1563). Cet aspect sacramentel, outre que tardif, a au fond une finalité moins spirituelle que simplement séculière. Puisqu'on se tient toujours à l'idée que le sexe n'est que « nature » et péché, puisqu'on ne reconnaît au sexe aucune valeur hormis celle de moyen de procréation, le mariage, se présente exactement comme Paul l'avait péjorativement conçu, c'est-à-dire comme un moindre mal, comme un *remedium infirmitatis concupiscentiae* pour ces hommes et femmes qui ne savent pas choisir le célibat, mais subissent la loi de la chair. L'idée canonique que, comme sacrement, il « confère la grâce nécessaire pour sanctifier l'union légitime de l'homme avec la femme, en perfectionnant l'amour naturel et en lui donnant un caractère d'indissolubilité que le premier ne saurait avoir », cette idée se réduit donc, par nécessité, à un simple fait de superstructure. Il ne s'agit pas d'un rite tendant à établir ou à favoriser de quelque façon des dimensions plus profondes, transfigurantes, sacralisées de l'expérience sexuelle, parce que la théologie morale, en principe, condamne celui qui, même dans les cadres conjugaux, se livre à cette expérience sans avoir pour but essentiel la procréation et s'écarte d'un régime de « chastes unions ». Cela, entre autres, implique l'erreur déjà dénoncée par nous, qu'*eros* et « instinct de reproduction » ne fassent qu'un ; de plus, il faut rappeler l'inexistence dans la société contrôlée par le catholicisme, de tout ce que, dans la famille antique, pouvait conférer à la procréation ce sens supérieur auquel nous avons fait allusion précédemment, sens lié aux cultes familiaux et nobiliaires. En pratique, le point de vue christiano-catholique conduit non à la sacralisation, mais au refoulement et à la « primitivisation » du sexe, à cause de l'hybridisme indiqué : faute d'avoir donné comme précepte général, valable pour le commun des mortels et pour la vie courante, ce détachement du sexe qui s'impose seulement dans le cadre de la troisième des solutions énumérées

---

[368] L'idée qu'il y ait une relation quelconque entre le commerce sexuel et le « péché originel » n'a aucune base dans les textes : dans la *Genèse* (II, 24), on parle des deux, d'Adam et Eve qui deviennent une seule chair, bien avant le péché et quand ils n'avaient pas encore honte d'aller nus. Du reste, le catholicisme, à l'encontre du protestantisme, a affirmé que le penchant de l'homme pour la sexualité n'est pas la cause du péché originel, mais seulement un de ses effets.

par nous au début de ce chapitre, à savoir, dans le cadre des techniques de transformation ascétique (et non de répression puritaine) de l'énergie sexuelle. Il reste pourtant le seul aspect social du précepte religieux chrétien et celui de simple, médiocre et obtus bridement extérieur de l'animal humain, aspect dénué pour nous de tout intérêt.

C'est d'une confusion du même genre aussi, que vient la norme du célibat sacerdotal dans le catholicisme : on a confondu le type du prêtre (du clerc séculier) avec celui de l'ascète (du moine), avec lequel il n'est pas du tout dit que le premier doive s'identifier et avec lequel, de fait, il ne s'est pas du tout identifié dans de nombreuses civilisations traditionnelles, qui ont souvent connu de longues dynasties sacerdotales, la continuité du sang servant ici de support naturel et de véhicule à la continuité de l'influence surnaturelle sacralisante, transmise le long des générations d'une même souche. Quant à la prémisse normale pour une loi destinée à celui qui vit dans le monde, dans le cadre de la tradition, et non à l'ascète, elle ne saurait être trop différente de celle exprimée par une sentence comme la suivante de Ibn Atâ : « Les hommes de dévotion et d'austérité exècrent toutes choses parce qu'ils sont loin de Dieu ; s'ils le voyaient dans toute chose, ils n'en exécreraient aucune[369]. »

Dans l'ensemble du christianisme on n'est arrivé à une attitude différente en face du sexe, que dans des courants nettement hétérodoxes et condamnés, ou bien dans certains cas sporadiques. Pour ce qui est des premiers, on peut rappeler le courant des Almriciens, des Begards et des « Frères du Libre Esprit » (XIIe-XIV° siècle) ; de l'idée de l'omnipotence divine, ce courant tira aussi pour le sexe des conclusions analogues à celles des traditions rapportées auparavant. Ce courant distinguait deux religions : l'une valable pour l'ignorant, l'autre pour l'illuminé, et affirmait la possibilité pour ce dernier, de parvenir à un état où il pourrait voir Dieu agir en lui-même et en toute chose (*quod dicitur quod homo ad tale statum potest pervenire, quod deus in ipso omnia operatur)*. Pour celui qui se trouve dans cet état, l'idée de péché disparaît, la règle ascétique perd toute signification, même les actions du corps glorifient Dieu : on sent que quelles qu'elles soient, elles sont accomplies par Dieu sous la forme humaine. Aussi, par rapport au sexe, est donc déclarée l'impeccabilité de l'homme illuminé, libre dans l'esprit ; on arrive à dire que les femmes ont été créées pour être employées par ceux qui vivent dans cette liberté — *sic et mulieres creatae sunt ut sint ad usum illorum*

[369] Apud M. M., MORENO, *Antologia della mistica arabo-persiana*, Bari, 1951.

qui sunt in libertate spiritus — bien plus : on revendique une anomie qui va bien au-delà de tout ce qui peut être demandé pour le dépassement de la conception chrétienne du sexe comme péché et impureté essentielle, car cette anomie conduit à l'abolition complète de toute limite ; on peut en juger par cette proposition attribuée à certains sectateurs du courant en question : *quod talis liber redditur impeccabilis... et si natura inclinaret ad actum venereum, potest licite ipsum perficere cum sorore vel matre et in quocumque loco sicut altari*[370]. Mais ici, en plus de devoir distinguer entre ce que professèrent en secret ces illuminés, et ce qui leur fut méchamment attribué par leurs adversaires et par l'orthodoxie, tout ce qu'on sait à ce sujet, fait supposer qu'il a surtout été question de positions doctrinales, c'est-à-dire de principes non nécessairement mis en pratique.

En fait de cas d'expériences sporadiques individuelles, on peut citer comme exemple celui rapporté par sir John Woodroffe, concernant les résultats d'une enquête menée au XVIIIe siècle dans le couvent des Dominicaines de Sainte Catherine à Prato, pour le scandale causé par certaines formes d'érotisme mystique qui s'y pratiquaient secrètement. Voici les déclarations les plus significatives d'une jeune femme qui avait été l'abbesse de ce couvent : « Notre esprit étant libre, l'intention est ce qui rend l'action mauvaise. Il suffit donc de s'élever à Dieu avec l'intelligence, pour que n'importe quelle chose ne soit pas un péché ».

Être unis à Dieu — ajoute-t-elle — c'est être unis comme homme et femme. La vie éternelle de l'âme et le paradis en ce monde, consistent dans la « transubstantiation de l'union de l'homme avec la femme. » On obtient la « jouissance de Dieu » par l'acte avec lequel on s'unit à Dieu, et cela se produit « au moyen de la coopération de l'homme et de la femme », de l'« homme, dans lequel je reconnais Dieu ». La conclusion est : « En exerçant ce que nous appelons faussement impureté, c'est la véritable pureté : celle que Dieu nous commande et qu'il veut que nous pratiquions, et sans laquelle il n'y a pas moyen de trouver Dieu, qui est la vérité[371]. » Cet exemple suffira, car en réalité, dans des cas de ce genre, il ne s'agit plus de sacralisations dans un cadre institutionnel et formel quelconque, mais d'expériences marginales à fond mystique et libre, qui

---

[370] Sur tout cela, cf. H. Delacroix, *Essai sur le mysticisme spéculatif en Allemagne au* XIV *siècle,* Paris, 1900, p. 60-63, 65, 91, 125.

[371] De Potter, *Vie de Scipion de Ricci, évêque de Pistoia et Prato,* Bruxelles, 1895, I, pp. 460, 418, 420, 428 *(apud* Woodroffe, *op. cit.,* p. 597-598).

rentrent dans une autre partie de la matière que nous aurons à traiter, relevant de traditions autres que la tradition chrétienne. Toutefois, dans ce cas curieux, ce qui frappe c'est la concordance avec les idées qui, ailleurs, ont inspiré la ritualisation du régime conjugal, hors de toute conception d'un caractère de péché du sexe.

Nous avons déjà parlé des rites collectifs des Khlystis slaves, qui comportaient l'union sexuelle des hommes et des femmes, considérés les uns comme incarnations du Christ, les autres comme incarnations de la Vierge. Mais il est trop évident qu'en eux l'élément chrétien est un simple vernis superposé aux survivances et reviviscences de précédents rites païens, pour qu'ils puissent être considérés dans ce contexte.

44. — La Prostitution sacrée. Les hiérogamies.

Dans son essence, tout culte traditionnel tend à l'actualisation, dans un certain milieu, de la présence réelle d'une entité suprasensible donnée ou à la transmission participative de l'influence spirituelle qui lui correspond à un individu ou à un groupe. Les principaux moyens employés pour ce but sont les rites, les sacrifices et les sacrements. Or, dans maintes civilisations, on employa aussi le sexe à cette fin.

Un des cas les plus typiques se rencontre dans le cadre des Mystères de la Grande Déesse, qui connurent des pratiques érotiques tendant précisément à évoquer le principe de la Femme Divine, et à en raviver la présence en un lieu donné et dans une communauté donnée. Entre autres, tel fut le véritable but de ce qu'on a appelé la prostitution sacrée, en usage dans les temples de beaucoup de divinités féminines de type aphrodisien du cycle méditerranéen : Ishtar, Mylitta, Anaïtis, Aphrodite, Innini, Athagatia. Ici on doit distinguer deux aspects. D'un côté il y avait la coutume, que chaque jeune fille arrivée à la puberté ne pouvait se marier avant d'avoir offert sa virginité dans un but non d'amour profane, mais de sacralité : elle devait se donner dans l'enceinte sacrée du temple à un étranger qui faisait une offrande symbolique et qui invoquait en elle la déesse[372]. D'autre part, dans ces temples existait un corps fixe de hiérodules, c'est-à-dire de servantes de la déesse, de prêtresses dont le culte consistait dans l'acte pour lequel les modernes ne savent pas trouver

---

[372] Hérodote, I, 99 ; Strabon, XI, 532.

d'autres mots que « se prostituer ». Elles célébraient le mystère de l'amour charnel au sens non d'un rite formaliste et symbolique, mais déjà d'un rite magique opératif, pour alimenter le courant de psychisme servant de corps à la « présence » de la déesse et en même temps, pour transmettre l'influence ou vertu de cette déesse à ceux qui, comme par un sacrement efficace, s'unissaient à ces jeunes femmes. Elles avaient aussi le nom de « vierges » *(parthénoi ierai),* de « pures », de « saintes » *(qadishtu, mugig, zêrmasitu)* ; on pensait que d'une certaine façon elles incarnaient la déesse, qu'elles étaient les « porteuses » de la déesse de laquelle, dans leur fonction érotique spécifique, venait leur nom—*ishtaritu*[373]. L'acte sexuel absolvait ainsi d'un côté la fonction générale propre aux sacrifices évocateurs ou ranimateurs des présences divines, de l'autre côté, il avait une fonction identique, en tant que structure, à celle de la participation eucharistique ; c'était l'instrument pour la participation de l'homme au *sacrum,* en ce cas porté et administré par la femme ; c'était une technique pour obtenir un contact expérimental avec la divinité, pour s'ouvrir à elle, le traumatisme de l'étreinte sexuelle, avec l'interruption de la conscience individuelle qu'elle implique, constituant une condition particulièrement propice pour cette participation.

Un tel emploi de la femme ne fut pas limité aux mystères de la Grande Déesse de l'antique monde méditerranéen, il est attesté en Orient aussi. Dans l'Inde, dans les temples de Jaggernaut, on rencontre aussi l'offrande rituelle des vierges pour « nourrir » la divinité, c'est-à-dire pour en activer efficacement la présence. Dans beaucoup de cas, les danseuses des temples avaient la même fonction sacerdotale que les hiérodules d'Ishtar et de Mylitta : de même leurs danses constellées de *mudrâ* — de gestes symbolico-évocateurs — présentaient en général un caractère sacré. Leur « prostitution » aussi était sacrée. C'est pourquoi, même des familles très en vue, considéraient non comme une honte, mais comme un honneur que dès leur enfance leurs filles fûssent consacrées pour ce service dans les temples. Sous le nom de *devadâsî,* elles se présentaient parfois comme les épouses du dieu. Dans ce cas, elles étaient moins les porteuses du *sacrum* féminin, les initiatrices de l'homme aux Mystères de la Déesse, que les femmes destinées en général, à servir de feu dans l'union sexuelle que des textes traditionnels hindous, on l'a vu, avaient homologuée au sacrifice dans le feu.

---

[373] S. Langdon, *Tammuz and Ishtar,* Oxford, 1914, p. 80-82.

De plus, il y a lieu de penser que même en dehors de ces cadres cultuels et institutionnels, l'hétérisme antique et oriental avait des aspects non purement profanes, les femmes étant qualifiées pour donner à l'acte d'amour des dimensions et un dénouement désormais ignorés. Certaines connaissances de ce qu'on peut appeler la physiologie hyperbiologique ou connaissances subtiles, sont attestées chez les hétaïres extrême-orientales, qui souvent étaient unies en corporations ayant leurs « armes », leurs insignes symboliques et une tradition antique. On est en droit de supposer que dans certains cas l'*ars amatoria* profane est née de la dégradation d'éléments extérieurs d'une science *sui generis* basée sur un savoir traditionnel et sacerdotal : il n'est pas exclu que parmi les postures indiquées dans des ouvrages comme les quarante-huit *Figurae Veneris* de Forberg, il y en ait de celles qui, à l'origine, eurent la valeur de *mudrâ,* c'est-à-dire de postures magico-rituelles appliquées à l'acte sexuel, puisque, comme nous le dirons, des significations similaires ont subsisté même dans les pratiques sexuelles de certains milieux modernes.

Nous avons déjà parlé des philtres d'amour, dont le sens complet est également perdu, car on n'en connaît que les usages dégradés ou bien les équivalents sous forme de mystifications, de superstitions populaires de sorcières. En réalité, en ceci put entrer en question moins l'art de faire naître de façon anormale une passion ordinaire, que l'art de donner à l'expérience du sexe des dimensions différentes de celles propres à l'*eros* vulgaire. On sait que Démosthène fit condamner une maîtresse de Sophocle qui avait la réputation de confectionner des philtres d'amour ; mais au cours du procès, il s'avéra qu'elle avait reçu une initiation et qu'elle fréquentait des milieux proches des Mystères. En général, beaucoup d'hétaïres, ou figures de type hétérique, même de la saga et de la légende, ont été décrites comme des magiciennes, non simplement à cause de leur fascination féminine, mais aussi pour leurs connaissances particulières de magie. Bien que dans le *Kâma-sutra* (I, I) la liste des talents qu'une *ganikâ* ou hétaïre de grande classe devrait posséder soit assez longue et baroque, il est pourtant significatif que dans cette liste figurent les arts magiques, l'art de tracer des diagrammes mystico-évocateurs *(mandala)* et celui de préparer des charmes[374]. On raconte que la célèbre Phryné se montra toute nue, non seulement au cours de

[374] De telles jeunes femmes qui, à part leur beauté et d'autres attraits, sont versées dans les différents arts indiqués, dans le texte, il est dit : « Dans une société d'hommes, elles ont droit à une place d'honneur... Toujours respectées par le souverain, et célébrées par les hommes de lettres... elles jouissent d'une considération universelle. »

l'épisode bien connu de son procès (où du reste ses défenseurs firent ressortir moins le moment esthétique de sa beauté profane que celui sacro-aphrodisien — Atheneus encore rappellera : « Les juges furent saisis par la crainte sacrée de la divinité : ils n'osèrent pas condamner la prophétesse et la prêtresse d'Aphrodite ») mais qu'elle se montra ainsi aux initiés d'Eleusis aussi, et puis dans les grandes fêtes de Poséidon, c'est-à-dire en rapport avec les « Eaux » dont Poséidon est le dieu. Là se trouvait sans doute au premier plan, le côté profond magico-abyssal de la nudité féminine, dont nous avons déjà parlé. Dans l'ensemble, nous devons retenir qu'à l'origine la femme hétérique n'ignorait pas la fonction d'administratrice du Mystère féminin, selon les possibilités soit naturelles, soit traditionnellement cultivées, ouvertes à la femme dans la mesure où s'active en elle un aspect fondamental du principe dont elle, comme être humain, est une incarnation, une individuation, un symbole vivant.

C'est exactement cette éventualité qu'on doit envisager dans l'examen d'autres ensembles rituels antiques : une possible sexualisation transcendantale, c'est-à-dire l'incorporation effective, ou momentanée ou presque durable des divinités ou archétypes de leur sexe, chez certaines femmes : tout comme dans le catholicisme on parle de la présence réelle de la divinité dans les hosties, que le rite a établie. Dans beaucoup de monuments égéens souvent les représentations des prêtresses se confondent pratiquement avec celle de la Grande Déesse[375] et laissent supposer que les premières étaient l'objet concret du culte dû à la seconde, et l'on connaît bien les figures, historiques même, de souveraines méditerraneo-orientales dans lesquelles on reconnut presque des images vivantes d'Ishtar, d'Isis et d'autres divinités du même type. Mais de plus, on doit considérer le cas d'incarnations momentanées de ces divinités dans un être donné, déterminées par un climat magico-rituel sur le type de celui dans lequel, en principe, devrait avoir lieu le mystère — le *mysterium transformationis* — de la messe chrétienne.

Ce même ordre d'idées entre en question dans le cas du *hieros gamos* au sens propre, c'est-à-dire de théogamies, d'unions rituelles et cultuelles d'un homme avec une femme, tendant à célébrer et à rénover le Mystère du Ternaire, cette union de l'éternel masculin avec l'éternel féminin, du Ciel avec la Terre dont vient le courant central de la création. Dans la personne de ceux qui accomplissaient ces rites, c'était donc comme si les

---

[375] Glotz, *La civilisation égéenne*, cit., p. 308, 312.

principes correspondants s'incarnaient et agissaient, leur union physique momentanée devenant une reproduction évocatrice efficace de l'union divine au-delà du temps et de l'espace. Le but de ces rites différait donc de celui de ceux que nous avons déjà mentionnés et expliqués, comme rites de participation à la substance ou influence de l'une ou l'autre divinité. C'était le Trois, le Ternaire qu'on évoquait au delà de l'état « duel » par l'acte nuptial des deux, pour l'activation périodique, dans une communauté donnée, d'une influence correspondante, mais dans le cadre du ritualisme et non des expériences individuelles initiatiques dont il s'agira plus loin.

On pourrait rappeler de nombreux exemples de rites similaires qu'on peut recueillir dans les traditions cultuelles de civilisation très différentes. Pour tous ces rites, nous citerons l'exemple de ces Mystères antiques, dans lesquels, une fois par an, la prêtress principale personnifiant la déesse, s'unissait, dans ce lieu sacré à l'homme qui représentait le principe masculin. Le rite accompli, les autres prêtresses portaient le nouveau feu sacré considéré comme engendré par cette union, et l'on allumait à sa flamme celle des foyers des différentes familles ou clans. Un auteur a remarqué à juste titre l'analogie de ce rite avec celui que l'on célèbre encore le samedi saint à Jérusalem. Du reste le rite pascal lui-même, de consécration de l'eau, comme on le célèbre surtout dans l'Église orthodoxe, conserve des traces visibles d'un symbolisme sexuel : la chandelle ayant un sens phallique manifeste, est plongée trois fois dans la fontaine, symbole du principe féminin des Eaux ; le prêtre touche l'eau, il souffle trois fois dessus en traçant au-dessus la lettre grecque P. La formule de consécration prononcée à cette union comprend les mots suivants : « Que la vertu de l'Esprit Saint descende dans toute la profondeur de cette fontaine... et féconde toute la substance de cette eau, pour la régénération. » En Orient, l'iconographie si répandue du *lingam* (du *phallus)* mis dans le lotus *(padma)* ou dans le triangle renversé signe du *yoni* féminin et symbole de la Déesse ou Çakti, obéit au même sens ; et ce symbolisme comme nous le verrons plus loin, peut faire allusion aussi à des opérations sexuelles concrètes.

En effet, souvent le rite originel de la hiérogamie ne se conserva que dans des formes où un rite symbolique ou une union simulée, prirent la place de la véritable union sexuelle sacrale d'un homme avec une femme. Dans le domaine des applications, nous pouvons passer de cela à un aperçu sommaire de ce qu'on appelle les rites sexuels saisonniers de fertilité. Ils sont un des chevaux de bataille des écoles ethnologiques de nos jours, qui, après s'être fixées en un premier temps sur le « mythe solaire », et être passées ensuite au « totémisme », voyant du totémisme partout, à présent suivent la mode des interprétations « agraires », en les appliquant à tout propos.

En réalité, il faut voir dans ces rites une des applications magiques opératives possibles de l'ensemble indiqué plus haut En parlant des orgies, nous avons déjà mentionné le contact expérimental avec le primordial et avec le préformel qu'elles peuvent favoriser dans l'esprit de celui qui y participe. Par sa nature même, par le changement de niveau existentiel qu'il implique, cet état peut rendre éventuellement possible l'insertion efficace extranormale de la force de l'homme dans la trame cosmique, dans l'ordre des phénomènes naturels et, en général, dans tout cycle de fécondité : comme intervention sur la même direction-base du processus naturel d'un pouvoir supérieur intensifiant et galvanisant. Ainsi, en principe, ce qu'écrit Mircea Eliade à ce sujet est exact : « Généralement l'orgie correspond à l'hiérogamie. À l'union du couple divin doit correspondre, sur terre la frénésie génésique illimitée... Des excès remplissent un rôle précis et salutaire dans l'économie du sacré. Ils brisent les barrages entre l'homme, la société, la nature et les dieux ; ils aident à faire circuler la force, la vie, les germes d'un niveau à l'autre, d'une zone de la réalité dans toutes les autres »[376]. Ce sens est en effet l'un des sens possibles d'une partie du grand fatras des rites « agraires » collectionnés par Frazer. Toutefois, quand il ne s'agit pas de populations sauvages, mais bien de traditions historiques dans lesquelles aux faits orgiaques collectifs, se substituent des formes isolées et bien circonscrites d'hiérogamie rituelle, on doit veiller à ne pas généraliser, à distinguer le sens de rite magique, « naturaliste », d'une certaine façon mis unilatéralement en relief par les écoles ethnologiques indiquées plus haut, d'un sens supérieur mystériosophique, se rapportant essentiellement à l'œuvre de la régénération intérieure ; même si dans certains cas, en vertu de rapports de correspondance analogique, un même ensemble hiérogamique peut avoir incorporé les deux sens à la fois. Il semble que ce cas fut celui où, dans les Mystères d'Eleusis, au *hiéros gamos* comme rite initiatique on associa le rite du labourage. Négliger cette bivalence est un trait caractéristique d'une recherche obéissant, même sans s'en apercevoir, à la tendance générale des disciplines modernes profanes, qui est de ramener constamment le supérieur à l'inférieur, ou de mettre uniquement en relief l'inférieur partout où c'est possible.

---

[376] Eliade, *Traité d'histoire des religions,* cit., p. 305.

Selon les cas, dans le système des participations rituelles réalisées au moyen du sexe, tantôt l'homme et tantôt la femme peuvent être la source du sacré. C'est à cause de ce fait qu'on peut rencontrer aussi des hiérogamies partielles et non bilatérales, c'est-à-dire des unions dans lesquelles, seule une des parties est transformée dans sa nature et revêt un caractère humain et divin, tandis que l'autre conserve des traits purement humains, l'union en ces cas, pouvant être dirigée non seulement vers la participation mystique, mais aussi vers la procréation. Les récits légendaires dans lesquels revient ce thème — des femmes possédées par un « dieu », des hommes qui possèdent une déesse — sont trop connus pour qu'il faille les rappeler ici. Il convient seulement de signaler certains cas, dans lesquels ces rapports se présentent dans les cadres institutionnels réguliers. Ainsi dans l'Égypte antique, ce n'était pas comme un homme, mais bien comme une incarnation d'Horus, que le souverain s'unissait à l'épouse et la fécondait pour continuer la lignée de la « royauté divine ». Dans la fête hellénique des Anthestéries, l'acte le plus important était le sacrifice privé que la femme de l'archonte-roi faisait à Dionysos dans son temple au Lénéon, et son union avec le dieu : tout comme à Babylone on connaissait la hiérogamie d'une jeune femme choisie qui, ayant gravi rituellement les sept étages en terrasses de la tour sacrée, du *zikurrat*, dans une chambre nuptiale située plus haut que ces terrasses (« au-delà des sept ») attendait la nuit l'étreinte du dieu. De même, on croyait que la prêtresse d'Apollon, à Patare, passait la nuit unie au dieu sur la « couche sacrée ».

Le fait que, parfois, le dieu put avoir pour symbole un animal donné, à cause d'une grossière interprétation littérale, donna lieu à la variante constituée par des accouplements apparents d'êtres humains avec des animaux sacrés. Ainsi Hérodote (II, 46) fait allusion au bouc sacré de Mendès, appelé « le seigneur des jeunes femmes », auquel en Égypte les jeunes femmes se donnaient pour avoir une progéniture « divine » ; et même dans les traditions romaines subsiste un écho de thèmes similaires, Ovide *(Fast.* II, 438-442) parle de la voix divine qui avait ordonné aux épouses sabines des Romains, de se laisser féconder par le *sacer hircus*.

De nouveau, la base doctrinale de tout cela est l'idée que la limite humaine et individuelle puisse être abolie, que dans des cas donnés par transsubstantiation dans l'individu — homme ou femme —, puisse s'incarner, apparaître ou s'activer une « présence réelle ». Cette idée sembla naturelle à l'humanité traditionnelle grâce à la conception innée qu'elle avait du monde ; il n'en est pas ainsi pour l'homme moderne, qui doit la considérer comme une extravagance et peut, tout au plus, la prendre au sérieux dans la forme, qui n'a plus de réalité et psychologisée, d'uné irruption des « archétypes de l'inconscient ». Pourtant il lui sera encore plus difficile de comprendre le contenu de réalité, présent dans les traditions concernant des intégrations par le principe féminin là où une femme réelle ne figure aucunement, pas même comme simple base pour une évocation rituelle, là où, au contraire, il est essentiellement question d'une « femme invisible », d'une influence n'appartenant pas au monde phénoménique, comme manifestation plus directe et non individualisée du pouvoir se dramatisant dans les différentes images de la mythologie du sexe. C'est à cette possibilité que nous allons brièvement faire allusion dans ce qui suit.

45. — Incubes et succubes. Fétichisme et processus d'évocation.

Nous nous trouvons ici devant la riche et étrange matière des légendes et des mythes héroïques dans lesquels une femme surnaturelle se présente comme la donatrice de la vie, de la science, du salut, d'une nourriture mystique, d'une force sacrée, de l'immortalité même : cela très souvent en liaison avec le motif de l'Arbre — par exemple, dans les représentations égyptiennes, la déesse qui a la « clef de vie » ou la « boisson de vie », Nut, Mait ou Hathor, se confond souvent avec l'arbre sacré, lequel dans le mythe hébraïque seulement, se présente comme l'arbre de la tentation, au lieu de celui, par exemple, de l'illumination (boudhisme) ou de la victoire et de l'empire (légende du prêtre Jean)[377]. Ailleurs[378], nous avons rapporté ces légendes et indiqué le sens qu'elles s'incorporent dans les mythes héroïques. De plus, ici nous ferons ressortir deux exemples particuliers.

D'un côté, selon la doctrine hindoue de la royauté, le chrisme du pouvoir serait donné à chaque souverain par son mariage avec la Déesse — Shri Lakshmî — son épouse en plus de ses femmes humaines, qui assume les traits d'une force surnaturelle animatrice de « fortune royale » — *râja lakshmî* : si bien que le roi perdrait le trône s'il était abandonné par elle.

---

[377] Pour leur caractère explicite, il vaut la peine de citer ces paroles adressées à la femme dans les rites de puberté des Sioux : « Tu es l'arbre de la vie » (Black Elk, *The Sacred Pipe,* cit., p. 123).

[378] Evola, *Il mistero del Graal,* cit., § 6.

De même, dans le cycle méditerranéo-oriental, on rencontre fréquemment des représentations de déesses qui tendent aux rois la « clef de vie », idéogramme ayant le son de an_X = vivre, vivant : avec la contrepartie de formules du genre de celle adressée par Assurbanipal à la déesse : « J'implore de toi le don de vie ». Et dans le *Zohar* (III, 51 *a*, 50 *b*), on lit : « Tous les pouvoirs du roi sont confiés à la Matrone » — et : « La voie qui conduit au grand et puissant Arbre de Vie, c'est la Matrone » — (équivalent à la Shekinah, précisément comme épouse du roi).

De l'autre côté, on peut remarquer qu'un dernier écho de ce genre s'est conservé dans le christianisme même : dans la Vierge divine, conçue comme la médiatrice omnipotente de la grâce, réapparaît en effet le thème général d'un principe féminin duquel procède une influence surnaturelle, s'ajoutant aux forces seulement naturelles de la créature. Abstraction faite d'attributs comme ceux d'un hymne acatiste que nous avons déjà cité à titre d'exemple.

Nous aurons à revenir sur cet ensemble, considéré dans son fond d'expérience érotique possible. Pour le moment, nous indiquerons qu'il n'est pas du tout étranger à certaines conceptions de la magie, et qu'on doit voir un de ses prolongements dans les phénomènes du « succubat » et de l'« incubat », phénomènes qui furent connus dès l'époque des Sumériens. À cet égard, on peut citer le passage suivant de Paracelse : « Cette imagination dérive du corps sidéral comme en vertu d'une sorte d'amour héroïque ; c'est une action qui ne se réalise pas dans l'accouplement charnel. Isolé, un tel amour est à la fois père et mère du sperme pneumatique. Les incubes qui oppriment les femme, les succubes qui s'attaquent aux hommes, tirent leur origine de ce sperme pneumatique[379]. » C'est ce qui au Moyen Age allemand eut le nom d'*Alpminne*. Dans un langage chiffré, Paracelse fait allusion ici à un pouvoir évocatoire de l'imagination qui peut conduire à des contacts psychiques avec les puissances suprasensibles du sexe, lesquelles justement sur ce plan, peuvent pour ainsi dire se mettre à nu et par là susciter des sensations d'une intensité particulière, provoquant aussi des images hallucinatoires. Pour les variétés moins ténébreuses et involontaires de phénomènes similaires, l'interprétation donnée par de Guaita est juste, quand il dit que l'« incube et le succube sont deux formes spectrales d'un *hermaphrodisme convertible* à prédominance tantôt

---

[379] *Traité des maladies invisibles*, c. IX.

phalloïde, tantôt ctéimorphe, si l'on peut dire »[380]. Il s'agit donc de formes tendancielles d'union absolue des deux principes, du masculin et du féminin, se développant pourtant sur une ligne obsédante[381], par manque d'une qualification et d'une passivité du sujet en face du développement de l'expérience même ; expérience que souvent des facteurs impondérables favorisent en partie, et qui ne se déroule pas sur le plan matériel. En réalité, on peut observer un dénouement semblable, presque sous forme d'une obsession, dans les formes initiatiques de magie sexuelle, au cas où elles échouent ou bien si l'on s'éloigne de leur vrai but : cette correspondance est intéressante, parce que dans ce dernier cas, on sait bien de quoi il s'agit, ce qu'on poursuit. Dans de telles situations, des forces réelles objectives peuvent jouer un rôle. Comme dans le cas du « succubat » et de l'« incubât », il n'est pas toujours question de pures imaginations d'un érotisme schizophrénique, ceci est attesté entre autres par des phénomènes extranormaux (selon la terminologie d'aujourd'hui : « métapsychiques ») qui se sont souvent vérifiés à la suite de ceux de la « possession » ; c'est ce qui arriva par exemple, et qui fut constaté encore au XVIIIe siècle dans le couvent des Ursulines de Loudun. Dans un ordre d'idées analogue, l'antiquité connut également des « prodiges » à l'occasion du déchaînement des ménades et des bacchantes, quand elles se sentaient possédées par le dieu.

Pline et Euripide en parlent : ruptures de niveau par le truchement du sexe, qui comportent parfois une abolition temporaire de la limite entre le Moi et la nature, dont la conséquence est la possibilité de l'irruption de l'un (du Moi) dans le domaine de l'autre (la nature) ou vice-versa (« prodiges » dans le premier cas, « obsessions paniques » dans le second). En général, on doit se rappeler que ce qui sur le plan matériel arrive rarement à se réaliser d'une manière complète, précisément sur le

---

[380] *Le Temple de Satan*, Paris, 1916, I, p. 222.

[381] Il n'est pas dit que certaines formes maniaques de masturbation n'aient pas du tout un fond hyperphysique de copule magique sur la base de l'évocation inconsciente d'un phantasme érotique vitalisé par l'imagination, qui alors assume le rôle d'un incube ou d'un succube. Est significatif le cas où « l'excitation, puis l'assouvissement sexuels se produisent sous la seule influence de l'image d'abord provoquée quasi intentionnellement, puis se reproduisant avec une facilité de plus en plus grande, jusqu'à devenir automatique et même obsédante. (Hesnard. *Manuel de sexologie*, cit., p. 268). Aussi significatifs sont les cas où l'orgasme sexuel dans ces formes, peut se produire un nombre invraisemblable de fois par jour (*ibid*., p. 266-267), ce qui fait penser à une manifestation possible du « plaisir non engendré » ou « continu », dont on parle dans le tantrisme.

plan « subtil », hyperphysique, aboutit à des formes de déchaînement avec toutes les conséquences qui s'ensuivent.

On peut rapporter à un cadre semblable les aspects les plus profonds de ce qu'on a appelé le Mystère de l'amour platonique médiéval. Il sera opportun de nous arrêter un peu plus sur ce sujet, car en le traitant nous nous rapprocherons du domaine de l'*eros* profane lui-même, après l'excursion précédente faite dans le domaine inhabituel des formes mythico-rituelles et des institutions antiques.

En son temps, nous avons vu qu'à part toute conditionnalité contingente, le fondement de chaque expérience érotique d'importance c'est le rapport qui s'établit entre une personne et le principe nu, l'*être* d'une individualité de sexe différent. Cela implique un processus évocatoire qui, au fond, dans l'*eros* profane ne diffère que par son degré plus faible et par sa forme instinctive et inconsciente, de celles dont nous venons de parler. Krafft-Ebing a justement vu dans tout amour un phénomène de « fétichisme », en rappelant d'autre part que ce mot tiré de la langue portugaise, signifiait au juste « enchantement ». Il parle à ce sujet d'une émotion « qui n'est justifiée ni par la valeur ni par la réalité intrinsèque de l'objet symbolique », c'est-à-dire de la personne, de la part de la personne ou de la chose lui appartenant, qui provoque l'excitation érotique[382]. Havelok Ellis a repris cette idée ; après avoir reconnu dans le « symbolisme érotique », grâce auquel la partie peut représenter et évoquer le tout (l'être aimé ou convoité tout entier), la base pour expliquer le fétichisme amoureux au sens spécifique, c'est-à-dire pervers (l'effet aphrodisiaque provoqué par une partie donnée d'une femme et même par un de ses objets ou vêtements), il fait un pas de plus et voit avec raison le même phénomène se répéter en grand à l'égard de l'être aimé pris dans son ensemble, lequel à son tour est souvent comme un symbole qui renvoie à quelque chose qui est au-delà de sa simple personne[383]. Si une personne donnée, ou déjà son seul corps excite et enivre, c'est parce qu'elle évoque obscurément quelque chose qui la dépasse ; ainsi le « fétichisme » est un fait normal et constant, le fétichisme anormal, pathologique, n'en représentant qu'une variété

---

[382] *Psychopathia sexualis,* cit., p. 21 sq.

[383] *Studies in the psychology of sex,* cit., v. V, p. 86-87 sqq.

aberrante, mais de même structure intérieure [384] . Évocation et « fétichisme » sont des faits constants de toute passion et de tout amour profonds. On doit y rapporter l'impulsion de l'amant à « idéaliser » la femme aimée presque dans la forme d'un être divin, à en faire l'objet d'un culte, d'une vénération : l'impulsion spontanée à « l'adorer », à se mettre à genoux devant elle, même quand il s'agit d'une personne qui dans son humanité ne justifie aucunement cette attitude, qui au contraire, selon tout jugement objectif, est absolument inférieure à l'amant en intelligence, en rang et en genre de vie. Une déviation intervient toutefois dans les cas déjà indiqués (§ 22), où la femme, support de l'évocation, dans son humanité renverse les rapports, a une vie à soi tellement intense que, pour ainsi dire, elle absorbe, dévore ou brûle l'image : c'est ce qui est à la base de la phénoménologie de l'esclavage sexuel — psychique ou physique — avec un caractère plus ou moins obsédant, phénoménologie qui, inévitablement entremêlée dans l'amour courant, quand elle intervient, en paralyse cependant toute possibilité « anagogique ».

À l'interprétation qui réduit les faits que l'on vient d'indiquer à un phénomène d'infatuation et de « projection » gratuite de valeur (selon Schopenhauer, dictée par le « génie de l'espèce » pour la réalisation de ses buts), tel que, lorsque se dissipe l'ivresse du premier amour ou avec la. satisfaction concrète du désir, réapparaît dans toute sa banalité la réalité véritable de l'être idolâtré, à cette interprétation on doit opposer l'autre, qui n'exclut pas que dans les faits indiqués intervienne précisément, à différents degrés, un processus d'évocation au moyen d'une fantaisie magique, c'est-à-dire d'une imagination qui ne se réduit pas à une rêverie-subjective, mais est une sorte de sixième sens, capable de faire percevoir ou pressentir ce qui se cache derrière les apparences phénoméniques et qui pourtant n'est pas du tout irréel, qui est pourvu d'un plus haut degré de réalité. Dans ces cas, ce qui vraiment transporte et produit la fascination c'est la « femme de l'esprit » ou « femme occulte », dont nous avons déjà parlé, et l'être humain correspondant sert seulement d'intermédiaire pour l'expérience ou l'activation de cette femme. Une image primordiale qu'on porte en soi, dans les couches profondes de son être, se manifeste dans des circonstances déterminées, à la rencontre d'une personne réelle, donnant lieu à une sorte de transe clairvoyante et ivre : l'image qu'on a en soi est aussi l'éternel féminin perçu objectivement dans l'être aimé, lequel alors subit un processus souvent fulgurant de transubstantiation et de transfiguration, presqu'avec

---

[384] V. Solovieff, *Le sens de l'amour,* cit., p. 86-87 sq.

le sens d'un dépouillement, d'une apparition effective, d'une hiérophanie ou cratophanie [385] . Ce contact dangereux avec quelque chose de suprasensible peut être le fait d'un unique moment exceptionnel, mais peut aussi persister pendant une certaine période de tension plus ou moins haute, se développant pourtant d'habitude chez les amants ordinaires, moins sur la base d'une véritable perception, que de l'effet créé par l'éveil d'intenses états émotifs. Dans l'amour au premier regard et dans ce qu'on appelle « coup de foudre », le processus a une allure comparable à un court-circuit. Cette réalisation peut se produire aussi d'une façon inattendue dans une rencontre fugitive, dans l'aventure d'une nuit avec une femme inconnue et même avec une prostituée qu'on ne reverra jamais plus, selon un miracle qui peut ne pas se répéter pendant toute une existence, malgré des rapports d'affection et de proximité humaine avec d'autres femmes. Ou bien, dans l'être aimé, la transparence du pouvoir supérieur et son action dans un climat « exalté » qui, pour tous les deux, n'est pas seulement d'évocation et de révélation, mais aussi de participation effective, peut se stabiliser pour un certain temps.

Nous l'avons déjà dit en son lieu, la cause occasionnelle ne doit donc pas être confondue avec le fait essentiel, et l'on doit aussi considérer la marge de contingence inhérente à ce qui, tout en ne le déterminant pas seul, favorise pourtant ou conditionne le phénomène. Il peut effectivement arriver que le processus ne s'allume qu'en rapport avec un être bien déterminé. Ici, les conditionnalités plus immédiates d'ordres empirique, biologique, somatique, social même, sont évidentes. Avant tout, l'idéal non d'une beauté abstraite (le « beau en soi » platonicien), mais de la beauté-type propre à une race déterminée aura une part importante, car il n'est pas probable, par exemple, qu'un Européen trouve chez une femme de couleur et des populations sauvages, l'incitation et la base pour l'activation de l'image primordiale qu'il a en lui, au même degré que s'il s'agit d'une femme de sa race ou de race voisine. Il faut envisager ensuite les conditionnalités, également évidentes, d'ordre biologique, se rapportant à l'âge, destin auquel soit l'homme, soit encore plus la femme, sont soumis. Avec le vieillissement, avec la défaillance de la base physique de l'amour sexuel, le support de l'évocation magique s'altère et

---

[385] G. Bruno (*Eroici Furori*, II, iii, 62) décrit, au fond, ce processus quand il dit : « Les yeux apprennent les espèces et les proposent au cœur [à la conscience profonde, en éveillant l'image latente], le cœur les convoite, et sa convoitise les présente aux yeux [en faisant percevoir, derrière les apparences sensibles, l'archétype ou entité dans l'être aimé]... Ainsi d'abord la connaissance meut l'affection, ensuite l'affection meut la connaissance ».

disparaît, et tout ce qui peut subsister sera une chose différente, humaine seulement. Ainsi un personnage d'H. Barbusse, parlant du temps « qui nous est attaché à l'intérieur comme une maladie », dit à la femme combien elle est précieuse dans un seul moment déterminé. « Je pense que ce moment n'existera plus, que tu devras te transformer, mourir ; que tu t'en vas et pourtant tu es ici. » La voilà la tragédie existentielle de tout véritable amour. En effet, c'est dans des limites d'âge données, qu'en particulier la femme présente une matière apte à son éventuelle métamorphose (pratiquement c'est en tirant parti des possibilités fugitives—des « attraits »— possédés en cette brève période, que la femme cherche à lier pour toujours à elle, comme personne empirique, un homme, en général par le mariage). Or, tout cela ne touche aucunement ni la réalité de l'archétype, ni celle de son évocation et perception, en essence atemporelle, non liée à l'épisode et à la personne empirique périssable : cela concerne uniquement les conjonctures nécessaires comme conditions de l'apparition, et non le principe qui apparaît et qui peut de nouveau se retirer, comme le feu devient invisible, retourne à l'état potentiel, quand les conditions ordinaires pour la combustion ne sont plus présentes. Qu'alors redevienne visible uniquement la réalité prosaïque d'un être trop humain et éphémère, ceci est tout à fait naturel, mais n'est pas un argument à l'appui d'une interprétation abusivement généralisée de tous ces faits, à savoir, de l'interprétation qui les réduit à des illusions et à un romantisme vide.

Le poète dit : « Regarde là où surgit une mortelle — forme divine : vie, amour et lumière — lui appartiennent, et un mouvement qui pourra — changer, mais non s'éteindre, — image d'une quelconque éternité resplendissante » (Shelley, dans *Epipsychidion).* Dans une forme plus positive, digne d'être rapportée, E. Carpenter exprime la même idée : « Le jeune homme voit la jeune fille ; ce peut être un visage commun, une figure fortuite du milieu le plus banal. Mais cela déclenche la mise en marche. Surgit un souvenir, une réminiscence confuse. La figure extérieure mortelle s'est fusionnée avec la figure intérieure immortelle, et alors émerge dans la conscience une forme lumineuse et glorieuse n'appartenant pas à ce monde... L'éveil de cette image enivre l'homme, elle resplendit et brûle en lui. Une déesse — peut-être Vénus elle-même — se trouve dans le lieu sacré de son temple : un sentiment de splendeur qui inspire la terreur l'envahit et le monde se transforme pour lui... Il prend contact avec la présence très réelle d'un pouvoir... et il sent en lui cette vie plus vaste, subjective, si l'on veut, mais intensément objective aussi. En effet, n'est-il peut-être pas aussi évident que la femme, la femme mortelle qui provoque cette vision, ait un certain rapport étroit avec elle, et qu'il faut bien plus qu'un masque ou une formule vide, pour la lui rappeler ? Pas moins que dans l'homme, en elle, à l'intérieur, agissent en effet des forces profondes inconscientes, et l'idéal qui apparut dans l'homme d'une façon extatique est, en toute probabilité, étroitement relié à ce qui [comme archétype objectif] a agi de la façon la plus puissante dans l'hérédité de la femme, en contribuant à en modeler la forme et le visage. Il ne faut donc pas s'étonner que sa forme le lui rappelle. Vraiment, quand l'homme regarde dans ses yeux, il distingue *à travers* eux une vie beaucoup plus profonde que celle dont elle-même peut être consciente — et qui pourtant est la sienne — une vie durable et merveilleuse. Ce qu'il y a de plus que mortel en lui, contemple ce qu'il y a de plus que mortel en elle et les dieux descendent pour se rencontrer[386]. » À part les nuances idéalisantes et poétiques, à part, aussi, une certaine accentuation immanentiste et biologisante (le chapitre d'où est tiré ce passage s'intitule : *The Gods as apparitions of the race-life* — c'est-à-dire que les archétypes sont essentiellement conçus dans leur aspect de forces formatrices dans le domaine de la vie, de la race, de l'espèce, même si on leur reconnaît la qualité d'entités), à part cela, Carpenter a fixé par ces paroles les termes essentiels des processus dont il s'agit.

Il existe donc une continuité entre ce qui, plus ou moins, a lieu dans l'amour profane suffisamment intense et ce qui appartient à un plan d'évocations plus réelles et secrètes qui maintiennent la structure du phénomène qui, avec une involontaire exactitude d'expression, a été justement appelé le « coup de foudre » : fulgurations érotiques, fermetures androgyniques de circuit, ayant le pouvoir de faire sortir de la conscience ordinaire, dans le même sens que ce qui se produit dans une initiation. Après ce retour à des faits que nous avons déjà examinés en parlant de la phénoménologie liminale de l'*eros* profane, faits qui grâce à l'examen du régime des anciennes sacralisations se sont précisés dans leur sens le plus complet et caché, nous nous trouvons en mesure d'interpréter convenablement l'exemple qui nous est offert par l'« amour platonique » médiéval. C'est un exemple intéressant, parce qu'en lui les phénomènes en question ne s'épuisent pas dans l'exception de quelques expériences individuelles confuses et sporadiques, mais se présentent dans le cadre d'une véritable tradition.

---

[386] E. Carpenter, *The art of creation*, p. 137, 186.

Nous considérerons deux degrés successifs : d'abord le culte chevaleresque de la femme, puis les expériences de ceux qu'on appelle les « Fidèles d'Amour ».

46. — Processus d'évocation dans l'amour chevaleresque médiéval

Tout d'abord, il convient de circonscrire convenablement les courants qui nous intéressent ici. Certes il a existé un troubadourisme et un « amour courtois » pour lesquels sied en grande partie le jugement courant des historiens de la coutume et de la littérature médiévale. Il exista de véritables « Cours d'Amour », comme celles qui entre 1150 et 1200 eurent pour centre des femmes ayant vraiment vécu et bien connues, comme la reine Éléonore, la comtesse des Flandres, la comtesse de Champagne, Ermenegilde vicomtesse de Narbonne, Stéphanette des Baux, Odalasie vicomtesse d'Avignon etc. Dans ces Cours, le culte de la femme eut un caractère stéréotypé et conventionnel ; mais il n'est pas exclu, du moins en partie, qu'il dérivait de l'incompréhension de certains milieux, à l'égard d'une doctrine ésotérique qu'ils prirent à la lettre, ne saisissant pas le domaine auquel elle se rapportait en réalité. Le rôle que tint la femme dans le cadre de la chevalerie, plus que dans celui des Cours et des troubadours, fut déjà différent parce que vraiment vécu souvent jusqu'aux dernières conséquences. Il convient de mettre en lumière le contraste existant entre le rôle de la femme et l'état réel des mœurs prédominantes à l'époque. La femme réelle, au Moyen Age, apparaît fort peu « idéalisée » et fut traitée fort peu idéalement. Le comportement marital fut généralement très rude, sinon même brutal. Les mœurs des femmes pouvaient être assez libres, nullement conformes à un parangon de modestie, de pudeur, d'idéalité prude — dans les récits épiques du premier Moyen Age, on rencontre souvent des femmes qui prennent elles-mêmes des initiatives amoureuses et galantes, les hommes restant indifférents ou étant simplement condescendants. Sans parler de la promiscuité des bains, on ne se faisait pas scrupule que dans les châteaux les jeunes femmes déshabillassent les chevaliers hébergés, et leur tinssent compagnie au lit la nuit. — Guilbert de Nogent, au XIIe siècle, déplorait le degré qu'avait atteint l'impudicité féminine. Quant au comportement des hommes, C. Meiners remarque « qu'au Moyen Age, ne furent jamais enlevées et violentées tant de nobles dames et tant de jeunes filles qu'au XIVe et XVe siècle, quand la chevalerie était en pleine floraison. Quand dans ces deux siècles les guerriers déchaînés conquéraient des villes ou s'emparaient de citadelles, on considérait comme droit de guerre de faire violence aux femmes et aux jeunes filles qui souvent, après cela, étaient tuées. Et les chevaliers qui violentaient et tuaient les femmes et les filles de leurs ennemis et de leurs sujets, en général se préoccupaient peu du fait qu'ils exposaient ainsi leurs femmes et leurs filles au droit de représailles[387]. »

Si un tel tableau est peut-être un peu poussé, pourtant dans l'ensemble on ne peut contester l'écart existant entre les rapports réels prédominants entre les deux sexes au Moyen Age, et le rôle que la femme eut, au contraire, dans certaines coutumes chevaleresques. Il est donc assez vraisemblable que cette dernière eut pour centre moins des femmes existant réellement, qu'une « femme de l'esprit » associée à un régime d'évocations : une « Dame », ayant au fond une réalité autonome, indépendante de la personne physique de celle qui, comme femme réelle, pouvait éventuellement lui servir de support et d'une certaine façon, l'incarner. C'est dans l'imagination que vivait et résidait essentiellement cette femme ; en conséquence, c'est sur un plan subtil que le chevalier faisait agir son amour, son désir et son exaltation. Ce n'est qu'ainsi que l'on peut comprendre tout ce que nous avons relevé précédemment, c'est-à-dire que la femme à laquelle on consacrait sa vie et pour laquelle on accomplissait toutes sortes d'entreprises périlleuses, était souvent choisie de telle façon, que la possibilité de la posséder réellement était déjà exclue au départ ; il pouvait aussi s'agir de la femme d'un autre qu'on ne pouvait espérer épouser, elle pouvait être une femme inaccessible dont la « cruauté » était acceptée et même exaltée ; elle pouvait même être la simple image qu'on s'était formé d'une femme existante, oui, mais pourtant jamais vue (la « princesse lointaine »). Néanmoins, cette femme alimentait un désir et incitait à un service jusqu'à la mort des hommes qui, comme guerriers, feudataires et chevaliers à tout autre égard, avaient pour loi leur propre volonté, n'étaient pas habitués à des contraintes ou des renoncements, étaient loin de tout sentimentalisme. Sous le nom de *donnoi* ou *domnei,* dans certains milieux provençaux, fut exactement entendu un type de relation érotique qui, par principe, évitait la possession physique de la femme. Dans la planche très suggestive d'un manuscrit, l'homme a symboliquement les mains liées, et l'un des représentants de ce courant dit ouvertement : « Celui qui veut posséder entièrement sa Dame, ne sait rien du *donnoi.* » En d'autres cas, l'on avait

387 C. Meiners, *Geschichte des weiblichen Geschlechtes,* Hanovre, 1899, p. 58 ; cf. aussi P. La Croix, *Mœurs, usages et coutumes au Moyen Age et à l'époque de la Renaissance,* Paris, 1873.

et l'on possédait bien une femme, mais l'objet d'un tel *eros* n'était pas elle[388]. D'un côté ici, nous l'avons déjà dit, il faut aussi penser à une volonté tacite d'éviter que les rapports érotiques concrets marquent la fin ou la crise de la haute tension intérieure éveillée (ainsi ce que remarque R. M. Rilke est juste, à savoir que ce qu'on craignait presque plus que tout autre chose, c'était la réussite du courtisement) ; mais, de l'autre côté, comme contrepartie objective de tout cela, on doit aussi penser aux faits qui rentrent dans ce que nous avons appelé le régime de l'évocation du féminin en soi, de son absorption et de l'intégration avec lui sur un plan superphysique, invisible. Ce sont des approximations confuses si l'on veut, à la possession de la « femme intérieure », parallèles à une impulsion constante à l'autodépassement (entreprises héroïques, périls, aventures et tout ce qu'on faisait presque fanatiquement d'autre pour sa « Dame »). En particulier, le fait que parmi ces exploits rentrait souvent la participation aux Croisades, est significatif. La théologie des châteaux et des Cours d'Amour commandait la double fidélité à Dieu et à la « femme » et affirmait qu'il n'y a pas de doute pour ce qui est le salut spirituel du chevalier qui mourait pour la dame de ses pensées : chose qui, en essence, ramène aussi à l'idée du pouvoir immortalisant propre, à la limite, à l'*eros*. Et quant à l'intégration occulte, androgynique à laquelle nous avons fait allusion, une notice intéressante, relative aux Templiers, nous est parvenue : on supposait que les « démons » venaient sous forme de femmes chez les Templiers — chevaliers qui cependant pratiquaient la chasteté — et que chaque chevalier avait sa femme[389]. En cela, est assez visible précisément le thème de l'union avec le féminin sur un plan non physique, thème que du reste, l'on rencontre aussi dans certaines traditions de magie et auxquelles fait aussi allusion Paracelse. Et il faut noter que l'« idole » servant de centre dans les rites secrets des Templiers — Baphomet — selon quelques-uns aurait eu, entre autres, les apparences d'une figure androgyne, ou aussi d'une Vierge.

En passant à présent aux Fidèles d'Amour, on doit remarquer qu'eux, comme les Templiers (avec lesquels ils eurent des rapports réels, historiques), étaient une organisation initiatique. Récemment, une recherche critique systématique et bien documentée, qu'on doit essentiellement à L. Valli et à A. Ricolfi, a confirmé et rendu de domaine public ce que dans des cercles très fermés on connaissait depuis

---

388 Cf. C. Faurel, *Histoire de la poésie provençale,* Paris, 1896.

389 G. Garimet, *Histoire de la magie en France,* Paris, 1818, p. 292.

longtemps par tradition, au sujet du fond de ce qu'on appela la poésie du « dolce stile nuovo », à savoir que cette poésie employa en grande partie un langage secret, complètement intelligible seulement pour les initiés qui en auraient possédé la clef. L'amour qu'on exaltait dans cette poésie n'était pas la passion profane plus ou moins idéalisée ou sublimée, et les femmes glorifiées, n'étaient pas des femmes vraiment réelles : cela à partir de la Béatrice de Dante et de l'amour dont on parle dans la *Vita Nuova.*

Nous avons déjà eu l'occasion de traiter autre part ce sujet, c'est pourquoi nous nous bornerons à une mise au point du problème selon la perspective spéciale qui nous intéresse ici.

L. Valli a exposé en synthèse sa thèse dans le passage suivant : « Ces poètes, vivant dans une ambiance mystique et initiatique et cultivant un art qui n'avait rien à faire avec l'art pour l'art, ou avec l'expression pour l'expression, avaient l'habitude faire de tous leurs sentiments d'amour, des émotions véritables qui avaient dans leur vie amoureuse une matière, pour exprimer des pensées mystiques et initiatiques. Si la réalité de leurs amours d'hommes fournissait quelque occasion concrète ou quelques images à leurs vers, elle était pourtant filtrée à travers le symbolisme de façon que cette matière d'amour allait avoir un « verace intendimento », c'est-à-dire une signification de vérité profonde qui était mystique et initiatique. Un courant de pensées initiatiques s'introduisit à certain moment dans la poésie d'amour [dans la poésie courante des troubadours] et peu à peu l'envahit au point que le grand noyau central des poètes d'amour, celui qui vécut autour de Dante, finit par écrire, « selon la règle » dans un langage symbolique d'amour, avec un jargon artificiel[390]. Il en est ainsi pour Valli. Pour notre part, nous ajouterons les précisions suivantes.

En premier lieu, Valli donne trop de relief à ce qui, dans cette poésie peut avoir eu des rapports avec le côté militant de l'organisation des Fidèles d'Amour — parce que ces poètes, à partir de Dante, furent en même temps presque tous des hommes de parti, gibelins adversaires des menées hégémoniques de l'Église. En ce qui concerne le noyau plus essentiel de leurs écrit, il faut exclure qu'il s'agissait d'une sorte de correspondance d'information entre les membres de la secte, sous un déguisement

---

[390] L. Valli, *Il linguaggio segreto di Dante e dei Fedeli d'Amore,* Roma, 1928, p. 205-206.

poétique (comme le pense Valli). Sans avoir besoin d'attendre l'inspiration et de se mettre à écrire des vers, d'autres modes de communication secrète auraient été beaucoup plus commodes et sûrs que des poésies chiffrées, oui, mais cependant toujours accessibles à tout le monde.

Le second point, le plus important, c'est qu'il ne faut ps dépasser les limites qui s'imposent à une interprétation purement symbolique, comme Valli le fait. Les différentes femmes chantées par les Fidèles d'Amour, quel que fût leur nom, n'étaient qu'une femme unique, image de la « Connaissance Sainte » ou de la Gnose, c'est-à-dire d'un principe d'illumination, de salut et de connaissance transcendante. On ne doit cependant pas penser qu'il s'agissait d'allégories et de simples abstractions doctrinales personnifiées, selon ce que dans les études courantes sur Dante, on avait déjà supposé au sujet de Béatrice. Le plan auquel on doit se rapporter est, au contraire, celui d'une expérienc effective, comme dans les Mystères antiques et dans les rites secrets des Templiers. En même temps, on doit penser que le choix du symbolisme de la femme et de l'amour n'était pas accidentel et insignifiant dans ces milieux, si bien qu'ils auraient pu employer n'importe quelle autre matière pour exprimer ce qu'ils avaient l'intention de dire et, en même temps, pour dérouter le profane, comme par exemple le faisaient les hermétistes en parlant de métaux et d'opérations alchimiques. Au contraire de ce que Valli a supposé (et avec lui Rossetti, Aroux et Guénon), l'expérience des amants, en ce cas, ne se bornait donc pas à fournir la matière casuelle à un langage artificiel et symbolisant avec en plus, tout au plus, quelque rapport d'analogie avec un contenu secret, n'ayant en soi rien à faire avec l'*eros* (comme par exemple, dans l'emploi ecclésiastique du langage amoureux du *Cantique des Cantiques) ;* donc on ne doit pas penser non plus à la transposition des mêmes termes d'un sens érotique à un sens mystique, à laquelle, en particulier, se prêtent quelques texte orientaux, au point qu'on a pu traduire le titre d'un traité d'une érotique plus que crue, comme l'*Anangaranga* par *The bodiless One or the Hindu Art of Love* et l'on a pu affirmer que chacune de ses stances, outre le sens littéral admet un sens sacré[391]. Bien qu'il s'agisse essentiellement de la « femme initiatique », de la « glorieuse femme de l'esprit » (comme l'appelle Dante, qui ajoute « elle fut appelée Béatrice par beaucoup, qui ne savaient que l'appeler ainsi »), chez les Fidèles d'Amour, cette femme ne se réduisait pas à un symbole ; tout fait penser

---

[391] Cf. R. Schmidt, *Indische Erotik,* cit., p. 30-31.

qu'ici, un régime de contacts avec la force occulte de la féminité jouait un rôle essentiel, régime qui put prendre éventuellement pour point de départ l'amour suscité par des femmes réelles, mais en le portant à agir et à se développer dans une direction initiatique. Ce n'est qu'en envisageant les choses ainsi qu'on peut, entre autres, rendre raison de tout ce que, à part l'élément chiffré et symbolique des « vers étranges », ces créations poétiques présentent comme contenu humain pas du tout aride, mais vif et naturel, évident, spontané, souvent même dramatique. L'interprétation de la « femme » comme la Connaissance Sainte personnifiée, ou la pure doctrine secrète considérée comme abstraite (voire même comme l'organisation qui la gardait : Valli) ne saurait rendre compte des faits presque traumatiques d'une expérience émotive intense et parfois de fulgurations, si souvent décrits d'une façon suggestive dans cette littérature. Il est improbable que chez les Fidèles d'Amour on arrive à des expériences similaires, par l'emploi concret, sexuel, de la femme, comme dans les rites tantriques ou dionysiaques : il ne nous est parvenu aucune information susceptible de rendre, de n'importe quelle façon, cette supposition vraisemblable, et quant à la terminologie, les références érotiques chez presque tous ces poètes sont expurgées, manquent tout à fait d'un caractère excessif quelconque.

Il devait donc s'agir justement du domaine intermédiaire que nous avons indiqué — ni de simple amour humain sublimé, ni de techniques sexuelles — dans lequel la femme réelle est importante, mais passe au second rang, parce qu'elle sert de simple support pour la prise immatérielle de contact avec le pouvoir dont, en principe, elle est l'incarnation vivante. Au contraire de la dévotion chevaleresque pour la femme et des états « exaltés » correspondants, chez les Fidèles d'Amour, la phénoménologie et la structure initiatique sont suffisamment visibles et, comme nous l'avons dit, il ne s'agit plus ici de cas isolés, épars, si souvent dépourvus d'une conscience exacte de ce qui était mis en mouvement, mais de l'orientation d'une chaîne entière, dont peut-être nous ne connaissons pas même toute l'extension, des individualités qui n'ont laissé derrière elles ni poésies, ni d'autres traces tangibles, ayant pu y appartenir et même y avoir eu un rôle important.

47- — Sur les expériences initiatiques des « Fidèles d'Amour »

Quant au contenu essentiel de ces expériences, nous devons plus ou moins répéter ce que nous avons déjà eu l'occasion d'exposer dans d'autres de nos livres[392]. L'apparition de la femme initiatique par le truchement de la femme réelle, est clairement exprimée dans certaines poésies de Guido Cavalcanti, qui semble avoir été un des principaux chefs de l'organisation : « Il me semble voir sortir de ses lèvres — une si belle femme, que l'esprit — ne peut la comprendre ; parce qu'aussitôt — *en naît une autre* d'une beauté nouvelle — de laquelle il semble qu'une étoile se meuve — et elle dit : *ton salut est apparu* »[393]. Tant Cavalcanti que Dante et Cino da Pistoia, disent que c'est « par la vertu que lui donnait mon imagination », c'est-à-dire grâce au fait évocatif dont nous avons parlé, qu'Amour prend du pouvoir sur l'âme de son fidèle. On doit remarquer l'amphibologie sémantique propre aux mots « salut » et « salutation » dans presque toute la poésie du « Nouveau Style ». La « salutation » de la dame mystérieuse, indiquée comme le but de l'amour *(Vita Nuova*, XVIII, 4), est toujours de nouveau capable de conférer aussi le « salut » à celui qui la reçoit ; c'est-à-dire qu'elle favorise une expérience et une crise d'où peut venir le salut au sens spirituel, grâce à son pouvoir qui met à l'épreuve la force de celui qui l'obtient et qui souvent même la dépasse. Dante dit précisément : « Celui qui supporte de rester à la contempler [la Femme] — *deviendra noble chose ou il mourra :* — et quand elle trouve quelqu'un qui est digne — de la voir, *celui-ci éprouve sa vertu* [= sa force — parce que lui advient ce que donne le *salut* »[394]. On peut rapporter au même ordre d'idées, la vision dans laquelle Amour se montre sous des traits inhabituels, tout autres qu'archaïques et sentimentaux, d'« un Seigneur d'aspect effrayant ». Dans ses bras, dit Dante, il me semblait voir dormir une personne *nue*, sauf qu'elle me paraissait enveloppée « dans un drap légèrement couleur de sang ; comme je la regardais... je sus qu'elle était la dame du salut (*salute)*, laquelle avait daigné me saluer le jour précédent »[395]. Au moyen de l'amour, activer cette femme vue nue et donnante, c'est-à-dire latente — c'est la femme que les textes hermétiques appellent « notre Eve

---

[392] Surtout dans *Il misterio del Graal,* cit., § 25-26 et *Lo Yoga della Potenza,* cit. appendice II.

[393] *Le rime,* ed. Rivalta, Bologna, 1902, p. 156.

[394] *Vita Nuova,* II, 19 ; cf. I, 12 ; XI, 13.

[395] *Ibid.,* III, i-6.

occulte »[396] — signifie laisser agir sur soi un pouvoir capable de tuer, de provoquer la mort initiatique. Le thème revenant jusqu'à la monotonie dans toute cette littérature, c'est qu'à l'apparition de la « femme de l'esprit », « le cœur est mort ». Voyant la femme et en recevant la « salutation », Lapo Gianni dit : « Alors je m'efforçai de ne pas tomber ; — le cœur qui était vivant devint mort ». Guido Guinizelli parle d'une salutation et d'un regard mortels et se compare à celui « qui a vu sa mort ». Il passe par les yeux, comme fait le tonnerre, qui blesse par la fenêtre de la tour, et brise ou fend tout ce qu'il trouve dedans[397]. »

L'Amour met en garde celui qui veut voir la femme, en disant : « Fuis, si la mort t'ennuie »[398]. Dans cette expérience, on ne doit donc pas craindre la mort ; il peut en effet en résulter une profonde fracture intérieure. Une chanson qui peut-être est du même Cavalcanti, parle d'« une passion neuve — telle que je suis resté rempli de crainte ; — parce qu'à toutes mes forces fut mis un frein — subitement, si bien que je tombai à terre — *par une lumière qui frappa le cœur* : et si le livre ne se trompe pas — l'esprit supérieur trembla si fort, — qu'il me sembla bien *que la mort — fut arrivée pour lui en ce monde* ». Dante décrit cette expérience de fulguration en des termes similaires ; lorsqu'il s'avisa de la présence inattendue, près de lui, de la « femme du miracle », il sent tous les esprits détruits par la force d'Amour, il ne subsiste que ceux de la vue, mais détachés des organes physiques, comme dans un *raptus* extatique. Ainsi, Dante a l'impression de tomber par terre, et il dit : « Je tins les pieds dans cette partie de la vie au-delà de laquelle on ne peut aller plus loin, si l'on a l'intention de revenir » ; plus loin, il parle d'une « transfiguration »[399] ; un autre passage, il revient sur le motif de la *destruction* opérée par

---

[396] Scolie dans Manget, *Biblioth. chemica curiosa,* I, 147 et Dorn dans *Theatrum chemicum,* p. 578.

[397] Dans Valli, *op. cit.,* pp. 185, 186 : à part les références dantesques, celles qui suivent sont tirées de ce livre et aussi de A. Ricolfi, *Studi sui Fedeli d'Amore,* v. I, Milano, 1933, v. II, 1941 ; *Rapimento e iniziazione nei Fedeli d'Amore,* extr. de « Rivista di sintesi letteraria », 1935, n° 4.

[398] *Vita Nuova,* XV, 4.

[399] *Ibid.,* XIV, 8, 14. Ici il est intéressant que Dante prévienne que les expériences de ce genre ne sauraient être compréhensibles que pour celui qui est « Fidèle d'Amour du même degré » ; ce qui est une référence évidente à une hiérarchie initiatique.

l'amour[400]. D'ailleurs, dans le kabbalisme médiéval on parlait de la *mors osculi*, de la mort donnée par le baiser, et l'on retrouve aussi des expressions analogues chez les poètes du soufisme arabo-persan[401].

En considérant dans leur ensemble les écrits des Fidèles d'Amour, il apparaît que parfois ces effets sont produits par l'action directe de la femme (par son apparition), d'autres fois par son action indirecte : son image, sa « salutation », son idée porte Amour de la puissance à l'acte, sous forme d'une force qui crée la terreur et qui tue initiatiquement. À ce sujet, Cavalcanti parle aussi d'une action sur l'« intelligence possible », terme, celui-ci, tiré de l'aristotélisme averroïste où il désigne le νοῦς, le principe intellectuel dans son aspect transcendant qui, chez l'homme ordinaire existe justement au seul titre d'une possibilité[402]. Selon la voie suivie par le vrai Fidèle d'Amour, c'est donc grâce à la femme-vie, que cette possibilité passe à l'acte, c'est-à-dire qu'elle devient une réalité dans sa conscience, en le transformant. Cavalcanti écrit : « Vous qui à travers les yeux passez dans mon cœur et éveillez l'intelligence qui dormait », et il ajoute qu'Amour prend place et domicile comme un sujet, dans l'intelligence possible. » Guinizelli indique le « cœur » comme le siège de la « noblesse » qui passe à l'acte par l'action de la femme. Dans le développement de l'expérience, le moment émotivo-traumatique semble donc se transformer en un pur acte intellectuel (la « re-naissance dans l'intelligence », dont parle le « *Corpus Hermeticum* »). La « noblesse », dont on parle souvent à ce sujet (en indiquant aussi Amour comme le « Seigneurde la noblesse »), portée à l'acte par la femme dans l'extase qu'elle provoque, c'est une perfection ontologique qui n'est pas

---

400 *Ibid.*, IV, 3 ; V, i.

401 Bien que ses interprétations soient seulement d'ordre symbolique et doctrinal, G. Bruno *(Eroici Furori*, II, i, 47 ; I, iv, 19) y fait aussi allusion dans les termes suivants : « Cette mort des amants, qui vient de la joie suprême, est appelée *mors osculi* par les cabalistes : cette même mort est la vie éternelle, que l'homme peut préparer en ce siècle, et réaliser dans l'éternité. » Cf. Ibn Farîd *(apud* Moreno, *op. cit.*, p. 215) : « Quand mes yeux ont vu la beauté de ce visage, avant même que naisse l'amour j'ai dit adieu à la vie. » Dans le langage populaire, la présence de l'expression : « yeux assassins » n'est pas dénuée d'intérêt. Dans la littérature du *sicle de oro* espagnol, on rencontre souvent l'expression : des yeux qui jettent *« amor y muerte »*.

402 L'équivalent hindou de l'« intelligence possible » est la *buddhi* ; d'ailleurs, la Grande Déesse hindoue est conçue aussi comme « celle qui réside dans tous les êtres sous la forme de *buddhi* », celle dont la nature est d'illuminer *(djotanashîlâ)* » cf. A. et E. Avalon, *Hymns to the Goddess*, cit., p. 130.

sans rapport avec cet éveil de l'essence intellectuelle ; en toutes choses, dit Dante citant aussi Aristote[403], la « noblesse » est la perfection de leur nature, et à ce propos on parle aussi d'un dénudement, on emploie de nouveau le symbolisme de la nudité : Amour c'est la force qui peut faire sortir l'esprit de sa « demeure », le « faire voler, *nu*, sans écorce »[404].

En général, le thème typique qui revient chez tous ces écrivains, est une crise suivie du début d'une vie nouvelle ou transformée, et pour l'exprimer des références explicites au mystère androgynique ne manquent pas. De Barberino[405] fait dire à Amour : « Les coups sont d'une telle nature, que celui qui croit en être mort se retrouve en une vie supérieure. » Dans une planche il dispose les degrés de l'expérience dont il s'agit, selon une sorte de hiérarchie. Dans cette illustration, on voit des figures masculines et féminines symétriques qui, comme c'est assez évident et comme Valli l'avait déjà remarqué[406], doivent être prises par couples, par paires. Hommes et femmes sont frappés par les flèches d'Amour, d'une façon plus ou moins grave ; au début, ils tombent à terre, mais au fur et à mesure qu'on s'approche d'une figure centrale, ils sont debout et portent des roses, symboles de la renaissance initiatique. Après le dernier couple qui porte la didascalie : « De cette mort s'ensuivra la vie », il n'y a plus un homme et une femme séparés, mais il y a une unique figure androgyne, au-dessus de laquelle Amour, tenant lui-même des roses, prend son vol sur un cheval blanc. La figure androgyne a une didascalie avec ces mots : « Amour, de deux tu nous as faits un seul, par la vertu supérieure du mariage. » Les sens-clefs de l'ensemble ne pourraient être donnés d'une façon plus claire : après la crise, qui aussi dans les premiers degrés frappe, jette à terre, tue, l'union avec la femme et la « vertu supérieure du mariage » conduisent à l'androgyne (qui dans l'illustration est représenté exactement comme le *Rebis* hermétique), état au-delà duquel Amour fera développer l'expérience vers le haut, en un vol ou *raptus*, dans une direction transcendante. Et en effet, un autre Fidèle d'Amour, Nicolo de Rossi, en traitant des « degrés et des pouvoirs du véritable amour », considère comme culmination d'eux tous l'extase

---

403 *Convivio*, IV, 16 ; XII, 4.

404 Cf. Ricolfi, *Rapimento e iniziazione*, cit., p. 358.

405 *Reggimento e costumi delle donne*, p. V.

406 *Op. cit.*, p. 247, où se trouve l'illustration ; F. Da Barberino, *Documenti d'Amore*, ed. Egidi, Roma, 1905-1924, v. III, pp. 407 sq. — *Tractatus Amoris et operum ejus.*

*qua dicitur excessus mentis (*il ajoute : *sicut fuit raptus Paulus),* ce qui revient à dire : l'ouverture de l'esprit à des états superindividuels et superrationnels de l'être.

Ce qui est particulièrement intéressant, c'est que Dante rapporte à l'action d'Amour aussi, un assujettissement de l'« esprit vital », c'est-à-dire de la partie naturaliste, ou partie *yin* de l'être, à laquelle il fait dire : *Ecce Deus fortior me, qui veniens dominabitur mihi*[407]. C'est comme si, grâce à l'éveil d'un principe supérieur (l'« intelligence possible » ou νοῦς passé à l'acte, la « noblesse » — en termes hindous on dirait : le principe lumineux Çiva) s'établissait une nouvelle hiérarchie entre les différents pouvoirs de l'être humain. Dans le *Convivio,* bien que l'interprétation générale soit plus allégorico-doctrinale qu'anagogique et initiatique (c'est à la première que Dante dit explicitement de s'arrêter), la « miraculeuse dame de vertu » est dite éveiller l'« appétit droit », celui qui « défait et détruit son contraire » ; d'elle émane un feu « qui brise les vices innés », ayant « le pouvoir de rénover la nature de ceux qui la contemplent, ce qui est une chose miraculeuse »[408]. Le « salut » atteint par l'éveil et cette nouvelle situation intérieure des puissances de l'être assurent la participation à l'immortalité initiatique. Nous avons déjà mentionné l'étymologie convenue, dont un représentant provençal du même courant, Jacques de Baisieux, s'est servi pour identifier l'amour au « sans mort », à la destruction de la mort ; ainsi il parle des amants comme de « ceux qui ne meurent pas » et qui vivront « dans un autre siècle de joie et de gloire »[409]. En tout cas il est certain que les Fidèles d'Amour ont conçu la femme à laquelle on est uni, comme le principe possible d'une vie supérieure, en sorte qu'au moment où elle se détache de son amant, de nouveau l'ombre de la mort se dresse en face de lui[410]. Cecco d'Ascoli dit justement : « Je suis transformé au troisième ciel — en cette Dame, de telle sorte que je ne sais qui j'étais. — C'est pourquoi je me sens toujours plus bienheureux. — D'elle a pris forme mon intelligence, — ses yeux me montrant le salut, — en contemplant la vertu

[407] *Vita Nuova,* II, 4.

[408] *Convivio,* III, 2, 8.

[409] Dans Ricolfi, *Studi sui Fedeli d'Amore,* cit., v. I, p. 61.

[410] Dante : « Cette femme qui spirituellement faisait un avec mon âme » *(Convivio,* III, 2) ; l'abandon de la part de la femme est appelé l'abandon de son « salut » *(Vita Nuova,* XXXII, 6).

en sa présence. — Donc je suis Elle : et elle se sépare de moi — alors je sentirai l'ombre de la mort »[411].

En ce qui concerne les Fidèles d'Amour, nous conclurons en indiquant encore deux points. Le premier à propos du symbolisme numérique. On sait le rôle que le nombre trois et ses multiples joue soit dans l'œuvre principale de Dante, soit dans la *Vita Nuova.* Dans celle-ci, c'est en particulier la première puissance ou carré du trois, le neuf, qui est au premier plan. Dans la première rencontre, la femme a neuf ans (ce qui étant donnés les effets traumatiques produits par sa vue, devrait déjà faire exclure l'interprétation réaliste de Béatrice comme d'une fillette de cet âge). C'est à la neuvième heure qu'elle donne sa « salutation » et à cette heure également que se produit l'une des visions les plus significatives narrées par le poète. Le nom de sa dame, dit Dante, « ne souffre pas d'être dans un autre nombre que le neuf ». Le nombre neuf réapparaît comme la durée de certaine maladie douloureuse de Dante [412] . Comme explication, Dante se borne à dire que « le nombre trois est la racine du neuf, parce que, sans aucun autre nombre, par lui-même [c'est-à-dire multiplié par lui-même] il fait neuf ». Quant au trois, Dante se rapportant à la Trinité chrétienne, l'appelle « le facteur par soi-même des miracles » et conclut en disant : « Cette dame fut accompagnée de ce nombre neuf, pour donner à entendre qu'elle était un neuf, c'est-à-dire un miracle, dont la racine, à savoir, du miracle, est seulement l'admirable Trinité »[413]. Au fond c'est parler à demi-mot, tandis que dans les milieux auxquels appartenait Dante, on devait certainement connaître un aspect plus précis et universel du symbolisme du trois et de ses puissances. Nous avons déjà rappelé que le trois est le nombre du *yang* et qu'il a aussi désigné ce qui naît, quand le Un s'ajoute au nombre féminin, au Deux, pour ramener au-delà de lui, à l'unité[414]. Dans l'ancienne Égypte, le trois était le nombre

---

[411] *Apud* Alessandrini, *Cecco d'Ascoli,* Roma, 1955, p 195.

[412] *Vita Nuova,* II, i ; III, i ; XII, 9 ; VI, 2 *;* XXIII, i.

[413] *Ibid.,* XXIX, 3.

[414] Dorn *(Clavis philosophiae chemisticae,* dans *Theatrum Chemicum,* v. I, p. 214-215) se référant aussi à Trithème, dit que l'Un repousse le Binaire (le Deux) qui, en liaison avec la matière, a causé le détachement de l'homme de lui ; et le « Ternaire [le Trois] pourra être reconduit à la simplicité du Un... Ascension bien connue de ceux-là dans la pensée desquels est présent le Ternaire ; ayant rejeté le Binaire leur ascension du Ternaire les élève à la simplicité de l'Un ».

de la foudre, mais aussi celui de la force vitale et de l'être-vie invisible, enfermé dans le corps, du *Kha.* D'ailleurs, au *yang* fut aussi associé le neuf et enfin le quatre-vingt un, tant ce nombre a un rôle curieux, que nous indiquerons, même dans un détail des techniques sexuelles taoïstes. Le sens du neuf est d'être la première puissance du trois ; celle du quatre-vint un, c'est d'en être la puissance parfaite. Ce dernier nombre porte, d'une certaine façon, au-delà de l'expérience de la « dame du miracle » — et le fait que Dante dans le *Convivio* (IV, 24), en parle en le donnant comme l'« âge » d'une vie parfaite et achevée est significatif : Dante rapelle tel fut l'âge de Platon, et arrive à dire que le Christ aurait atteint cet âge, s'il n'avait pas été tué. Mais cet âge symbolique figure aussi dans d'autres traditions — un tel âge, entre autres, fut attribué à Lao-tze. Dans l'ensemble, il s'agit de cycles de la réalisation de l'Un, qui se retrouve à travers la diade, le Deux, le féminin se déployant comme l'acte, la puissance de soi-même jusqu'à devenir identique à cette puissance et à s'établir dans la « noblesse ». Or Dante qui fait mourir Béatrice le neuvième jour du mois de juin, remarque d'ailleurs qu'en Syrie, juin est le neuvième mois et il ajoute que cette mort arriva quand « le nombre parfait neuf était accompli », c'est-à-dire en l'an 81 du XIIIe siècle.

Le second point duquel nous voulons parler, concerne justement la mort de la dame, de Béatrice. Déjà Ferez, puis Valli[415], ont établi une relation entre cette mort et celle de la Rachel biblique, en rappelant comment la mort de Rachel avait été prise par saint Augustin et par Richard de Saint-Victor, comme un symbole de l'extase ; de *l'excessus mentis.* Valli pense que dans la *Vita Nuova* aussi, la mort de la dame est une « figuration du dépassement de l'esprit dans l'acte de la contemplation pure : représentation mystique de l'esprit qui se perd en Dieu[416] ». Mais cette interprétation nous semble peu appropriée ; non seulement elle vise le plan simplement mystique, plan qui n'est pas celui des Fidèles d'Amour, mais, selon nous, renverse même la situation dont il s'agit. Certes la mort de la dame marque la dernière phase de l'expérience qui commence par sa « salutation », et à ce sujet, dans le chapitre XXVII de la *Vita Nuova,* on trouve des expressions énigmatiques. Après avoir rapporté la mort de Béatrice, Dante ajoute ces paroles mystérieuses : « Il n'est pas convenable pour moi de traiter de cet événement, *parce qu'en le traitant, il faudrait que je me décerne moi-même des louanges » :* comme si l'événement, la mort de Béatrice, tournait à sa gloire à lui.

---

[415] *Op. cit.,* p. 94-99 ; F. Perez, *La Beatrice svelata,* Palermo, 1898.

[416] *Op. cit.,* p. 100.

L'interprétation « mystique » de Valli, ne cadre pas, parce que s'il s'était agi de la mort du mental (du *manas*, selon la terminologie yogique hindoue), on n'aurait simplement eu à faire qu'à l'un des effets de la dame et d'Amour, sur l'amant ; sans dire que la mort, interprétée comme un naufrage mystique, concernerait alors non la dame, mais le Fidèle d'Amour : tandis qu'on dit le contraire, c'est la femme qui meurt, à la gloire du Fidèle d'Amour. Il ne nous semble donc pas trop hasardé de suivre l'idée opposée, à savoir que le dernier terme de l'expérience soit représenté par le dépassement de la femme dans la réintégration complètement réalisée. C'est ce qui dans l'hermétisme correspond à l'« œuvre au rouge » après l'« œuvre au blanc » (laquelle est précédée par l'« œuvre au noir », par la « mort » ou « dissolution »), c'est-à-dire à une condition de virilité rétablie au-delà de l'ouverture extatique ; état final, celui-ci, auquel les hermétistes, en s'y rapportant, employèrent parfois le symbolisme de tuer cette femme, par laquelle ils avaient été tués avant, mais aussi « engendrés » (régénérés). Et comme on l'a vu, en plus du neuf, pour la mort de la dame, Dante fait justement intervenir le quatre-vingt-un.

Un point qui, nous semble-t-il, n'a jamais été mis en relief, nous amène aussi à une telle interprétation : c'est-à-dire que, tandis que dans le mysticisme chrétien, l'âme joue le rôle de femme comme « fiancée » de l'époux céleste, dans toute cette littérature, ainsi que dans toutes les variétés du symbolisme de la femme précédemment rappelées, dans la légende et dans le mythe, les rôles s'intervertissent, parce que c'est le sujet de l'expérience qui possède la qualité masculine[417]. On n'aurait pu s'attendre à rien d'autre, si les Fidèles d'Amour étaient une organisation initiatique et non mystique. — Un dernier détail qui n'est pas sans signification : comme une apparente anomalie, Guido Cavalcanti qui, comme nous l'avons dit, dut être un des chefs de cette organisation, affirme qu'Amour vient et demeure non dans le ciel de Vénus, mais bien dans celui de Mars — « lui vient de Mars et y demeure » ; et il semble que tacitement Dante partagea ce point de vue. C'est un point dont la valeur signalétique n'échappera à personne.

---

[417] Il faut remarquer que dans le soufisme on rencontre souvent le même rapport : la divinité y est considérée comme une femme : elle n'est pas l'« époux céleste », mais la « Fiancée » ou l'« Amante ». Ainsi par exemple, chez Athâr, Ibn Farîd, Gelâleddîn el Rûmî, etc.

Nous nous sommes un peu arrêtés sur les Fidèles d'Amour, parce qu'avec eux, d'une certaine façon, s'établit une liaison entre plusieurs des principaux motifs mis en relief par nous, au cours de cette étude, ainsi que dans le domaine de l'amour profane. Dans ce domaine, un Knut Hamsun a pu parler, pour l'amour, d'« un pouvoir d'anéantir l'homme et puis de nouveau l'élever et le marquer de sa marque brûlante ». Stendhal rapporte les expressions suivantes pour un cas réel de ce qu'on appelle le coup de foudre : « Une force supérieure de laquelle j'ai peur, m'a enlevé à moi-même et à la raison. » En sentant le souffle de Lotte, Werther dit : « Je crois m'effondrer comme frappé par la foudre. » Il y a lieu de penser que chez les Fidèles d'Amour, des expériences semblables procurées par la femme, furent développées et intégrées, hors de tout ce qui est littérature et hyperbole. Dans leurs compositions, le même thème est précis et constant, tout comme sont constants et bien en évidence, les autres thèmes sporadiquement recueillis par nous en étudiant les phénomènes de transcendance de l'amour profane : *raptus* et mort, signification profonde du cœur, traumatisme dans le cœur considéré comme un lieu occulte (la « très secrète chambre du cœur », dit Dante) et lieu à purifier (« le cœur noble ») parce qu'en lui commencera à se produire le mystère fulgurant du trois par l'action de la femme-miracle, et du *segnore di nobilitate.*

En conclusion, à l'égard des Fidèles d'Amour, on doit donc repousser soit les interprétations esthétiques et réalistes qui veulent rapporter le tout à des femmes réelles et à des expériences d'un simple amour humain transposé, sublimé et hyperbolisé par le poète, soit les interprétations purement symboliques qui font entrer en jeu de pures abstractions doctrinales ou des personnifications d'une Gnose (la « Sainte Sagesse »), conçue comme un pouvoir d'illumination, mais sans aucun rapport réel avec la force de la féminité. Le second point de vue a été suivi par les exégèses non seulement de Valli, mais aussi de R. Guénon et de A. Reghini ; il peut être acceptable dans le cas de milieux mystiques de dérivation plus ou moins néoplatonicienne (y compris Giordano Bruno) et aussi de la poésie arabo-persane, qui fleurit entre le IXe et et XIVe siècles ; mais selon nous, il apparaît incomplet dans le cas des Fidèles d'Amour. Pour eux, l'alternative doit être dépassée, et comme fond essentiel il faut considérer la possibilité d'évocations et de contacts, aux fins initiatiques, avec le principe occulte de la féminité dans une région liminale, immatérielle, au-delà de laquelle il n'y a plus que les formes de la magie sexuelle au sens propre, comme développement extrême des possibilités de l'*eros* sur un plan non profane. Ce domaine est celui que nous aurons encore à traiter, après avoir fait allusion à la troisième des solutions énumérées au début, à celle des transmutations ascétiques et yogiques de la force du sexe.

Ceci mis à part, dans l'ensemble de tout ce qui est évocation et participation, on peut distinguer deux voies qui, respectivement se trouvent sous le signe des deux archétypes féminins fondamentaux : Déméter et Durgâ. La première voie se base sur le principe féminin-maternel, considéré comme source du sacré, et conduit vers une immortalité, une paix et une lumière presque sur le même plan de ce qui, même dans le domaine profane et humain peut arriver à celui qui prend refuge auprès de la femme maternelle. Dans cet ordre d'idées, le pythagorisme put reconnaître à la femme un caractère sacré particulier et il put même parler de la mère initiatrice, τῆμητρί τελούῃ, l'orientation de ce courant, qu'ici nous donnons comme un exemple, ressortant clairement du fait qu'après la mort de Pythagore, sa maison fut transformée en un sanctuaire de Déméter[418]. La même figure de femme réapparaît dans le mythe, avec des traits de grandeur, sous forme de la Vierge céleste et de la Mère divine médiatrice. L'autre voie passe au contraire par Durgâ, le féminin aphrodisien abyssal, et peut être soit une voie de perdition, soit une voie de dépassement de la Mère, sous le signe de ceux que nous avons appelés les Grands Mystères au sens propre.

APPENDICE AU CHAPITRE 5

48. — Sur la signification du Sabbat et des « messes noires »

En appendice à ce que nous venons d'exposer en fait d'évocations supersensibles à base érotique, on peut indiquer brièvement le contenu réel des expériences du Sabbat et aussi de ce qu'on a appelé les messes noires.

En général, la « démonologie » des siècles passés est un domaine intéressant qui attend encore d'être étudié à son juste point de vue. Un tel point de vue n'est ni celui des auteurs qui mettent théologiquement toute chose à la charge du satanisme, comme ce fut déjà le cas pour les juges

---

[418] Cf. *I Versi d'Oro pitagorei*, présentés par J. Evola, Roma, 1959.

de l'inquisition, ni celui d'autres qui voudraient réduire le tout à de pures superstitions, ou bien aux faits de la psychopathologie et de l'hystérie. Les défenseurs du second point de vue — psychiatres et psychanalystes — s'efforcèrent récemment de liquider toute interprétation théologique et surnaturelle au moyen de preuves expérimentales, en indiquant les cas où de simples traitements psycho-thérapeutiques ont fait disparaître plusieurs phénomènes attribués avant à des influences et des contacts démoniaques. En quoi se confirme la superficialité qui caractérise tout ce que de nos jours l'on est convenu d'appeler « scientifique » ou « positif ». On a négligé la possibilité que certains individus tarés présentent bien des troubles psychiques réels, mais que tout cela constitue une simple condition ou cause occasionnelle pour la production ou l'insertion suprasensible de faits d'ordre différent. Dans tous les cas de ce genre, il est évident que si, de façon ou d'autre, on arrive à « guérir » l'individu, la base, la possibilité matérielle de ces manifestations ayant disparu, les manifestations cesseront, sans pourtant que cela signifie quelque chose au sujet de leur véritable nature et de l'existence d'une dimension plus profonde des phénomènes observés. Cela, abstraction faite d'autres cas qui, pour appartenir au passé, ne peuvent plus devenir l'objet d'un examen approprié, mais que pourtant on fait tout bonnement rentrer dans le nombre de ceux qui offrent un prétexte à l'interprétation psychopathologique simpliste que nous avons indiquée.

En ce qui concerne le Sabbat, même en laissant une grande marge à tout ce qu'on peut attribuer à la superstition et à la suggestion (suggestion spontanée ou créée chez les accusés au cours des procès), sont attestés des faits d'*expérience* intérieure de structure suffisamment constante et typique. Pour *favoriser* ces expériences chez des individus donnés, prédisposés ou non, on employait des substances dont les effets étaient analogues à ceux des philtres. Du côté matériel, y figurent soit des poudres aphrodisiaques, soit des narcotiques et des stupéfiants — les textes du temps mentionnent la belladone, l'opium, l'aconit, le quatrefeuille, la jusquiame, les feuilles de peuplier, certaines sortes de pavots, etc., en plus des graisses animales facilitant les mélanges et permettant d'en faire un onguent qui, par absorption cutanée intoxicante, provoquait un double effet. D'un côté, on obtenait un sommeil profond et la libération de la force plastique de l'imagination pour la production d'images de rêves lucides et de visions ; de l'autre, l'éveil de la force élémentaire du sexe et son activation sur ce plan extatico-visionnaire imaginatif. Les auteurs mentionnent cependant aussi une sorte de consécration rituelle des substances employées — on dit par exemple : « n'oubliant pas en ceste composition l'invocation particulière de leurs démons, et cérémonies magiques instituées par iceux[419] ». Ces mots font évidemment allusion à une opération secrète visant à donner une « direction d'efficacité » particulière à l'action des drogues en question. Il est clair que ce facteur devait avoir une importance fondamentale dans cet ensemble. Lui reconnaître ou non une réalité quelconque, dépend de la mesure où, par exemple, on pense que les sacrements ne se réduisent pas à de simples cérémonies symboliques. Vraisemblablement, c'est à ce facteur qu'on doit la différence entre l'action générale et désordonnée, qu'aujourd'hui encore, des stupéfiants et des aphrodisiaques peuvent exercer sur le premier venu, et l'action spécifique liée à des faits évocateurs, qui donnait lieu aux expériences du Sabbat. Enfin, comme facteur encore plus essentiel, il y a lieu de supposer quelque chose comme une « tradition » : un fond fixe d'images devait être porté par un courant psychique collectif, dans lequel chaque individualité était insérée dans l'acte même de s'agréger aux groupes qui s'adonnaient à ces pratiques : d'où une grande concordance des expériences fondamentales.

Déjà Johannes Vierus dans sa *Daemonomania* avait soutenu contre Bodin la thèse que ces expériences, tout en ayant pour base une influence surnaturelle (le « diable »), se produisaient dans un état de sommeil ou de transe, le corps restant immobile là où il se trouvait, alors que le sujet croyait se rendre physiquement au Sabbat. Gorres a rapporté certaines expériences faites dès le XIVe siècle par un bénédictin (d'autres ensuite les répétèrent, dont Gassendi lui-même) avec des personnes qui, après avoir achevé les préparatifs rituels pour se rendre au Sabbat, furent attachées à leur lit et observées. Souvent elles tombèrent dans un profond sommeil, léthargique ou cataleptique, à tel point que même des brûlures ou des piqûres ne parvinrent pas à les réveiller. De toutes façons, dans les informations qui nous sont parvenues, une donnée est constante : c'est que « pour se rendre au Sabbat » il faut s'endormir après s'être enduit d'onguent et avoir prononcé des formules déterminées. Ainsi l'interprétation la plus simple serait qu'il s'agit d'orgies de l'imagination érotique, vécues pendant le sommeil. Mais celui qui sait que cet état comporte un changement de niveau de la conscience, dans l'enseignement traditionnel hindou, son passage virtuel au plan dit « subtil », peut penser à quelque chose de plus qu'une fantasmagorie

[419] Cf. J. de Nynauld, *De la lycanthropie, transformation et extase des sorciers*, Paris, 1615 ; *Les ruses et tromperies du diable descouvertes, sur ce qu'il prétend avoir envers les corps et les âmes des sorciers, ensemble la composition de leurs onguens*, Paris, 1611 (*apud* De Guaita, *op. cit.*, v. II, p. 172-174) qui sont les œuvres contenant la plupart des détails sur les onguents magiques.

suggestive du même genre qu'un rêve quelconque. D'un autre côté, l'auteur déjà cité, de Nynauld, en classant les différentes espèces d'onguents selon leur action, en distingue plusieurs qui provoqueraient « un transport qui ne se fait pas simplement par illusion estant endormy profondément », c'est-à-dire qui auraient pour effet, sinon une véritable projection, du moins une bilocation : donc un « aller au Sabbat » différent d'une pure hallucination subjective solitaire. On peut considérer cette dernière possibilité comme réelle, dans la mesure où, en principe, on admet que dans certains cas les phénomènes de bilocation sont réels ; on sait qu'ils sont aussi mentionnés dans la vie des saints chrétiens[420]. De toute façon, il faut remarquer qu'au cours des contrôles indiqués plus haut, on constata du moins des cas de dédoublement, en ce sens que celui qui du fait des drogues gisait immobile et inanimé sur le lit, put parfois rapporter avec exactitude ce qui se passait alentour (Görres). On ne doit donc pas du tout exclure la possibilité d'expériences qui tout en restant essentiellement « psychiques », n'ont pas eu le caractère d'irréalité des songes ordinaires et des hallucinations des schizophréniques, mais ont présenté une dimension *sui generis* objective. On ne doit pas exclure non plus, qu'au Moyen Age, aient persisté des résidus de rites fort anciens, extatiques, qui culminaient avec l'acte sexuel, comme dans un sacrement, et qui avaient beaucoup des caractères attribués au Sabbat. Il y figurait une divinité cornue appelée Cernunnos ; on a découvert au-dessous des fondements du temple de la Grande Déesse chrétienne, de Notre-Dame de Paris, un autel consacré à cette divinité cornue[421]. Quel que fût le plan sur lequel se développa l'expérience des adeptes, il faut pourtant remarquer que des participants à la cérémonie, réelle ou vécue dans une transe lucide firent des aveux spontanés, sans torture — ils mouraient sans peur et sans remords, étant convaincus de s'être assuré la vit immortelle. Des jeunes femmes déclarèrent être allées à la cérémonie « par ravissement » du dieu, dans leur cœur et leur volonté que c'était la « religion suprême », que le Sabbat était le vrai paradis, source de plaisirs extatiques tels que l'on n'aurait pu les décrire ; elles étaient fières de leurs

---

[420] Par exemple, on rapporte que l'ascète Milarepa avait le pouvoir de projeter son corps subtil pour aller présider, en tant que maître yogî, les assemblées d'êtres invisibles dans les lieux sacrés : cela faisant partie d'une pratique générale appelée *phowa* (Cf. *Vie de Milarepa,* trad. du lama Kazi Dawa Sampud, éd. fr., Paris, 1955 p. 68).

[421] Cf. M. Murray, *The God of the witches,* Sampson Low, 1933.

expériences et bravaient la mort avec la même fermeté tranquille que les premiers Chrétiens[422].

Mais, en général, pour ce qui est le *contenu* des expériences du Sabbat au sens propre, il s'agit essentiellement d'évocations troubles d'archétypes et de situations rituelles, se rapportant justement à des cultes antiques.

Si l'on veut, on peut se reporter à la subconscience collective considérée comme réceptacle d'images déjà vécues, capables de s'actualiser de nouveau, d'être revitalisées sur le plan subtil : toutes sortes de déchets du subconscient individuel s'y mêlant cependant, car on doit aussi se rappeler qu'en principe les sujets de ces expériences appartenaient au peuple et n'avaient ni une préparation ni une tradition régulières comparables à celles des Mystères antiques. De plus, ici l'on doit faire rentrer en ligne de compte le fait d'une déformation ou dégradation particulière due à la présence d'une tradition différente stigmatisante, par-dessus tout ce qui est sexe, comme l'était la tradition chrétienne. En de telles circonstances, dans un régime d'évocations confuses et désordonnées, des formes « antinomiques », « diaboliques » peuvent bien se produire dans les manifestations. Souvent le démonisme ne concerne que la façon particulière et détournée dans laquelle se présentent des motifs et des figures d'un culte précédent, dans le cadre d'un autre culte par lequel le premier a été supplanté. On en rencontre de nombreux cas dans l'histoire des religions. Dans le mécanisme de la subconscience, quand des résidus psychiques de ce genre sont revitalisés, il est très facile qu'ils prennent automatiquement comme appui des images contraires, démoniaques, voire même sataniques. On peut donc penser que dans le cas d'expériences comme celles du Sabbat, celui qui les tentait se rendait bien rarement compte de leur contenu réel, qu'il ne vivait ce contenu qu'indirectement, à travers la fantasmagorie, de la sarabande, de façon à fournir de bonne foi des confessions conformes au scénario diabolique déjà fabriqué par les Inquisiteurs.

Enfin, nous dirons deux mots à propos de l'élément animal qui figure dans ces fantasmagories. Ici on doit se rappeler les effets éventuels d'une agitation des couches plus profondes, prépersonnelles de l'être, où se trouvent aussi des potentialités latentes et des co-possibilités animales, exclues par le processus évolutif qui a formé la figure humaine typique. Ces potentialités aussi, qui ont une part importante dans le totémisme des

---

[422] Cf. G. Battray Taylor, *Sex in History*.

peuples primitifs, peuvent être activées et entraînées dans le processus évocatoire et produire, par projection (presque comme leur « signature »), des images humano-animales ou des déformations animalesques de la figure humaine, correspondant, en général, à ce qui se réveille de plus dégradé et informe (comme antiforme) dans le processus global. Mais à tout autre égard, ce processus est semblable au déchaînement dionysiaque et aux antiques rites d'initiation érotico-orgiaque.

S. de Guaita, sur la foi des renseignements fournis par les auteurs qui au cours des siècles passés se sont occupés de ce sujet — Buguet, N. Remigius, Bodin, Del Rio, Binsfeldius, Dom Calmet, etc.[423] — a effectivement reconstruit la structure principale des expériences du Sabbat, dans les termes suivants. Dans le rendez-vous diabolique, la « reine du Sabbat » apparaissait comme une jeune femme nue, d'une beauté particulière, portée par un bélier noir (Pierre de Lancre dit : « Toutes celles que nous avons vues qualifiées du tiltre de Roynes estaient douces de quelque beauté plus singulières que les aultres. ») Le bouc initiait la vierge par une suite de sacrements (nous en trouverons l'équivalent dans la consécration tantrique des femmes au moyen du *nyâsa)*, elle était ointe et puis violée sur un autel. Une orgie générale, pandémique, suivait, où le mode antinomique de manifestation qu'avait un *eros* élémentaire, c'est-à-dire un *eros* à l'état libre et délié de toute forme, se dramatisait souvent en des rapports adultères, incestueux, ou contre nature — à part l'expérience d'une possession charnelle polymorphe simultanée, vécue par la nouvelle prêtresse. Sur son corps étendu, comme sur un autel palpitant, le bouc, qui s'est transformé en figure humaine ou semi-humaine, officie, offrant du blé à « l'esprit de la terre », principe de toute fécondité, parfois libérant aussi des oiseaux, comme rite symbolique d'une libération pour les assistants de l'assemblée (évocation du « démon de la liberté » — or un nom de Dionysos à Rome était aussi *Liber)*. On pétrissait une galette pour procéder à une *confarreatio*, c'est-à-dire à une communion au moyen de la consommation de ses parts distribuées aux assistants. On prétend qu'à la fin la reine du Sabbat se levait et, victime triomphante, criait une formule comme celle-ci : « Foudre de Dieu, frappe si tu l'oses » ; dans un rite du même genre, à fond sexuel, attesté jusqu'au XIIe siècle en Slavonie, la formule employée aurait été : « Réjouissons aujourd'hui,

---

[423] S. de Guaita, cit., v. I, pp. 154 sqq. La bibliographie des textes utilisés par lui pour ce qui suit, se trouve dans *Le Temple de Satan*, p. 156-157.

parce que le Christ a été vaincu[424]. » Un élément objectif à sa façon, serait constitué par le fait que celui qui participait à cette initiation orgiaque aurait obtenu la révélation de secrets et de procédés, comme ceux de la composition de philtres, poisons ou élixirs. La possession de semblables dons suffisamment attestée[425]. D'après les données recueillies dans certains procès, au Sabbat on invoquait Diane ; avec elle, Lucifer, transposition évidente « inversée » du dieu masculin lumineux[426]. Comme on le sait, dans l'aire germanique une figure central était Vrowe Holda, elle possédait les traits ambivalents, suaves et terribles, de dispensatrice de grâces et de destructrice, déjà considérés par nous dans l'archétype féminin ; tandis qu'ici le mont du Sabbat et de la nuit de Walpurgis se confondait avec celui où Vénus aurait élu domicile, mont qui, selon les perspectives chrétiennes, se serait transformé en un lieu démoniaque et de péché.

On a souvent remarqué que dans le scénario fantasmagorique du sabbat, avec le bouc revient l'*hircus sacer*, l'animal sacré symbolique, assimilé par les Grecs, tantôt à Pan et tantôt à Dionysos lui-même, par lequel, dans un des cultes de l'antiquité égyptienne, au sens d'une hiérogamie, les jeunes femmes se faisaient posséder. La femme nue, adorée comme la déesse vivante est une variante d'un ancien thème méditerranéen ; par exemple, nous avons déjà rappelé que dans l'aire égéenne, le culte de la déesse se confondait souvent avec celui de sa prêtresse, et nous avons parlé aussi de résidus analogues subsistant dans les cérémonies orgiaques secrètes de certaines sectes slaves. Bien que tendancieusement, des structures rituelles semblables à celles du Sabbat avaient déjà été attribuées aux Gnostiques ; ainsi Marc le Gnostique aurait défloré des jeunes filles excitées qu'il faisait monter nues sur l'autel, les consacrant par ce moyen et les faisant devenir des prophétesses. Si c'est exact, il s'agissait évidemment de la technique d'initiation sexuelle que nous avons déjà envisagée, en parlant aussi du facteur spécifique constitué par

---

[424] Cf. Taylor, *Op. cit.*, p. 298-299.

[425] Chez les primitifs aussi, on rencontre des traditions au sujet des pouvoirs transmis à des femmes d'après leur union avec des entités non-humaines, Cf. par ex. B. Malinowski, *The sexual life of savages.* London, 1929, p. 40.

[426] Collum, dans « Eranos Jahrbücher », 1938, pp. 257 sqq. *(apud* Przyluski, *op. cit.*, p. 167).

la défloration. De plus, pour l'antiquité, par le témoignage de Pline[427], on a connaissance de sabbats nocturnes sur le mont Atlante : danses effrenées et déchaînement orgiaque des forces élémentaires de l'homme, avec la présence ou la manifestation d'anciennes divinités de la nature. Comme fond du Sabbat, on doit donc penser à une réactivation de ces structures rituelles, basées sur une obscure libération d'énergies sur le plan subtil : plan sur lequel peuvent effectivement agir des formes archétypes et se vérifier des formes d'extases rarement réalisables dans le domaine de la conscience de veille. Du reste, nous verrons suffisamment attestée l'idée que, dans le cas même de rites accomplis avec des personnes humaines réelles, avec des actes matériels et des accessoires physiques, si ces rites doivent avoir une efficacité quelconque, la condition préalable c'est que la conscience se disloque justement sur le plan subtil.

Nous avons déjà fait allusion aux causes techniques de la « diabolisation » de l'expérience et aussi au rôle que peut avoir joué en elle un facteur spécifique, c'est-à-dire l'inhibition et la condamnation théologique de la sexualité propre au christianisme. Cependant, en principe, il faut aussi considérer la possibilité d'un emploi *instrumental* conscient de tout ce qui a le caractère d'un substratum démoniaque et informe, freiné par les formes d'une religion déterminée : emploi lié au but d'un dépassement particulier de ces formes et d'une participation potentielle à l'inconditionné. Nous pourrions dire, plus clairement peut-être, que dans ces cas, la forme se présentant comme une limitation, ce qui se trouve au-dessous de la forme est dangereusement mobilisé comme moyen contre la forme pour atteindre ce qui se trouve au-dessus de la forme (à cette forme surtout dans les religions théistes, correspondent des figures divines particulières, des dogmes, des préceptes positifs, des interdictions, etc.). Puisque dans de tels cas on reste, malgré tout, dans le courant psychique de la tradition correspondante, à l'extérieur une telle technique peut effectivement présenter les traits d'une contre-religion ou religion inversée. Dans ce contexte, un détail est intéressant. Selon la description du Sabbat, le chrisme de la foi « satanique » des participants, aurait été un baiser obscène, l'*obsculum sub cauda*, qu'ils auraient dû donner au dieu du rite, à son image ou à celui qui le représentait comme officiant. Mais dans certains témoignages il fut clairement déclaré qu'aucun rite de ce genre n'était requis. Quoi qu'il en soit, il peut s'agir d'une version déformée d'une façon incroyable et obscène, d'une chose

---

[427] *Nat. Hist.*, V, i.

tout-à-fait différente. De Lancre lui-même rapporte que l'acte dont il s'agissait réellement, concernait un deuxième visage noir, que l'idole ou l'officiant avait derrière la tête, parfois comme un masque attaché à la nuque, ce qui lui faisait deux visages, comme la tête de Janus[428]. Le symbolisme de tout cela est assez transparent : si la face antérieure claire représentait le Dieu « extérieur » et manifesté, la face postérieure, noire, représentait la divinité abyssale, informe et supérieure à la forme ; c'est la divinité à laquelle dans les Mystères égyptiens se rapportait la formule du dernier secret : « Osiris est un dieu noir », pendant que des allusions assez précises à cette formule se trouvent aussi dans la première patristique grecque influencée par la mystériosophie et le néoplatonisme — par exemple dans Denys l'Aréopagite. Ainsi, au lieu d'un rite obscène de la sorcellerie, pouvait-il s'agir d'une profession de foi ou d'une « adoration » dont l'objet était justement la divinité informe dans le cadre de la technique indiquée plus haut, c'est-à-dire de l'emploi de ce qui est inférieur à la forme, pour atteindre ce qui est supérieur à la forme, le « dieu noir ». Si celui-ci est un aspect opératif possible du satanisme, il est difficile de dire en quelle mesure il s'agit justement de cela dans le cas de plusieurs cérémonies et de plusieurs cultes obscurs, parmi lesquels pourraient rentrer aussi les messes noires.

Au sujet de ces dernières, si les informations dont nous disposons à propos de leurs célébrations effectives sont rares et coûteuses, par contre la technique d'une inversion « diabolique » du rituel catholique y est suffisamment attestée. On peut faire abstraction ici de la façon absolument blasphématoire, grotesque et sacrilège, propre aux descriptions comme celle romancée par Huysmans. Le peu qu'on sait, concerne des opérations pour des fins moins extatiques que bassement magiques : comme dans le cas de la messe noire que Catherine ce Médicis aurait fait célébrer. Quoiqu'il en soit, dans la structure de la cérémonie réapparaît celle des rites antiques du Mystère aphrodisien, ce qui était vécu dans la fantasmagorie du Sabbat étant opéré ici en partie sur le plan de la réalité. Le centre du rite était en effet constitué par une femme nue étendue sur l'autel et servant elle-même d'autel. La position indiquée quelquefois — les jambes écartées de façon à montrer le sexe — est celle même représentée chez plusieurs anciennes divinités féminines méditerranéennes. À part la célébration inversée de la messe, il semble que le rite comportait les mêmes développements décrits ci-dessus en parlant du Sabbat. Le détail le plus horrible, le sacrifice d'un enfant

---

[428] Cf. Taylor, *Op. cit.*, p. 134-135.

devant l'autel, outre l'idée d'une contrefaçon démoniaque du rite sacrificiel eucharistique de la messe, ramène au thème des sacrifices et de l'effusion de sang dont la Déesse, dans plusieurs formes du culte antique, se délectait, mais d'un autre côté, il s'agissait d'une technique tendant à fournir un corps pour sa présence réelle en un lieu donné. Non seulement en rapport avec ce point particulier, mais en général, voici un détail important : on jugeait absolument nécessaire que le rite fût accompli par un prêtre régulièrement ordonné. En effet, selon la doctrine catholique, en laissant de côté ceux qui peuvent prétendre avoir été consacrés directement par le Seigneur, seul le prêtre peut opérer le mystère de la transsubstantiation des espèces, au moyen d'un pouvoir objectif qu'on peut lui défendre d'exercer en l'interdisant, mais qui grâce au *character indelebilis* conféré par l'ordination, ne peut être détruit ou révoqué. Or, les rites indiqués ne peuvent avoir une efficacité quelconque que si l'on suppose que l'officiant dispose d'un tel pouvoir de transsubstantiation, d'un pouvoir capable d'évoquer et d'activer des présences réelles dans les espèces sensibles, non seulement dans les choses inanimées (comme dans l'hostie eucharistique), mais aussi dans les êtres humains. Un « mystère » de ce genre devait se produire, ou l'on supposait qu'il avait lieu dans la personne même de la femme nue étendue sur l'autel, de façon à provoquer en elle une incarnation magique momentanée de l'archétype, du pouvoir de la femme transcendante, de la déesse. Cette force suprasensible étant évoquée, on pouvait concevoir aussi son usage opératif. Il faut cependant remarquer que l'emploi de la technique de la contre-religion avec l'activation de tout ce qui est informe et inférieur, et que freine une tradition historique, comporte un péril extrême, il présuppose donc, chez les officiants, une qualification particulière, exceptionnelle, afin que l'ensemble ne se tourne pas en un « satanisme » au sens propre, péjoratif et seulement ténébreux du mot. Le danger est moindre là où, pour rentrer dans le cadre d'une tradition non antithétique à eux, des rites analogues de magie sexuelle ne recourent pas à la technique de l'inversion et ne présentent pas le caractère antinomique dont nous avons parlé, comme dans les cas dont nous nous occuperons bientôt.

Comme dernière remarque, au sujet du seul Sabbat, nous signalerons que, même en employant les mêmes techniques, des expériences sur le plan subtil ne se réduisent pas à de simples orgies oniriques de la fantaisie érotique individuelle, mais impliquant des évocations et des contacts réels, sont difficilement possibles pour l'homme moderne. Le climat psychique nécessaire n'existe plus et un processus de matérialisation croissante a enfermé en lui-même, dans sa simple subjectivité, l'individu humain. Hormis des cas exceptionnels, de nos jours, le seul plan d'expériences possibles au-delà des processus psychiques normaux est tel, qu'en principe, on peut leur appliquer des interprétations banales du genre de celles de Jung.

49. — La doctrine de l'androgyne dans le mysticisme chrétien

Dans Scot Erigène, nous avons vu que la doctrine de l'androgyne était apparue dans les cadres mêmes de la théologie chrétienne. Sans rapport visible avec Scot, en partant ax surtout de Jacob Boehme, le même thème revient aussi dans un groupe peu connu de mystiques et d'exégètes qui, tout en restant essentiellement dans l'orbite du christianisme, ont également cherché à présenter la différenciation des sexes comme une conséquence de la chute de l'homme primordial, créé au début par Dieu à son image, mâle et femelle, c'est-à-dire androgyne.

Nous avons rappelé que l'exégèse kabbalistique s'était déjà appliquée à interpréter en ce sens le mythe biblique ; en particulier, que Léon le Juif, avait explicitement essayé d'homologuer le mythe biblique à celui du *Banquet* de Platon. En développant des idées analogues, même sans se référer à Platon, en ne s'en tenant qu'exclusivement à la Bible, les auteurs chrétiens que nous venons de citer, à commencer par Boehme, se sont trouvés contraints à des spéculations sophistiques et forcées, pour donner une unité quelconque à des motifs hétérogènes qui dans le mythe biblique se trouvent visiblement à l'état d'un mélange syncrétique. Dans la *Genèse,* en effet, à l'encontre de Platon, on parle d'abord de l'être originel créé androgyne, puis de l'apparition des sexes, non comme résultat d'une faute mais d'une initiative de Jéhovah, lequel s'apercevant presque d'un défaut de sa création précédente des sept jours, estimant qu'il n'était pas bon pour Adam d'être seul, sépare et forme de lui, Eve. Enfin, en troisième lieu, les sexes existant déjà, on parle du péché d'Adam, péché pour lequel on ne peut pas donner, comme nous l'avons noté, une interprétation sexuelle, le précepte de se multiplier et la parole que l'homme formera une seule chair avec la femme venant dans la *Genèse* avant le récit de la désobéissance et de la chute d'Adam.

Mais la théorie de l'androgyne a exercé un tel attrait sur plusieurs mystiques, qu'ils ne se sont pas souciés de ces discordances objectives manifestes, et ont cherché à faire valoir également cette théorie dans le cadre biblique. Celui qui est à l'origine de ce courant plus tardif, Jacob

Boehme, non seulement connaissait la spéculation hermétique, mais il avait tiré de l'hermétisme alchimique une grande partie de sa terminologie symbolique (ainsi Boehme a fait du Soufre, Mercure, Nitre, Eau, Feu, Sel, etc., les symboles de puissances cosmico-spirituelles). C'est pourquoi il est vraisemblable qu'il a emprunté le thème de l'androgyne non à la théologie hébraïque secrète de la Kabbale, mais bien à l'hermétisme qui, sous les espèces du *Rebis*, avait déjà ce thème en propre grâce à une tradition indépendante issue des milieux mystériosophiques et gnostiques[429].

L'arrangement boehmien du mythe biblique est le suivant. À l'origine, l'être avait donc été créé androgyne, il réunissait en soi le principe masculin et le principe féminin (appelés aussi par Boehme la Teinture du Feu et la Teinture de la Lumière). Le sommeil d'Adam ne fut pas l'état dans lequel Adam fut plongé, quand Dieu lui-même voulut tirer Eve d'Adam, mais ce sommeil est présenté comme le symbole d'une première chute ; pour Boehme, il fait allusion à l'état où se trouva Adam, quand, abusant de sa liberté, il se détacha du monde divin et s'« imagina » dans celui de la nature en devenant terrestre et en se dégradant. Certains continuateurs de Boehme ont ensuite associé ce sommeil soit au vertige qui descend sur Adam en voyant les animaux s'accoupler, soit à son désir de les imiter. L'apparition des sexes aurait été une conséquence de cette chute originelle. Toutefois, elle aurait été aussi un remède divin, comme si Dieu, en voyant l'état de privation et de désir, où désormais, se trouvait l'être déchu, lui avait donné la femme, Eve, pour éviter le pire[430]. Léon le Juif avait d'ailleurs enseigné que le but originel de l'homme n'était pas la procréation, mais la contemplation divine, qui lui aurait assuré l'immortalité, sans devoir procréer. Ce fut quand, par la faute, l'homme devint mortel, que Dieu le dota du pouvoir de se reproduire en lui donnant Eve comme compagne, afin que, de façon ou d'autre, le genre humain ne périsse pas[431].

---

[429] E. Benz a recueilli dans son livre *Der Mythus des Urmenschen* (München, 1955) les principaux témoignages des auteurs et mystiques chrétiens qui ont traité la question de l'androgyne. Dans ce qui suit, la plupart des citations sera tirée des textes reproduits dans cet ouvrage.

[430] Cf. Benz, *Op. cit.*, p. 50-65.

[431] *Dialoghi d'Amore,* cit., p. 432 sqq.

En revenant à Boehme, l'histoire de la pomme et du serpent (la véritable faute, selon le texte orthodoxe) ne se rapporterait donc qu'à une seconde chute, ou seconde phase de la chute. La naissance d'Eve est donnée en ces termes par un disciple de Boehme, J. J. Wirz : après avoir vu les animaux s'accoupler, Adam engendra d'abord Eve comme une image magique (nous pourrions dire : comme une image de fièvre projetée par son désir même) à laquelle il fournit ensuite une substance terrestre ; Dieu intervenant en dernier lieu pour insuffler aussi en elle un esprit divin et lui donner un être véritable, pour qu'ensuite les deux ne fassent qu'un[432].

Dans ces spéculations, on rencontre une dichotomie caractéristique du principe féminin, en rapport avec la doctrine de Sophia, de la Vierge divine. L'être indivis des origine aurait été uni intérieurement, « en un mariage sacré et caché », au « corps lumineux de la vierge céleste Sophia » ; uni avec elle, il pouvait communiquer avec Dieu et opérer tout miracle[433]. G. Gichtel parle de cette Sophia comme de la « lumière de l'âme de feu » dans l'être originel, quand il la considère comme « le *Fiat* avec lequel Dieu a créé toute chose » [434] . c'est-à-dire comme la « puissance » de Dieu, il nous la fait apparaître presque comme un équivalent de la Çakti. Elle est aussi assimilée à l'« Arbre de Vie » et appelée « Eau-de-Vie » (M. Hahn) — avec quoi reviennent la convergence entre les différents symboles traditionnels du féminin, déjà notée par nous[435]. Enfin Sophia est aussi conçue comme la « Sagesse céleste ». Boehme et Gichtel donnent aussi une version complémentaire de la chute, en disant : tout comme Lucifer, l'être primordial voulut dominer la Vierge qui, alors, se détacha de lui, si bien qu'il ne resta en lui que le principe de feu privé de lumière, aride et assoiffé. Pour d'autres (Gottfried Arnold), c'est le même désir charnel qui fait perdre à l'être originel cette « épouse occulte » [436] . De toutes façons, même déchu,

---

[432] J. J. Wirz, *Zeugnisse und Eröffnungen des Geistes,* Barmen, 1863, v. I, pp. 215-216 (Benz, 240-241).

[433] Cf. Benz, p. 73 sqq.

[434] J. G. Gichtel, *Teosophia practica*, Leyden, 1722, III, 2-4 ; VI, 29-31.

[435] Cf. Benz, p. 200-202, Hahn écrit (p. 202) : « Si Adam avait spirituellement, magiquement possédé son épouse, l'Arbre de Vie, en lui et de lui seraient nés des fruits de vie ».

[436] Cf. Benz, p. 126, 127, 129.

l'homme, en aimant les femmes, désire toujours secrètement cette Vierge, c'est d'elle qu'il a faim, même quand il croit se satisfaire avec le plaisir charnel et terrestre. La « faible » femme terrestre n'en est qu'un succédané, et l'intégration qu'elle semble promettre est illusoire. Boehme fait du barrage biblique de l'Eden contenant l'Arbre de Vie, un symbole de l'impossibilité d'atteindre le but à travers l'union des sexes terrestres ; c'est comme toucher un fruit que soudain le jardinier arrache de la main de l'homme : justement parce que l'homme confond Sophia avec Eve, confond la Vierge avec la *matrix Veneris* qui l'attire avec un faux désir[437]. Wirz[438] conçoit le feu de l'épée de l'ange commis à la garde de l'Eden, comme celui qui doit détruire jusqu'aux racines le principe animal du désir, chez ceux qui aspirent vraiment à la réintégration de l'image divine. De là on passe à la mariologie, on voit dans la Marie chrétienne la femme dans laquelle s'accomplit non seulement la naissance du Fils, mais aussi la nouvelle naissance de l'âme.

Ainsi, même dans ce courant qui cherche à s'en tenir au mythe hébraïque biblique, avalisé par le christianisme, la doctrine de l'androgyne est indiquée comme la clef du mystère de l'attraction entre les sexes. Franz von Baader prononce une parole décisive quand il dit que : « S'élèvera victorieuse sur tous ses adversaires seule cette théologie qui présentera le péché comme une désintégration de l'homme, la rédemption et la renaissance comme sa réintégration[439]. » Mais en principe la doctrine de Sophia a fini par conduire au dualisme d'un ascétisme puritain : celui qui veut de nouveau atteindre Sophia, doit renoncer à Eve, à la femme terrestre. L'une exclut l'autre. Confusément, Sophia s'identifie parfois à Marie, parfois au Christ même (qui, comme dans Scot, selon ces auteurs aurait rétabli en soi l'unité des deux sexes) ; non seulement l'homme la désire, mais la femme aussi, comme si c'était elle Sophia qui incorpore l'Un. Le tout converge donc dans le plan du simple mysticisme religieux, et l'on ne saurait dire non plus, si ces spéculations ont au moins donné lieu au régime des évocations. Ce fut probablement le cas chez Gichtel (Gichtel est peut-être le représentant de ce courant le plus voisin de l'ésotérisme — on trouve en lui, entre autres, une doctrine des centres

---

437 Boehme, *Von den drei Prinzipen des göttlichen Wesens,* XIII, 40.

438 Cf. Benz, p. 242.

439 F. von Baader, *Gesamm. Werke,* v. III, p. 306.

secrets du corps, semblable à celle yogique et tantrique)[440]. Il écrivit : « Nous avons un corps sidéral au-dedans de celui des éléments, qui est spirituel aussi, qui a faim de Sophia et qui, avec sa faim permanente l'attire[441]. » Mais, en général, dans ce courant on ne trouve rien qui ait trait à un usage initiatique concret du sexe. Tout au plus, on arrive à une justification idéalisante du mariage, au lieu de sa négation ascétique.

Cette justification se trouve surtout chez un des représentants plus tardifs, de cette direction, chez Franz von Baader. Il écrit : « Le but du mariage comme sacrement, est la restauration réciproque de l'image céleste ou angélique comme elle devrait l'être chez l'homme, et comme serait justement celui qui, intérieurement (spirituellement) ne serait plus un animal mâle, tout comme chez la femme telle qu'elle devrait être, c'est-à-dire non plus un animal féminin, parce que seulement ainsi, tous les deux auraient complété en soi l'idée de l'humanité[442] ». « Ce n'est qu'ainsi — ajoute Baader[443] — qu'on peut comprendre l'élément sacramentel de cette union (du mariage), parce que seulement une telle finalité le porte au-delà du temps, dans l'être éternellement vrai, tandis que ce qui est simplement terrestre ou temporel ne saurait comme tel revêtir le caractère d'un sacrement, et n'a pas besoin d'un sacrement ». Ainsi « la signification supérieure de l'amour sexuel, que l'on ne doit pas identifier à l'instinct de reproduction, n'est autre que d'aider tant l'homme que la femme, à s'intégrer intérieurement (dans l'âme et l'esprit) dans l'image humaine complète, c'est-à-dire dans l'image divine originelle[444] » Cette image androgyne devenue incorporelle après la chute doit s'incarner, se fixer et se stabiliser chez les amants, si bien que « les deux ne se reproduisent pas seulement dans un troisième être, dans l'enfant, en restant pourtant eux-mêmes tels qu'ils étaient (non

---

440 Sur cette doctrine de Gichtel, cf. *Introd. alla Magia quale scienza dell'Io*, cit., v. II, pp. 16 sqq.

441 *Theosophia practica,* V, 31.

442 *Gesamm. Werke,* v. II, p. 315.

443 *Ibid.*, v. III, p. 306.

444 *Ibid.*, p. 309.

régénérés), mais que tous les deux renaissent intérieurement comme fils de Dieu »[445].

À part ce schéma abstrait, Baader ne conçoit pas même en théorie une véritable voie initiatique du sexe ; le dualisme chrétien et un mysticisme asexuel ayant prise aussi sur lui. Ainsi, par exemple, nous le voyons énoncer la curieuse et assez comique théorie selon laquelle le simple embrassement des amants, qui comporte exclusivement la région de la poitrine, serait à opposer à l'union sexuelle véritable « qui, prise en elle-même abstraitement serait si peu un acte d'union et d'amour (d'épousailles) qu'au contraire il exprime l'opposé, le plus grand renforcement réciproque de l'égoïsme (du non-amour), qui ne s'achève pas par une union, mais bien par l'indifférence, par la séparation des deux pôles despiritualisés, et, exactement, par une chute abyssale de l'un dans l'autre *(wechselseitiges Ineinander-zu-Grunde-Gehen)* et même aussi par la torpeur sœur de la mort : acte animal qui, seulement au moyen de l'embrassement, c'est-à-dire, à travers l'amour, est exorcisé »[446]. Baader met cette opposition en rapport avec l'antithèse qui existerait entre la doctrine chrétienne et mystique de l'androgyne et la théorie « païenne », laquelle, selon lui, concernerait plutôt l'hermaphrodite : « Dans les rapports sexuels pris en eux-mêmes, c'est-à-dire considérés sans l'exorcisme de l'amour — de l'amour religieux, principe unique de toute association libre qui élève le lien imposé par la passion, jusqu'à une union libre — ne se manifeste pas du tout ce que s'imaginèrent les philosophes et les philosophes de la nature du paganisme, c'est-à-dire une impulsion à revenir à l'androgyne comme à l'intégration de la nature humaine chez l'homme et chez la femme, mais bien physiquement et psychiquement, la même impulsion orgiaque, sans amour, égoïste, de l'homme et de la femme à allumer chacun en soi, cette double ardeur hermaphrodite et à arracher l'un à l'autre ce qu'il lui faut pour cet embrassement ; si bien que chez le couple sans amour le plus grand égoïsme, de la femme ou de l'homme, cherche sa propre satisfaction, la femme servant ici d'instrument à l'homme et l'homme à la femme : ainsi la satisfaction de l'instinct sexuel s'accomplit non seulement au mépris de la personnalité, mais même en haine d'elle[447]. »

---

[445] *Ibid.*, p. 308.

[446] *Ibid.*, v. VII, p. 236.

[447] *Ibid.*, v. VIII, pp. 301-302.

Celui qui a connu la doctrine de l'androgyne et la métaphysique du sexe dans les sources authentiques, peut reconnaître aisément les confusions et les unilatéralités propres à ces vues de Baader qui, non moins que les autres auteurs cités plus haut, s'il pressentit le mobile plus profond de l'attraction sexuelle, finit toutefois dans un vague mysticisme se ressentant toujours de l'aversion congénitale chrétienne pour l'expérience du sexe. Comme tant de théoriciens de l'amour, Baader semble comprendre fort peu les valeurs effectives de cette expérience. Les formes, dans lesquelles celle-ci se réduit à l'égoïsme sexuel réciproque et avide des amants, sont les plus grossières, même dans le simple amour profane. Nous avons déjà vu que dans l'expérience orgiaque, non moins que dans toute expérience intense d'union sexuelle, le facteur destructeur et auto-destructeur — qui comporte une rupture de la clôture individuelle et pourtant, existentiellement, l'opposé de l'égoïsme, de la *Selbstsucht* — est au contraire fondamental, tandis que le lecteur connaît déjà le sens plus profond de la « haine », à laquelle Baader fait allusion. Ce qu'on peut accepter dans Baader (comme dans Boehme), c'est le mythe que, lorsque l'être primordial se détacha du Père, la « qualité ignée » revêtit la forme d'un faux être à soi comme Moi dans la masculinité, et que cette forme est extrinsèque et dégénérative, elle doit être dépassée, doit être tuée, doit disparaître. Mais pratiquement l'on ne nous dit rien sur le régime de l'amour capable de restaurer l'Un comme à travers un Mystère[448]. Chez ces auteurs, le cadre général ne semble pas trop différer de celui de l'orthodoxie qui incite les croyants à réprimer le plus possible la sexualité comprise comme animalité, dans les « chastes mariages » d'époux qui devraient surtout s'aimer en Dieu et oublier ainsi les caractéristiques sexuelles. Le représentant le plus récent de ce courant christianisant, N. Berdiaeff, conformément à la mentalité russe, déplacera même le problème sur le plan eschatologique, en reléguant « l'homme à la sexualité transfigurée » et la « révélation de l'androgénéité céleste » dans une future époque du monde[449].

---

[448] Comme unique suggestion utilisable aussi dans la pratique, on pourrait peut-être indiquer l'identification boehmienne du masculin au principe « feu », du féminin au principe « lumière », l'idée que « la teinture du feu désire ardemment dans la chair celle de la lumière », pour donner comme sens d'un amour ou d'une étreinte sexuelle magique « androgyne », une « ignification » de la lumière et une illumination (libération) du feu. Ceci est considéré comme « la voie la plus courte et prompte » et comme l'essence du processus de la transformation de la nature humaine, cf. aussi : C. A. Muses, *Illumination on J. Boehme,* New-York, 1951, p. 149-150.

[449] N. Berdiaeff, *Der Sinn des Schaffens,* Tübingen, 1927, p. 211-213. (Benz, p. 219-292).

En concluant, nous pouvons dire que dans son ensemble, cette spéculation n'ajoute rien à ce qui n'avait pas été donné dans la formulation platonicienne du thème, bien au contraire : les références au christianisme et au mythe biblique confus, déjà au départ ont empêché de déduire du thème les principes d'une métaphysique effective du sexe ; c'est-à-dire d'une doctrine apte à fonder non seulement le régime des hiérogamies, mais aussi les pratiques dont nous parlerons dans le prochain chapitre, qui sont basées sur les phénomènes de transcendance que, non l'amour mystique mais déjà l'amour sexuel concret peut provoquer. Le fait est que dans le christianisme la doctrine de l'androgyne représenta une graine étrangère jetée dans un terrain qui ne lui convenait pas, dans lequel elle ne pouvait fructifier. Les points de vue que nous venons de résumer peuvent au plus servir à celui qui ne cherche pas Sophia à travers une Eve, mais qui tend à l'évoquer et à s'unir à elle sur un plan mystique, en s'aidant des formes auxquelles le concept de l'archétype féminin, ou « femme de Dieu », a donné lieu dans certain christianisme se ressentant d'influences gnostiques.

En passant : il serait intéressant de retracer l'origine de la croyance des Mormons, selon laquelle un homme après la mort ne pourrait atteindre le suprême degré de la béatitude, le septième, et devenir un être divin, s'il n'est pas marié à une femme.

6. LE SEXE DANS LE DOMAINE DES INITIATIONS ET DE LA MAGIE

50. — Les transmutations et le précepte de chasteté

Nous consacrerons maintenant quelques brèves considérations à la quatrième solution du problème de la sexualité, indiquée au début du chapitre précédent, c'est-à-dire à la transmutation ascétique de la force du sexe en vue de réalisations d'ordre surnaturel.

Dans la plupart des traditions soit ascétiques, soit initiatiques, on rencontre le précepte de la chasteté, de l'abstention de l'usage de la femme. Généralement ce précepte n'est pas justement compris, parce qu'on y attache un sens moraliste. On croit qu'il faut exclure ou détruire la force du sexe (« se faire eunuques pour le Royaume des Cieux », comme dit Matthieu) ; ce qui est erroné. La force du sexe est à la racine même de l'individu vivant et celui qui croit pouvoir réellement la supprimer, s'illusionne. Tout au plus, peut-on la réprimer dans ses manifestations les plus directes, ce qui ne servirait qu'à alimenter ces phénomènes d'une existence névropathique et divisée, sur lesquels la psychanalyse moderne a même jeté trop de lumière. L'alternative qui se pose en face de la force du sexe est au contraire celle-ci : l'affirmer ou la transformer. Et quand on n'est pas à même d'opérer la transmutation du point de vue spirituel on doit déconseiller la répression ; elle peut conduire à des contrastes intérieurs paralysants, au gaspillage des énergies, à de dangereuses transpositions. En particulier la mystique chrétienne à fond émotif, nous en offre suffisamment d'exemples.

La seconde possibilité, c'est-à-dire la transmutation, est ce à quoi se rapporte effectivement le précepte ascétique ou initiatique de la chasteté et de la continence. Ici, il ne s'agit pas d'exclure l'énergie du sexe, mais de renoncer à son emploi et à son gaspillage, dans les relations ordinaires charnelles et procréatrices avec des individus de l'autre sexe. Son potentiel est conservé ; mais il est détaché du plan « duel » et appliqué à un plan différent.

Si précédemment, nous avons envisagé à plusieurs reprises ce que même sur le plan « duel » l'*eros* peut donner dans les relations entre homme et femme, au-delà de la simple sensualité concupiscente (et sous peu nous rapporterons des enseignements ultérieurs et plus précis à ce sujet), le « mystère de la transmutation » concerne donc une autre ligne de possibilités, de techniques, de procédés intérieurs. Il faut pourtant se former une idée claire de ce dont il s'agit, surtout pour les équivoques qui peuvent naître à cause des vues diffusées aujourd'hui par les psychanalystes.

Avant tout, quand dans les doctrines ésotériques on parle du sexe, on fait allusion à la manifestation d'une force beaucoup plus profonde et élémentaire de ce qui dans le freudisme lui-même est la *libido* et le *Lustprinzip* ; on fait allusion à une force ayant une valeur métaphysique potentielle, comme nous l'avons suffisamment expliqué en considérant le mythe de l'androgyne.

Second point, non moins important : la transmutation dont il s'agit dans la haute ascèse ne doit pas être confondue avec les dislocations et les sublimations dont s'occupe la psychanalyse, et avec les techniques par lesquelles elle cherche à résoudre les problèmes personnels du sexe. Dans tout cela, ce n'est pas le cas de parler d'une transmutation véritable, atteignant la racine ; il s'agit d'une phénoménologie périphérique en marge de la vie ordinaire et profane, en vue surtout de situations pathologiques sans intérêt pour nous. Quand on applique des techniques conscientes du type de celles du yoga, afin que la transformation se produise, il doit exister dans l'esprit de celui qui les met en œuvre, un point de repère vraiment transcendant et capable d'absorber la totalité de son être, comme c'est précisément le cas dans la haute ascèse, non dans les sujets psychanalytiques. Cette condition est plus que naturelle : si l'on reconnaît le sens plus profond, métaphysique de tout *eros*, on comprendra facilement que seulement dans le cas susdit, la déviation ou la révulsion de la sexualité de son objet plus immédiat, ne laissera pas de résidus, parce qu'elle se sera produite justement en fonction de ce sens profond. Quand tout l'esprit est réellement centré dans quelque chose de supérieur, la transformation de la force se manifestant ordinairement dans le sexe aura même lieu d'elle-même, sans interventions violentes et spécifiques. C'est ce qui se passe déjà chez les saints, les mystiques et les ascètes de haut rang, lesquels après une période initiale de maîtrise de soi, n'ont pas du tout à combattre la « chair » et les « tentations de la chair » ; cet ordre de choses cesse simplement d'avoir de l'intérêt pour eux ; le besoin de la femme n'est plus ressenti, parce qu'en eux l'intégration de l'être s'est produite par une autre voie plus directe, moins dangereuse. Et le signe le plus sûr de cette réalisation n'est pas l'aversion puritaine pour le sexe, mais bien l'indifférence et le calme en face de lui.

Pourtant, à ce niveau il ne s'agit de rien de ce dont s'occupe la psychanalyse ; le but n'est pas de « guérir » un névropathe sexuel aux prises avec ses complexes, ou sous forme de malade véritable, ou dans celle plus voilée et diffuse de l'homme ordinaire, inhibé ou frustré en raison de l'ambiance sociale et de circonstances particulières de son existence personnelle. Le but est au contraire le dépassement de la condition humaine elle-même, dans une régénération réelle, dans une transformation du statut ontologique. La force du sexe transformée doit conduire à ce but. Ce n'est que dans un tel ensemble qu'en termes techniques et non « moraux », se justifie le précepte ascétique, yogique ou initiatique de la chasteté. La mystériosophie a parlé d'un unique courant à double flux, symbolisé par le Grand Jourdain et par l'Océan, lequel en coulant en bas donna lieu à la génération des hommes, en coulant en haut, donna lieu au contraire, à la génération des dieux[450]. Cet enseignement indique d'une façon transparente la double possibilité comprise dans la force du sexe suivant sa polarisation. C'est là la base du régime, ou mystère de la transmutation, auquel fait allusion la figure d'une lame des Tarots, la XIVe, qui a pour titre « La Tempérance ». Cette lame représente une femme ailée qui transvase un liquide d'un récipient en argent dans un récipient en or, sans en renverser une seule goutte, tandis que pour symboliser la croissance intérieure vers le haut, à côté d'elle on voit des fleurs sortir du sol[451].

D'ailleurs, justement l'expression « courant vers le haut » *urdhvaretas,* revient dans la terminologie technique du yoga. Nous en parlerons plus loin. Pour le moment, ici, il faudra encore distinguer entre la fin la plus haute que nous venons d'indiquer, et d'autres buts plus contingents qui parfois sont confondus avec le premier dans plusieurs exposés de l'enseignement hindou lui-même, quand on parle du vœu de *brâhmacârya,* conçu justement comme celui de la continence sexuelle.

---

[450] *Apud* Hippolyte, *Philos.,* V. i, II.

[451] O. Wirth, *Le Tarot des Imagiers du Moyen Age,* Paris, 1927, p. 169.

Que l'abus de la sexualité puisse causer une prostration nerveuse et se répercuter défavorablement sur les facultés mentales, sur l'intelligence et sur le caractère, c'est un fait plutôt banal et bien connu, qui ne peut intéresser que l'hygiène psychique personnelle de l'homme ordinaire dans la vie courante. Mais même dans cette vie, ce que l'expérience sexuelle peut éventuellement signifier pour beaucoup de gens, peut les conduite à attribuer fort peu d'importance à des conséquences de ce genre, comme nous l'avons vu, lorsque nous avons fait ressortir les valeurs transcendantales que l'*eros* présente même dans le domaine profane (§ 18). À part les abus, l'éventuel effet déprimant de l'exercice de la sexualité dépend en grande partie — comme nous l'avons vu également (§ 26) — du régime de l'étreinte sexuelle. Enfin le problème plus spécifique de gaspiller l'énergie vitale ou nerveuse, ou de l'épargner en limitant la vie sexuelle, est spirituellement d'un intérêt minime, si pour cette énergie on n'a pas en vue quelque utilisation vraiment supérieure.

Avec la théorie de l'*ojas* et de l'*ojas-çakti*, on approche déjà d'un plan plus adéquat. Aussi dans un auteur moderne, comme Sivananda Sarasvati, malgré une fréquente interférence de l'hygiène et de la morale dans ses considérations, on peut voir de quoi il s'agit. « La semence — écrit-il[452] — est une énergie dynamique qu'il faut convertir en énergie spirituelle *(ojas)* » et il ajoute : « Celui qui cherche avec une véritable ardeur la réalisation divine doit observer une chasteté rigoureuse. » À cet égard, on doit faire une distinction. D'un côté, ce que dit Sivananda concerne une force qui naît de toute forme de maîtrise de soi, de toute inhibition active. Ici, intervient la loi dont nous avons déjà parlé en considérant par exemple, le pouvoir de séduction le plus subtil et efficace, qu'exerce le type de la femme chaste. Il ne s'agit donc pas de la sexualité seule. Sivananda reconnaît pourtant que « la colère aussi et la force musculaire peuvent se transformer en *ojas*[453] ». C'est un enseignement ésotérique ancien, que la maîtrise de toute impulsion — même d'une impulsion simplement physique — ayant une certaine intensité, libère une énergie plus haute et plus subtile ; tel peut donc être le cas aussi pour une force comme l'impulsion et le désir sexuel. Comme effet de l'accumulation de *Yojas* par ce moyen, on indique entre autres, la formation d'une « aura magnétique » spéciale dans une « personnalité qui inspire une sorte de terreur sacrée », en même temps que le pouvoir

---

452 *La pratique de la méditation,* Paris, 1950, p. 276-277, 100, 278.

453 *Ibid.*, p. 278.

d'influencer les autres par la parole ou par le regard, etc... La même énergie, *Vojas* ou *ojas-çakti*, peut cependant être utilisée aussi pour la contemplation et pour la réalisation spirituelle[454].

À ce propos nous pouvons ajouter que la chasteté même à laquelle dans des traditions différentes, souvent aussi chez les populations sauvages, les guerriers se soumettent, reporte en principe à un ordre d'idées similaire. Il ne s'agit pas tant d'économiser des énergies physiques que d'accumuler une force, dans une certaine mesure, surnaturelle, magique, dans le même sens que l'*ojas*, pour l'intégration des forces naturelles du combattant. Cet enchaînement d'idées apparaît clairement par exemple dans un épisode connu du *Mahâbhârata*.

De la notion générale de l'*ojas*, force subtile qui peut donc être produite aussi par le contrôle d'impulsions élémentaires différentes du sexe, on doit distinguer à présent la *vîrya*, qui est vraiment la virilité spirituelle, de laquelle on dit que la perdre ou la gaspiller conduit à la mort, la retenir et la conserver conduit à la vie. La *vîrya*, comme nous l'avons déjà dit, fut mise en rapport avec la semence, au point que dans la terminologie technique et mystique des textes hindous, souvent la parole désigne indifféremment tantôt l'une et tantôt l'autre chose. Dans ce contexte se représente l'idée déjà indiquée en parlant de la « mort suçante qui vient par la femme », c'est-à-dire le fait que, dans une perspective métaphysique et ascétique, dans les accouplements animaux et avides avec la femme, ce n'est pas la simple énergie vitale ou nerveuse qu'on gaspille, mais plutôt le principe « être » de l'homme, sa virilité transcendante. C'est par rapport à ceci qu'en son temps, nous avons reconnu dans l'ascète une forme supérieure de la virilité. De même, s'accorde avec cet arrière-plan la doctrine spécifique de la transmutation et de l'écoulement en haut de la force qui, dans le régime naturaliste du sexe coule en bas : dans le domaine que nous avons à envisager ici, cela arrive en pratiquant la chasteté, et ensuite, en changeant la polarité de cette force. Dans ce cadre, on peut s'expliquer le fait que le précepte de chasteté se rencontre pas seulement dans l'ascèse mais aussi dans le domaine même de la magie opérative ; et Éliphas Levi dit avec raison que pour le « mage » rien n'est plus funeste que le désir de la volupté. Ici, la finalité purement technique, extra-morale du précepte de continence apparaît bien claire : la force obtenue par inhibition active et par transmutation de celle du sexe sous forme d'une virilité transcendante,

454 *Ibid.*

peut être employée aussi bien pour des buts « mauvais ». Le précepte de chasteté peut être identique et également rigoureux soit dans les opérations de « magie blanche » soit dans celles de « magie noire », pour employer ces expressions assez approximatives et populaires.

51. — Techniques de transmutation endogène dans le kundalînî-yoga et dans le taoïsme

Une distinction analogue à celle faite tout à l'heure, semblerait s'imposer aussi dans le domaine du Yoga au sens propre. Comme on le sait, à l'encontre de ce qui caractérise l'ascèse au sens général ou la mystique, dans le Yoga authentique il s'agit de procédés bien contrôlés, de techniques mises en œuvre avec une connaissance précise des effets et du but à réaliser, et validés par une tradition et par une expérience séculaires. Dans son essence, le Yoga est toutefois une doctrine secrète pour laquelle existe le principe de la transmission directe ; aussi, bien que récemment on ait beaucoup écrit sur lui en Occident et que beaucoup de textes classiques aient été traduits, il n'est pas toujours aisé de s'orienter à l'égard de certains points fondamentaux de l'enseignement.

D'un côté, le Yoga surtout tel qu'il s'est acclimaté au Tibet, semble avoir considéré et enseigné une transformation de la force sexuelle au sens général de l'*ojas.* On est fondé à le penser, quand on parle de la « chaleur mystique » *tumo,* comme d'une énergie utilisable pour produire des phénomènes extra-normaux d'ordre physique et physiologique[455]. De même, quand on attribue à cette chaleur le rôle d'une force éveilleuse de la *kundalini,* on ne dépasse pas l'idée d'un coadjuvant de quelque chose qui sert seulement de moyen, d'instrument. Mais à cet égard, il est bon de se rapporter plutôt aux enseignements proprement hindous, à ceux du *kundalinî-yoga* tantrique, où l'on trouve un encadrement doctrinal plus clair de tout l'ensemble.

Dans le tantrisme on doit distinguer le domaine du Yoga de celui des pratiques sexuelles dont nous parlerons plus loin ; ce sont deux voies qui, si sous certains rapports conduisent au même but, s'adressent pourtant à des hommes différemment doués et orientés, quant à leur nature la plus profonde. Selon que chez celui qui aspire à dépasser les conditionnalités

---

[455] Sur cela cf. W. Y. Evans Wentz, *Tibetan Yoga and secret doctrines,* London, 1935.

humaines, prédomine le principe *sattva*, c'est-à-dire le principe lumineux de l'« être », ou bien le principe *rajas*, qui est celui d'un élan expansif de la passionnalité, du transport, du feu (de l'ardeur), on conseille la voie du Yoga qui exclut la femme, ou bien la voie des pratiques qui au contraire l'emploient et se basent sur elle. Respectivement, on appelle aussi les deux types humains, le type spirituel (« divin », *dîvya)* et le type héroïque *(vîrya) ;* tous les deux suivent également la voie « çivaïque », en se distinguant de celui qui se borne à suivre le régime ritualiste de la religion traditionnelle.

Quant à l'esprit du Yoga tantrique, ce qui le caractérise le mieux est cette expression d'un texte : « Quel besoin ai-je d'une femme extérieure ? J'ai une femme en moi[456]. » On fait allusion ici au principe féminin qu'on porte au profond de son être, et qui correspond à « notre Diane », à l'« Eve » ou « Hébé occulte », dont parle aussi l'hermétisme occidental. Selon le tantrisme, c'est la déesse présente dans l'organisme humain lui-même, sous les espèces d'une force élémentaire à laquelle on donne le nom de « celle qui est enroulée » (tel est le sens du mot *kundalinî).* Le Yoga dont nous parlons ici envisage donc un processus purement intérieur ; l'union du masculin avec le féminin, et, partant, le dépassement de la diade s'effectue dans le corps du yogî sans recourir à un autre individu de sexe opposé, comme incarnation et symbole vivant du principe opposé. À cet égard, entrent en jeu des connaissances d'une physiologie hyperphysique, qui indique des forces subtiles et des éléments en action derrière la structure matérielle de l'organisme, et sous le seuil de la conscience ordinaire de veille. En particulier, on envisage deux courants d'énergie vitale — appelés *idâ* et *pingalâ* — qui chez l'homme ordinaire courent en serpentant des deux côtés de la colonne vertébrale, et sont en rapport l'un avec le principe négatif et féminin, l'autre avec le principe positif et masculin, l'un avec la Lune et l'autre avec le Soleil. Ce sont donc des manifestations et correspondances dans le corps humain, de la diade ou polarité élémentaire. Par des techniques difficiles, le yogî arrête ces courants, les empêche de suivre les deux directions latérales, serpentines, fait en sorte qu'ils se réunissent. Cet

---

[456] Dans ce qui suit, nous ferons un résumé de ce que nous avons exposé plus diffusément dans notre livre *Lo Yoga della Potenza.* Les textes qui seront cités ici, sont, en principe, ceux qui n'avaient pas été indiqués dans ce livre. Les mots que nous venons de citer trouvent leur correspondance exacte dans ce passage hermétique : *« Hermaphroditum noster Adamicus, quamvis in forma masculi appareat, semper tamen in corpore occultam Evam sive foeminam suam secum decumfert* » (scolie dans Manget, *Bibl. Chemyca Curiosa*, v. I, p. 417.

arrêt et réunion provoquent une clôture de circuit qui peut donner lieu à l'éveil de *kundalinî.*

Nous avons dit que pour les Tantra, la *kundalinî* représente la Déesse, la Çakti primordiale dans l'homme. C'est la force-vie « lumineuse » qui a organisé le corps et qui y réside occultement en tant que racine de tous les courants subtils de celui-ci. On l'appelle « celle qui est enroulée » pour indiquer que dans l'existence humaine ordinaire, elle ne se manifeste pas dans sa véritable nature ; elle « dort » dans un centre subtil situé à la base de la colonne vertébrale. En fait de manifestations, il existe un rapport essentiel entre elle, le feu du désir et les fonctions sexuelles[457]. Elle reste toutefois l'épouse potentielle du mâle primordial, ce qui est exprimé par le symbolisme de la *kundalinî* sous forme de serpent qui entoure le *lingam* — le *phallus* de Çiva dans le centre-base, dont nous venons de parler.

Au moment où les courants des deux côtés sont arrêtés, la *kundalinî* s'éveille et « se déroule ». Il se produit alors un changement de polarité dans la force basale de la vie de l'homme, et *kundalinî* coule vers le haut en parcourant un « conduit » axial suivant la ligne de la colonne vertébrale, appelé *sushumna* (il a aussi le nom de « voie de la Çakti », et, dans les Tantra bouddhistes, de « voie de nirvana »). Du siège originaire qu'elle occupe chez le profane, *kundalinî* monte jusqu'au sommet de la tête. En général, à la force éveillée on attribue par analogie une nature ignée, c'est pourquoi plusieurs textes désignent son éveil et sa montée comme un incendie qui brûle tout ce qu'il rencontre, qui tranche toute conditionnalité. À cet égard on peut parler de la *sushumna* comme de la voie foudroyante de l'unité, en ce que la montée se développe dans le sens d'une union ultérieure du masculin et du féminin, union qui devient parfaite et absolue à la fin de la voie de la *sushumna*, au sommet de la tête. Ici se produit l'*excessus*, Çiva et Çakti, le dieu et la déesse s'embrassent et s'unissent, il y a transformation et fusion complètes du principe çakti dans le principe çiva, équivalant à la « grande libération »,

---

[457] Dans les textes tantriques, on rencontre l'idée que la *kundalinî* personnifiée « jouit dans l'amant ». De plus, elle est aussi mentionnée dans les traités hindous d'érotique profane. Dans un procédé incantatoire visant à réduire une femme au pouvoir de l'homme, et à la faire défaillir érotiquement, entre autres choses, on prescrit à l'amant d'évoquer mentalement *kundalinî* dans le cœur, sur le front et dans la « demeure du dieu de l'amour » (dans la vulve) de la femme désirée, et R. Schmidt, *Indische Erotik,* Berlin, 1910, p. 676, 677.

à la réintégration transcendante, au dépassement de l'état « duel » et, en général, du lien cosmique.

Dans tout cela les références à l'organisme ne doivent pas faire penser à des processus s'épuisant dans la structure corporelle de l'individu. Dans le tantrisme le corps est « cosmicisé », il est conçu en fonction de principes et de pouvoirs qui sont en action aussi, dans le monde et dans la nature, suivant les correspondances traditionnelles entre macrocosme et microcosme. Ainsi chez le yogî la montée de la *kundalinî* comporterait une série d'expériences suprasensibles, un passage soit à travers les « éléments » (comme dans les Mystères antiques), soit à travers les états multiples de l'être, symbolisés d'une façon différente selon les écoles, et, dans ce Yoga, mis en rapport avec les différents centres disposés le long de la voie axiale et activés par la *kundalinî* au fur et à mesure que celle-ci les touche[458].

Dans la forme de Yoga dont nous nous occupons à présent, la clef de tout le procédé est donc l'activation de l'énergie basale, laquelle est aussi le pouvoir opérant en lui jusqu'à la réalisation finale. En ayant en vue le rapport que cette force a chez l'homme ordinaire, avec l'impulsion du sexe et avec la génération animale, on dit dans un texte que la même force *kundalinî,* produit chez l'ignorant la servitude, chez le yogî, la libération[459]. Il s'agit évidemment d'une double polarité ; c'est le changement de polarité qui produit le mystère de la transmutation et de l'éveil. Les textes disent ouvertement qu'il s'agit de garder la force de la semence, la *vîrya* ; de « pousser en haut le courant » *(urdhvaretas),* ils parlent de la « pratique à rebours » *(ujâna-sadhâna)*[460]. L'opération de « faire couler en haut la semence » se trouve déjà mentionnée dans les Upanishads (cf. *Maîtri-Upanishad,* VI, 33 ; *Mahâ-narayâni-upanishad*

---

[458] Dans un texte, on dit de *kundalinî* : « Unis toi ensuite dans le lotus aux mille pétales avec ton époux, après avoir purifié toute la voie du peuple des puissances la terre dans la base fondamentale, le feu dans son propre siège, l'air dans le cœur, l'éther dans la roue de la pureté, l'intellect dans la roue du commandement », tous ces sièges étant disposés le long de la ligne axiale (G. Tucci, *Teoria e pratica dei mandala,* Roma, 1949, p. 136.

[459] *Hathayogapradîpikâ,* III, 107 ; cf. *Dhyâna-bindu-upanishad,* 43-47 : le centre où elle réside contrôle, en même temps, « les attachements et le détachement [ascétique] des vivants ».

[460] Un principe de l'école des Nâtha Siddha est : « Celui qui ne connaît pas le secret de ce processus d'inversion ne peut obtenir la vie éternelle » (D. Das GUPTA, *Obscure religious cults,* Calcutta, 1946, p. 266).

XII, I) et dans le Hatha-Yoga en général. Dans la *Dhyâna-bindu-upanishad* (86) on lit : « Celui chez qui la semence reste dans le corps n'a plus à craindre la mort » et la *Candilya-upanishad* dit : « Ou l'on réussit à conquérir le *bindu*, ou le Yoga échoue », *bindu* étant un des termes qui désigne la force occulte de la semence, la *vîrya.* Selon l'enseignement et le symbolisme tantrique, aussi longtemps que dort *kundalinî,* elle barre l'accès à la voie centrale, à la *sushumna,* ce qui équivaut à dire que la force orientée dans le sens de la sexualité ordinaire constitue un obstacle pour le processus qui, au lieu de conduire à la génération animale, conduirait à la renaissance initiatique. Ainsi la *kundalinî* dormante est aussi représentée de qu'elle obstrue l'orifice du *phallus* de Çiva, si bien que la semence de la renaissance ne peut être émise en haut. D'autre part, il est dit que lorsque l'énergie vitale ne court plus le long des deux lignes latérales comme cela arrive dans l'existence ordinaire de l'homme en général, mais l'obstruction étant enlevée, s'engage dans le « conduit » central, dans la *sushumna,* la conditionnalité du temps est suspendue et « le feu de la mort s'allume ».

Cela veut dire qu'il se produit une rupture de niveau équivalant à cette crise que beaucoup de traditions désignèrent en général justement comme « mort initiatique ». « Toi qui montes comme une traînée de foudre » — est-il dit dans un hymne à la Déesse, qui se manifeste ici[461]. Il est donc naturel que les pratiques en question ne soient pas exemptes de graves dangers ; dans les textes on dit que celui qui éveille la *kundalinî* sans avoir la qualification nécessaire et les connaissances d'un véritable yogî peut aller à la rencontre non seulement de troubles sérieux mais même de la folie et de la mort (mort non initiatique, mais effective). Pour cette raison, comme prémisse indispensable pour le *kundalinî-yoga.* on indique les disciplines les plus sévères de maîtrise de soi, de concentration mentale, de purification. Seul l'homme qui a réalisé sa véritable nature de Çiva, peut n'être pas renversé quand elle éveille, dénude et fait agir la déesse. Un texte donne justement le symbolisme d'une veuve (qui représente la force dans son état de séparation de l'Un dans la phase descendante, où c'est comme si elle n'avait plus de mâle) assise à côté de deux fleuves, qui figurent les deux courants indiqués *(idâ* et *pingalâ)* qui dans l'organisme reflètent le principe de la diade : on doit la dénuder par

---

[461] Avalon, *Hymns to the Goddess,* cit., p. 35.

la violence et la posséder — dit le texte. Alors elle mènera au siège suprême[462].

Pour atteindre son but, le *kundalinî-yoga* emploie dans une large mesure la technique de la respiration associée à des postures magiques spéciales du corps *(âsana) ;* un régime déterminé de respiration qui comprend aussi sa rétention complète est censé favoriser d'une façon efficace le changement du cours habituel des énergies subtiles de l'organisme. Donnons quelques détails : outre *idâ* et *pingalâ,* les textes considèrent aussi deux courants — *prâna-vayu* et *âpana-vayu* — qui doivent être unis après avoir inversé la direction naturelle propre à chacun d'eux dans l'existence ordinaire, direction vers le haut pour le premier, vers le bas pour le second. *Prâna-vayu* a des rapports avec la fonction de l'inspiration, de l'absorption de l'énergie vitale de l'ambiance, *âpana-vayu* au contraire, avec les fonctions secrétivo-éjaculatoires. Dans l'ensemble, cette manipulation yogique est appelée *viparîta-karanî* (opération de l'inversion).

En ce qui concerne *âpana-vayu,* l'inversion (à diriger vers le haut, au lieu du bas) peut être une indication intéressante, étant donné qu'il s'agit de l'énergie qui, selon la physiologie hyperphysique du yoga, préside ordinairement aussi à l'émission de la semence.

Étant donné le caractère de ce livre, à propos du *kundalinî-yoga* nous nous bornerons à cette indication sommaire, en renvoyant le lecteur pour une exposition plus complète à notre livre déjà cité. Nous nous sommes référés à lui, comme à un exemple typique et bien attesté, de méthode « endogène » ayant pour prémisse un régime de chasteté rigoureuse. Ici, la force dont, dans le monde conditionné, la femme est éminemment l'incarnation et la porteuse, c'est-à-dire la Çakti, est éveillée en soi-même, sous les espèces de *kundalinî* ; c'est en soi-même aussi qu'ont lieu l'étreinte magique et la théogamie après qu'une ascèse préliminaire a conduit le yogi à réaliser en soi le principe opposé, le principe du mâle absolu ou transcendant, la nature çivaïque — le Vajradhara (le « Porteur-de-Sceptre ») selon la dénomination tibétaine.

D'autres traditions secrètes considérèrent aussi le mystère de la transmutation ; le taoïsme chinois le connaît et souvent l'alchimie occidentale et orientale, à travers un jargon symbolique, c'est bien à lui

---

[462] *Hathayogapradîpikâ,* III, 109.

et aux techniques correspondantes qu'elle fait allusion et non à la transmutation problématique de substances métalliques. À cause de la polyvalence potentielle propre à tout symbolisme ésotérique, dans l'hermétisme alchimique le schéma des opérations fondamentales peut admettre aussi une interprétation en termes de techniques sexuelles. Une telle interprétation n'est pas la seule et n'est pas obligée, bien au contraire : exception faite, peut-être pour Nicolas Flamel, à partir de la période d'or de cette tradition, nous n'avons pas de renseignements au sujet de maîtres qui aient vraisemblablement opéré sur ce plan, en employant des femmes. C'est pourquoi nous ne ferons qu'accessoirement allusion plus loin à cette interprétation, en considérant quelques témoignages d'auteurs modernes qui, en partie, ont usé du symbolisme hermétique en rapport justement avec les réalisations que nous sommes en train de traiter. L'interprétation de l'*opus transformationis* en termes purement initiatiques, tombe au contraire hors de notre sujet, et elle a constitué l'objet d'un autre de nos livres[463].

Pour ce qui concerne le taoïsme, il faut faire la même distinction que pour le tantrisme, ici aussi, une sorte de transmutation endogène de type yogique s'opposant à un ordre de pratiques ouvertement sexuelles. Nous reviendrons sous peu sur les secondes. À propos de la première, les références à la sexualité comme matière première de la transmutation, ne sont pas toujours explicites. Nous nous bornerons donc à une indication, nous basant sur les enseignements contenus dans un texte assez tardif le *T'ai I Chin hua Tsung chih,* traduit aussi en des langues européennes sous le titre de « Le Mystère de la Fleur d'Or »[464]. Ils présentent plusieurs correspondances intéressantes avec le *kundalinî-yoga* hindou.

Dans ce texte taoïste on part de la dualité primordiale — de celle du *yang* et du *yin,* selon les désignations chinoises — cette dualité étant présente en un seul individu et non en deux personnes distinctes de sexe opposé. Chez l'homme le *yang* — le principe masculin — est présent sous l'espèce de l'élément lumineux *hun* localisé dans la tête et plus précisément entre les deux yeux ; le *yin* — le principe féminin — est

---

[463] *La Tradizione ermetica,* Bari, 1949.

[464] Les traductions allemande et italienne de cette œuvre sont précédées d'une introduction du psychanalyste C. G. Jung, qui en fausse complètement le sens. On trouve une longue analyse de cette œuvre dans *Introduzione alla Magia quale scienza dell'Io* (aux soins du « Gruppo di Ur ») Roma, 1956, v. II, p. 422 sqq. On cf. aussi E. Rousselle, *Seelische Führung im lebenden Taoismus,* « Eranos-Jahr-bücher », 1943.

présent au contraire sous l'espèce de l'élément obscur *p'o* localisé dans la partie inférieure du corps, dans une région appelée « espace de la force » ; ce qui nous ramène à l'idée du féminin conçu comme *çakti*. Dans l'enseignement chinois, la dualité est donnée aussi comme celle du *hsing* et du *ming*, mots qu'on a traduits par « être » et « vie » et qui renvoient donc à l'un des aspects plus essentiels de la Grande Diade ; on dit qu'avec la naissance à l'existence individuelle « être et vie se séparent et dès cet instant ne se revoient plus » — bien entendu, pourvu que n'interviennent pas les procédés initiatiques exposés dans le texte, lesquels tendent à ramener le centre de l'être humain au « Grand Pôle » *(T'si chi)* ou « Grand Un », ou « État sans dualité » *(wu chi)* lequel reprend en soi, autant l'être que la vie, autant le *yang* que le *yin*.

La condition existentielle de l'homme ordinaire est celle d'un être dans lequel « le Centre n'est plus défendu » et le principe féminin *yin* (appelé aussi « âme inférieure ») assujettit le principe masculin *yang* (appelé aussi « âme supérieure »), en l'obligeant à le servir et en l'orientant vers l'extérieur. Cette direction vers l'extérieur est appelée « rectiligne irréversible » (comme en celui qui fut poussé irrésistiblement en avant) et comporte la dispersion et le gaspillage de l'énergie vitale et de la « semence originelle ». Le point de départ pour la réintégration est pourtant une intervention visant à replier l'énergie sur elle-même, à « faire circuler (ou cristalliser) la lumière », but pour lequel le texte considère des pratiques de concentration spirituelle (la « contemplation fixe », *chih kuan)* et aussi, comme dans le Yoga, des pratiques respiratoires. Ayant obtenu le changement de direction, ayant inhibé l'impulsion rectiligne vers l'extérieur et lui ayant substitué un mouvement à rebours et, ensuite un mouvement de « rotation », d'autres pratiques tendent à faire descendre la conscience jusqu'à l'« espace de la force ». Là se produit la rupture de niveau et l'union des deux principes opposés, toutefois avec le sens ultime d'une « distillation du *yin* en pur *yang* ». Au retour à l'état originel « sans dualité », appelé aussi l'« éclosion de la Fleur d'Or », s'associe la naissance de *kuei* ; terme qu'on peut traduire par « être divin actif ». Il n'est pas sans intérêt de remarquer que l'idéogramme chinois pour le *kuei* est aussi celui de la foudre ; nous avons déjà rappelé la relation établie par d'autres tradition entre le mystère de la réintégration, le nombre trois et la foudre.

La maîtrise de la « semence originelle » et sa rétention est motif central de ces enseignements. Toutefois dans le texte auquel nous nous référons, seules quelques rares allusions peuvent faire penser que cette semence soit l'équivalent de la *vîrya* hindoue, c'est-à-dire, ait un rapport spécifique avec la force secrète de la virilité, ordinairement captée par la femme quand, dans l'acte d'amour, la semence masculine se déverse dans sa chair intime. Il est vrai que dans un passage nous trouvons énoncé le principe fondamental de la magie sexuelle, celui de la transmutation en substance salutaire de ce qui, en soi, aurait un caractère toxique, et l'on dit : « Ici on fait allusion à l'union sexuelle de l'homme avec la femme d'où prennent naissance fils et filles. L'insensé gaspille le joyau le plus précieux de son corps en plaisirs effrénés et ne sait pas conserver son énergie séminale, à l'épuisement de laquelle le corps s'écroule. Les sages n'ont d'autre moyen de conserver la vie que d'anéantir le plaisir et de garder la semence[465]. » Toutefois ici, en premier lieu, on pourrait penser à une finalité différente de celle déjà envisagée, c'est-à-dire plus à une sorte d'existence prolongée comme selon le symbolisme des élixirs alchimiques de longévité (thème assez constant aussi dans le taoïsme) qu'à la réintégration initiatique de l'être ; en second lieu le texte, en rapportant ce qui était attribué à un ancien maître, P'eng, à savoir que pour obtenir l'élixir il aurait employé des femmes, affirme qu'il ne s'agit pas d'une véritable union sexuelle, mais bien de l'union et de la sublimation des deux principes, de celui de la lumière cristallisée *yang* et de celui de La force humide *yin.* Ainsi le plan auquel se rapportent les enseignements de ce genre, semblerait être essentiellement le plan des processus endogènes, sur lequel le mystère de la transmutation se réalise directement à l'intérieur d'un seul être (« dans un seul vase », pour employer l'expression hermétique) et non dans des opérations à accomplir unis à une femme (« opération à deux vases »). Sur les textes taoïstes plus anciens où au contraire cette seconde possibilité est enseignée explicitement — bientôt nous en parlerons — en ce deuxième cas, les prémisses doctrinales ne sont toutefois pas différentes de celles indiquées maintenant, en nous référant aux enseignements du *Mystère de la Fleur d'Or.*

52. — Le sexe dans la Kabbale et dans les Mystères d'Eleusis

Il nous reste à examiner le domaine des techniques employées intentionnellement pour obtenir une rupture de niveau extatique, mystique ou initiatique, au moyen de l'union sexuelle réelle de l'homme

---

465 P. 151 (tr. it.).

et de la femme, simplement comme telle ou grâce à un régime spécial de l'étreinte sexuelle. De plus nous indiquerons brièvement quelques applications possibles de magie « opérative » qui, dans certains milieux ont été considérées plus ou moins dans le même enchaînement d'idées.

Ce domaine se différencie de celui déjà traité de la sacralisation et des unions rituelles, parce qu'en lui l'accent tombe moins sur la réalisation de symboles et d'analogies cosmiques, que sur l'expérience pure. Ce n'est pas qu'une chose exclue l'autre ; nous verrons au contraire que le régime des évocations et des transsubstantiations constitue souvent la prémisse rigoureuse des techniques dont il s'agit. Mais en essence, le but est différent, il n'est pas question de la sacralisation et participation au *sacrum,* qui peut s'effectuer même dans des cadres généraux institutionnels et cultuels, mais c'est un fait absolu de l'expérience individuelle, par lequel, comme dans le Yoga, peut se produire un « déconditionnement » du Moi. Ici, dans ce domaine, on envisage, assume et active directement et l'on pousse à l'extrême tout ce que, comme phénomène de transcendance partielle ou tendancielle, nous avons déjà vu exister dans l'amour sexuel profane lui-même. Quant à la documentation, à ce qu'on sait des traditions secrètes de maintes civilisations, on peut ajouter ce que renferment de plus sérieux et de plus digne de foi, quelques écrits relevant de milieux dans lesquels semblent s'être continuées, jusqu'à notre temps, des connaissances et des pratiques du même type.

À titre d'introduction, nous indiquerons quelques idées qui, dans l'ésotérisme hébraïque et surtout dans le Chassidisme, s'approchent déjà de ce domaine. Dans le *Zohar* (1, 55 *b)* on lit : « Le Saint — qu'il soit béni — n'élit pas domicile là où le mâle et la femelle ne sont pas unis. » Une sentence talmudique est : « Trois choses ont en soi un peu de l'au-delà : le soleil, le Sabbat et l'union sexuelle[466]. » Et encore dans le *Zohar* (III, 81 *a*) on lit : « Le Roi [Dieu] cherche seulement ce qui lui est approprié. C'est pourquoi le Saint — qu'Il soit béni — réside en celui qui [comme Lui] est un. Quand l'homme, en parfaite sainteté réalise l'un, Il [Dieu] est dans cet un. Et quand est-ce que l'homme est appelé un ? Quand homme et femme sont unis sexuellement *(siwurga)...* Viens et vois ! Au moment où l'être humain mâle et femelle se trouve uni, en veillant à ce que les pensées soient saintes, il est parfait et sans tache, et

---

[466] *B'rachoth,* 57 *b,* dans M. D. G. Langer, *Die Erotik in der Kabbala,* Prague, 1923, p. 30.

est appelé un. L'homme doit donc faire en sorte que la femme jouisse à cet instant, où elle est avec lui une volonté unique — et tous deux unis doivent porter l'esprit sur cette chose. Ainsi il nous a été enseigné : « Celui qui n'a pas pris une femme est comme s'il n'était qu'une moitié » *(Jebamoth*, 83). Mais si l'homme et la femme s'unissent, s'ils deviennent un dans le corps et dans l'âme, alors l'être humain est appelé un et le Saint — qu'Il soit béni — prend domicile en cet un et engendre pour lui un esprit saint »[467].

Sur la base de ces idées où, comme on le voit, revient le motif de l'androgyne, des pratiques de magie sexuelle n'ont pas été étrangères à des courants secrets du kabbalisme. On peut rapporter à l'un de ces courants ce qui est parvenu à notre connaissance à travers la secte des Sabbatiens, en relation aussi avec les doctrines exposées par Jacob Franck. Dans ces milieux, on donnait une interprétation ésotérique à la « venue du Messie », en la considérant non comme un fait historique ou collectif, mais comme un symbole pour l'éveil intérieur individuel, pour l'illumination qui affranchit et qui conduit au-delà de la Loi. À cela s'est associé le motif spécifiquement sexuel, dans la mesure où la force mystique du Messie a été placée dans une femme et l'on a affirmé que le mystère de l'éveil et du salut s'accomplit par l'union sexuelle avec une femme. Franck enseignait justement : « Je vous dis que tous les Hébreux se trouvent dans une grande infortune parce qu'ils attendent la venue du Sauveur et non celle de la Femme. » Avec une certaine interférence avec la doctrine de la Shekinah, cette femme ou Vierge, finit par ne faire qu'un avec l'archétype féminin, avec la Femme une, présente dans chaque femme et au-delà de chaque femme, puisqu'on dit : « Elle a en son pouvoir beaucoup de jeunes femmes qui, toutes, reçoivent d'elle leur force, en sorte que, si elle les abandonne, elles n'ont plus aucun pouvoir. » Pour Franck, elle est « une porte de Dieu, par laquelle on entre en Dieu », et il ajoute : « Si vous étiez dignes de prendre cette Vierge, sur laquelle repose toute la force du monde, vous seriez aussi en mesure d'accomplir l'Œuvre — mais vous n'êtes pas dignes de la prendre. » Par Œuvre, on entend ici la célébration d'un mystère sexuel, orgiaque, duquel on dit : « Au moyen de cette Œuvre, nous nous approchons de la chose qui est toute nue et sans vêtements, c'est pourquoi, nous devons réussir à l'accomplir. » Il est peut-être possible de voir en cela une correspondance avec la « vision de la Diane nue », dont nous avons déjà parlé ; de toutes façons, de la grâce octroyée par cette Vierge kabbalistique procéderaient

---

[467] Sur ce dernier passage du *Zohar*, cf. Langer, *Op. cit.*, p. 23.

des pouvoirs et des révélations différentes, selon le « grade » de chacun[468]. Des idées similaires doivent avoir eu un rapport avec un enseignement initiatique originel[469] dont la divulgation finit pourtant par conduire à des abus et à des déviations ; ainsi précisément dans le Sabbatisme où, entre autres, la doctrine du « mystère messianique de l'éveil » et de la réalisation de l'Un, semble avoir donné lieu à des orgies pour des buts mystiques, ayant pour centre une jeune femme nue adorée sous différentes formes aberrantes de sexualité : orgies, dans lesquelles on a vu justement une reviviscence déformée d'anciens cultes de la Déesse, comme ceux d'Ishtar. De même que chez les Kaula tantriques et chez les « Frères du Libre Esprit » médiévaux, dans ces courants juifs faisant usage de la femme et du sexe revient le thème de la femme et de l'impeccabilité de l'éveillé, avec référence à la doctrine kabbalistique au sujet de ce principe de l'être humain qui ne peut être puni, quoiqu'il fasse, parce que s'il l'était, « ce serait comme si Dieu se punissait lui-même. »

Quant à l'antiquité classique, il y a lieu de remarquer que dans les Mystères les plus célébrés à l'époque, c'est-à-dire dans les Mystères d'Eleusis, l'union sacrée, outre qu'elle avait la valeur générale des hiérogamies symbolico-rituelles, faisait allusion au mystère de la renaissance dans un ensemble qui, à l'origine, comprenait vraisemblablement la sexualité comme moyen ; et ici l'accent tombait également sur le principe féminin, sur la femme divine. La teneur des témoignages de plusieurs auteurs chrétiens, à ce sujet, ne saurait être attribuée seulement à un dénigrement ou au scandale du moraliste. Clément d'Alexandrie Théodore et Psellos sont d'accord pour affirmer que dans ces Mystères l'organe sexuel féminin, appelé d'une façon euphémistique et mystique κείς γυναιεῖος était offert aux regards des néophytes, comme pour indiquer l'instrument nécessaire pour célébrer le mystère. Et Grégoire de Nazianze, se référant à Déméter, déesse de ces

[468] Sur cela, cf. Langer, p. 30-44.

[469] Il semble d'ailleurs que le kabbalisme n'ignorait pas des pratiques semblables à celles du Yoga hindou, basées sur la physiologie mystique ou hyperphysique ; on pense que dans le corps humain sont présents les *sephiroth*, c'est-à-dire les principes métaphysiques étudiés par la Kabbale, disposés comme un arbre à trois fûts et tout comme dans le Yoga, on parle des deux courants latéraux qu'il faut unir pour faire parcourir à la force résultante la direction axiale, ici aussi on envisage l'union des *sephiroth* correspondant au principe masculin et au principe féminin, au Père et à la Mère, à l'Époux et à l'Épouse, à la Droite et à la Gauche dans la ligne centrale qui comprend les *sephiroth* appelés Kether (Couronne), Tiphereth (Beauté), Jesod (Base) et Malkouth (Royaume).

Mystères, dit qu'on doit avoir honte « d'exposer à la lumière du jour les cérémonies nocturnes de l'initiation et de faire des obscénités un Mystère » ; il rapporte aussi un vers dans lequel Déméter est décrite *anasyamene* (c'est-à-dire montrant son sexe en soulevant ses vêtements), afin d'« initier ses amants à ces rites qui, aujourd'hui encore se célèbrent symboliquement »[470]. Tout cela laisse précisément supposer que le sens de la cérémonie symbolique du mystère, restée elle seule au premier plan dans la période plus récente, fut de rappeler, au-delà des hiérogamies rituelles mêmes, et d'une union sexuelle du prêtre avec la prêtresse (ensuite, l'union n'étant que simulée), le mystère de la résurrection qui peut s'effectuer par le truchement du sexe et de la femme, d'elle, en tant qu'incarnation de la Déesse. Ainsi à Eleusis, après l'accomplissement dans l'obscurité du rite du mariage, une grande lumière s'allumait et d'une voix tonnante, le hiérophante annonçait : « La Grande Déesse a mis au monde le Fils Sacré, la Forte a engendré le Fort » — et dans le contexte d'un des principaux témoignage[471] l'épi montré à ce moment aux époptes comme symbole de la renaissance initiatique sacrée, est mis en rapport intime avec l'homme primordial androgyne, avec l'ἀρσεθηλυς et avec sa résurrection. Le texte ajoute : « Auguste est en effet la génération spirituelle, céleste, d'en haut, et fort est celui qui a été engendré ainsi. » Il est donc possible que sous le signe du Mystère de la Grande Déesse, l'antiquité méditerranéenne ait aussi connu la doctrine secrète de l'initiation sexuelle, et que ce que nous savons des Mystères d'Eleusis n'ait été que sa transposition sur le plan cultuel et spirituel, sans une mise en œuvre effective du sexe, avec, au contraire, l'emploi d'autres techniques initiatiques et des mystères qui eux-mêmes devaient peu à peu se dénaturer au point qu'à la fin, ces Mystères se réduisirent à l'équivalent d'un culte religieux, ouvert presqu'à tout le monde.

Pour des informations spécifiques sur les techniques sexuelles, il faut se référer à l'Orient, et tout d'abord, au tantrisme dans le second des aspects indiqués auparavant, dans l'aspect qui se rattache à la « Voie de la Main Gauche » et à ce qu'on a appelé le « rituel secret ». Comme nous l'avons dit, ce rituel est réservé à ceux dont la qualification est « virile » ou « héroïque » *(vîra)* plus que spirituelle, et qui sont *dvandvâtîtâ,* c'est-à-dire qualifiés pour ne pas tenir compte de toute dualité de contraires, bien

---

[470] *Orat. IV contra Julian., I. 115 — cf. Pestalozza, Religione Mediterranea,* cit., p. 217 sqq., 271, 300-301, 306.

[471] Hippolyte, *Philos.,* V, i, 8.

et mal, mérite et faute, et de toute opposition analogue de valeurs humaines.

53. — Les pratiques sexuelles tantriques

Déjà dans l'introduction, nous avons indiqué qu'aux Tantra est propre une sorte d'encadrement historique de l'orientation qui les caractérise. En partant de la conception d'une involution croissante qui s'est réalisée dans le cycle actuel de l'humanité, avec la succession de quatre âges, ayant constaté que désormais on se trouve dans le dernier de ces âges, dans ce qu'on appelle l'« âge sombre » *(kali-yuga),* qui est une époque de dissolution, de prépondérance de forces élémentaires, presque d'une Çakti sans liens, tandis que la spiritualité des origines s'y est presque tout à fait perdue, la voie indiquée comme convenant à une telle situation est celle qu'on pourrait caractériser par la formule « chevaucher le tigre ». C'est le principe de ne pas éviter une force dangereuse et même de ne pas s'y opposer directement, mais de se greffer sur elle en tenant bon, avec l'idée d'en triompher à la fin.

C'est pourquoi les Tantra considèrent comme abrogé ce lien du secret qui, en d'autres temps, s'imposait au sujet de certaines doctrines et pratiques de la « Voie de la Main Gauche », en raison de leur danger et de la possibilité d'abus, d'aberrations et d'incompréhensions[472]. Le principe fondamental de l'enseignement secret, commun au courant hindouiste aussi bien qu'au courant bouddhiste des Tantra (le second correspond essentiellement à ce que l'on appelle Vajrayâna), c'est la transformabilité du poison en remède ou « nectar », c'est l'emploi aux fins de la libération des mêmes forces, qui ont conduit ou qui peuvent conduire à la chute et à la perdition. Employer « le poison comme antidote au poison » est justement dit. Un autre principe tantrique, c'est qu'il n'est pas dit que « jouissance » et « libération » (ou détachement, renoncement) s'excluent nécessairement l'un l'autre, comme le veulent les écoles unilatéralement ascétiques. Comme but, on se propose de réaliser les deux à la fois, donc d'être en mesure d'alimenter le désir et la passion tout en se maintenant libres. Des enseignements similaires avaient déjà été jugés tels qu'ils ne devaient pas être révélés à tout le monde. Dans un texte, on avait dit qu'il s'agit là d'une voie « aussi

[472] Cf. *Mahânirvâna-tantra,* IV, 80 ; VIII, 203 ; *Kâlîvilâsa-tantra,* V. 13 sqq.

difficile que de marcher sur le fil d'une épée ou de tenir un tigre en laisse[473] ». Dans quelle mesure, en vue de cela, les méthodes tantriques sont-elles vraiment adaptées aujourd'hui, où la grande majorité des hommes et des femmes manque tout à fait de la qualification requise pour affronter des risques de ce genre, c'est une chose qu'on devrait bien examiner. De toutes façons, à celui qui pense que le tantrisme offre un alibi spirituel commode pour s'abandonner à ses instincts et aux sens, on doit rappeler que dans tout ces courants on présuppose une initiation et une consécration préliminaires, l'insertion de l'individu dans une communauté ou chaîne déterminée *(kula),* pour en obtenir une force protectrice, en tous cas une ascèse *sui generis,* une énergique discipline de maîtrise de soi, chez celui qui veut s'adonner aux pratiques dont nous parlerons. Il faut d'ailleurs remarquer qu'on rencontre une prémisse du même genre dans d'autres courants, dans lesquels fut bien proclamée l'« anomie », la liberté de l'esprit de tout lien et de toute norme de la morale courante, mais seulement à la fin d'une voie très difficile. Ainsi chez les Ismaéliens de la période du Cheik de la Montagne ; ainsi dans les courants indiqués auparavant, des « Frères du Libre Esprit », des Bégards et des Ortlibiens, à propos desquels on a écrit : « Avant d'arriver au point où chaque plaisir leur était permis, ils se soumettaient aux épreuves les plus dures ; leur vie ressemblait à celle des ordres les plus sévères ; ils aspiraient à briser leur volonté, à annuler leur personne pour la retrouver comme une gloire pure dans la splendeur divine... Il fallait prier, méditer, s'exercer aux actes qui nous répugnent le plus. Mais une fois parvenus à la liberté de l'esprit, tout était permis[474]. »

À propos du tantrisme, ses racines nous ramènent souvent an substratum archaïque de l'Inde aborigène où figure non seulement le motif central de Déesses de type çaktique, mais aussi un ensemble de pratiques et de cultes orgiaques. Dans un domaine frisant la sorcellerie, on retrouve des formes obscures de tantrisme, des rites avec lesquels, pour l'obtention de pouvoirs spéciaux, l'homme cherchait à capter certaines entités féminines élémentaires — *yakshinî, yoginî, dakinî* — considérées parfois

---

[473] WOODROFFE, *Shakti and Shâkta* cit., p. 591, 619.

[474] H. Delacroix, *Essai sur le mysticisme spéculatif en Allemagne au XIV*^e^ *siècle,* Paris, 1900, p. 121, 119-120, cf. aussi p. 72-73 : « On comprend que ces deux formes opposées de la vie morale, l'orgie et le reconcement, aient toutes les deux un sens religieux ; elles entendent glorifier Dieu, l'une en reproduisant l'exubérance de son pouvoir créateur... l'autre en lui sacrifiant tout ce qui n'est pas lui, en suivant le mouvement par lequel il se replie sur lui-même, vers la source de son énergie ».

comme les servantes de la déesse Durgâ, parfois comme des émanations de cette même déesse, mais souvent avec un mélange de thèmes animistes — en les fascinant et les assujettissant au moyen d'enchantements dans la personne d'une femme réelle, en s'enivrant et en possédant charnellement cette femme dans des endroits sauvages, dans un cimetière ou dans une forêt[475]. Bien que sous une forme grossière, dans ces pratiques revient donc le régime des évocations, déjà étudié par nous au chapitre précédent dans ses multiples variantes, mais à la différence qu'en ce régime s'insère maintenant le fait sexuel concret. La jeune femme à « démoniser » d'abord, puis à violenter, si elle constitue le fond des rites obscurs que nous venons d'indiquer, est aussi le thème fondamental dans les formes supérieures de magie sexuelle tantrique de vajrayânique.

Dans ces formes, avant tout, la conception d'un couple humain qui se transforme en incarnation momentanée du couple divin et éternel, passe du plan rituel général des hiérogamies au plan opératif. On doit d'abord réaliser les principes ontologiques de Çiva et de Çakti ou d'autres divinités équivalentes, présents dans le corps de l'homme et de la femme ; il faut atteindre, rituellement et sacramentellement, un état où l'on prend conscience de sa nature la plus profonde, l'homme se sentant effectivement « Çiva », la jeune femme « Çakti ». C'est là la prémisse d'une union sexuelle qui cesse d'avoir un caractère seulement physique et charnel pour en prendre un magique aussi, son centre de gravité se déplaçant sur le plan subtil (celui déjà envisagé, quand nous avons dit que le fait magnétique de tout amour ou désir sexuel intense consiste en une « ivresse ou congestion de lumière astrale »), son *climax* et son extase suprême correspondant à la rupture de niveau de la conscience individuelle et à la brusque réalisation de l'état non-« duel »[476].

Considérons de plus près ces différents aspects de la pratique tantrique[477]. Le point de départ est, d'un côté l'aptitude à une sensation ou perception particulière de la nature féminine, et pour ceci, il faut aussi revenir à ce

---

[475] *Prapancasâra-tantra,* VII, 103-111 ; L. DE LA Vallée Poussin, *Bouddhisme. Études et matériaux,* Paris, 1898, p. 138.

[476] Cf. Das Gupta, *Obscure religious cults,* Calcutta, 1946, p. XXXVII et ch. v p. 155-156.

[477] Pour plus de détails et citations de textes, à propos de ce qui suit, on renvoie au ch. vii de la seconde partie de notre *Lo Yoga della potenza.*

que nous avons déjà dit à propos de la nudité féminine. Si, pour ces écoles, chaque femme incarne la Çakti ou Prakrti, une femme nue exprime rituellement cette même force à l'état pur, élémentaire, primaire, non relié à une forme, non caché par l'individuation ; en se dépouillant de tous ses vêtements, c'est comme si la femme offrait aux regards cette essentialité. Ainsi M. Eliade écrit justement : « La nudité rituelle de la *yoginî* [de la compagne du *vîra]* a une valeur mystique intrinsèque : si devant la femme nue on ne découvre pas dans son être le plus profond la même émotion terrifiante qu'on ressent devant la révélation du Mystère cosmique, il n'y a pas rite [dans l'union avec elle], il n'y a qu'un acte profane avec toutes les conséquences qui s'ensuivent », parce qu'alors l'emploi de la femme, au lieu de relâcher la chaîne qui lie à l'existence conditionnée, la renforcera[478]. À cette condition subjective à laquelle s'associe un régime d'intenses visualisations, c'est-à-dire de projections mentales dans la femme, d'une image cultuelle vitalisée, correspond dans les formes plus élaborées du tantrisme de la Main Gauche, un procédé objectif à sa façon, pour lequel le terme technique employé est *âropa ; âropa* signifie « établissement d'une qualité différente », c'est-à-dire au sens rigoureux, transubstantiation, dans l'acception même selon laquelle le christianisme emploie ce mot pour le mystère des espèces eucharistiques, effectué par le prêtre, qui produirait en elles la présence réelle du Christ. À cet égard, l'auteur hindou déjà cité dit qu'au moyen de l'*âropa*, la forme physique *(rûpa.)* n'est pas niée, mais que chacun de ses atomes est pénétré par le *svârûpa*, c'est-à-dire par l'élément primordial non-physique qui en constitue ontologiquement l'essence[479]. Cela s'applique donc à la femme. Est qualifiée pour la pratique sexuelle, une jeune fille dûment initiée et instruite dans l'art des postures magiques *(mudrâ)*, son corps ayant été réveillé et rendu vivant au moyen du *nyâsa*[480]. Le *nyâsa* est un procédé sacramentel par lequel en différents points du corps (dans ses « points de vie ») est imposé, induit ou réveillé un « fluide divin ». En cela nous pouvons voir un équivalent de la « démonisation » de la femme, dont nous avons parlé dans les pratiques obscures indiquées plus haut, pour l'accroissement du fluide naturel qui, chez la femme ordinaire, alimente le magnétisme sexuel et est la base de sa fascination. D'ailleurs, une désignation des jeunes filles employées

---

[478] M. Eliade, *Le Yoga, immortalité et liberté*, Paris, 1954, p. 260.

[479] Das Gupta, *Op. cit.*, p. XV, 156.

[480] De la Vallée Poussin, *Bouddhisme*, cit., p. 131-133.

dans ces rites est *mudrâ* ; elle a laissé les orientalistes perplexes, et pourtant elle est assez claire : *mudrâ* (littéralement : sceau) est le nom des gestes ou postures magico-rituelles prises par les yogî pour activer le circuit — ou provoquer la clôture du circuit — de certains courants de force subtile de l'organisme. Cette même fonction, la femme l'a éminemment dans l'étreinte sexuelle magique, d'où (peut-être en relation aussi avec des *mudrâ* au sens propre, c'est-à-dire avec les positions spéciales assumées par elle dans l'acte d'amour) le transfert de cette dénomination à elle-même. Sous ce rapport, la jeune fille employée dans ces pratiques se différencie des femmes des simples rites orgiaques, de même que, comme nous le verrons bientôt, le régime de l'étreinte sexuelle est différent dans les deux cas. Chez les « Fidèles d'Amour », on parla de la « dame du miracle », ici on parle de la « femme d'exception » *(viçesha rati)* devenue de la même substance que la femme transcendante ou divine — Râdhâ, Durgâ, Candalî, Dombi, Sabaja-Surdarî, etc. (parfois identifiée à *kundalinî* elle-même dans la forme personnifiée d'une déesse) ; c'est avec elle, dit-on, et non avec une femme ordinaire, avec la *sâmânya-rati,* que dans l'étreinte sexuelle peut être réalisé ce que certaines de ces écoles appellent le *sahaja,* l'état primordial non-« duel » qui déjà pendant la vie produit la libération[481]. Cela ne doit cependant pas faire penser à quelque chose comme une vague idéalisation de la femme employée. Dans des milieux de ce genre, quelquefois on prône et on indique même comme les plus capables, des filles dissolues de basse caste, bien qu'on allègue pour cela une justification symbolique : dans leur façon de vivre hors des normes sociales, morales et de la religion courante, ces jeunes filles reflètent d'une certaine manière l'état de la « matière première » non liée à une forme[482]. Cela constitue une différence spécifique vis-à-vis du mariage-rite, des unions de type sacralisé, plus que magique, dans un cadre institutionnel et de caste, dont nous avons déjà parlé. Les écoles vishnouites d'orientation tantrique considèrent comme le type d'amour le plus haut le *parakîyâ,* c'est-à-dire l'amour illégitime, tel que l'union avec une fille très jeune, ou avec une femme qui ne soit pas sa propre épouse (pour mieux dire : une de ses épouses, étant donné que dans la civilisation dont il s'agit, la polygamie est admise). Dans les discussions rhétoriques qui, au Bengale, ont eu des allures analogues à celles des « Cours d'Amour » médiévales occidentales, les partisans des unions

---

[481] Das Gupta, *Op. cit.,* p. 162.

[482] Cf. Eliade, *Yoga,* cit., p. 262.

conjugales ont toujours été battus par ceux des unions libres ou illégitimes ; c'est pourquoi comme un des modèles divins que le couple humain devrait imiter et incarner, on a très fréquemment indiqué un couple non légitime, mais adultère, celui formé par Râdhâ et Krishna[483]. Pour justifier cette conception, on allègue d'un côté une raison psychologique, c'est-à-dire le fait que normalement on ne peut pas attendre d'une union conjugale une intensité émotive et une passion semblable à celle qui s'éveille dans les situations irrégulières ou exceptionnelles susdites ; de l'autre côté, de nouveau, une raison symbolique : la correspondance de la réalité à un symbole. On tend à l'inconditionné, et l'union secrète hors de toute sanction ou lien social, voire même d'une infraction à ces liens, symbolise mieux la « rupture imposée par toute expérience religieuse authentique » (ici, mieux vaudrait vraiment dire initiatique)[484]. À cet égard, M. Eliade remarque qu'aux yeux de l'Hindou, le symbolisme conjugal (l'« Époux » et l'« Épouse ») en usage dans la mystique chrétienne ne souligne pas assez le détachement de toutes les valeurs morales et sociales qui s'impose à celui qui tend à l'absolu : d'où, précisément, le choix, comme modèle idéal et mythique, d'un couple comme celui de Râdhâ et Krishna[485] et, comme compagne des Siddha et des Vîra, des jeunes femmes sans limitations de caste, chez lesquelles on considère moins la personne qu'un certain pouvoir ou fluide spécial capable d'alimenter un processus intense de « combustion ». Si l'usage d'autres femmes que la sienne est interdit à l'homme de tempérament faible, cette restriction, selon l'opinion prédominante dans les Tantra hindouistes disparaît et aucune restriction extrinsèque n'est faite, si l'on a atteint l'état de *siddha-vîrâ.* Nous avons déjà parlé de la graduation de la nudité féminine — ayant elle-même un sens symbolique et rituel — et du fait que seul l'initié de haut grade devrait employer des jeunes femmes absolument nues. Pour désigner la jeune fille, on emploie aussi le mot *ratî,* qui signifie littéralement l'objet de *rasa,* de l'ivresse ou émotion intense. L'école Sahajiyâ distingue trois types de *ratî :* la *sâdharani*, c'est-à-dire la femme ordinaire qui dans l'étreinte sexuelle ne cherche que sa satisfaction

[483] Das Gupta, *Op. cit.,* p. 144.

[484] Pour la même raison, dans le culte populaire Çiva est considéré, en général, comme le dieu et le patron de tous ceux qui mènent une vie contraire à la vie commune ; ainsi non seulement des ascètes, mais aussi des vagabonds, des danseurs errants et même des hors-la-loi.

[485] Eliade, *Op. cit.,* p. 265.

immédiate ; la *sâmanjasâ,* celle qui cherche une participation avec l'homme, la *samarthâ,* qui est la jeune fille capable d'un abandon total et superindividuel. On dit que seule cette dernière est le type convenable de jeune femme[486]. Aussi le désir *Kâma,* à ses différents degrés, dans plusieurs textes devient l'objet de distinctions fort élaborées. En essence, au désir animal on oppose ce qu'on pourrait appeler « le Grand Désir, qui unit le corps à l'esprit, bien au-delà de l'union des corps dans le Petit Désir »[487].

Il y a ensuite un détail intéressant auquel nous avons déjà fait allusion dans un autre paragraphe : chez les jeunes filles utilisées dans les pratiques tantriques, peu à peu les menstrues disparaîtraient. Les sexologues modernes voudront naturellement voir là un simple effet transitoire de « disfonctions sexuelles » dû aux excès ou à un cours anormal de l'expérience érotique. On peut, au contraire, attacher à un fait de ce genre un sens très différent, celui d'un signe concret, physiologique de la conversion réelle, complète, de la possibilité démétrienne (maternelle) en celle aphrodisienne ou durgique, chez les jeunes filles en question. D'ailleurs, on peut observer des phénomènes analogues dans d'autres ordres d'idées en rapport, en général, avec une déviation de la fonction génésique de la femme. On sait par exemple, que Jeanne d'Arc n'eut pas de menstrues. Le fait que les femmes qui ont été mères sont exclues des pratiques de type tantrique a un lien évident avec cela. Une maxime d'un auteur moderne[488] résume sans doute la théorie qui justifie cette exclusion : « Comme la femme perd sa virginité physique avec la première étreinte sexuelle, ainsi perd-elle sa virginité magique en devenant mère ». En devenant mère elle cesse donc d'être utilisable pour les pratiques tantriques de type supérieur.

Dans la mesure où l'acte d'amour humain doit reproduire un geste divin, déjà le type d'union du dieu avec la déesse, prédominant dans l'iconographie, aurait fait supposer que le tantrisme de la Main Gauche adopte comme posture rituelle fondamentale celle du *viparîta-maithuna,* caractérisée par l'immobilité de l'homme. À part les raisons symboliques déjà indiquées, dans le choix de cette posture pour l'acte d'amour, des

---

486 Das Gupta, *Op. cit.,* p. 163.

487 C'est une expression de R. Schwaller de Lubicz, *Adam, l'homme rouge,* Paris, 1927, p. 242.

488 In *Introduzione alla magia quale scienza dell'Io,* cit. v. II, p. 374.

raisons d'ordre pratique ont vraisemblablement un rôle aussi. C'est à l'homme surtout que doit être donnée la possibilité d'exercer pendant l'étreinte sexuelle une concentration particulière sur ce qui se passe et prend forme dans sa conscience, afin de réagir comme il convient, et cela lui est sûrement plus facile s'il demeure le corps immobile. La posture est confirmée d'autre part par une des désignations donnée dans ces milieux, soit à la femme, *latâ* soit à l'opération, *latâ-sadhâna,* parce que *latâ* (littéralement : liane ou plante grimpante) est justement en rapport avec l'une des postures prises par la femme dans cette forme inversée d'étreinte sexuelle (les traités d'érotique profane ont à cet égard des désignations comme *latâveshtitaka* et *vrkshâdhirûdhaka*). L'expression qu'on rencontre dans les textes est généralement « embrassé par la femme », et non vice versa, ce qui amène également à penser qu'elle a un rôle actif. Ainsi sur ce plan aussi, sont activées les significations métaphysiques correspondant à l'essence du masculin et du féminin, selon ce que nous avons dit précédemment.

54. — Sur le régime de l'étreinte dans les pratiques sexuelles tantriques et sur leur danger

Nous avons déjà indiqué que les formes initiatiques du tantrisme se différencient de celles orgiaques pour un régime spécial de l'étreinte sexuelle aussi. Cette conduite particulière consiste dans l'inhibition de l'éjaculation, dans la rétention de la semence, au moment où toutes les conditions émotives et physiologiques, seraient présentes pour qu'elle se répande dans la femme et que celle-ci soit fécondée. Même si souvent c'est exprimé en un langage chiffré et mystique, c'est là un point fondamental sur lequel les textes principaux de ces écoles sont d'accord : le *Hathayoga-pradîpikâ,* le *Goraksha-samhita,* les chants de Kâhna, le *Subhâçita-samgraha,* outre diverses œuvres du Vajrayâna. Dans le premier de ces textes, on prescrit que, même si au cours de l'étreinte sexuelle « le bindu [la semence] est sur le point de se verser dans la femme, au moyen d'un effort extrême on doit l'obliger à remonter... Le yogî qui de cette manière retient la semence vainc la mort, parce que de même que le *bindu* versé conduit à la mort, ainsi le *bindu* retenu conduit à la Vie[489]. » Tout cela a un rapport évident avec la doctrine de la *vîrya,* de la force occulte de la virilité. On ne doit donc pas prendre à la lettre

---

[489] *Hathayogapradîpikâ,* III, 85 ,87-90.

certaines expressions des textes faisant penser à un procédé seulement physique, physiologique : comme s'il importait uniquement d'économiser la substance matérielle du sperme. Ce qui, à cet égard, est indiqué dans les traités tantriques hindous et aussi dans les traités taoïstes chinois, en prescrivant même parfois des procédés drastiques (comme une intervention manuelle dans le taoïsme, et dans le texte hindou cité plus haut, une action coadjuvante d'étranglement de l'organe masculin par l'organe féminin, au moment de l'émission : cette action produisant de façon normale un effet contraire, parce que d'habitude elle éveille chez l'homme des sensations qui l'amènent justement à la crise éjaculatoire), tout cela, répétons-le, doit être largement pris selon qu'on y trouve son compte. De même, il ne faut pas s'imaginer les choses grossièrement, quand soit dans le *Hathayogapradîpikâ,* soit dans la *Dhyâna-bindu-upanishad,* on conseille la suspension de la respiration au moyen du procédé appelé *kheçari-mudrâ,* grâce auquel les fakirs et les yogî peuvent aussi entrer en catalepsie. Qu'alors, comme le dit le texte, l'éjaculation ne se produise « pas même si l'on est embrassé par une femme jeune et ardente », c'est évident. Mais c'est difficilement concevable si l'homme ne s'isole pas complètement, s'il ne se détache pas psychiquement de la situation érotique, ce qui toutefois détruirait le processus fondamental d'amalgamation fluidique et réduirait le tout à une prouesse plutôt insipide, faisant presque penser aux paroles que, selon une anecdote, Phryné aurait prononcées en refusant de payer la gageure faite avec Senocrate, en disant qu'elle s'était engagée à animer un homme mais non une statue. Outre diriger la pensée vers autre chose, l'arrêt de la respiration est un des moyens envisagés aussi par les traités d'érotique profane, pour empêcher ou retarder l'émission du sperme. Mais dans l'opération yogique, pour peu qu'elles soient approfondies, les choses se présentent d'une manière différente. La respiration est aussi mise en œuvre pour que l'étreinte sexuelle n'ait pas son dénouement normal et que « la semence ne s'écoule pas en bas[490] ». Toutefois, il ne s'agit pas de paralyser le processus intérieur avec une syncope ou une marche en arrière. Il s'agit plutôt de séparer le fait de l'émotion érotique liminale de sa conditionnalité physiologique, presque obligée chez l'homme ordinaire, consistant justement dans l'éjaculation.

Dans cet ordre d'idées, la non-émission de la semence peut avoir le sens soit d'une cause, soit d'un effet. C'est un effet, quand est présent un désir particulièrement exaspéré et subtilisé (et sous peu nous apprendrons par

[490] Cf. G. Tucci, *Tibetan painted Scrolls,* Roma, 1949, v. I, p. 242.

un texte que dans les milieux tantriques on prévoit aussi un véritable entraînement préliminaire pour allumer un tel désir). Déjà dans le domaine de la sexualité profane, on atteste des cas dans lesquels chez l'homme un tel degré du désir empêche le dénouement physiologique normal de l'étreinte sexuelle. De plus, le même phénomène se produit chaque fois que la conscience se déplace sur le plan subtil, ce déplacement comportant une certaine dissociation des processus physiologiques parallèles. On l'atteste également dans le domaine profane ; on sait que l'emploi de stupéfiants et, quelquefois de boissons alcooliques — qui sont des moyens matériels pour provoquer un déplacement partiel, passif de la conscience ordinaire vers le plan subtil— a pour conséquence d'empêcher l'éjaculation de l'homme ordinaire au cours de l'étreinte sexuelle, ou de n'y parvenir qu'avec beaucoup de difficulté. En cette circonstance, on peut cependant éprouver une forme diffuse, extatique et prolongée du « plaisir », semblable à celle éprouvée quelquefois en rêve, même sans polution, c'est-à-dire dans une condition qui, de nouveau, correspond à l'état subtil : et c'est justement en vue de cet effet que, dans *l'ars amatoria* profane antique ou orientale on a employé aussi certains stupéfiants. Or, il faut retenir qu'en raison de toutes leurs pré-suppositions et de l'orientation intérieure particulière requise, l'opération sexuelle tantrique s'accomplit — comme n'importe quelle autre opération magico-rituelle — non dans l'état de conscience habituel, mais bien dans un état d'ivresse lucide, presque de transe (d'« ivresse de lumière astrale ») qui comporte l'activation de l'état subtil et qui pourtant déjà par lui-même, selon ce que nous venons de dire, inhibe la crise physiologique éjaculatoire de l'orgasme érotique. Cette condition, négative et même éventuellement cause de névrose pour l'amant ordinaire ne visant qu'à accélérer son orgasme physique jusqu'à la brusque et brève satisfaction charnelle, dans ces pratiques se présente au contraire comme une condition positive, parce qu'elle facilite l'inhibition intérieure, non simplement physiologique, et la transformation consécutive de la force réveillée ainsi que de toute l'expérience provoquée par la femme et par l'étreinte sexuelle.

En même temps, on doit considérer le second aspect, c'est-à-dire l'arrêt de l'émission séminale envisagée à présent non plus comme l'effet, mais dans une certaine mesure, comme la cause du déplacement de la conscience et, à la limite, du fait de la transcendance. L'intervention inhibitoire violente de celui qui — comme le dit un texte — à tous les degrés de l'émotion ne doit pas perdre sa maîtrise, au moment suprême de l'étreinte sexuelle et de l'amalgamation avec la femme peut produire un traumatisme, une rupture de niveau de la conscience, presqu'une fulguration qui représente le degré extrême de la crise qui déjà se produit dans l'érotique profane, mais dans une condition de passivité, de conscience réduite et d'orgasme physique de l'amant. C'est à cela aussi que tend la technique de l'arrêt de la respiration au moment où, le processus physiologique correspondant étant déjà en cours, l'émission séminale serait sur le point de se produire : justement pour décrocher la force réveillée de cette conditionnalité physiologique, et pour la porter à agir sur un plan différent, comme force qui, pour un instant, détruit effectivement la limite individuelle, qui « tue » ou « arrête le mental ».

Dans les commentaires d'un texte cité par M. Eliade[491], on dit bien qu'en immobilisant la semence, on provoque aussi l'arrêt de la pensée. Le « mental *(manas)* est tué » *(excessus mentis)*, pourtant comme extase active. Mais justement alors — ajoute-t-on — commence aussi l'absorption de la « pure graine de lotus », du *rajas* féminin.

Nous reviendrons sur ce dernier point. En attendant, il apparaît clairement que l'essence de ces pratiques est l'activation extrême et consciente de l'amour « physique » comme « force qui tue » (qui « tue le tyran obscur », c'est-à-dire le Moi individuel, selon le dire de Gelâleddîn Rûmî)[492]. Avec son fluide et avec son « feu », la femme fournit une substance qui dissout et libère, le poison se transformant en eau de vie. C'est pourquoi dans les textes du tantrisme bouddhiste, on attribue à la *yoginî* (à la compagne du yogî), le pouvoir de « libérer l'essence du Moi », et l'on nous présente un Bouddha qui, par ce moyen, c'est-à-dire grâce à l'usage de la femme, arrive à l'éveil et atteint le *Nirvâna*[493]. À cet égard est décisif le moment de l'amalgamation complète, de ce qu'on appelle *samarasa*, terme que Shahidullah a traduit incorrectement, d'une façon presque profane, par « identité de jouissance » dans l'étreinte sexuelle[494]. Il s'agit en réalité, de quelque chose de beaucoup plus

---

491 *Op. cit.*, p. 255.

492 En effet, on parle d'une « mort dans l'amour » et l'on dit : « Seulement celui qui la connaît vit vraiment, à travers la mort dans l'amour », cf. Das Gupta, *Op. cit.* p. 160.

493 H. von Glasenapp, *Buddhistische Mysterien,* Stuttgart, 1940, p. 56.

494 Ainsi dans la traduction suivante de ce passage de Kânha *(Dohâ-koça,* v. 19) : « Celui qui a immobilisé le roi de son esprit par l'identité de jouissance *(samarasa)* dans l'état de l'Inné *(sahaja)* devient un magicien à l'instant ; il ne craint pas la vieillesse et la mort » *(apud* Eliade, p. 268).

profond et radical, déjà par le fait que — dit-on — sa contre-partie est l'arrêt, l'immobilisation et l'union de *çukra* et de *rajas*, mots qui indiquent la « semence » masculine et celle féminine. De même que dans les pratiques purement yogiques la suspension de la respiration rentre dans les techniques employées pour l'éveil de *kundalinî*, ainsi le même pouvoir est attribué à l'arrêt de la respiration et de la semence au moment suprême de l'amalgamation érotique ; grâce à lui on peut éveiller également la *kundalinî* et l'on peut provoquer le courant ascendant fulgurant de l'unité. Alors « l'identité de jouissance » (des deux) cesse d'être celle spasmodique et charnelle de quelques instants, après laquelle le processus s'épuise et l'union cesse. Au lieu d'être une fin, elle devient un commencement, et même pour *sukha*, le plaisir, se produit l'*âropa* c'est-à-dire une transubstantiation. Il est « fixé » à sa façon dans un état continué (« sans accroissement et dans diminution ») qui représente la dimension transcendante de toute l'expérience. Sous ce rapport, c'est comme si l'union avait lieu sur un plan non physique sans être limitée à un seul moment ; on parle de *sahaja-sukha*, c'est-à-dire du plaisir-extase « non engendré » ou « non conditionné ». Pour comprendre cette notion, il faut se référer à la théorie traditionnelle des éléments éternels, omniprésents et universels. Selon cette théorie, par exemple, le feu, comme élément, existe partout, identique à soi, hors de l'espace et du temps ; les processus de combustion ne le « produisent » pas mais fournissent seulement les conditions qui, normalement sont nécessaires pour son apparition dans un lieu donné et à un moment donné. Mais un yogî peut aussi évoquer le feu « en soi », en dehors de ces conditions. De même, on conçoit un plaisir non engendré, continu, hors de l'espace et du temps, qui est celui relatif à l'union éternelle du masculin et du féminin cosmiques — mythologiquement : du Dieu et de la Déesse, de Çiva et de Çakti, de Radha et de Krishna. De lui, « qui ne vient et ne s'en va », le plaisir éprouvé à certain moment par un couple donné d'amants, ne serait qu'une apparition particulière, fugitive dans le temps liée aux conditionnalités soit physiologiques, soit psychico-émotives des étreintes humaines. Or, dans les unions magico-rituelles tantriques, se produirait justement l'affleurement du « plaisir en soi », atemporel, lié à l'état non-« duel », à l'unité suprême, à l'inconditionné[495]. L'acmé qui dans les

---

[495] On dit que dans certaines expériences d'outre-tombe, on éprouve à l'état transcendant et continu ce plaisir « non engendré » (cf. G. Tucci, *Il Libro tibetano del Morto*, Milano, 1949, p. 130, 201). Il est possible que ce soit lui qui apparaisse incidemment chez quelques tempéraments anormaux, là où se produit une répétition ininterrompue au phénomène liminal de l'orgasme sexuel, pendant une étreinte sexuelle, ou bien au cours d'une même journée ; dans ses rapports Kinsey cite des cas d'un nombre inconcevable de

unions normales est vécu un seul instant, d'une façon trouble, au moment où la semence s'écoule dans la femme et est captée par la femme, cette sensation-limite ici, est « fixée » ou stabilisée, par changement de plan ; elle donne lieu à un état continu (« sans fin ») qui n'est plus conditionné physiologiquement et que surtout les Tantra bouddhistes considèrent comme le seuil de la Grande Libération et de l'« illumination parfaite ». La vague de plaisir qui monte devient identique à celle de la pensée-illumination *(bodhicitta)* qui s'allume et du bas monte vers la tête, comme dans le Yoga.

Une telle continuité est alimentée comme une flamme par le combustible, par la substance subtile de la femme ; et ici entre en question justement ce que, dans le texte cité auparavant, on appelle l'absorption du *rajas* dans l'état où la semence est arrêtée. Ainsi se déploie l'union alchimique du Çiva sans mouvement, fixe avec la substance de son épouse, en un sens actif qui à la fin conduit au-delà du moment seulement extatique.

Il ne ressort pas clairement des textes si, dans l'étreinte sexuelle la technique de l'arrêt doit être pratiquée, en plus que par l'homme, par la *mudrâ* ou *çakti* aussi, c'est-à-dire par sa compagne. Pour la femme, on envisage bien une technique correspondante, appelée *amaroli-mudrâ*[496], mais à part, en énumérant seulement les pouvoirs spéciaux qu'elle procurerait à la femme, sans qu'on fasse allusion à un synchronisme avec l'acte analogue de l'homme. De toutes façons, cette technique envisagée pour la femme confirme le côté non-physiologique de ces procédés. Dans le cas de la femme, il n'y a pas, en effet, à inhiber un processus d'éjaculation et à retenir une substance comparable à la semence masculine ; comme on le sait, chez la femme il y a des sécrétions vaginales et, en partie, utérines, surtout celles des glandes de Bartholin (sécrétions appelées par les traités d'érotique profane hindoue « eau d'amour » ou « eau du dieu de l'amour ») qui d'habitude commencent avec son état général d'excitation sexuelle, sans être localisées en un seul moment de crise, comme il arrive chez l'homme avec l'éjaculation. Le mot le plus employé dans les textes tantriques, *rajas*, a plusieurs

---

fois par jour, mais surtout chez les femmes ; le détachement du fait psychico-émotif des conditionnalités physiologiques plus grossières étant plus facile chez la femme. Si dans ces cas, le niveau ordinaire, physique, de la conscience persiste, on entre dans le domaine de la pathologie : laquelle, comme nous l'avons déjà dit, serait riche d'enseignements, si on l'étudiait en partant de points de repère ésotériques appropriés.

[496] *Hathayogapradîpikâ,* III, 92-101.

significations. L'une d'elles est « menstrue ». Évidemment il ne peut être question d'arrêter rien de semblable durant une étreinte sexuelle, de la part de la femme ; ce sera plutôt la force dont on sent l'affleurement et l'irruption dans l'acmé érotique que, le cas échéant, la femme devra aussi cueillir et fixer : force qui chez la femme est la contre-partie de la *vîrya*, de la virilité transcendante de l'homme, et qui en elle est à la menstrue ce que la *vîrya* est à la semence comme sperme. C'est cette force que les Anciens concevaient comme la « semence féminine », nécessaire, selon eux, pour la procréation. On s'est trop hâté de déclarer erronée et fantaisiste cette conception de la « semence féminine », professée aussi en Europe jusqu'au XVIIe siècle, du fait que ce dont il s'agissait avait été associé aux menstrues ou aux sécrétions vaginales. La « semence féminine » a, comme la *vîrya*, un caractère hyperphysique ; mais si l'on considère tout ce qui, en général, chez la femme constitue normalement l'apport nécessaire pour la génération, on peut bien parler d'un tout psycho-physique, qui dans son aspect physique comprend aussi les menstrues et les sécrétions. Quand dans les Tantra on parle de la semence masculine et de la semence féminine comme des deux principes qui, en s'unissant, engendrent le courant ascendant de l'illumination, de même que dans l'étreinte sexuelle ordinaire, le spermatozoïde et l'ovule en s'unissant engendrent le premier noyau de l'embryon, il faut en effet se reporter à ces contreparties hyperphysiques détachées, retenues, fixées et portées à se fondre. Ce n'est pas en vain que les textes du Vajrayâna établissent des correspondances entre elles et les deux courants, *idâ* et *pingalâ*, ou *lalanâ* et *rasanâ*, qui dans le Yoga pur, ascétique, sont arrêtés et portés à se fondre, selon ce que nous avons déjà exposé[497]. À vouloir traduire *rajas* par « menstrue », à vouloir considérer au contraire les menstrues au sens propre, on pourra au surplus se référer à l'effet possible, déjà indiqué, de ces opérations, à savoir la diminution ou cessation des menstruations chez les jeunes filles adonnées au procédé de fixation de leur « semence ». L'interprétation serait alors celle déjà donnée : la menstrue devrait être comprise aussi en fonction de cette force magique ambiguë, ou *mana* spécial dont nous avons parlé (cf. § 36) ; sa rétention aurait des rapports avec la conversion complète de la possibilité maternelle de la femme, en celle purement aphrodisienne, avec l'effet correspondant, vraisemblable d'une saturation fascinante-démoniaque sexuelle dans le type en question. Mais on peut envisager aussi une autre des significations du terme sanskrit *rajas*. Outre qu'il signifie rouge (d'où le rapport avec les menstrues), outre le sens philosophique qui lui est

---

[497] Cf. Tucci, *Tibetan painted Scrolls,* cit., v. I, p. 242.

propre dans la doctrine traditionnelle des *gûna*, outre celui de pollen ou poudre d'une fleur (en particulier du lotus), il y a pour *rajas* un sens synonyme de *tejas*, feu ou énergie rayonnante. Cela nous ramène exactement à la nature de la substance subtile de la femme, considérée dans ces termes par les textes anciens, quand ils comparent l'union sexuelle à un sacrifice dans le feu, et la femme ou bien ses organes sexuels, à la flamme de ce même feu[498]. C'est la substance qui alimente le processus de dissolution et d'union extatique durant l'étreinte sexuelle magique. Voici des mots d'une antique inscription égyptienne qui, peut-être, n'ont pas un sens seulement profane : « Comme le feu, brûle le corps de la femme. »

Pour rendre intelligible la théorie que l'état transcendant se produit par l'union du *çukra* avec le *rajas*, étant donné que dans cet ordre d'idées on ne peut prendre ces termes au sens littéral matériel (sperme et menstrues), il faut donc se référer aux deux principes masculin et féminin, qu'on doit être en. mesure de conserver et de fixer en en empêchant la dégradation dans le processus physiologique animal, étant donné tout cela, il faut donc supposer une intervention synchrone de la femme dans le *samarasa*. Dans les *Dohâkoça*, on dit en effet que non seulement le *çukra*, mais aussi le *rajas* (la « semence féminine ») doit être immobilisée pour que se produise l'état auquel tend tout le procédé[499]. Seulement dans les pratiques sexuelles taoïstes, qui en partie ont une orientation différente, il ne semble pas que ce soit le cas, ou pas toujours le cas. Paracelse a écrit : « Dieu a préordonné la naissance, de façon à ce que la fantaisie réside dans deux personnes, l'imagination de l'une s'ajustant à celle de

---

[498] Quand on parle des unions, une désignation fréquente de la femme est *suryâ*, c'est-à-dire le soleil mis au féminin. Cela ramène à l'aspect en quelque sorte positif de la même énergie, à son aspect de « splendeur ». Dans ce même ordre d'idées, on peut rappeler que dans l'Hellade certains types de femmes fascinantes et « magiciennes », comme Circé et Médée, furent considérées aussi comme des Héliades, c'est-à-dire de descendance « solaire », cf. K. Kerényi, *Le Figlie del Sole*, Torino, 1949. Comme correspondances sur un plan beaucoup plus conditionné on pourrait citer des sensations exprimées par les poètes, par exemple : en la présence de l'amante il éprouvait toujours « la sensation d'être enveloppé d'un éther enflammé, d'une aura vibrante » de sorte qu'il se rappela comment, un soir, étant enfant « en traversant un terrain désert il s'était soudain senti entouré de feux follets et avait poussé un cri » (D'Annunzio) ; sur l'effet de l'haleine du souffle féminin : « Et au delà des sens l'âme rejoint un parfum sauvage et pénétrant, *comme une rosée ardente* qui se dissout, dans le sein d'un bourgeon gelé » (Shelley). A. Léger : « O femme et *fièvre* faite femme ! Les lèvres qui t'ont goûtée ne goûteront pas la mort. »

[499] Cf. Eliade, *Yoga*, cit., p. 261.

l'autre, chez l'homme à celle de la femme, et vice-versa. Parce que l'homme seul n'a qu'une moitié d'imagination ; avec la femme, il en a une entière[500]. » Cette idée de Paracelse pourrait fort bien s'appliquer aussi à la situation dont nous venons de parler : l'intégration de deux imaginations vivantes, magnétisées par le désir, qui se rencontrent, doit certainement être la contre-partie intérieure, occulte, du régime tantrique de l'étreinte sexuelle.

Enfin, quant à la coopération de la femme au processus de fixation, elle semblerait requise aussi pour une raison pratique si, étant donné la posture rituelle inversée, la *mudrâ* doit jouer, elle, le rôle actif. En s'abandonnant au cours normal à crises et à syncopes de l'expérience érotique, il est assez clair que bien peu de femmes ne sauraient continuer à jouer ce rôle, et par leur défaillance arrêteraient tout le processus.

Quant au reste, on peut trouver de l'intérêt à quelques expressions curieuses de l'école Sahajiya, en rapport avec l'étreinte sexuelle : « Dans l'amour réside le frisson de la joie, et sur ce frisson le flux [le passage à l'état continu] et il y a le flux au-dessus du flux [c'est l'intervention du nouvel état par fixation]. Il y a l'eau sur la terre et au-dessus de cette eau naît la vague ; l'amour reste au-dessus de cette vague [référence au dépassement de la crise érotique] : y a-t-il celui qui connait cela ?[501] » Et aussi : « Se plonger dans les profondeurs de l'océan sans se baigner aucunement », « lier un éléphant au moyen d'un fil d'araignée[502] » : ce sont là des allusions à des détails de l'art intérieur que l'on doit mettre en œuvre. Nous avons déjà parlé de l'image « chevaucher le tigre », c'est-à-dire d'une situation qui, sous peine de conséquences très graves, n'admet pas de descendre : parce qu'alors le tigre sauterait sur celui qui s'est laissé désarçonner et aurait prise sur lui. Plus loin nous parlerons des conséquences de l'avortement de la pratique.

Ajoutons quelques mots sur le genre de préparation requise par ces pratiques, dans leurs formes supérieures. La règle est que la jeune femme doit d'abord être « adorée » et puis « possédée » (et dans le rituel, même dans celui de pratiques collectives, on indique deux positions distinctes

---

[500] *Scritti scelti*, cit., p. 139.

[501] Dans Das Gupta, *Op. cit.*, p. 167.

[502] *Ibid.*, p. 163.

du couple, dans la première phase, la femme est à droite, dans la seconde à gauche de l'homme), « Adorer » signifie, à son plus haut degré, « faire l'objet d'un culte » en réalisant dans la femme la présence de la déesse, de Târâ, de celle qui donne le salut, ou d'autres images cultuelles vitalisées du principe féminin ; d'une certaine façon, on a ici une correspondance avec le culte de la femme propre aux « Fidèles d'Amour » médiévaux. Détail intéressant : dans la phase d'adoration, bien que l'homme ait la nature de Krishna (le mâle divin), fréquemment lui est attribuée la nature de Râdhâ, c'est-à-dire de femme. On l'explique dans le sens que, tant que l'homme reste dans le domaine profane, il tient du féminin, ne possède pas la véritable virilité ; il doit abandonner la prétention d'être déjà un *purusha* (l'incarnation de la véritable virilité, sans mouvement) s'il veut pénétrer dans le domaine de l'éternel[503]. Peut-être, par suite d'un tel ordre d'idée, dans la mystique souvent on attribue à l'âme un rôle féminin, celui d'une épouse ou fiancée, vis-à-vis de l'amant céleste. Dans le tantrisme vishnouite, ce rapport est quelquefois maintenu ; mais il s'agit là d'exceptions et d'effritements de la conception centrale. Dans l'ensemble, le processus se développe dans le sens d'un dépassement de cette condition et d'une inversion de polarité : comme on la vu, la femme, d'abord adorée comme l'incarnation vivante de la déesse et la porteuse du suprasensible, de la force salutaire et illuminante, est ensuite possédée, et elle passe de la droite à la gauche.

D'un manuscrit bengali, résumé par Mahindra Mohan Bose[504], on peut recueillir plusieurs détails intéressants sur le régime de préparation au rite sexuel. On y envisage une longue et difficile discipline d'alimentation du désir, et en même temps de refrènement. Dans une première période, l'homme doit servir la jeune femme (on peut voir là, en quelque sorte, un équivalent technique du « service d'amour » médiéval) et dormir dans la même chambre qu'elle, à ses pieds ; puis pendant quatre mois, il partagera son lit en l'ayant à sa droite, position qui, comme nous venons de le dire, est celle de la phase d'« adoration » ; pendant quatre autres mois il dormira avec elle en l'ayant au contraire à sa gauche, en la désirant toujours, mais sans contacts corporels.

Ce n'est qu'après tout ce temps que l'étreinte sexuelle est admise. La finalité de cette procédure, assez formaliste, prise dans son ensemble est

---

503 *Ibid.*, p. 145-146.

504 *An introduction to the study of thc post-chaitanya sahajiyâ cult*, p. 77, 78, *apud* Eliade.

évidemment double : d'un côté alimenter un désir subtilisé et exaspéré par le voisinage sans contacts de la femme, presque dans une quintessence technicisée de l'amour platonique ; en second lieu, développer la maîtrise de soi jusqu'à ce degré où, dans l'étreinte sexuelle, dans l'embrassement par la femme et dans l'identification dissolutive avec sa substance fluidique, avec son *rajas*, cette maîtrise de soi permettra d'arrêter la semence et de détourner la vague dans l'acmé de la crise érotique.

On peut donc parler d'une ascèse préliminaire *sui generis*, de même que pour le but suprême poursuivi à travers ces techniques, on peut parler d'une réalisation supra-ascétique, différente des extases mystiques. Cela apparaît surtout dans le tantrisme bouddhiste, c'est-à-dire dans le Vajrayâna. Ces écoles sont arrivées à concevoir un Bouddha assez différent de l'image habituelle qu'on en a, un Bouddha qui aurait vaincu Mâra, le dieu de la terre et de la mort, et serait arrivé à l'illumination absolue, en acquérant en plus des pouvoirs surnaturels, grâce aux rites de magie sexuelle et à son union avec les femmes (un texte fait dire au Bouddha « elles sont les divinités, elles sont la vie)[505]. » D'autre part, ici, il ne s'agit pas seulement du sexe conçu comme un des moyens pour atteindre le Nirvâna. Le point particulier que nous voulions souligner, c'est que dans le Vajrayâna, l'état suprême de la *mahâsukha*, où le Bouddha est uni à sa Çakti, est placé hiérarchiquement au-delà de l'état même du nirvâna considéré unilatéralement, c'est-à-dire comme une extase détachée du monde. C'est l'essence de la doctrine du « quatrième corps » des Bouddha, appelé *mahâsukha-kâya* ; unis avec la Çakti, en elle ils sont unis avec la racine de toute la manifestation, ce qui équivaut à dire qu'ils sont les rois de l'immanence *(samsâra.)* aussi bien que de la transcendance (nirvâna) : ces termes, dans ces écoles, cessant de constituer une opposition. Pour ce qui est le contenu de l'expérience, nous pouvons donc penser à un dépassement de l'état extatique ou de simple *excessus mentis*, si on le conçoit d'une façon passive, « mystique ». D'ailleurs, c'est là un but qui a été consciemment poursuivi aussi dans d'autres courants de la métaphysique hindoue. On dit par exemple : « Ne permets pas au mental de jouir de la félicité qui vient de la condition extatique *(samâdhi)* mais, au moyen de la pratique de la

---

[505] De La Vallée Poussin, *Bouddhisme* cit., p. 144.

discrimination, libère-le de l'attachement que l'on éprouve pour une telle félicité[506]. »

En général, on peut découvrir des sens analogues derrière le symbolisme et la terminologie des écoles dont nous venons de parler. Si l'on conçoit que chaque homme est potentiellement un bouddha, la femme employée, en plus du nom de *mudrâ* (dont nous avons déjà expliqué la signification) et de *çakti* (parce qu'elle incarne tangiblement la Çakti), a celui de *vidyâ*, qui veut dire « connaissance » en un sens se confondant souvent avec *prajnâ* = illumination ; c'est comme dire que la femme incorpore le principe capable de produire l'éveil de la qualité potentielle « bouddha » de l'homme. Dans le même ordre d'idées par lequel la femme des « Fidèles d'Amour » sensibilise « Madonna Intelligenza », la Gnose donneuse de salut, la Sainte Sagesse qui fait passer à l'acte l'« intelligence possible » de l'amant (cf. § 47), elle est ici le symbole vivant de la *prajnâ* (illumination) et enferme la *prajnâ* dans la profondeur de son être. De plus, dans ces écoles, le mystère de la réalisation est très fréquemment indiqué au moyen du symbolisme de l'union de *padma* et de *vajra* ; ce sont deux autres termes polyvalents, parce qu'ils admettent simultanément un sens abstrait, métaphysique, doctrinal, et un sens concret sexuel. Ils peuvent faire allusion soit à l'organe sexuel féminin et masculin, soit à la « matrice des Bouddhas » d'une part, au sceptre-foudre ou au « diamant » de l'autre (ces derniers étant les symboles de la force et du principe fixe, incorruptible et souverain de l'être). Dans d'autres cas, les termes employés sont *prajnâ* et *upâya,* c'est-à-dire la force-illumination d'un côté, la technique, le « moyen approprié » ou « le pouvoir agissant », de l'autre, qui, en s'unissant, conduisent à la réalisation suprême. Or encore une fois il s'agit ici d'une union qui parfois est conçue en termes abstraits, métaphysiques, seulement spirituels, parfois dans un cadre qui implique l'union du principe masculin avec le principe féminin par l'acte sexuel accompli par un homme avec une femme, il y a une correspondance ontologique, magique et analogique entre eux, ces principes, et ce qu'on désigne par les mots cités plus haut *(upâya et prajnâ)*[507]. Or, le point à retenir dans cet ensemble, point que nous désirons mettre en relief, c'est l'accentuation qu'obtient le principe masculin, du fait qu'à la force-illumination est donné un caractère féminin, que, dans le symbolisme hiérogamique elle

---

[506] *Mândûka-upanishad,* II, 45 (comm.).

[507] Das Gupta, *Op. cit.*, p. XXXVIII.

joue le rôle de la femme possédée par le mâle dans l'étreinte sexuelle, et l'on reconnaît en général que le *vajra* puisse assumer un sens phallique[508]. Nous avons donc un indice signalétique pour la direction « magique » de ces courants ; en quelque sorte nous sommes ramenés à ce que nous avons déjà dit sur la mort de Béatrice et de Rachel, et sur le symbolisme hermétique de l'inceste.

On peut se demander dans quelle mesure les pratiques tantriques sexuelles conduisent aux mêmes résultats que le réveil purement yogique de la *kundalinî.* Il ressort assez clairement des textes qu'on juge cet éveil possible même à travers l'usage de la femme, alors qu'en son temps, nous avons considéré des phénomènes de la vie sexuelle profane elle-même (par exemple dans certains cas d'hébéphrénie) qui, vraisemblablement sont les effets d'un réveil partiel de la force basale. Dans la physiologie hyper-physique du Yoga, on parle d'un centre appelé *yonishthâna,* voisin de celui où « dort » *kundalinî,* et l'on dit qu'en lui, sous le signe du désir charnel, peut déjà se produire une union de Çiva et de Çakti, presque comme une anticipation ou un reflet de l'union suprême qui, selon l'enseignement yogique, s'accomplira en haut, dans la région coronale. Cela fait penser aussi à la possibilité d'une convergence des deux techniques. De plus il y a des textes où la femme aimée et possédée est présentée comme le symbole vivant de la *kundalinî* elle-même, ou *candâlî.* Le point de vue prédominant c'est que grâce aux pratiques sexuelles on peut atteindre seulement transitoirement le *sahaja,* l'état supérieur, l'état non-« duel » au-delà du Moi et du non-Moi, mais cette conquête est difficile à stabiliser, comme s'il s'agissait uniquement d'un « coup de main », et l'on ne peut pas procéder à toutes les opérations avec la *kundalinî* en montée, envisagées par le Yoga. C'est précisément là l'objection avancée par les milieux de Yoga pur, contre les pratiques sus-indiquées [509] . En accord avec cela, dans les textes du tantrisme

---

508 À l'égard aussi des deux principes conçus l'un comme « illumination », *prajnâ* et l'autre comme force opérante, *upâya,* on indique des correspondances en fait de physiologie hyper-biologique, dans des termes analogues à ceux du taoïsme ; la première est située dans la partie inférieure du corps, près du plexus solaire (plus ou moins là où le taoïsme localise l'« espace de la force ») et la seconde dans la tête. Dans ce cas aussi la pratique a pour but de faire monter la déesse du pôle inférieur jusqu'au Seigneur, dans la région du cerveau (cf. Das Gupta, *Op. cit.*, p. XXXVIII). Dans l'iconographie tibétaine du *yab-yum* la mère, *yum,* et le mâle qu'elle embrasse, sont les correspondances de *prajnâ* et *upâya* qui, en s'unissant, provoquent la montée de la pensée-illumination (cf. Tucci, *Op. cit.*, v. I, p. 244).

509 Cf. Das Gupta, *Op. cit.*, p. 180.

bouddhique aussi, on parle parfois de maîtres qui, après avoir atteint l'illumination par des pratiques sexuelles, se sont tenus éloignés des femmes en suivant une autre voie, en proclamant une doctrine sévère. Il n'en est pas ainsi dans les milieux des Siddha et des Kaula, sans parler des organisations où l'on a même donné à ces pratiques une direction de magie opérative.

Si, comme on l'a vu dans le Yoga, les conséquences d'un éveil mal conduit de la *kundalinî* peuvent être la maladie, la folie ou la mort, il va de soi qu'un tel risque existe également dans les pratiques sexuelles, qu'en elles le risque est même plus grand, étant donné qu'en raison de l'orientation congénitale de la sexualité humaine, il est plus difficile de contrôler tout le processus et de le diriger dans le sens dû. Si dans l'étreinte sexuelle le *bindu* (terme technique qui désigne la semence et le principe qui y correspond) « tombe », il n'en résultera pas la libération, mais un lien bien plus redoutable[510]. En particulier, le péril peut être celui d'une intoxication sexuelle complète ; en ayant absorbé dans les couches les plus profondes de l'être la force féminine, en ayant activé l'énergie élémentaire du sexe et du désir, si la transmutation, l'inversion de polarité, ne se produit pas parce que la tendance au simple plaisir avide est restée prédominante, ne fût-ce que dans l'inconscient, la conséquence peut être une intoxication sans issue pour l'être. Dans ce cas on dit que de la condition d'homme on peut même rétrograder à celle d'un « démon », d'un instrument de la force dont on n'aurait voulu se servir que comme d'un moyen. C'est aussi le danger de ce que quelques-uns appellent la « magie rouge ». Tandis que le propre des pratiques de type tantrique dans leurs formes supérieures est d'employer l'expérience du sexe comme un moyen, le propre de la « magie rouge » est l'opposé, c'est l'emploi des contacts avec le supersensible (parfois à l'aide de substances analogues aux stupéfiants), afin d'intensifier l'expérience sexuelle, et, en particulier, pour prolonger anormalement la durée de l'orgasme et du plaisir, sans pourtant en changer la nature dans le sens indiqué plus haut. Le danger des pratiques de type tantrique est justement de finir sur ce plan, sans même s'en rendre compte exactement.

Il y a un mythe grec que l'on peut considérer comme une dramatisation de ce dénouement abortif : c'est le mythe de la tunique de Nessus. Déjanire, pour lier Héraklès à elle par l'amour et le désir, lui envoie une magnifique tunique imbibée d'un philtre d'amour, qu'elle avait reçue de

---

[510] Cf. Tucci, *Op. cit.*, v. I, p. 242.

Nessus ; mais c'était un philtre de mort, si bien qu'Héraklès, brûlé dans les veines par une flamme inextinguible, sentit son corps empoisonné. Le suicide de Déjanire fut inutile. Seule put le sauver sa transfiguration sacrificielle dans le feu sur le mont Oeta où, pourtant, au feu succéda le foudroiement divin ; par lui, Héraklès est transporté dans la demeure olympique où il obtient pour épouse Hébé, la jeunesse éternelle. Des significations profondes, valables pour l'ordre de choses dont nous venons de parler, sont donc assez visibles dans ce mythe. La femme élémentaire que l'on a évoquée et absorbée, que l'on a fait entrer en soi, peut devenir le principe d'une soif mortelle, inextinguible. Alors seulement un « foudroiement » olympique peut ramener au but originel immortalisant de l'union.

La situation obsédante est décrite d'une façon suggestive dans un roman de G. Meyrink, en rapport justement avec les idées du tantrisme. On y parle d'un personnage qui subit le pouvoir de la déesse qui s'était activé dans une femme (Assia), comme dans une de ses incarnations spéciales, au point de perdre le principe de la virilité surnaturelle (symbolisé ici par un poignard-lance, qu'on peut faire correspondre au sceptre-diamant — au *vajra* — de la doctrine orientale). La femme déjà connue physiquement, va alors agir d'une façon hypersensible ou subtile sous les espèces d'une image fascinante et hallucinante « de ses yeux, de son corps, de tout son être impitoyable ». Le personnage en question s'exprime ainsi : « Le succube s'empara complètement de mes sens... ce fut comme une soif continue, mortelle, jusqu'à la limite à laquelle ou la coupe se brise en morceaux, ou bien Dieu lui-même ouvre le cachot... Mon tourment se centupla parce qu'Assia, en était venue, pour ainsi dire, à agir sur un plan plus profond, moins tangible, de mes sens, tout en faisant toujours sentir son voisinage consumant. Si ma volonté avait d'abord cherché à la bannir, à présent cette même volonté se retournait contre moi et je me sentais brûlé par le désir d'elle ». Dans mille images fascinantes lui apparaît maintenant « la Nue, la Suçeuse, la Dissolutrice » et, identique dans toutes ces multiples images de fièvre, de désir et de nudité, la femme commence à « l'envelopper dans son aura et à pénétrer progressivement en lui et autour de lui » jusqu'à ce qu'il sente se trouver « à la limite de la perdition, sur le bord de ce que les Sages appellent le huitième monde, le monde de la destruction complète »[511].

---

[511] G. Meyrink, *L'Angelo della Finestra d'Occidente*, Milano, 1949, p. 467, 470.

Rappelons enfin que selon les textes hindous celui qui veut mettre en œuvre les techniques sexuelles qui conduisent au *mahâ-sukha*, en plus d'une parfaite maîtrise de soi, doit disposer d'un corps sain fortifié par des disciplines du Yoga physique ; autrement, le *mahâ-sukha*, c'est-à-dire l'extase de l'état d'union, conduira à un obscurcissement des sens ; « à quelque chose de semblable à un évanouissement »[512]. Ce détail est important ; on peut en voir le rapport avec les états négatifs qui, même dans l'érotique profane, en particulier chez la femme, se manifestent durant l'étreinte sexuelle en prenant la place de l'expérience transfigurante.

Nous nous sommes arrêtés quelque peu sur les rites sexuels tantriques, parce qu'ils nous présentent, suffisamment visibles et reliés ensemble, tous les principaux motifs rencontrés par nous en envisageant la métaphysique du sexe soit dans le domaine profane, dans des formes non intentionnelles, passives et tendancielles, soit dans le domaine des sacralisations traditionnelles. Dans ces rites, nous avons en effet retrouvé le régime des évocations, l'apparition et l'activation chez l'individu de l'un ou l'autre sexe, du pouvoir qui en constitue la nature ou racine ontologique plus profonde. De même, comme partie d'un tout, on y envisage le régime du désir « platonique », l'état subtilisé, psychique de l'ivresse qui est l'essence de chaque *eros*, tandis que, dans les pratiques, une présupposition précise est l'indépendance potentielle, vis-à-vis des conditionnalités physiologiques ordinaires, de ce désir aussi et même de l'acmé du « plaisir » qui se réalise dans l'étreinte sexuelle. L'association entre la mort et l'amour (l'amour qui tue, mourir d'amour, la « mort » dans le spasme, dans l'orgasme et dans le délire charnel) ici, du plan romantique ou simplement émotionnel, passe au plan effectif, objectif, d'une technique initiatique, dans une expérience où, à la solution de continuité, à la pâmoison (qui chez la plupart correspond au traumatisme ou crise dernière provoquée par l'union avec la femme), se substitue une présence à soi accompagnant ou déterminant la rupture de niveau, la « mort du mental », le foudroiement de la « pensée-illumination » au-delà de l'état « duel ». Enfin, soit la doctrine de l'androgyne, comme clef de la métaphysique du sexe, soit l'idée que la sexualité en fonction animalement procréatrice représente une chute, sont confirmées par les techniques de l'inversion de polarité et de rétention de la semence, tout comme par la conception de la *kundalinî* qui, éveillée, devient la force qui, au lieu d'alimenter le cercle de la génération et d'en renforcer le lien,

---

[512] Das Gupta, *Op cit.*, p. 108.

mène vers le *sahaja,* vers le sans-mort, vers l'inconditionné. Dans ces traditions, on rencontre donc un ensemble typique où, comme autant d'anneaux d'une chaîne unique, les différents éléments se relient en donnant le sens exact du tout, duquel on doit partir pour toute compréhension plus profonde des phénomènes particuliers, des aspects et possibilités de l'*eros* et de l'amour sexuel.

Dans ce qui suit, nous rapporterons d'autres traditions secrètes sur la même ligne que l'enseignement tantrique ; les données qu'on pourra recueillir sont pourtant plus fragmentaires, et nous ne retrouverons pas toujours la même clarté ou le même niveau quant aux finalités supérieures des procédés.

55. — Pratiques sexuelles secrètes dans le taoïsme chinois

Au sujet des pratiques sexuelles dans le taoïsme chinois, le matériel réuni par H. Maspero dans un long essai bien documenté, auquel ici nous nous référerons essentiellement, constitue la principale source d'informations[513].

Avant tout, il est opportun d'expliquer quelles sont, en général, les réalisations envisagées par le taoïsme. Bien que Maspero soit une autorité en matière de sinologie, nous estimons qu'il ne voit pas juste, quand il dit que dans le taoïsme, la conception « la plus courante » concerne l'immortalisation liée à la a solution du cadavre » *(shi kiai)* : c'est le cas où le taoïste en mourant ne laisse pas derrière lui un cadavre, mais au lieu de celui-ci, fait trouver une épée ou une verge-sceptre, et ressuscite en un corps immortel, transformation essentielle du corps périssable. Par contre, selon Maspero, l'enseignement ésotérique taoïste concernerait les pratiques avec la respiration et avec le sexe. Or, il n'en est pas ainsi. D'autres traditions ont envisagé aussi la « solution du cadavre » non comme une idée religieuse ordinaire, mais bien comme le but suprême de ce qu'un initié de grade très élevé peut espérer atteindre. Le christianisme même nous parle du Christ qui ressuscite, son corps ayant disparu du tombeau, et Paul qui emprunte certainement l'idée aux milieux des Mystères, mentionne le « corps de résurrection ». On peut

---

513 H. Maspero, *Les procédés de « nourrir l'esprit vital » dans la religion taoïste ancienne,* dans « Journal Asiatique », v. CCXXIX, fasc. d'avril-juin, juillet-septembre 1937.

associer à cela le thème des personnages mythiques ravis ou disparus mystiquement, qui figure dans beaucoup de traditions et de légendes. La doctrine taoïste du *shi kiai,* de la « solution du cadavre », rentre dans ce même ordre d'idées.

Si les pratiques secrètes rapportées par Maspero, d'un côté peuvent faire partie des procédés envisagés pour préparer cette singulière réalisation — la transmutation du corps au point de le soustraire à sa corruptibilité naturelle et de le dématérialiser sans résidu —, au contraire, d'un autre côté, elles peuvent rester à un niveau beaucoup plus bas. En effet, lorsque dans ces pratiques on parle de l'obtention de la « vie éternelle », dans plus d'un cas, il est évident qu'il s'agit plutôt de la « longue vie » — *ch'ang-sheng* — c'est-à-dire d'une sorte de prolongement extra-normal de l'existence individuelle, avec neutralisation des processus ordinaires qui altèrent la constitution physico-vitale et subtile de l'organisme humain. On pourrait être porté à interpréter en ce sens les opérations de retenue, de fixation et de nutrition du principe vital originel, dont, nous l'avons vu, s'occupe le traité sur le Mystère de la Fleur d'Or. Il y aurait alors une différence visible par rapport au but des pratiques tantriques et yogiques hindoues, parce que ces dernières tendent plutôt au dépassement de toute conditionnalité et à la « grande libération » — même si l'on admet la possibilité d'y arriver encore vivant et dans le corps. D'autre part, dans les pratiques taoïstes en question, on rencontre également l'opération d'union du masculin et du féminin, du *yang* et du *yin,* équivalant à la réalisation de l'état non-« duel ». Ainsi ces enseignements donnent le sens d'une oscillation, peut-être non sans rapport avec le fait que, comme le remarque un texte : les instructions les plus importantes du taoïsme ne se trouvent pas dans le texte écrit des livres, mais bien dans des formules transmises oralement[514].

Maspero distingue les pratiques avec le souffle, de celles qui emploient le sexe comme moyen. Nous nous bornerons à mentionner les premières, parce qu'il s'agit en partie d'enseignements analogues à ceux que nous avons déjà considérés en traitant de la transmutation endogène. Ainsi y revient la notion de l'« espace de la force » situé dans la région *yin* du corps (la partie du corps qui est au-dessus du diaphragme est *yang*, masculine, celle qui est au-dessous du diaphragme est *yin,* féminine) et, précisément, « trois pouces sous l'ombilic » ; sa désignation spéciale dans ces écoles est « le domaine du Cinabre Inférieur », *tan-t'ien.* L'accès

---

514 Maspero, p. 199.

à ce domaine est obstrué (par un seuil que les « divinités n'ouvrent pas à la légère »). En essence, la pratique consiste à contrôler la respiration, pour s'emparer du principe vital du souffle et, l'obstacle enlevé, à lui faire atteindre le domaine du Cinabre Inférieur. Alors le souffle se rencontre avec l'Essence, appelée aussi « le Souffle de la Femme mystérieuse » ; ainsi intégré, si on l'« enferme », c'est-à-dire, si on le retient longtemps, il produit une énergie spéciale, hyperphysique, qui, comme un fluide, se diffuse et circule par tout le corps, en le régénérant et en le rendant vivant. Parfois on envisage aussi un processus ascendant au moyen duquel la force du centre inférieur se porte vers ce que les textes appellent le domaine du Cinabre Supérieur (localisé dans la tête) ; cette force se transforme alors en un feu, « pour incendier le corps, afin que le corps ait la splendeur du feu ». Tout cela est mis en rapport avec la « fusion de la forme [physique] », c'est-à-dire du soma, du corps ; on parle de fusion, par analogie avec le changement d'état opéré par le feu dans les substances métalliques solides. Ainsi nous sommes ramenés à la conception d'un corps transformé qui domine la mort[515]. Dans ces enseignements taoïstes, on rencontre certaines correspondances avec ceux du *kundalinî-yoga* : le centre inférieur, la nature ignée de *kundalinî,* l'obstruction du seuil de la voie axiale, le processus ascendant, l'union du masculin et du féminin (dans le yoga : Çiva et Çakti) au sommet de la tête.

Des pratiques taoïstes avec la respiration, passons maintenant à celles avec le sexe, propres à la même tradition. Comme le tantrisme, le taoïsme professe le principe que, l'emploi du sexe s'il est délétère pour les uns, pour les autres — ceux qui sont en possession de la connaissance — peut représenter un moyen de réalisation spirituelle et de salut. « S'unir à une femme, dit-on c'est comme guider un cheval au galop avec des rênes pourries. » Toutefois, l'union avec la femme ne saurait causer de dommage à celui qui sait, elle peut même être un avantage pour lui. « L'empereur Giaune, lit-on dans le *Yu-fang-che-yao,* coucha avec cents femmes et devint immortel ; les gens ordinaires n'ont qu'une femme et [en jouissant d'elle] ils détruisent leur propre vie. Avoir la connaissance ou ne pas l'avoir : comment des résultats opposés ne pourraient-ils pas venir de cela ? »[516]

---

[515] *Ibid.,* p. 208, 213-214, 234, 245-246, 394-395.

[516] *Ibid.,* p. 380-381.

La connaissance dont il s'agit concerne une doctrine secrète ; ainsi le même texte (I *b)* dit que le procédé « les Immortels se le transmettent entre eux ; ils jurent, en buvant le sang, de ne pas le transmettre au hasard ». C'est ce que répète le maître Teng Yun-tze : « Cette technique est absolument secrète : ne la transmettez qu'à des sages ![517] » Un autre maître, Ko-Hong (IVe siècle), après avoir souligné la grande importance des « pratiques de l'alcôve » *(fang-chong-che-fa)* parle en ces termes du but plus élevé à poursuivre : « Cette recette, les Hommes Réels se la transmettent oralement ; à l'origine on ne l'écrivait pas. Même en employant les drogues les plus fameuses, si l'on ignore ce procédé efficace, on ne peut atteindre la vie éternelle » (« *Pao-p'o-tseu* », 8, 3 *b).* Il ne faut donc pas penser que par les seuls textes on puisse obtenir une clarté complète au sujet de ce dont il s'agit effectivement. Du reste, le maître taoïste Ko-Hong, que nous venons de citer, mentionne divers buts poursuivis par ceux qui font un usage non profane du sexe. Pour les uns, il s'agit de réparer l'usure de l'énergie vitale et d'obtenir la longévité ; pour les autres, de renforcer le principe *yang* en soi-même et de disperser le *yin* ; mais le but le plus important serait de faire revenir en arrière l'Essence pour réparer le cerveau. Maspero traduit ainsi[518], mais que dans le texte ait été ou non employé justement le mot « cerveau », il est évident que l'opération à laquelle on fait allusion est celle dont nous venons de parler en traitant des pratiques avec le souffle ; il ne s'agit pas du cerveau physique, mais bien de ce qu'on appelle le « domaine du Cinabre Supérieur », situé dans la tête. On doit en effet se rappeler, en général, que dans les enseignements de ce genre, toute référence de caractère apparemment physique ou physiologique, renvoie en réalité à une « anatomie » et à une physiologie hyperphysiques.

Tout en distinguant ces différentes finalités, le fond commun des pratiques reste toujours l'union du *yang* et du *yin*, du principe masculin et de celui féminin, portés l'un par l'homme et l'autre par la femme. Il semble que selon le régime différent de l'état d'union dans l'étreinte sexuelle, un but ou l'autre soit réalisé. Une expression curieuse, mais suggestive aussi, employée pour la pratique sexuelle est « l'enroulement du Dragon et le jeu de la Tigresse ». Le Dragon symbolise le *yang* et correspond à l'homme ; la Tigresse symbolise le *yin* et s'incarne dans la femme que l'on utilise. Il faut se rappeler, qu'au contraire d'autres traditions, la tradition chinoise se représente le dragon comme un animal

---

[517] *Ibid.*, p. 386.

[518] *Ibid.*, p. 409-410.

double, soit terrestre et des eaux, soit céleste et royal. Lorsqu'il symbolise l'homme selon sa double nature, on pourrait rapporter éventuellement aux développements de l'expérience intérieure dans le « jeu du Dragon et de la Tigresse », les six positions du *yang*, attribuées par le commentaire aux six signes *yang* du premier hexagramme de l'*Yi-king ;* en partant du bas, le Dragon, de la phase où il est caché et où on le pressent seulement, passe à la phase dans laquelle il est visible et peu à peu s'élance, s'élève dans l'éther et enfin disparaît.

Quant au choix de la femme, on attache de l'importance à l'âge : pas plus de trente ans, mais le mieux est au-dessous de dix-huit ou dix-neuf ans. Comme dans le tantrisme, elle ne doit pas être mère, ne doit pas avoir eu de fils : « Même si c'est une jeune fille, si elle a eu un fils, elle ne peut pas être utile » *(Yu-fang-pi-Kiue,* I a). Un trait particulier, ici, est la prescription de changer de femme : sur ce point, tout un groupe de textes insiste comme sur une chose essentielle : Il faut changer de femme après chaque excitation ; c'est avec le changement qu'on atteint la vie éternelle, dit le texte cité précédemment (I *b)* en ajoutant : Si l'on s'unit toujours avec la même femme, le souffle du *yin* diminuera et le profit sera faible... l'Essence et le souffle de la femme peu à peu s'affaibliront, et elle ne pourra apporter grand fruit à l'homme[519]. On l'interprète même dans le sens d'employer beaucoup de jeunes femmes l'une après l'autre ; ainsi, dans un autre texte on peut lire que : lorsqu'on change de femme plusieurs fois, le bienfait augmente, et si une nuit on change dix fois de femme, on a le degré suprême et excellent [de l'opération].

Toutefois, plus qu'à des procédés visant vraiment à un but initiatique, c'est-à-dire à un but de transcendance, cela fait penser à des pratiques de magie sexuelle qui pourraient même toucher au domaine d'un vampirisme « psychique » masculin. Cette idée se présente à l'esprit non seulement à cause des références de plusieurs textes à la longévité, à l'éloignement des maladies, au « devenir léger » ou « subtilisé » du corps, comme effets de ces pratiques[520], mais aussi et surtout par le fait qu'on recommande parfois de ne pas faire usage de jeunes filles déjà au courant de la technique ; selon P'eng-tsu, la raison de cette recommandation est que dans ce cas, la femme pourrait en tirer parti pour alimenter le *yin* et devenir, elle, immortelle : une fille cherchera son

---

[519] *Ibid.*, p. 295-296.

[520] *Ibid.*, p. 384.

développement et ne sera pas utile pour son compagnon[521]. On n'aurait pas alors une partie bilatérale, un où soit l'homme, soit la femme, tirent un bénéfice de leur fusion, dans les états qui se développent pendant l'acte d'amour. Il faudrait penser au contraire qu'en ce cas, l'homme cherche simplement une substance fluidique complémentaire à absorber ou à employer comme excitant pour renforcer la qualité *yang*, ou qualité « Dragon », en soi, le principe de la virilité en face de la qualité *yin*, ou « Tigresse », de la femme. Et il préférerait que sa compagne ne soit pas initiée au sens secret, magique, de l'étreinte sexuelle, pour empêcher que ce soit elle qui en profite et, dans l'ensemble, que ce soit au contraire le *yin* qui l'emporte. S'il n'entrait en question qu'un fluide féminin à absorber pour nourrir son principe vital, il serait plus facile de comprendre l'usage, presqu'en série, de beaucoup de jeunes femmes. Aussi dans l'Inde et au Tibet, dans un cadre analogue, on connaît des techniques sexuelles pour prolonger la vie : en essence, il faut que, lorsqu'on s'est uni à une femme, tout en en provoquant l'orgasme, on ne participe aucunement au plaisir ; cela conduirait d'une certaine manière à l'absorption vampirique de l'énergie vitale féminine[522]. D'ailleurs, même dans les Upanishad existent des traces d'un procédé « aspirant » analogue, tendant à enlever la « semence » à la femme durant l'étreinte sexuelle, pour qu'elle ne conçoive pas. Le texte dit que, dans ce but, l'homme, la bouche unie à celle de la femme, en pénétrant en elle doit émettre le souffle puis l'inspirer (et vraisemblablement le retenir), en réalisant mentalement la formule : « Avec ma force, avec ma semence, je prends ta semence » (sur la « semence féminine », voir ce que nous avons dit paragraphe 54[523]). Dans ce texte on indique même un détail analogue à celui envisagé dans le taoïsme, parce qu'on fait dépendre de la possession de la connaissance l'avantage de l'homme ou bien de la femme, quand ils s'unissent sexuellement : si l'homme a la connaissance il profite des « bonnes œuvres de la femme » avec laquelle il s'unit ; si au contraire il n'est pas conscient, c'est la femme qui s'approprie celles de l'homme. On ajoute que même des hommes du rang de brahmanes

---

[521] *Ibid.*, p. 396.

[522] Cf. A. David-Neel, *Magie d'amour et magie noire*, Pris, 1938, p. 104-105.

[523] *Byhadâranuâka-upanishad*, IV, iv, 10.

sont sans virilité s'ils s'accouplent à une femme sans avoir cette connaissance[524].

Il y a pourtant des raisons pour penser que dans les pratiques taoïstes secrètes, le tout ne finit pas sur un plan si problématique. .Entre autres, la technique principale ne diffère pas beaucoup de la technique tantrique. La première phase de cette technique est appelée l'art réel d'égaliser, d'harmoniser ou de mêler les souffles : *chang-k'i chen-chu* ; c'est la désignation technique des préliminaires érotiques tendant à raviver le magnétisme naturel s'allument à travers le rapport *yin-yang*, jusqu'à un degré particulier d'exaltation et de syntonie des deux. Ce n'est qu'après l'intervention de cet état, que l'on alimentera pendant un certain temps, que l'on passera à l'union des corps *(Yu-fang che-yao,* I *b).* Il est possible qu'avec ces préliminaires on tende à la condition, pour réaliser laquelle, d'après le rituel tantrique cité précédemment par nous, on devrait passer un certain temps avec la femme dans l'intimité, mais en s'abstenant de contacts physiques. De même, comme nous le disions, le régime de l'étreinte, *huo-ho,* ne diffère pas beaucoup ici du régime tantrique : l'homme en possédant la femme, ne doit pas arriver à l'émission de la semence et si le processus d'éjaculation était déjà en cours, il doit l'inhiber et ramener en arrière la semence, pour « retenir l'Essence » — cette Essence correspondant visiblement à la *vîrya* et au *bindu,* au principe de la virilité magique de l'enseignement hindou. Dans le « *Su-niu-king* », on dit justement : « L'essentiel de la technique consiste à s'unir avec beaucoup de jeunes femmes sans émettre l'Essence[525]. » Il s'agit d'éveiller la force primaire (l'Essence) ; une fois que l'acte d'amour l'a mise en mouvement (un texte dit : « elle doit devenir très agitée »), on doit arrêter le processus d'éjaculation — pour cela, dans certains textes on envisage même crûment des moyens physiques. Alors a lieu le processus à rebours, l'Essence réveillée et retenue monte le long de la colonne vertébrale, vers le « cerveau ». C'est ce que l'on appelle « l'art de faire revenir l'Essence pour qu'elle réintègre le [centre situé dans] le cerveau — *huan-tsing pu-nao* » *(Yu-fang che-yao,* I *b)*[526]. « Pénétrer seulement, sans émettre », répète-t-on. Les instructions de Lieu King sont : après l'harmonisation des souffles de l'homme et de la femme, « pénétrer quand [...] est faible, se retirer quand [il] est ferme et

[524] *Ibid.*, IV, IV, 4.

[525] Maspero, *Op. cit.*, p. 384.

[526] *Ibid.*, p. 385.

fort », tandis qu'un autre texte dit : « Celui qui entre fort et sort faible, même s'il avait eu le meilleur destin, périra » *(Yang-sing yen-ming lu*, II, 13 *a-b)*. Comme sujet grammatical de la proposition précédente, Maspero met entre parenthèses *[...] phallus*, l'organe masculin (appelé par ces textes « la tige jade »). Mais cette interprétation nous paraît assez grossière ; entre autres, elle permet assez peu d'imaginer le cours que les choses devront prendre pratiquement, sur le plan physique, surtout au commencement. En essence, il doit plutôt s'agir d'un état et d'une force, non de l'organe sexuel, mais du principe *yang* de l'homme qui, « faible » au premier contact avec la femme, dans le développement de l'opération magique doit peu à peu se renforcer, prendre le dessus sur le *yin* et sortir « dur » de l'expérience, cela étant un des buts que les textes indiquent ouvertement. Ici, le ritualisme est appliqué à tel point que, pour être quatre-vingt-un le nombre complet du *yang*, dans la pratique parfaite celui-là devrait être aussi le nombre des mouvements que la « tige de jade » accomplira dans les « cordes du luth » (l'organe sexuel féminin) [527] : ce n'est concevable que comme une mécanisation absolument paralysante, sauf dans le cas des situations très spéciales, où, sans le vouloir, la réalisation intensément vécue d'une signification, porte spontanément, nous dirons presque magiquement, à une structure symbolique précise, correspondante, du geste physique.

Teng Yu-tse, personnage légendaire d'« immortel » qui aurait vécu sous la dynastie Han au IIe siècle, parle du double but : « diminuer le *yin* pour accroître le *yang* » et « coaguler la liqueur de l'Essence » (visiblement c'est comme dire : fixer la *vîrya)*[528]. Maspero rapporte l'avertissement que, de même que pour les pratiques avec le souffle, on ne doit pas affronter les pratiques ci-dessus indiquées, sans une préparation adéquate. De plus pour s'y adonner, on devra choisir des jours bien déterminés ; à cet égard, il existe pour les taoïstes un ensemble d'interdictions fondées sur l'astrologie — par exemple sont interdits le premier et le dernier jour du mois, les périodes du premier et du dernier quartier de la lime et celle de la pleine lune ; des dates ultérieures et des circonstances non propices s'y ajoutant, pratiquement environ deux cents jours de l'année sont exclus pour l'« union magique du Dragon avec la

[527] *Ibid.*, p. 384.

[528] *Ibid.*, p. 386. Peut-être peut-on y associer la formule générale de vivifier la force *yang* dans tout le corps, qu'on doit garder pur dans son fluide, ce qui est aussi considéré comme une coagulation ou une fixation. Cf. C. Puini, *Taoismo*, Lanciano, 1922, p. 117-118.

Tigresse »[529]. On envisage aussi des heures favorables : sans être ivres ni trop gênés par la nourriture, on doit opérer avec la jeune femme, à l'« heure du souffle vivant *yang*, après minuit » ; nous retrouvons donc encore ici entre autres choses, la liaison déjà indiquée entre la femme, l'*eros* et la nuit (§21). La pratique suppose la capacité de la méditation et d'une concentration mentale intense. On ne rencontre pas comme dans l'Inde et ailleurs des procédés préliminaires de sacralisation, mais on dit explicitement que l'opération doit être effectuée dans un état différent de celui de la conscience ordinaire de veille. « Chaque fois qu'on s'adonne à la pratique — dit Teng-tse — on doit entrer en méditation ; il faut perdre d'abord la conscience du corps et ensuite celle du monde extérieur[530]. » Cela équivaut à dire qu'il faut entrer dans un état de transe active, afin que, tout en accomplissant des actions matérielles et, évidemment sans perdre la sensation de la femme et du corps de la femme, l'expérience se déroule en substance sur un plan subtil, hyperphysique. Pour ce qui est de la partie la plus importante, la montée de l'Essence vers le siège supérieur, après l'arrêt et la déviation de la force réveillée de la direction, le long de laquelle se produirait l'épanchement de la semence dans la femme, il faut accompagner la pratique avec la représentation mentale qui permet de suivre et de diriger le processus à l'intérieur de soi-même[531].

Le même Teng Yu-tse mentionne aussi une invocation[532], après laquelle « les hommes tiendront [l'esprit fixé] dans les reins en retenant résolument l'Essence et en distillant le souffle qui, en suivant la colonne vertébrale montera à contre-courant vers le *Ni-Huan* ; c'est ce qu'on appelle « faire retourner à l'Origine, *huan-yuan* ». Au contraire, les

---

529 *Ibid.*, p. 397, 400.

530 *Ibid.*, p. 386.

531 *Ibid.*, p. 385, cf. p. 218, où l'on parle de la faculté de la vue intérieure — *ni-she* ou *tei-kuan* — grâce à laquelle on perçoit l'intérieur de son corps, au point de pouvoir guider les opérations. Dans les textes, on ne parle pas de cette vue comme d'une faculté extraordinaire.

532 En voilà le texte : « Que la Grande Essence de l'Auguste Suprême en coagulant les humeurs rende le Transcendant dur comme un os ! Que les six souffles du Grand-Réel-sans-un-plus-haut se développent à l'intérieur ! Que le Vieillard Mystérieux de l'Être supérieur fasse retourner l'Essence pour réintégrer le [centre du] cerveau ! Faites en sorte que j'unisse [le *yin* et le *yang* en m'unissant avec une femme], que l'embryon soit fondu et, le Joyau, conservé ! » (Cf. Maspero, p. 386).

femmes garderont [l'esprit fixé] dans le cœur en nourrissant les esprits, en distillant un feu immuable [le *rajas* comme *tejas*, d'après la terminologie hindoue] dans le cœur, en faisant descendre le souffle des deux seins jusqu'aux reins, d'où il remontera le long de la colonne vertébrale pour aller également au *Ni-Huan*[533]. C'est ce qu'on appelle la « transformation du Réel », *hua-shen.* Après cent jours, on parvient à la Transcendance. En pratiquant longtemps, on deviendra spontanément Homme Réel et en vivant éternellement, on traversera les siècles. C'est la méthode pour ne pas mourir[534]. » À propos de ce « ne pas mourir » réapparaît l'ambiguïté déjà relevée : on ne voit pas bien si tout se réduit à la conquête de la longévité et à la confection d'une sorte d'élixir alchimique (en effet, on rencontre même parfois des expressions telles que : « Que vous soyez jeunes ou vieux, vous redeviendrez des adolescents[535] », ou bien si une sorte de réintégration d'ordre physique aussi et « vital » est considérée comme la conséquence d'une réalisation d'ordre plus élevé, à savoir de la réalisation de la vie immortelle au sens propre, transcendant. Devant des ambiguïtés de ce genre, on doit toujours se rappeler l'avertissement des textes, à savoir que l'essence de ces enseignements initiatiques n'était transmise que par voie orale.

Dans les renseignements recueillis par Maspero, on ne trouve pas d'indications sur les dangers des pratiques sexuelles d'union du *yin* avec le *yang.* Mais il y a des raisons de supposer qu'elles exposent également au risque d'une intoxication érotique, lorsque, par suite de la défaillance de l'homme dans l'union magique, c'est le *yin,* ou qualité Tigresse, agissant dans la femme, qui prend occultement le dessus sur le *yang,* ou qualité Dragon, agissant dans l'homme. Comme nous l'avons indiqué, peut-être est-ce là le motif du conseil de ne pas employer des jeunes femmes initiées au côté secret de la pratique, parce qu'elles pourraient en tirer précisément avantage pour un dangereux développement du *yin* : ce qui intervertirait complètement la polarité de la pratique.

---

533 Dans ce cas, on considère évidemment la co-participation consciente de la femme et la connaissance, de sa part aussi, du but du procédé, en opposition à ce que nous avons entendu recommander par d'autres textes (selon lesquels la femme ne devrait rien savoir de l'opération occulte à laquelle elle sert de moyen).

534 Maspero, *Op. cit.,* p. 386.

535 *Ibid.*

À part les opérations sexuelles individuelles, c'est-à-dire accomplies par un couple isolé, plusieurs textes taoïstes mentionnent des pratiques collectives qui semblent avoir été un mélange d'anciens rites orgiaques saisonniers (printaniers et automnals) avec les techniques proprement initiatiques ci-dessus indiquées. Pour ces rites collectifs, on signale comme propices les jours de nouvelle lune et de pleine lune, jours qui pour les rites sexuels individuels sont au contraire interdits. L'allusion qu'ils visent à libérer des péchés et à éloigner les malheurs qui, selon la « loi des actions et des réactions concordantes » peuvent dériver des actions de l'individu, fait penser à la finalité d'une ablution, ou purification, obtenu par l'immersion dans le sans-forme (dans les « Eaux »), dont nous avons parlé en étudiant le sens ultime des rites orgiaques en général. Toutefois, il y a une différence : même dans ces pratiques collectives, on devrait observer dans l'étreinte sexuelle le régime de la non-émission de la semence. À ce sujet, on lit dans le *Siao tao luen* : « Ceux qui s'adonnent à cette pratique réalisent la Formule Réelle dans le Domaine du Cinabre ; mais ils font attention au Secret-Défendu et n'émettent pas sur la voie[536]. » Le principe est celui de la promiscuité ; encore plus, rien ne doit s'opposer à l'échange des femmes. Quant aux buts, le même texte indique aussi celui de s'assurer une force protectrice (« favorable ») contre tout danger, contre toute influence hostile, contre tout démon. Si l'effet qu'on cherche, ici aussi est la réalisation de la pure qualité masculine *yang*, en cela on pourrait reconnaître un parallèle avec le fond des anciennes idées romaines à propos du pouvoir magique et exorciseur du *phallus*. De toutes façons, il n'est pas aisé de concevoir la coexistence d'un régime d'orgie collective avec celui d'étreintes sexuelles sans émission spermatique. Au surplus on peut s'imaginer cela dans le cadre d'une chaîne magique convenablement organisée et articulée (comme les « roues » tantriques, que nous indiquerons plus loin), non d'une promiscuité effective. Mais, à ce propos, les textes rappellent aussi qu'il s'agit de « choses qu'on ne peut exposer dans leurs détails »[537] ; tandis qu'il est indubitable que dans maints cas, ces pratiques collectives doivent avoir dégénéré, si plusieurs auteurs déplorent que dans la période après les Wei et les Tsin, elles donnèrent lieu à la naissance d'enfants parmi les taoïstes[538] : ce qui

---

[536] *Ibid.*, p. 404-405.

[537] *Ibid.*, p. 405.

[538] *Ibid.*, p 409.

évidemment implique le fait de s'être abandonné au cours normal, « humide », des étreintes sexuelles humaines.

56. — Pratiques sexuelles arabes et symbologie hermétique

Des pratiques orgiaques pour des buts mystiques sont attestées aussi dans l'aire arabo-persane. Mais les renseignements qu'on possède à ce sujet, se réduisent à quelque indication d'auteurs et de voyageurs, plus enclins à se scandaliser qu'à étudier intelligemment les traditions correspondantes et à en indiquer les implications. C'est dans une relation faisant partie d'une collective récemment publiée[539], qu'on peut trouver des informations directes relatives à certaines pratiques sexuelles, qui se sont continuées jusqu'à nos jours dans des milieux arabes de l'Afrique du Nord. L'union avec la femme apparaît ici comme un des moyens employés pour mettre en action le pouvoir d'une influence spirituelle *(barakah)* fixée dans le disciple par une initiation en quelque sorte virtuelle, au moyen d'un rite préliminaire. Il faut remarquer qu'on choisit cette technique seulement pour les personnes qui, par leur tempérament sont particulièrement portées vers le sexe ; l'inclination prédominante va alors constituer une sorte de matière première[540]. Un second détail intéressant, concerne une condition qui est réputée indispensable, c'est-à-dire donner la preuve de l'incapacité d'être hypnotisé[541]. Cela, bien évidemment, pour prévenir un état de passivité, voire même de fascination, quand on entre en rapport avec la femme ; rappelons aussi que dans le tantrisme on fait allusion au danger qu'un état de ce genre, comme dans une déliquescence ou un évanouissement, prenne la place de l'extase active du *mahâ-sukha.* Quant à l'essentiel, dans la relation nous rencontrons encore une fois le régime bien connu de l'étreinte sexuelle « contre-nature ». « La norme est de mener l'union avec la femme de façon qu'en aucun cas on n'arrive à sa solution finale normale, constituée par l'éjaculation de la semence. Les organisations avec lesquelles j'étais entré en contact, disposaient de jeunes filles berbères spécialisées dans ces pratiques. Je retiens qu'elles recevaient chaque fois

---

539 *Introduzione alla magia quale scienza dell'Io,* cit., v. III, p. 365-374 (« Expériences chez les Arabes »).

540 *Ibid.*, p. 371.

541 *Ibid.*, p. 372.

une préparation occulte. De plus, on donnait des formules — *dhikr.*— et aucune de ces jeunes femmes ne consentait à se prêter à ces pratiques, si elles n'étaient pas employées. Pendant toute la nuit où l'expérience devait se prolonger, on faisait usage d'un thé à l'arabe, c'est-à-dire d'une sorte de forte décoction à laquelle on ajoutait successivement des infusions d'herbes variées, qui ne devaient pas être sans rapport avec les degrés et la progression de l'expérience[542]. »

La même personne ajoute : « Le but de la pratique paraissait être double. Avant tout c'était la maîtrise de soi, différente de la simple résistance à la tentation, parce qu'on acceptait toutes les conditions normales, physiques et psychiques de l'union charnelle avec une femme, il n'était pas prescrit d'étouffer les sensations qui habituellement s'en éveillent, avec la seule exception de dominer et d'inhiber l'émission du sperme. Or les jeunes femmes employées avaient au contraire l'ordre précis, de mettre tout en œuvre pour que cela arrive. Un détail bizarre : il m'est arrivé de voir pleurer ces jeunes femmes quand elles réussissaient dans ce but de « déroutement », et de s'excuser en disant qu'elles avaient dû obéir à un ordre. » Mais, ce but à réaliser en résistant et en se dominant, à son tour était aussi un moyen, puisque les forces éveillées par l'étreinte sexuelle ainsi dirigée, devaient provoquer le traumatisme nécessaire pour l'illumination, pour la prise de contact avec le suprasensible[543]. Il est intéressant de remarquer qu'à part ces pratiques sexuelles, l'auteur de la relation fut instruit dans les rites de magie évocatoire, en vue moins de la production de phénomènes paranormaux que du développement du contrôle de soi et d'un pouvoir de commande, étant dit que dans des expériences évocatoires de ce genre, si l'on n'a pas l'orientation juste, on peut sans cesse rencontrer la folie : danger que nous avons vu signalé aussi en ce qui concerne les pratiques sexuelles[544].

À propos des états qui sont expérimentés dans ces pratiques, si l'on voulait établir une certaine relation avec la voie du soufisme, on pourrait peut-être parler de l'« extinction », *fanah,* suivie par l'« établissement », *tasis* ou *baqah.* Nous avons déjà cité Ibn Arabî au sujet du régime de la sacralisation de l'union sexuelle et de l'identification de la femme à la

---

[542] *Ibid.,* p. 371.

[543] *Ibid.,* p. 372.

[544] *Ibid.,* p. 371.

« nature » cosmique. Ici, on peut citer un autre passage du même maître : « Quand l'homme aime la femme, il désire l'union, c'est-à-dire l'union la plus complète qui soit possible dans l'amour ; et dans la forme composée d'éléments, il n'existe pas d'union plus intense que celle de l'acte conjugal. Par elle, la volupté envahit toutes les parties du corps et c'est pour cette raison que la loi sacrée prescrit l'ablution totale [du corps après l'acte conjugal], la purification devant être totale comme l'extinction de l'homme dans la femme avait été totale lors du ravissement produit par la volupté [de l'union sexuelle]. Car Dieu est jaloux de Son serviteur, Il ne tolère pas que celui-ci croie jouir d'autre chose que de Lui. Il le purifie donc [par le rite prescrit], afin que, dans sa vision, il se tourne vers Celui en qui il s'est éteint en réalité — puisqu'il n'y a pas autre chose que cela[545]. « Donc transformation de la dissolution à travers la femme, en une extinction dans la divinité en dépassant le fait illusoire de la volupté individuelle et corporelle : c'est probablement celle-ci la clef de la technique islamique.

En ce qui concerne les traditions européennes, au Moyen Age et dans les siècles suivants, il n'est pas facile de déceler la présence d'écoles où l'on ait mis en œuvre des procédés analogues. Nous avons déjà parlé de certains courants kabbalistiques spéciaux et des Frères du Libre Esprit : mais il s'agit là de simple érotisme mystique et rien n'apparaît quant à un régime initiatique particulier de l'étreinte sexuelle. Il n'est pourtant pas exclu que celui-ci aussi ait été envisagé dans d'autres milieux fermés. Ailleurs[546], nous avons cité un texte hermético-kabbalistique l'*Asch Mezareph*, attribué à Isaac le Hollandais, dans lequel le symbolisme du coup de lance de Phineus qui transperce le couple pécheur au moment de l'étreinte sexuelle, en donnant naissance à des prodiges, peut faire penser à la technique tantrique et taoïste de l'arrêt de la *vîrya* durant l'acte d'amour. Si l'on voulait, on pourrait recueillir un sens analogue de la onzième « Clef » de Basile Valentin. En elle sont représentées deux femmes à cheval sur deux lions qui s'entredévorent ; elles tiennent un cœur d'où se déversent et se mêlent le fluide du Soleil et celui de la Lune.

---

545 Ibn Arabî, *La Sagesse des Prophètes*, tr. cit., p. 186-187.

546 *La tradizione ermetica*, cit., p. 149.

À côté, on voit un guerrier armé de pied en cape, il brandit son épée, prêt à frapper (à arrêter le processus)[547].

Une lame du Tarot aussi, d'inspiration hermético-kabbalistique, la quinzième, fait vraisemblablement allusion aux procédés sexuels[548]. Elle s'intitule « Le Diable ». La figure centrale a les traits d'une des formes le plus souvent attribuées à la divinité secrète des Templiers, à Baphomet. C'est une figure androgyne à tête de bouc, avec le pentagramme marqué sur le front. À son bras droit et à son bras gauche, sont respectivement associées les deux formules alchimico-hermétiques *Solve* et *Coagula.* Dans la main droite, la figure tient une torche allumée, et cette partie étant celle du *Solve* pourrait indiquer le feu intérieur allumé dans l'opération. La main gauche tient les anciens symboles des organes sexuels masculin et féminin, et le correspondant *Coagula,* pourrait se rapporter à l'action magique de fixation qui engendre l'androgyne. De plus, en bas, dans le hiéroglyphe relié au piédestal sur lequel se dresse la figure centrale servant de clef à l'ensemble, on voit un diable mâle et une diablesse, qui pourraient correspondre à l'homme et à la femme participant à l'opération, sous le signe de cette figure-clef, c'est-à-dire de l'androgyne au pentagramme. L'homme, de la main gauche tournée vers le haut, vers la torche allumée, fait le geste rituel des bénédictions, tandis que sa main droite est posée sur ses organes génitaux ; la femme, au contraire, de sa main droite touche la partie inférieure de la figure androgyne, en ayant la main gauche posée sur son propre sexe. Puisqu'elle se trouve du côté du *Coagula,* il pourrait y avoir une allusion à un second sens de cette formule, c'est-à-dire à la « coagulation de la lumière astrale », à l'état d'ivresse fluidique qui constitue l'apport de la femme à l'opération. Ainsi, même dans les différentes parties d'un hiéroglyphe abstrus et ambigu, qui peut incorporer des significations polyvalentes, une telle figure peut faire allusion aux différents moments d'un procédé de magie sexuelle initiatique.

Au sujet du véritable hermétisme —.nous voulons dire la doctrine secrète transmise en Occident à travers le langage symbolique et évasif des procédés des alchimistes — nous avons déjà indiqué que l'interprétation

---

[547] B. Valentin, *Practica, cum duodecim clavibus et appendice, de Magno Lapide antiquorum Sapientum,* Frankfurt, 1618.

[548] Reconstruction de la figure hiéroglyphique dans O. Wirth, *Le Tarot des Imagiers du Moyen-Age,* Paris, 1927, p. 174, sqq.

sexuelle est une de celles possibles pour les opérations dont parlent les textes : mais elle ne l'est qu'en raison de la multiplicité des plans auxquels tout symbole initiatique, par sa nature même, peut simultanément se rapporter. De fait, dans l'hermétisme, le symbolisme érotique joue un rôle très remarquable, et en principe, les procédés dont il s'agit pourraient s'appliquer en leur schéma, au domaine de la magie sexuelle. Nous avons déjà relevé l'importance qu'a dans cette tradition le symbolisme de l'androgyne, du *Rebis*. À partir des anciens textes hellènes, on déclare que l'essence de l'œuvre consiste dans l'union du masculin avec le féminin[549]. Alchimiquement, le masculin c'est le Soufre, une force qui a peut-être un rapport avec le principe Moi et avec le divin (le terme grec pour Soufre : θεῖον a aussi ce sens). Quant au principe féminin, il a une quantité de désignations : c'est le Mercure, l'Eau de Vie, la Matière Première, le Solvant Universel, l'Eau divine, etc. C'est la « Dame des Philosophes », dont « notre Or » a besoin, l'Or signifiant également le mâle, dans son principe « être ». « Notre Or corporel — dit Philatèle[550] — est comme mort avant d'être uni à son épouse. Seulement alors le Soufre intérieur et secret se développe. » En se rapportant à la Femme, le traité d'Ostonus avait déjà déclaré : « En toi est caché tout le terrible et merveilleux mystère »[551]. Le premier effet de l'« union occulte » est toutefois la dissolution, le Féminin ou Mercure étant activé comme un solvant. De là, la phase appelée « Œuvre au noir ou *nigredo*, dans laquelle le mâle, « notre Roi », meurt. Pourtant ce n'est que l'« Or corporel », appelé aussi « Soufre vulgaire » qui subit cette crise : c'est la forme conditionnée de manifestation du principe de la personnalité, celui qu'on peut appeler le « Moi physique ». En s'unissant au Mercure ou Eau divine, sa clôture est enlevée. Ainsi après la crise se manifeste l'état extatique, la lumière naît, les « colombes de Diane » apparaissent dans ce que l'on appelle l'*albedo*, l'« Œuvre au blanc » qu'on doit considérer comme l'aspect positif, et non plus négatif, du « régime de la Femme » ou « de la Lune ». Toutefois il est très important pour le but de toute l'opération, que l'homme dispose de ce que les textes appellent tantôt l'« Acier des Sages », tantôt le « Soufre incombustible », ces désignations faisant allusion à un pouvoir qui ne s'« allume » pas (qui ne

---

[549] Par exemple Zosime, chez M. Berthelot, *Collection des anciens alchimistes grecs*, Paris, 1887, v. III, p. 147.

[550] *Introitus apertus ad occlusum regis palatium*, ch. i.

[551] *Apud* Berthelot, cit., p. 8.

se laisse pas transporter) et qui ne s'altère pas (Acier) mais qui se conserve à travers ces changements d'état, et qui le temps venu, soit le principe (« semence ») d'un nouveau développement. Ce développement correspond à la troisième des phases essentielles de l'*Opus alchemicum*, qui est l'« Œuvre au Rouge », ou *rubedo,* dans laquelle la condition de pure ouverture extatique est dépassée ; à présent le Soufre et le Feu sont de nouveau actifs, le masculin devenu vivant, réagit sur la substance qui l'avait dissous, il prend le dessus sur le féminin (la *Turba Philosophorum* dit : « La Mère est toujours plus compatissante envers le Fils, que le Fils ne l'est envers elle »), il l'absorbe, il lui transmet sa nature. C'est alors que l'union du Roi et de la Reine, des deux lavés et *dénudés*, appelée aussi « Inceste », produit celui qui est au-delà des deux, le *Rebis,* l'androgyne couronné, Soleil et Lune ensemble, qui « a toute puissance » et qui est immortel[552].

Tandis que les textes déclarent que l'ensemble de ces procédés de l'Art hermétique appliqué à l'homme, reflète le processus même de la création, de la manifestation cosmique, dans ses moments essentiels — et cela nous l'avons déjà fait ressortir plus haut — d'un autre côté déjà ce bref aperçu sur l'Art Royal montre combien les symboles et les opérations hermétiques peuvent se prêter à une application au plan même des pratiques sexuelles de type tantrique. Comme nous l'avons dit, on doit cependant retenir que malgré le large emploi du symbolisme érotique (parfois dans les termes les plus crus : on rencontre dans les textes des figures du *coitum* du Roi et de la Reine nus, les membres enlacés de différentes façons)[553], pratiquement les anciens maîtres de l'hermétisme n'ont pas suivi la voie du sexe ; que pour se réintégrer avec le principe féminin, pour dénuder leur Diane, posséder leur Hébé et mener à bien

---

[552] Sur tout cela, cf. notre œuvre déjà citée, en particulier dans la deuxième partie. À titre de spécimen nous rapporterons ici quelques expressions caractéristiques des textes hermétiques : « La femme prend d'abord l'avantage sur le mâle et le domine de façon à le changer en sa nature, et ne le laisse pas avant d'être devenue enceinte. Alors le mâle reprend des forces et à son tour prend l'avantage. Il la domine et la rend semblable à lui ». « Le Mercure philosophal est une Eau dissolvante... Le Roi y meurt et y ressuscite, parce que la même Eau tue et vivifie. Les Philosophes [hermétiques] ont même donné le nom de Vie et de Résurrection à la couleur blanche ». « Quand cette Eau a opéré la solution parfaite du fixe, elle est appelée Fontaine de Vie, Nature, Diane nue et libre. » « Prométhée représente leur Soufre animé par le Feu céleste », etc. (A. J. Pernety, *Dictionnaire mytho-hermétique,* Paris, 1758, p. 220, 237, 467, 407).

[553] Cf. les figures reproduites dans C. G. JUNG, *Psychologie und Alchemie,* Zürich, 1944, fig. 167. 226, 268.

l'*opus transformationis* jusqu'à la génération de l'androgyne couronné ils n'ont pas eu recours à la femme. À ce qu'il semble, ce n'est qu'en des temps plus récents, que quelques continuateurs de l'hermétisme n'ont pas exclu la « voie de Vénus » et ont interprété les opérations hermétiques en se référant à elle.

À cet égard, on pourrait mentionner les milieux par lesquels Gustav Meyrink fut initié à certaines doctrines qui se trouvent exposées ça et là dans ses romans, sous une forme assez vive et suggestive. L'école de Giuliano Kremmerz (pseudonyme de Ciro Formisano), qui développa son activité en Italie vers la fin du siècle dernier et au début de ce siècle, dans le cadre d'une organisation ou « chaîne », à laquelle on donna le nom de Myriam, nous offre des données de caractère plus direct.

57. — La Myriam et la « Pyromagie »

Déjà cette désignation est intéressante. La théologie mystique chrétienne aussi a conçu Marie, la Vierge *theotokos* (= « Mère de Dieu »), comme la personnification de l'Église qui, donneuse de vie surnaturelle, fait naître le Dieu, le « Christ en nous » ; et dans l'ésotérisme hébraïque, on rencontre une idée analogue au sujet de la Shekinah, qui fut identifiée à la force mystique et efficace des communautés initiatiques. L. Valli remarqua déjà que dans leur langage secret les Fidèles d'Amour appelaient « femme » non seulement la « Sainte Sagesse », mais aussi l'organisation qui était la porteuse et l'administratrice de cette force. Dans l'école de Kremmerz, dans une correspondance significative, nous retrouvons donc la même conception : si chacun a sa Myriam, sa « femme », qui est l'être fluidique ou double vital de son être, il existe, en plus, une Myriam collective qui est la chaîne elle-même, ou pour mieux dire, la force fluidique de vie de l'organisation, invoquée comme une entité ou influence spirituelle supérieure par chacun de ses participants, pour l'intégration spirituelle et opérative et dans un but d'illumination[554].

---

[554] À ce sujet, on trouve surtout des renseignements dans le IV des *Fascicoli della Myriam*, qui sont hors commerce. Un passage d'une invocation est : « Que le prodige soit grand — que Myriam apparaisse — que le destin de triomphe — soit rapide comme mille — fois l'éclair, comme cent — fois et plus — la lumière ! »

À part cela, dans ce que Kremmerz a laissé par écrit, les références à la voie de Vénus semblent se limiter à l'allumage d'un feu psychique (« pyromagie ») au moyen d'un rapport sans contacts physiques entre deux individus de sexe différent ; l'orientation semblerait donc analogue à celle des formes médiévales spéciales dont nous avons parlé en son temps. En général, au sujet de la « magie » Kremmerz[555] dit : « La magie, état actif de conquête de la volonté, est de la compétence absolue du mâle, mais le mâle ne serait pas tel si la femme ne se prêtait à l'impulsion du mâle comme une récipiendaire », le féminin fournissant ici essentiellement le « fluide » pour activer et magnétiser la volonté de l'homme et pour la porter, une fois intégrée, à un état d'« androgynie ». Nous reviendrons sur ces possibilités ou applications opératives. Ici, nous ne nous arrêterons pas à traiter de l'usage de la femme comme d'une sorte de medium guidé par l'homme, au point de devenir son complément voyant, en partant d'un rapport de syntonie et d'amour « qui doit exclure toute pensée impure »[556]. En général, Kremmerz admet qu'en magie celui qui agit peut ne pas observer la continence « dans le seul cas de posséder son contraire fluidique dans une femme »[557] ; c'est un développement de l'idée du complémentarisme ou polarité spéciale, comme condition de tout état de magnétisme érotique intense. L'idée que celui qui peut distinguer où commence l'esprit et où finit la chair, ne sait pas encore ce qu'est l'amour[558], cette idée semble nous avancer d'un pas. Voilà comment Kremmerz décrit l'acheminement à la « pyromagie » : « L'amour commence à acquérir un caractère sacré quand il met l'âme humaine en l'état de *mag* ou de transe. Matière plus pesante et matière plus subtile sont saisies dans l'homme par un état de magnétisme si profond, que d'abord commence l'intuition et puis la sensation d'un monde, qui n'est pas humain, mais qui dans l'hypersensibilité d'un état spécial d'être, puise à une source humaine[559]. Kremmerz remarque que dans tout amour différencié, par moments se produit justement cet état : mais « la difficulté consiste à le faire durer intensément et définitivement » ; elle consiste, de plus, à empêcher que s'éveille le désir

---

[555] *Opera Omnia*, ed. « L'Universale di Roma », Roma, 1951, v. I, p. 351-352.

[556] Sur cela, *ibid.*, v. I, p. 190 sqq.

[557] *Ibid.*, v. I, p. 146.

[558] *Ibid.*, v. II, p. 337.

[559] *Ibid.*, v. II, p. 326.

charnel, lequel le paralyserait. Selon la terminologie de Kremmerz, il y a l'état de *mag* s'il est actif (extase active), de transe s'il est passif. Dans ces états l'élément subtil de l'homme non seulement entre en contact avec celui de la femme, mais s'offre aussi la possibilité d'un rapport avec tout ce qui, en général, de forces et d'influences, appartient au plan hyperphysique[560].

Nous retrouvons ensuite un motif que nous connaissons déjà, quand Kremmerz dit qu'« à travers cette porte de l'amour » commence vraiment la magie, si « tout en restant dans l'intensité plus invraisemblable du *Pyr*, ou feu magique », l'homme sépare, dans l'amante qu'il voit avec les yeux physiques, une entité qui appartient au plan auquel on est arrivé *(veniet sine veste Diana)*. Mais par l'union avec cette entité, commence en même temps que la « magie », le risque de la folie[561]. En résumé, Kremmerz formule les secrets de cet art, dans les termes suivants : 1° Comment maintenir intensément allumé le feu sacré ; 2° Comment le rendre perpétuel et avec quels charbons l'attiser ; 3° Comment avec le sceau de Salomon (signe composé de deux triangles entrelacés, △ et ▽, représentant le masculin et le féminin, l'actif et le passif, le Feu et les Eaux) s'unir avec l'entité dont il a parlé[562]. Une inscription de la « Porte Hermétique », monument romain orné d'inscriptions et de symboles, que Kremmerz a étudiée dans un de ses livres : *Rex igne redit et conjugo gaudet occulto,* pourrait se rapporter à la réalisation ci-dessus indiquée.

On trouve ensuite des détails sur l'« étreinte fluidique » et l'amour magique dans deux monographies, en bonne partie d'inspiration kremmerzienne, contenues dans un recueil que nous avons déjà cité[563]. Dans la première, on parle de la nécessité « que l'*eros,* qui est l'instrument de l'œuvre, ne soit pas déjà désir sexuel, avidité sexuelle, mais justement *amour*, quelque chose plus subtil et vaste, sans polarisation physique, mais l'intensité ne doit pas pour cela être moindre. Je peux te dire aussi : *tu dois désirer l'âme, l'être de l'autre tout comme on peut en désirer le corps* ». En partant de cet état, dans le rapport sans

---

[560] *Ibid.*, v. II, p. 327.

[561] *Ibid.*, p. 329.

[562] *Ibid.*, p. 332.

[563] *Introduzione alla Magia quale scienza dell'Io,* cit, v. I, p. 248 sqq.

contacts physiques, « l'*eros* te favorise le contact fluidique, et l'état fluidique, à son tour, exalte l'*eros*. Ainsi peut se produire une intensité-vertige, presque inconcevable pour l'homme et la femme ordinaires. *S'aimer, se désirer* ainsi, sans mouvement, d'une façon continue, en s'aspirant réciproquement et vampiriquement, dans une exaltation qui avance sans crainte de zones possibles de vertige. Tu éprouveras une sensation d'amalgamation effective, tu sentiras l'autre dans tout ton corps, non par contact mais dans une étreinte subtile qui la sent en chaque point et s'en pénètre *comme une ivresse qui s'empare du sang de ton sang*. Cela t'amène à la limite, au seuil d'un état d'extase. »

Dans la seconde monographie, intitulée « Magie des unions », le même auteur anonyme ou se réfère à des enseignements kremmerziens non divulgués par le Maître, ou bien, plus que de Kremmerz, il s'inspire directement de pratiques tantriques, en se servant cependant des symboles de la tradition hermético-alchimique. Dans cet écrit [564], l'étreinte fluidique sans contacts physiques, dont on vient de parler, prend la figure d'une phase ou condition préliminaire. Après sa réalisation, l'union peut se dérouler aussi sur le plan matériel : « Habitué que tu es à cette opération, qui veut seulement conduire à l'état magique au moyen de l'*eros* retenu et alimenté dans le corps fluidique, en un second temps tu peux faire descendre l'*amour et le désir sans contacts*, jusqu'à la profondeur du sexe, c'est-à-dire de la force-vie qui s'élance dans la génération et qui s'éveille à travers l'étreinte des corps. » Afin que cela ne produise pas une syncope de l'état magique, mais son intensification ultérieure au point de réaliser « l'amour qui tue », on indique cependant la même condition que celle rencontrée par nous dans le tantrisme hindou, dans les pratiques taoïstes et chez les Arabes : atteindre l'acmé, sans pourtant verser la semence.

Ici, nous ne nous arrêterons pas sur d'autres détails, d'ordre rituel aussi, fournis par l'auteur. Nous relèverons seulement un point important, à savoir la distinction qu'il fait entre deux phases de l'expérience, qui sont mises en relation avec les deux régimes, de l'Eau et du Feu, de la Femme et de l'Homme, de la Lune et du Soleil, dont parlent les hermétistes. L'auteur[565] dit : « Quand les deux meurent dans l'unité et quand la crise-spasme se résout en un état continu, tu peux appeler ce qu'on éprouve une sorte de béatitude cosmique exaltée... Fais bien attention pourtant que

---

[564] *Ibid.*, v. II, p. 363-368.

[565] *Ibid.*, p. 371-372.

cet état n'est pas l'état suprême, pour irrésistible que puisse alors être en toi l'impulsion à te fixer en lui et à te confondre en lui. Si tu agissais ainsi, tu n'aurais pas dominé le lien cosmique, ta voie finirait là où s'arrête le mysticisme érotique. Tu dois savoir renoncer à cette béatitude presque nirvânique en employant le *pouvoir du Feu* (que d'autres appellent Feu contre nature), si le régime des Eaux doit vraiment finir, si la Femme doit être complètement vaincue et la Matière purifiée de toute son humidité. » Il s'agit du retour à la condition d'activité pure après la dissolution obtenue en s'unissant, au moyen de la femme, « avec son poison » ; en correspondance avec le plan des Grands Mystères, le processus se continue dans le sens anti-extatique (ou mieux supra-extatique) dont nous avons déjà parlé en citant aussi un passage de la *Mandûkya-upanishad.* Justement à ce propos, il y aurait une différence essentielle entre ce que les deux parties, l'homme et la femme, peuvent respectivement tirer, par principe, de l'expérience : « La limite de participation de la femme, je veux dire la limite de sa réalisation, quand, unie à toi, elle te suit, c'est l'extase où trépasse et se développe l'acmé de l'étreinte sexuelle. Par une loi irrévocable de sa nature, la femme ne peut aller plus loin. » Ces idées s'accordent avec ce que nous avons déjà noté à propos de ce qu'on peut deviner à travers la symbologie et la terminologie polyvalente du Vajrayâna (du tantrisme bouddhiste), comme aussi avec ce que l'on peut déduire de la doctrine taoïste quand elle pose comme but essentiel de la technique sexuelle la distillation et le renforcement du pur *yang.*

Enfin, tout comme Kremmerz, l'auteur cité tout à l'heure conseille pour l'opération l'usage d'une chambre isolée que seuls les deux visiteront, chambre qui doit être « saturée » par les « moyens propres à la magie des parfums et des signes consacrants », au point de la faire devenir un « lieu fatal dans lequel tu apercevras presque un changement de personnalité de la femme et déjà en entrant, tu sentiras tout à coup un début du vertige et du ravissement que ta double opération d'étreinte sexuelle psychique et matérielle allumera »[566]. Cela nous ramène au climat de *Vâropa,* c'est-à-dire des transsubstantiations tantriques et de l'intervention des « présences réelles ».

Dans l'ensemble des écrits de ce genre, les deux monographies que nous venons de citer, sont peut-être celles dans lesquelles, les enseignements secrets de magie sexuelle à finalité initiatique, sont exposés avec un minimum de voiles. On peut arriver facilement à cette constatation en les

---

[566] *Ibid.,* p. 376.

confrontant avec tout ce qui a filtré d'un ordre de choses semblable, dans les temps modernes, même quand il ne s'est pas agi de simples mystifications. Nous donnerons encore deux références.

58. — La « Lumière du sexe » et la « Loi de Thélème »

La première source est d'un genre assez bâtard. Il s'agit de certaines brochures publiées dans la première moitié par Maria de Naglowska. Dans l'ordre d'idées qui nous occupe, on peut en faire mention, car pour si large que soit la marge que possèdent des spéculations personnelles et des formules littéraires divagantes, sans parler d'un côté visant au scandale (comme lorsque M. de Naglowska parle de « satanisme » à tout prix, même quand il n'y a pas le moindre motif valable pour cela), on y retrouve maints thèmes de l'enseignement secret, que nous connaissons déjà. Ils sont en relation avec ce qu'il semble que M. de Naglowska soit arrivée à connaître, grâce aux contacts qu'elle eut avec certains milieux russo-caucasiens, chassidéens peut-être. Le cadre d'ensemble vient de la conception que nous avons rapportée au paragraphe 34, d'un développement cyclique, symbolisé par l'« horloge cosmique » et par son cours. La première phase est l'entrée de Dieu dans la nature, du « Fils » dans le devenir, du masculin dans le féminin. C'est la « femme » — la Çakti — qui prédomine dans cette phase. Au chiffre six, qui correspond au point le plus bas du cadran de l'horloge, c'est-à-dire de l'arc descendant, « où la femme domine l'homme et la matière emprisonne l'esprit dans la profondeur de ses viscères », on a la limite de l'abîme ; arrivés à cette limite on meurt ou l'on renaît à la vie éternelle. C'est le point du « passage périlleux », du tournant, où se présente l'épreuve suprême [567] . Puis interviennent des motifs de magie sexuelle, car l'épreuve consisterait à affronter le féminin, dans le même esprit que le principe tantrique de la « victoire sur le mal par sa transformation en bien »[568]. La femme est conçue comme la porte par laquelle on peut entrer dans le domaine de la mort, aussi bien que dans celui de la Vie. Dans la chute, la volupté « devient la calamité qui attire l'homme vers la femme,

---

[567] M. de Naglowska, *Le rite sacré de l'amour magique*, Paris, 1932, p. 16-18.

[568] M. de Naglowska, *Le mystère de la pendaison*. Initiation satanique selon la doctrine du troisième terme de la Trinité, Paris, 1934, p. 11-12 ; ainsi on dit aussi : « Le débordement de toutes les passions ne représente rien d'autre que les premiers pas maladroits du mal régénéré. »

non pour la victoire de la Vie (= Dieu) mais pour la victoire de la Mort (= Satan), et Eve... devient l'arène de la lutte entre la Vie et la Mort »[569]. Au moment décisif de l'épreuve susdite, l'homme revoit l'« épouse », est invité à se plonger de nouveau en elle, dans le féminin, mais en un sens opposé à celui de la chute, non pour entrer dans le domaine de la mort et du devenir, mais bien pour en sortir : en gardant la conscience, au lieu de défaillir. Dans ce contexte, la femme se présente comme la *Janua Coeli* et comme l'instrument indispensable pour la libération. De la limite de la phase descendante (le six), le victorieux se trouve alors projeté de nouveau au point un — ou, mieux vaudrait dire, au point zéro — de l'horloge cosmique, c'est-à-dire au début du cycle, libéré de la matière et sacré Roi. Tel est le rite du « second mariage qui coïncide avec celui de la formation du Messie »[570].

Dans tout cela, il ne s'agirait pas de symboles abstraits, mais aussi de leur activation dans le cadre de procédés sexuels concrets. Au sujet de l'aspect technique de ces derniers, une fois encore, nous rencontrons la règle de la non-émission de la semence, au cours de l'étreinte sexuelle. Maria de Naglowska distingue deux opérations. La première est justement caractérisée par ce procédé. « Celui qui traverse l'épreuve doit rester sec jusqu'à la fin, car il est écrit : « Ne permets pas à la force sacrée de se cristalliser en un liquide mortel ». On fait allusion à a un danger de mort [vraisemblablement, non de mort physique] en cas de non réussite ». Dans cette première phase — on ajoute — « la femme est offerte sans connaissance à l'opération diabolique » [571] . Abstraction faite du « diabolique », il semblerait qu'ici le but poursuivi se trouve essentiellement sur la même ligne que la pratique taoïste préliminaire de « renforcement du *yang* », parce que l'amalgamation dissolutive avec la femme est renvoyée à un rite ultérieur, à une phase ou initiation consécutive et distincte. Dans cette seconde opération, l'homme « s'immole, accepte en tout son être — de haut en bas — la pénétration foudroyante du féminin lumineux à l'instant sublime du coït sacré, pour lequel la femme [au contraire de ce qui a lieu dans le premier rite] ne sera pas endormie. L'homme sort de cette épreuve la raison ébranlée et est

---

[569] M. de Naglowska, *La Lumière du Sexe.* Rituel d'initiation satanique, Paris, 1932, p. 56-57.

[570] *Ibid.*, p. 56-57 ; *Le rite sacré de l'amour magique,* cit., p. 17-18.

[571] *Lumière du Sexe,* p. 112-113.

alors le fou sublime dont parlent les doctrines secrètes. Puis il retrouve son équilibre et devient un homme nouveau »[572]. Si l'on veut donner un sens quelconque à tout cela, peut-être ne faut-il pas prendre à la lettre l'état de sommeil ou de veille de femme dans les deux opérations successives, mais comme l'activation ou non-activation en elle de la « Diane nue », de la femme transcendante ; et l'effet d'« avoir la raison ébranlée » pourrait équivaloir à « la mort du *manas* » yogique. Quant aux détails de ce second rite avec la femme non plus dormante, mais éveillée, Maria de Naglowska renvoit à un autre de ses écrits, où la promesse est pourtant assez peu tenue. La mention que dans le second rite, dans l'acte d'amour « les vibrations ne doivent pas donner à la femme un plaisir localisé, parce que le plaisir appartient à l'homme, non à la femme », non seulement est banale, mais renverse même les choses, car selon un enseignement suffisamment attesté, c'est plutôt l'homme qui doit éviter cette localisation des sensations, étant donné que par sa constitution il y est beaucoup plus porté que la femme, et parce que c'est surtout lui qui doit se garder de céder au désir du plaisir charnel (éventuellement ce qui est dit sied davantage au sujet du « plaisir mystique » : « Imaginez une caresse sans aucun contact, une tiédeur qui n'a rien de charnel, un baiser multiple qui ne se pose sur aucune partie[573]. » Dans le livre, tout le reste est confus et est donné dans un scénario fantaisiste avec le rite de « la pendaison initiatique », à laquelle il serait nécessaire de se soumettre avant de passer — semble-t-il — à la seconde opération, à celle avec la femme non endormie. À ce propos Maria de Naglowska écrit que seul celui qui a surmonté ce rite peut utilement s'unir à une femme adéquatement instruite, parce qu'en connaissant l'indicible félicité du plaisir satanique, il ne peut plus se noyer dans la chair d'une femme et que s'il accomplit avec son épouse le rite de la terre, il le fera pour s'enrichir et non pour se diminuer »[574]. Si — cependant il ne le semble pas — il y a dans cela quelque chose de plus qu'une fantaisie (et toujours à part le « satanique » inévitable, absolument hors de propos ici), on pourrait penser à l'équivalent d'une sorte d'opération qui, dit-on, est pratiquée dans les écoles japonaises Zen, dans lesquelles le traumatisme d'une demi-asphyxie, en certaines circonstances sert de moyen pour forcer le seuil de la conscience conditionnée. S'étant assuré par ce moyen

---

[572] *Ibid.*, p. 136-137.

[573] *Le rite sacré*, etc., p. 42.

[574] *Ibid.*, p. 132.

la possession d'un principe extra-naturel à sa façon (comme celui que d'habitude on reçoit potentiellement au moyen d'une transmission initiatique), les dangers de l'avortement de la pratique sexuelle sont naturellement réduits. Peut-être pourrait-on établir aussi une relation entre le « plaisir satanique » indiqué et le plaisir extatique, *sahaja-sukha*, du tantrisme, dont l'expérience empêche l'intervention de la forme ordinaire paroxystique du plaisir charnel. Mais c'est peut-être faire généreusement cadeau d'un contenu sérieux dont Maria de Naglowska n'a qu'une notion très confuse dans sa description romancée du rite. Quant au niveau auquel elle avait pratiquement porté ses enseignements, il suffirait d'indiquer le fait, qu'à en croire B. Anel Kham[575], il aurait été permis à des journalistes d'assister à Paris à la cérémonie où furent consacrées des jeunes femmes, destinées à être utilisées pour l'« opération satanique »...

L'autre source que nous avons signalée, concerne l'Anglais Aleister Crowley mort en 1947, après une existence très variée, dynamique et aventureuse. Si dans ses attitudes, la part de la mystification et d'un satanisme affiché (Crowley tenait même à se faire appeler la « Grande Bête 666 ») est encore plus grande que chez M. de Naglowska, d'autre part, il s'agissait d'un homme possédant une force réelle telle, que celui qui entrait en rapport avec lui ne pouvait moins faire que la percevoir ; à ce sujet il y a plus d'un témoignage de personnes difficilement suggestionnables. Mais cette circonstance soulève un problème préjudiciable à ses enseignements : car il est difficile d'établir dans quelle mesure certains résultats éventuels étaient dus à des procédés objectifs, et jusqu'à quel point ils avaient, au contraire, pour condition fondamentale justement la constitution et la force spéciale très personnelle de A. Crowley. Quant aux sources d'information, elles sont assez limitées. Les écrits les plus importants de Crowley sont difficilement accessibles, étant en partie sortis en tirages hors commerce, ou bien parce qu'il s'agit de manuscrits réservés aux seuls disciples et aux personnes de confiance. Crowley paraît avoir fait toute une série d'« initiations » ; quelque chose d'authentique peut se rapporter peut-être aux contacts qu'il a eus avec une sorte de yogî arabe, Soliman ben Aifha, et avec deux représentants hindous de la voie tantrique de la Main Gauche, Brima Sen Pratab et Sri Agamya Parahamsa[576]. À part les cadres

[575] *Théorie et pratique de la magie sexuelle,* Paris, s. d.

[576] Cf. J. Symonds, *The Great Beast. The life of Aleister Crowley,* London, 1952, p. 118.

sataniques et « païens » confectionnés surtout pour scandaliser le profane, la *Loi de Thélème* dont Crowley s'était fait le héraut, est en effet d'inspiration tantrique.

Un des mots d'ordre de cette loi était : « La loi c'est l'amour, l'amour assujetti à la volonté » *(love is the law, love under will)*, l'amour ici étant essentiellement entendu au sens d'amour sexuel, le but de l'adepte étant de découvrir sa vraie nature à travers des expériences érotiques spéciales[577]. Crowley expose une religion de la joie et du plaisir dans laquelle devrait pourtant entrer « une idée supérieure de la mort, à considérer comme une épreuve et une initiation »[578] ; ainsi semblerait reparaître l'ensemble « amour-mort », selon les valances propres à la voie de la Vénus magique. Crowley parle aussi de poisons à transformer en nourriture[579] ; il prescrit de « chercher les choses qui pour toi sont des poisons, même des poisons les plus violents, pour les faire tiens au moyen de l'amour », afin de détruire les « complexes » (vraisemblablement les conditionnalités) de sa nature[580]. En général, on tend à dépasser les « tensions de la diade au moyen des noce des contraires », à intégrer continuellement sa nature « au moyen de nouvelles épouses *(mates)* sur chaque plan de l'être » (ce qui peut faire penser aux mariages hyperphysiques auxquels Paracelse et Kremmerz ont fait allusion[581]. Crowley écrit : « Nous prenons des choses différentes et opposées et nous les unissons, au point de les obliger à former une seule chose ; cette union est octroyée par une extase, en sorte que l'élément inférieur se dissout dans l'élément supérieur ». Toute union serait destinée « à résoudre un complexe plus matériel et en créant un moins matériel ; et telle est notre voie de l'amour, qui s'élève d'extase en extase »[582]. Le principe : « Plus grande est la polarité, d'autant plus sauvage sera la force du magnétisme

---

[577] *Ibid., p.* 167. La formule du serment du disciple était : « Moi [le nom], en présence de la Bête 666, je me consacre solennellement au Grand Œuvre, qui est de découvrir ma véritable volonté et de la réaliser. La Loi est amour, l'amour assujetti à la volonté. »

[578] *Ibid.*, p. 126.

[579] *Ibid.*, p. 237.

[580] Dans les extraits de l'inédit *Liber Aleph, the Book of Wisdom or Folly,* publiés dans *Introduzione alla Magia quale scienza dell'Io,* V. III, p. 442, sqq., 450.

[581] *Ibid.*, p. 447, 449.

[582] *Ibid.*, p. 447, 448.

et la quantité d'énergie qui se libère à travers l'étreinte sexuelle », semble avoir une application spécifique à l'emploi du sexe, étant donné que dans le même passage on fait allusion, entre autres, à la condition négative constituée par l'accoutumance à une femme donnée[583].

À part l'arrière-plan semi-métaphysique indiqué plus haut, Crowley dans l'emploi de la femme, mais aussi dans celui de drogues et de stupéfiants, voyait le moyen de provoquer des ouvertures ou fractures de la conscience ordinaire et d'entrer en des rapports réels et évocateurs avec des entités surprasensibles. Un biographe de Crowley, Symonds, écrit : « Le sexe était devenu pour lui [pour Crowley] le moyen d'atteindre Dieu. Il était son véhicule de consécration... Il accomplissait l'acte sexuel non pour obtenir un soulagement émotif ou pour des fins procréatrices, mais pour donner naissance à un nouveau courant, pour renouveler sa force... À ses yeux, l'acte sexuel était un acte magique sacré, un sacrement. *A prolonged orgy in honour of the great god Pan — All in due order and proportion, very admirable.* » *Opus* était le mot par lequel il désignait l'acte sexuel, avec référence à la notion hermétique du « Grand Œuvre », dans lequel il faisait rentrer cet acte. Dans l'acmé de cet *Opus,* c'est-à-dire de l'expérience érotique, se produisait la rupture de niveau et, parfois « il se trouvait face à face avec les dieux » : *Operation prolonged and intense : orgasm multiple... — The Gods clearly visualised and alive*[584].

Les rituels de magie sexuelle étaient parmi les plus secrets de l'organisation O. T. O. *(Ordo Templaris Orientis)* créé par Crowley. Ils sont contenus dans un manuscrit intitulé : *Agape-Liber C : The Book of the Sangraal,* qu'il ne nous a pas été possible de voir. Nous ne saurions donc pas établir s'il existait une correspondance entre les techniques tantriques et celles enseignées ou personnellement suivies par Crowley. Le régime de l'*âropa* tantrique, c'est-à-dire de l'évocation de présences réelles suprasensibles, semble toutefois avoir été envisagé. On lit en effet : « Elle connaît et aime Dieu en moi, non l'homme, c'est pourquoi elle a vaincu le grand ennemi qui se cache derrière son nuage de gaz toxique, l'illusion » (l'illusion de l'individuation). À son tour, pour Crowley il s'agissait de cueillir ce qui vit derrière les apparences mortelles et animales de la femme, et d'atteindre a une grande « Déesse

---

583 *Ibid.,* p. 450.

584 Symonds, *Op. cit.,* p. 135.

étrange, perverse, affamée, implacable ». C'est pour la posséder cette Déesse, dit-il, qu'il usait de l'une ou l'autre femme[585]. Peut-être ce qui est dit au sujet que chaque femme a une zone de sensibilité particulière sur laquelle on doit se concentrer, pourrait avoir la valeur d'un détail technique, quant à vous, dit Crowley : « l'unique devoir et plaisir devant être la procrastination. Ne faites pas attention si elle vous demande grâce, et fermement mais doucement, supprimez toute lutte. Les moyens pour y arriver aisément sont différents. Rappelez-vous surtout que si après, pendant des heures la personne est capable de mouvoir ses membres, elle vous méprisera ». Crowley spécifie pourtant qu'il faut éviter toute brutalité, à moins que la femme même, étant « de genre plutôt vulgaire », le désire. Mais même en ce cas, la brutalité « doit être apparente, non réelle »[586].

Tout cela ne dit pas grand chose, tandis qu'il y a un fait assez problématique : d'un côté, Crowley a eu des enfants, de l'autre, il parle d'une *sex-magic* dans un ensemble homosexuel. À propos du premier point, moins que Crowley n'ait prétendu que dans le cas de la fécondation de ses compagnes il n'avait pas agi en initié et n'avait pas poursuivi le but des initiés, on aurait un net contraste avec le régime de l'étreinte sexuelle initiatique, parce que, comme nous l'avons vu attesté à maintes reprises, celui-ci devrait exclure la solution procréatrice. Si l'on ajoute le second point, c'est-à-dire le fait de l'inclusion, même sporadique de l'homosexualité dans le *sex-magic*, naît le soupçon que chez Aleister Crowley, il s'agissait moins d'une véritable technique que d'une disposition personnelle, innée, très spéciale, grâce à laquelle l'orgasme de l'étreinte sexuelle (tout comme l'effet des stupéfiants) en soi et pour soi, portait aux ouvertures de la conscience sur le plan suprasensible dont il parlait. On devrait alors supposer quelque chose de semblable — une disposition psychique personnelle, exceptionnelle — également chez ses compagnes. Il semble qu'on ait songé aussi à les employer comme *medium* lucides, comme voyantes, emploi que nous rappelle des pratiques rencontrées chez Cagliostro aussi bien que chez Kremmerz ; Crowley parle en effet de femmes chez lesquelle un état érotique, presque frénétique, d'un seul coup, sans aucun signe apparent « produisait un

---

585 *Ibid.*, p. 148.

586 *Ibid.*, p. 131.

calme profond, difficilement discernable d'une transe prophétique, si bien qu'elles commençaient à décrire ce qu'elles voyaient »[587].

De toute façon, la technique souvent indiquée par Crowley est celle de l'excès : à travers le plaisir ou la douleur, à travers le sexe ou l'ivresse, on devrait arriver à un état d'épuisement porté jusqu'à l'extrême limite compatible avec la possibilité de continuer à vivre[588]. Le poignard magique, employé en même temps que tout l'arsenal traditionnel — signes, formules d'invocation, pentacles, vêtements, etc. — était le symbole de « celui qui est prêt à tout sacrifier »[589]. Dans le rituel secret de l'O.T.O., appelé *De arte magica*, à l'article XV on parle même d'une « mort dans l'orgasme », appelée *mors justi*[590]. La limite de l'épuisement ou de la frénésie et de l'ivresse était indiquée comme le moment de lucidité magique, de la transe voyante chez l'homme ou chez la femme.

---

587 *Ibid.*, p. 110.

588 Dans son *Esoteric Record,* A. Crowley dit que la technique peut être soit hétérosexuelle, soit homosexuelle. L'usage de la femme serait même « plus dangereux pour le magicien », et on fait allusion aussi au danger de la fécondation. Toutefois, aucune explication n'est donnée sur ce point (et. J. Symonds, *The magic of A. Crowley,* London, 1958, p. 117) ; probablement on doit se rapporter au même ordre d'idées que les Tantra. Pour ce qui est de l'homosexualité, on peut seulement penser à une forme occasionnelle d'ivresse qui peut naître chez des types anormaux (au sens négatif), sans aucune relation avec la métaphysique du sexe, étant donné que celle-ci présuppose la polarité bisexuelle.

589 *Ibid.*, p. 205.

590 *Ibid.*, p. 131. On pourrait peut-être mettre en rapport avec cela ce que dans un livre au sujet de l'érotisme mystique, plein de divagations toutefois, R. Schwaller De Lubicz écrit à propos de la pratique de l'excès : « Du besoin d'infini qui existe dans l'homme, il faudrait faire le sens de l'excès. » « À condition d'être absolu, tout excès conduit à la mystique ». L'orgasme sexuel proprement dit « est un excès de tension érotique... l'excès le plus naturel *imposé* par la nature. Or, tout excès, quel qu'il soit, conduit à cette conscience [de l'infini], même s'il arrivait que son effet fut la mort. L'effet est secondaire. *L'essentiel est ce qui arrive dans la conscience d'un être qui sait que, s'il pousse à l'excès une chose donnée, cela pourrait lui donner la mort.* Si son acte est la conséquence d'une décision logique prise par lui-même, donc un acte absolument conscient accompli après mûre réflexion sur son désir d'extase... même si la mort s'ensuivait, il ne serait pas répréhensible moralement. Dans ce cas, *il ne voudra pas la mort,* mais l'exaltation suprême, dans laquelle il espère trouver l'anéantissement de soi, de son égoïsme, de son être sexuellement fasciné ». *(Adam, l'homme rouge,* Paris, 1927, p. 170 sqq., 184). Schwaller note aussi (p. 104) que ce n'est pas une supériorité, mais une infériorité de l'homme, une sorte d'« impuissance de sa capacité « coïtale » », de ne pas arriver à la mort dans l'étreinte sexuelle, comme quelques animaux.

Que la magie du sexe, si elle ne doit pas conduire à la ruine et à la perdition, présuppose un renforcement spécial de la volonté et une ascèse *sui generis*, malgré tout, même Crowley le reconnaît. Il dit avoir affronté toute chose, même ce qui répugnait le plus à sa nature, avoir défié le pouvoir de drogues qui auraient pu changer sa destinée et frapper gravement son corps. « Et pourtant j'ai dominé toute modalité de mon esprit et me suis fait une morale plus sévère que toute autre au monde, malgré une liberté absolue envers tout code de conduite »[591]. Mais si Crowley sut se maintenir jusqu'à la fin de sa vie, à 72 ans, avec toutes ses facultés lucides et normales, on sait que d'autres personnes, avec lesquelles il fut en contact, en particulier des femmes, finirent dans des maisons de santé ou furent poussées au suicide : c'est la confirmation de ce que la tradition secrète enseigne à propos des risques de la Voie de la Main Gauche.

Pour l'usage des stupéfiants en particulier (nous pourrons cependant dire qu'il en est de même pour l'usage de la femme), Crowley a reconnu le danger de se créer une condition dont peu à peu on ne peut plus se passer. Les drogues, dit-il, ne doivent être l'aliment que « des hommes forts et royaux »[592]. Mais il y a toujours la possibilité que ceux-là ne sachent plus se priver de cet aliment : même si ici, il ne s'agit pas de se dissoudre et de se perdre en sensations voluptueuses passives, mais bien d'un moyen pour arriver à des contacts avec le supersensible, de quelque sorte peut se produire un esclavage existentiel identique à celui des intoxiqués[593]. Que chez Crowley et peut-être aussi uns de ses disciples, les effets des drogues aient été, vraisemblablement du même ordre que ceux des « boissons sacrées » de l'antiquité ou des mélanges employés pour les expériences du Sabbat, au lieu d'être les effets purement subjectifs et profanes auxquels il faut s'attendre désormais chez la plupart de nos contemporains, ce fait était dû à une constitution personnelle particulière,

---

591 *Ibid.*, p. 170.

592 *Ibid.*, p. 181, 186, 228.

593 Cf. de Guaita, *Le Temple de Satan*, cit., v. I, p. 354, qui dit que par l'usage courant des stupéfiants, certains liens compressifs de la nature hyper-physique de l'homme sont déliés, liens qui d'habitude, le plus souvent sont une garantie pour sa santé. Il entre en rapport avec des entités dont il ignorait l'existence. Il ajoute : « Bref, *un pacte tacite* a été conclu ». Il remarque aussi (p. 369-170) que dans certains cas, des drogues de ce genre restituent à l'homme « l'ineffable pouvoir d'extérioriser sans effort tout ce dont il porte l'image en lui. Il semble que le verbe créateur lui soit rendu tel qu'il le possédait avant le péché. »

en sus du facteur rituel et de la liaison éventuelle avec quelque chaîne initiatique survivante. Pour l'importance, déjà relevée, de cet élément personnel en Crowley, ces informations succinctes suffiront à nos buts, le reste ne pouvant avoir une valeur doctrinale, mais seulement la valeur de phénoménologie purement individuelle.

59. — Les présuppositions de la magia sexualis opérative

Il ne nous reste plus qu'à parler de la magie sexuelle au sens propre, c'est-à-dire « opératif » : la possibilité d'agir sur les autres ou sur le milieu, autrement que d'après les lois physiques et les déterminismes matériels ou psychologiques connus de nos jours. À ce titre, nous laissons ouverte la question, si une telle possibilité est-elle réelle ou non. Nous examinerons seulement celles qui en sont les présuppositions selon tous ceux qui en ont admis et aujourd'hui encore en admettent la réalité, quand les techniques utilisées ont le sexe pour base.

Du point de vue métaphysique, s'il est vrai qu'à travers l'*eros* tend à s'accomplir le Mystère du Trois, c'est-à-dire la réintégration de l'être Un dans le même monde conditionné de la diade, de cette idée à la théorie du pouvoir magique il n'y aurait pas un grand pas. Ce qui paralyse l'homme, c'est son existentialité brisée. La division des sexes est un mode particulier de manifestation du principe diadique qui conditionne aussi la division entre esprit et nature, entre Moi et Non-Moi. S'il y a une relation métaphysique ou une solidarité entre tout cela — et l'on a vu que Scot Erigène l'a reconnue aussi — il se peut qu'il en existe également une entre l'expérience de transcendance favorisée par le sexe et une non-dualité qui permet une action directe, extranormale, sur le non-Moi, sur la nature, sur la trame extérieure des événements. Rappelons-nous que dans la rédaction classique platonicienne du mythe de l'androgyne originaire, on attribua à cet être, avant qu'il fût divisé, un pouvoir capable d'inspirer la terreur aux dieux.

Cela, du point de vue métaphysique. Du point de vue psychique, les traditions magiques sont d'accord pour affirmer que toute action efficace dans des formes extra-normales, a pour prémisse un état d'exaltation, de « manie », d'ivresse ou extase active, qui détache l'imagination de ses conditionnalités physiques et met le Moi en contact avec ce que Paracelse appelle « Lumière de la Nature », avec le substratum psychique de la réalité, où chaque image ou verbe formé acquérerait un pouvoir objectif. Or, si d'une façon naturelle l'*eros* porte à un état d'exaltation de ce genre, on peut comprendre comment de l'érotisme mystique ou initiatique on a pu passer aussi à l'érotisme magique au sens propre. La dynamisation exceptionnelle ou vitalisation de la fantaisie que produit l'*eros,* est un fait bien connu même dans le domaine profane : nous en avons parlé en son temps. D'une certaine façon et à un certain degré, dans tout amour agit déjà une « fantaisie magique vivante ». Il ne faut donc pas s'étonner qu'une technique magique particulière ait employé comme moyen le sexe, soumis à un régime spécial.

Il est assez compréhensible que la documentation existante, relative à cet ordre de choses, soit assez rare, tandis que, soit les formes dégradées ou tenant de la sorcellerie, soit celles repérables chez les primitifs, n'ont pas beaucoup d'intérêt ici. C'est du tantrisme hindou que, de nouveau, on peut tirer quelques références générales. Il s'agit des *cakra*, c'est-à-dire de chaînes (littéralement : roues) composées de couples d'hommes et de femmes disposés en cercle, qui accomplissent ensemble l'étreinte sexuelle rituelle. Au centre du cercle se trouve le « seigneur de la roue », *cakreçvara,* avec sa çakti ; il officie et dirige l'opération collective. Pour exercer cette fonction, on dit qu'il faut être un adepte, avoir reçu une initiation parfaite. Dans l'ensemble il s'agit d'une évocation collective — en partie orgiaque — de la déesse comme de la force déjà latente dans le groupe opérant, activée à présent par la réalisation des mêmes actes et la visualisation des mêmes actes et la visualisation des mêmes images de la part des couples particuliers, jusqu'à créer un tourbillon fluidique ou « psychique » qu'on emploie pour l'opération. Tout cela a même pu rentrer dans un cadre de magie professionnelle, comme rite magique accompli pour le compte de tiers. Il est arrivé que des *cakras* tantriques aient été convoqués par des princes pour des buts spéciaux d'ordre profane, comme la propitiation de la réussite d'expéditions guerrières[594].

Nous n'avons aucun détail au sujet de la procédure sexuelle suivie dans des contextes semblables. Donc, nous ignorons si, ici, l'étreinte sexuelle suit son cours naturel comme promiscuité des rites orgiaques, ou si elle obéit au régime de la non-émission de la semence comme dans les rites initiatiques, ou enfin, si, comme dans les opérations de magie collective en général, il appartient non aux assistants — destinés seulement à cumuler une force psychique et à créer un *climax* — mais seulement au

---

[594] Cf. Woodroffe, *Shakti and Shâkta,* cit., p. 583.

chef de la chaîne, d'accomplir les opérations décisives avec la femme qui lui est réservée.

Des pratiques de même direction qui se sont continuées jusqu'aux temps modernes, et même au sein de notre civilisation, on peut, avec une certaine vraisemblance, tirer quelque chose de plus à propos des conditions internes de la magie sexuelle. À ce sujet, le document le plus significatif est peut-être constitué par le livre *Magia Sexualis* de Pascal Bewerly Randolph[595].

P. B. Randolph fut une énigmatique figure d'écrivain et d'« occultiste » de la fin du XVIIIe siècle. Il fut d'abord affilié à l'*Hermetic Brotherhood of Luxor,* organisation qui eut son siège à Boston, et d'un niveau déjà différent de celui mystificateur et divagant de la presque totalité de sectes similaires. Ensuite, vers 1870, il créa un centre auquel il donna le nom *d'Eulis Brotherhood.* Le livre *Magia Sexualis* aurait été composé après sa mort, d'après les notes d'une œuvre manuscrite à l'usage personnel des membres de ce centre : plus précisément, il s'agirait de la seconde section des enseignements réservés au second degré. On doit la publication de ce livre à cette Maria de Naglowska, dont nous avons parlé précédemment. On peut supposer qu'en différents points, son contenu se ressent des interpolations et d'un arrangement personnel de la matière, dû à M. de Naglowska.

Randolph commence par reconnaître que « le sexe est la plus grande et principale force magique de la nature ». Et quand il dit que « toutes les forces et les puissances proviennent de la féminité de Dieu »[596], nous retrouvons en lui la théorie métaphysique, bien connue, de la Çakti. Un enseignement particulier concerne la polarité inversée des deux sexes : l'homme et la femme constituent l'un le pôle positif et l'autre le pôle négatif sur le plan matériel et corporel, mais sur le « plan mental la femme est le pôle actif, l'homme est le pôle négatif ». On spécifie aussi que si l'organe du sexe est positif chez l'homme, négatif chez la femme, l'opposé est valable pour « l'organe des manifestations mentales » situé dans la tête de tous deux[597]. Stanislas de Guaita a rapporté quelque chose

595 *Magia Sexualis,* Paris, 1952.

596 *Ibid.,* p. 81-82.

597 *Ibid.,* p. 23-24.

de semblable, en donnant d'une façon plutôt détournée un enseignement qui, en substance, renvoit à ce que nous disons à propos de la passivité, ou polarisation négative, propre à l'homme quand il se trouve dans un état de désir avide, et à propos de la positivité du féminin où l'on considère son pouvoir naturel subtil, attractif, suçant et « non agissant ». C'est dans cet esprit que, dans un essai déjà cité[598], on indique, comme prémisse essentielle pour l'étreinte sexuelle à finalité initiatique, l'inversion de la polarité et l'établissement d'une polarisation positive de l'homme en face de la femme aussi sur le plan spirituel et subtil. Parler de la tête comme de l'organe des « manifestations mentales », ainsi que le fait Randolph, est au contraire inexact. Cela fait penser au simple domaine de la psychologie et de l'intellectualité, domaine qui n'entre pas en question ici, et dans lequel, du reste, il n'est pas du tout vrai que l'homme soit polarisé négativement, et la femme positivement et activement, bien au contraire. L'inversion indiquée avec la positivisation de la polarité négative masculine (changement auquel nous avons déjà associé le symbolisme de l'étreinte sexuelle inversée), concerne des couches plus profondes de l'être. En termes extrême-orientaux, elle équivaut à l'énucléation du pur *yang* en soi, et il faut bien arriver à cela, si le précepte : *non des mulieri potestatem animae tuae* au moment où l'on en possède le corps, doit se réaliser occultement. Si Randolph ne parle pas de cette condition, il est pourtant assez clair que les qualités qu'il dit être nécessaire de posséder et de développer pour la *magia sexualis* l'impliquent.

On appelle la première de ces qualités *volancie,* elle se relie à la capacité de se dominer en toutes circonstances, de vouloir d'une manière ferme et constante. Selon Randolph, « on en trouve l'exemple [l'analogie] dans la force irrésistible de la foudre qu brise et brûle mais ne se lasse pas. L'élève doit développer en lui cette force élémentaire — la *volancie* — qui est passive, parce qu'elle obéit au commandement de l'intelligence, et est froide car exempte de toute passion[599]. »

La seconde qualité qui, en quelque sorte sert de contrepartie positive à la précédente, est le « décrétisme », la « qualité dictatoriale, pouvoir positif de l'être humain sans lequel on ne peut accomplir aucun bien ou mal réel », « la capacité de lancer des ordres péremptoires [en commençant

---

[598] *Introduzione alla Magia, etc.*, v. II, p. 373-374.

[599] *Magia Sexualis*, p. 33 sqq.

par s'en donner à soi-même], tranquillement et sûrement, sans nourrir aucun doute à propos de la réalisation de l'effet voulu ». Nous avons déjà vu que dans le tantrisme indo-tibétain, au principe mâle se rapporte le *vajra,* mot qui a aussi le sens de sceptre. Pour l'exercice de cette faculté il faut que l'« imagination soit exempte de toute préoccupation et qu'aucune émotion n'aille influencer l'ordre donné[600] ».

La troisième faculté à développer est le « posisme », consistant en des attitudes, gestes ou positions du corps qui soient des incarnations, des expressions plastiques ou sigles d'une pensée déterminée. À part le néologisme, il s'agit ici de ce qui, en général, constitue le fondement de chaque ritualisme sérieusement compris et qui a eu une importante expression dans la doctrine yogique, déjà indiquée, des *asâna* et des *mudrâ,* c'est-à-dire de postures spéciales du corps et des membres, auxquelles on attribue non seulement une valeur symbolique, mais aussi celle, concomitante, d'une clôture de circuits de certains courants de l'énergie subtile de l'organisme. Naturellement la prémisse est que le geste « à pose » soit « réalisé », soit vécu dans sa signification intérieure, comme une objectivation tendancielle de cette dernière[601].

Cela conduit à une dernière qualité, à laquelle Randolph donne le nom de *tiroclerisme* : c'est le pouvoir d'évoquer et de former des images bien nettes et fermes avec le regard intérieur.

Ce n'est pas le cas de s'arrêter ici sur différents détails de la magie des odeurs, des sons, des couleurs, avec les données astrologiques et horoscopiques correspondantes fournies par le livre. En passant aux opérations sexuelles magiques, parmi les buts que selon Randolph, on peut réaliser avec elles, se trouve la réalisation d'un projet, désir et ordre précis de l'opérateur. Ensuite la provocation de visions supersensibles (comme dans les opérations auxquelles s'adonnait Crowley). En troisième lieu, la régénération de l'énergie vitale et le renforcement de la « puissance magnétique » (ce qui pourrait correspondre à l'un des buts que, comme on l'a vu, se proposent les taoïstes). En quatrième lieu, la production d'une influence en vue d'assujettir la femme à l'homme ou l'homme à la femme. Enfin, on parle de « charges » de force psychique et fluidique qu'on pourrait libérer par cette voie, pour en saturer des

---

600 *Ibid.,* p. 39-40, 59.

601 *Ibid.,* p. 41-49.

objets — cette dernière possibilité dépasse déjà beaucoup les limites de la capacité de croire qu'un homme d'aujourd'hui pourra admettre.

Au sujet du régime de l'union sexuelle qu'il faut observer pour la poursuite de ces buts, l'auteur ne nous donne que peu de lumières, et ce qu'il dit n'est pas convaincant non plus. Il est naturel qu'on déclare que « la volupté et le plaisir ne doivent pas constituer le but principal[602] ». Toutefois, il est difficile de s'imaginer comment, dans un tel ordre d'idées, au-delà du plaisir on puisse viser à l'« union des âmes », étant donné que toute la situation est un moyen employé pour une fin, que cette fin est un but concret et que la femme joue le simple rôle d'un instrument. On pourra tout au plus parler d'une amalgamation fluidique. Nous lisons aussi que l'étreinte sexuelle doit être considérée « comme une prière », avec son objet formulé et imaginé très nettement : mais si la *volancie* et le « décrétisme[603] » devaient entrer en action, le choix du mot « prière » nous semble pour le moins étrange. À part cela, dans l'étreinte sexuelle semblerait décisif le fait de « s'abîmer » et de se sentir porté en haut « au moment où, avec toutes les forces unies, on touche la racine du sexe opposé ». À cet instant, devrait s'insérer l'acte magique. « C'est mieux si l'homme et la femme imaginent le même objet ou désirent la même chose ; mais la prière d'un seul des deux est également efficace, parce que dans le spasme amoureux elle transporte la puissance créatrice de l'autre. » Pour que la « prièré » soit efficace « il faut le paroxysme des deux. Il faut aussi que le moment de jouissance de la femme coïncide avec le moment expulsif de l'homme, parce que ce n'est qu'ainsi que la magies'effectuera [604]. » On parle explicitement du moment « où la semence de l'homme passe dans le corps de la femme qui accepte ».

Même si on met en garde contre l'intervention, à cet instant, de la « passion charnelle », de l'« instinct bestial » qui est presque un « suicide

---

[602] *Ibid.*, p. 77.

[603] *Ibid.*, p. 88 : « Au moven du décrétisme, de la *volancie* et du « posisme », accentuer le désir au moment de l'éjaculation et penser fortement à la chose désirée avant, durant et après l'acte ».

[604] *Ibid.*, p. 76-78, 81. Pour ce qui est de « l'instant exhudif » de la femme, l'Auteur semble ignorer que, bien que la contrepartie émotive soit présente, dans certains cas ce phénomène ne se produit pas, et dans d'autres cas chez la femme, il n'est pas limité à un « instant », mais commence déjà avec les premiers contacts intimes et même avant eux.

pour l'homme[605] », l'ensemble ne reste pas moins problématique, parce que ces dernières instructions sont en contraste évident avec la plus grande partie des enseignements ésotériques authentiques, précédemment rapportés par nous. Comme nous l'avons vu, dans ces enseignements la crise émissive de l'orgasme sexuel, est considérée comme une syncope de toute l'expérience dans ses possibilités supersensibles et comme un « affaissement » dangereux.

Si l'on doit prendre comme authentiques les instructions susdites de Randolph, il n'y a qu'à penser à la possibilité que la force magique de la semence, la *vîrya,* puisse être séparée de la substance physique ; après que, en général, l'embrassement de la femme éveille la force, au moment liminal de l'orgasme l'insertion de la volonté conduirait à séparer et à lancer la force virile magique sur le plan de l'opération préétablie, la semence versée dans la femme et captée par sa chair devenant alors seulement une substance sans vie, privée de sa contrepartie hyperbiologique. En essence, serait opérée la diversion du pouvoir de créer, même du plan sacralisé de l'engendrement (comme dans la ritualisation de l'acte conjugal procréateur connue par des religions créatistes, comme celle de l'Islam) vers un plan différent, magique, au moment où le déterminisme biologique éjaculatoire, non entravé, serait en action. De plus, on pourrait envisager l'extrême vitalisation et dynamisation que peut avoir l'imagination à ce moment-là, si l'on reste si présent à soi-même que l'on puisse s'en servir. Ce serait l'unique manière de rendre intelligibles les indications de Randolph sur le régime de l'étreinte sexuelle, en admettant toujours qu'elles aient été fidèlement reproduites dans le livre. En passant, il faut d'ailleurs relever que l'état d'union et de crise érotique simultanée chez l'homme et chez la femme, ne peut éventuellement s'interpréter dans le sens d'un état créateur que dans un tel ensemble, non sur le plan matériel et dans le cadre des unions sexuelles ordinaires. On sait en effet — et nous l'avons déjà rappelé — qu'aucun état unitif de ce genre n'est indispensable pour la fécondation animale ; une jeune fille frigide ou violentée, aucunement fondue avec l'homme quand il l'a possédée, peut devenir enceinte, et la biologie nous apprend que la pénétration fécondatrice du spermatozoïde dans l'ovule peut se produire mécaniquement, même bien des heures après l'orgasme du couple ; sans parler de la fécondation artificielle.

---

605 *Ibid.,* p. 80.

Randolph donne quelques schémas de formes spéciales ou positions de l'étreinte sexuelle, en rapport avec l'un ou l'autre des buts que l'opération magique se propose ; c'est surtout là que, vraisemblablement, entre en jeu le « posisme ». Dans le livre, le tout se réduit pourtant à quelques indications générales et fragmentaires. Pour notre compte, seul peut nous intéresser le fait que ces prolongements d'antiques traditions secrètes parvenues jusqu'à nos jours, sembleraient corroborer une hypothèse que nous avons déjà énoncée, à savoir qu'à l'origine, ou dans certains cas, maintes positions de l'étreinte sexuelle envisagées par des traités d'érotique profane ou libertine, peuvent aussi avoir eu un sens rituel, voire même magique.

Il est évident que les opérations de magie sexuelle demandent une qualification très spéciale et presque un dédoublement paradoxal, parce que, tandis que d'un côté, devrait avoir pleinement cours le processus de dissolution et d'amalgamation extatique avec la femme qui prend tout son être — ce processus étant la condition pour la réalisation de l'état non-« duel » et partant, la prémisse pour l'efficacité éventuelle de l'opération —, de l'autre côté, devrait être présent et attentif presque un second Moi, qui pense à tout autre chose, qui est fixe dans l'image correspondant au but à réaliser, à l'objet de la « prière magique », objet qui peut être aussi tout à fait profane : si bien qu'on peut se demander si, à la fin, il est intéressant au point d'y subordonner ce que l'expérience en elle-même, avec une orientation différente, pourrait donner.

En revenant à Randolph, nous voyons que, pour quelques buts particuliers, il envisage une période de préparation de sept jours, suivie d'une période opérative de quarante jours pendant lesquels le rite doit être accompli tous les trois jours[606]. Il faut préparer un lieu convenable. La femme doit dormir dans une chambre à part ; on ne doit pas la voir trop souvent, on ne doit même la voir que lorsqu'il faudra allumer chez les deux un état de vibration magnétique. Après chaque opération, la femme doit s'éloigner en silence. Tout cela souligne le rôle purement instrumental que la femme joue dans cet ensemble.

Pour finir, Randolph met en garde contre les « incubes et les succubes, qui reflètent vos désirs et vos vices cachés » ; parce qu'on peut en devenir

---

[606] *Ibid.*, p. 86-89.

irréparablement leurs esclaves [607] . Nous avons déjà rencontré un avertissement analogue chez Kremmerz, tandis que nous avons entendu d'autres parler de « pactes tacitement établis ». Dans son côté plus sérieux et objectif, ce danger éventuel n'a pourtant aucun véritable rapport avec les « vices et les désirs ». Comme nous l'avons déjà dit, ce danger vient plutôt de ce que dans des expériences de ce genre se produisent des dénudements et des objectivations de la force élémentaire du sexe, dans l'une ou l'autre de ses polarisations. Une situation de passivité chez celui qui s'adonne à ces pratiques, comporte le phénomène de la possession, la destruction de sa personnalité ou « âme » au sens presque théologique, parce qu'ici, sont ouverts ou activés des états de l'être beaucoup plus profonds que ceux qui sont touchés quand, dans l'amour profane un homme « tombe fou » d'une femme (ou une femme d'un homme) et par elle (ou par lui) va vers la ruine et même vers la mort.

---

[607] *Ibid.*, p. 210.

CONCLUSION

Le sexe est la « plus grande force magique de la nature » ; en lui agit une impulsion qui tient du mystère de l'Un, même quand, dans les rapports entre homme et femme, presque tout se dégrade dans des embrassements animaux, s'effrite et se disperse dans une sentimentalité fade et idéalisante, ou dans le régime habituel des unions conjugales socialement autorisées. La métaphysique du sexe subsiste jusque dans les cas où devant le spectacle de la misérable humanité, et de la vulgarité d'infinis amants de races infinies — masques et individuations innombrables de l'Homme Absolu à la recherche de la Femme Absolue, dans une aventure toujours de nouveau syncopée dans le cercle de la génération animale — on réussit difficilement à vaincre un sentiment de révolte et de dégoût, et l'on serait tenté d'accepter la théorie biologique et physique qui fait dériver la sexualité humaine de la vie des instincts et de la simple animalité. Toutefois, si un reflet quelconque d'une transcendance *vécue* prend involontairement forme dans l'existence ordinaire, cela arrive à travers le sexe, et quand il s'agit de l'homme ordinaire, à travers le sexe *seulement.* Non ceux qui s'adonnent à des spéculations, a des activités intellectuelles, sociales ou « spirituelles » mais seulement ceux qui s'élèvent jusqu'à une expérience héroïque ou ascétique, vont plus loin, à cet égard. Mais pour l'humanité courante, seul le sexe, fût-ce dans le ravissement, dans le mirage ou dans l'obscur traumatisme d'un instant, procure des ouvertures au-delà des conditionnalités de l'existence purement individuelle. C'est là le véritable fondement de l'importance que l'amour et le sexe ont eu et auront toujours dans la vie humaine, et que n'égale aucune autre impulsion.

Nous pouvons conclure cette étude par ces mots. Nous sommes bien conscients de ses insuffisances, en particulier pour ce qui concerne la phénoménologie de l'amour sexuel profane normal et « anormal », à propos duquel, seul le spécialiste convenablement orienté — le psychiatre, le neurologue, le gynécologue — aurait pu recueillir un matériel plus riche, pour corroborer ultérieurement beaucoup de choses qui n'ont pu être qu'indiquées dans ces pages. Malgré cela, nous pensons avoir atteint le but principal que nous nous étions proposé : donner le sens d'un ensemble ayant des dimensions aussi métaphysiques qu'hyper-physiques, dans lequel doit être intégré tout ce que l'on connaît habituellement comme amour et sexe, si l'on veut en comprendre le côté le plus profond.

Dans ce but, nous avons dû aborder aussi deux domaines inhabituels : celui d'expériences liminales que beaucoup seraient tentés d'exclure du cours « sain et normal » de toute expérience érotique, et le domaine d'enseignements secrets, de mythes, de traditions cultuelles et rituelles de civilisations éloignées de nous dans l'espace ou dans le temps. Mais dans cet ensemble, nous avons pu recueillir les éléments nécessaires pour expliquer la partie par le tout, et pour tirer du supérieur la clef pour comprendre l'inférieur. Ainsi la considération de ces deux domaines, du second en particulier, a eu la part la plus importante dans l'économie de notre recherche, et nous avons avancé en eux, sans nous soucier des impressions d'étrangeté, peut-être même de divagation et d'extravagance qu'une certaine catégorie de lecteurs peut en avoir éprouvé.

En réalité, au sujet de ce qui présente un caractère apparent d'« anormalité », dans notre Introduction, nous avons accusé l'erreur de prendre pour « normal » ce qui se présente dans la plupart des cas. Au sens rigoureux du mot, au contraire doit être considéré comme « normal » ce qui est typique et n'a rien à faire avec le nombre ou la plus grande fréquence, parce qu'en général, on ne le rencontre que très rarement. Dans ce sens même, un homme parfaitement sain, bien bâti, ayant tous les traits morphologiques du type idéal, est empiriquement une apparition exceptionnelle, mais il n'est pas « anormal » pour cela ; bien au contraire, c'est justement lui qui atteste la normalité. On doit donc appliquer la même idée aux aspects de l'*eros*, de l'amour et de la sexualité qui, même quand on les tient pour possibles, de nos jours, aux yeux de la plupart sembleront anormaux et exceptionnels, donc tels, qu'il ne faudrait pas en tenir compte pratiquement. De nouveau, dans une considération d'ordre supérieur. les critères peuvent s'inverser : l'anormal (le typique) est le normal, et le normal (ce qu'on rencontre ordinairement chez la plupart) c'est l'anormal.

Cette considération trouve une application spéciale, si l'on compare les formes aujourd'hui universellement diffuses de la sexualité avec les horizons tout différents que nous a ouverts l'étude d'autres temps et d'autres civilisations. L'homme moderne s'est habitué à envisager comme normale sa civilisation, et par suite, l'ensemble des comportements qui la caractérisent le plus. Il ne se doute presque pas que toute autre civilisation et toute forme différente donnée à l'existence dans le passé, doivent être mesurées seulement à l'échelle de ce qui aujourd'hui lui est familier. Si l'on persiste dans cette singulière infatuation, alors même à l'égard du sexe s'imposera une idée tout à fait déformée et mutilée, au sujet du « normal » et du « réel ». En effet, comme dans tout domaine qui intéresse spirituellement, comme aussi dans celui du sexe et de l'amour, ce qui de nos jours et à l'époque moderne en général a presque exclusivement du relief, présente un caractère régressif. À la moderne « démonie du sexe », à laquelle nous avons fait allusion dans l'introduction, en général, correspondent des formes d'une sensualité primitiviste, informe ou confinant à la névrose et à la corruption la plus banale. De là, le niveau de la littérature sexologique, érotique ou cryptopornographique de nos jours, comme aussi de tant d'ouvrages qui voudraient être des œuvres de vulgarisation et servir de guides pour la vie sexuelle. Or, le déplacement de l'élargissement de perspectives auxquels nous avons essayé de contribuer dans nos travaux en traitant d'autres sujets, cette étude se les est proposés, dans un de ses aspects principaux, justement par rapport au domaine de l'*eros* et du sexe. Tout comme le monde traditionnel, et ce qui s'est conservé de lui, jusqu'à des temps relativement récents, dans des civilisations autres que celle que l'Occident moderne, connaissait une image de l'homme qui, pour n'être pas limitée à la matérialité, à la « psychologie » et à la physiologie, était infiniment plus complète que l'image moderne, ainsi, en ce monde traditionnel on considéra intégralement le sexe, on l'étudia et on l'activa dans ses valances et dans ses possibilités supérieures. Et ce n'est qu'en se référant aux catégories, aux connaissances et aux expériences de ce monde différent, qu'on peut atteindre une compréhension réelle, c'est-à-dire génétique, des formes mêmes auxquelles aujourd'hui le sexe s'est réduit et, en général, des formes accessibles à la grande majorité des types humains moins différenciés, formes que nous pourrions bien appeler des sous-produits du sexe.

Voilà donc les perspectives qu'a voulu ouvrir cet essai, en se proposant seulement un élargissement du savoir : donner le sentiment que ce que nous avons pris l'habitude de regarder et que presque sans exception nous rencontrons alentour, de sorte qu'il nous paraît normal et évident, n'épuise pas le tout, et que quant aux théories sexologiques courantes, surtout celles influencées par le biologisme évolutionniste ou par les idées fixes psychanalytiques, elles n'effleurent même pas ce qui importe le plus. Si pour le lecteur, le fait de parler d'une métaphysique du sexe n'apparaît donc plus comme une extravagance, ce serait là déjà beaucoup. De plus, différentes choses que nous avons dites pourront servir à quelque personne plus qualifiée et différenciée, pour éclaircir ses expériences et ses problèmes. Au sujet du domaine du *sacrum* sexuel et de tout ce qui a été considéré spécialement dans le dernier chapitre, avec la référence à des enseignements secrets, l'acquis sera éventuellement l'idée qu'un tel ordre de choses a des possibilités attestées par des traditions concordantes, souvent pluriséculaires. Bien que nous ayons mentionné des cas de prolongements de ces traditions jusqu'à nos jours, faire plus que d'en prendre conscience est à exclure pour la plupart de nos contemporains ; et peut-être en est-il de même pour ces domaines de frontière du même *eros* profane, sur lequel nous nous sommes parfois arrêtés. L'homme est différent, l'ambiance est différente, pratiquement on ne peut compter que sur des cas exceptionnels. De toutes façons, comme nous l'avons déjà dit au début, en répétant ce qu'en d'autres occasions et dans d'autres ouvrages, nous avons écrit au sujet du but qu'a la mise en lumière de l'un ou l'autre aspect de la conception non-moderne de la vie et des comportements correspondants, c'est déjà beaucoup d'arriver à avoir un sentiment des distances, afin de se rendre compte où l'on se trouve aujourd'hui. Aussi, en ce qui concerne le sexe, la redécouverte de son sens primaire et le plus profond, et l'usage de ses possibilités supérieures, dépendent de la réintégration éventuelle de l'homme moderne, de son redressement et du dépassement des bas-fonds psychiques et spirituels où l'ont conduit les mirages de sa civilisation matérielle. En effet, dans ces bas-fonds, le sens même du fait d'être vraiment homme ou femme est destiné à s'effacer ; le sexe ne servira qu'à conduire encore plus bas ; même hors de ce qui concerne les masses, réduit à son contenu de simple sensation, le sexe sera uniquement le lénitif illusoire, sombre, désespéré, pour le dégoût et l'angoisse existentiels de celui qui s'est engagé dans une voie sans issue.

Déjà parus

OMNIA VERITAS
OMNIA VERITAS LTD PRÉSENTE :
JULIUS EVOLA
RÉVOLTE CONTRE LE MONDE MODERNE
«Partout, dans le monde de la Tradition, cette connaissance a toujours été présente comme un axe inébranlable autour duquel tout le reste était hiérarchiquement organisé.»
Il y a un ordre physique et il y a un ordre métaphysique

OMNIA VERITAS
OMNIA VERITAS LTD PRÉSENTE :
JULIUS EVOLA
LE MYTHE DU SANG
&
SYNTHÈSE DE DOCTRINE DE LA RACE
«La conscience de la valeur de la race se révèle dans un ensemble de normes que l'on peut retrouver dans les anciennes civilisations.»
Les forces mystiques qui étaient à l'origine des forces du sang et de la gens

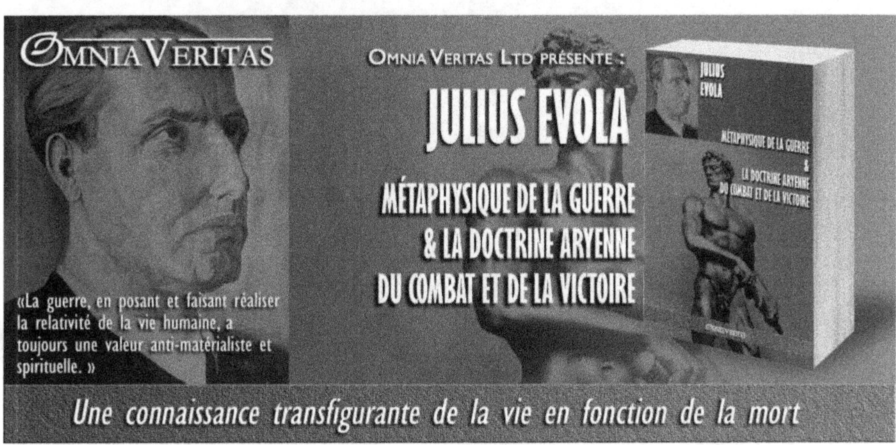
OMNIA VERITAS
OMNIA VERITAS LTD PRÉSENTE :
JULIUS EVOLA
MÉTAPHYSIQUE DE LA GUERRE
& LA DOCTRINE ARYENNE
DU COMBAT ET DE LA VICTOIRE
«La guerre, en posant et faisant réaliser la relativité de la vie humaine, a toujours une valeur anti-matérialiste et spirituelle. »
Une connaissance transfigurante de la vie en fonction de la mort

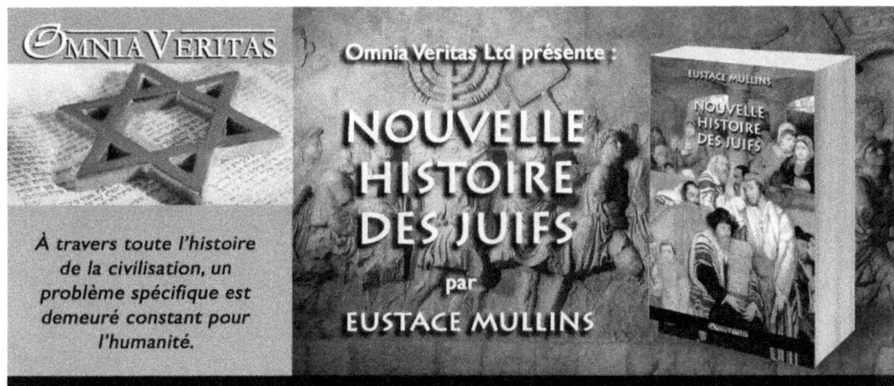
OMNIA VERITAS
Omnia Veritas Ltd présente :
NOUVELLE HISTOIRE DES JUIFS
par
EUSTACE MULLINS
À travers toute l'histoire de la civilisation, un problème spécifique est demeuré constant pour l'humanité.
Un seul peuple irrita les nations qui l'avaient accueilli dans toutes les parties du monde civilisé

OMNIA VERITAS
OMNIA VERITAS LTD PRÉSENTE :
COMBAT POUR BERLIN
Berlin est quelque chose d'unique en Allemagne. Sa population ne se compose pas, comme celle d'une ville quelconque, d'une masse uniforme, repliée sur elle-même, et homogène.
La capitale représente le centre de toutes les forces politiques

OMNIA VERITAS
Omnia Veritas Ltd présente :
L'ORDRE SS
ÉTHIQUE & IDÉOLOGIE
par EDWIGE THIBAUT
La formation politico-militaire la plus extraordinaire qu'ait jamais connue l'humanité

OMNIA VERITAS
OMNIA VERITAS LTD PRÉSENTE :
MAURICE BARDÈCHE
SPARTE ET LES SUDISTES
«Le monde qui se construisait sous mes yeux, il me semblait qu'il opprimait ce qui, en moi, me paraissait le plus vivace. Cette répulsion s'étendait à beaucoup de choses.»
Je suis resté depuis ce temps un étranger parmi les hommes de mon temps

OMNIA VERITAS
Omnia Veritas Ltd présente :
MON TESTAMENT
POLITIQUE & PRIVÉ
Un homme ne doit jamais perdre contact avec le sol sur lequel il a eu le privilège de naître. Il ne doit s'en éloigner que temporairement et toujours avec l'idée d'y revenir.
1933 ~
MON TESTAMENT
POLITIQUE & PRIVÉ
Un peuple qui veut prospérer doit rester lié à sa terre

OMNIA VERITAS
Omnia Veritas Ltd présente :
LÉON DEGRELLE
TINTIN
MON COPAIN
TINTIN MON COPAIN
par LÉON DEGRELLE
Imaginez le scandale ! Degrelle, le « fasciste » !

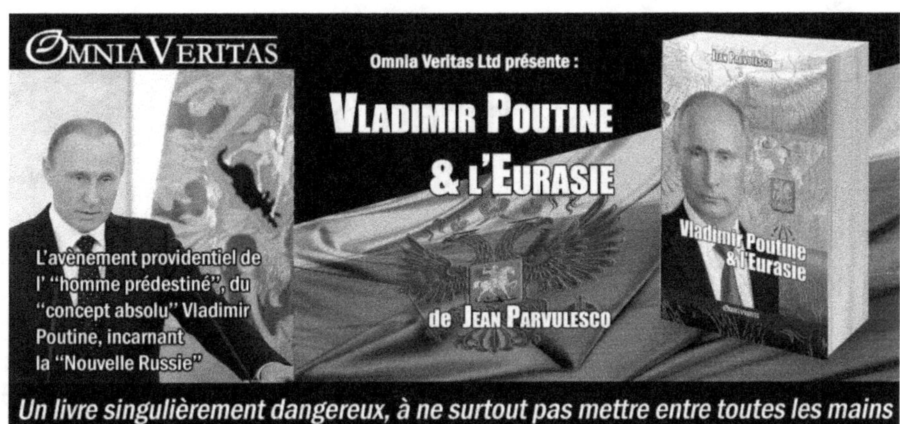

Omnia Veritas Ltd presente:

LA GUERRE OCCULTE

de

Emmanuel Malynski

***Satan** s'est révolté au nom de la **liberté** et de **l'égalité** avec **Dieu**, pour asservir en se substituant à **l'autorité** légitime du Très-Haut...*

Toute l'histoire du XIXe siècle est marquée par l'évolution du mouvement révolutionnaire

LA GUERRE OCCULTE

Les étapes du duel gigantesque entre deux principes

OMNIA VERITAS
OMNIA VERITAS LTD PRÉSENTE :
LA RÉPUBLIQUE UNIVERSELLE DU GENRE HUMAIN
«L'engagement de la synagogue talmudique envers les principes de la Révolution dite française, indique que celle-ci fut, d'abord et avant tout, d'essence talmudo-kabbalistique»
PRÉFACE DE PIERRE HILLARD
LA RÉPUBLIQUE UNIVERSELLE DU GENRE HUMAIN
Le passé éclaire le présent, la France est à part et son sort est lié à l'Église...

OMNIA VERITAS
OMNIA VERITAS LTD PRÉSENTE :
JEREMY LEHUT
LE MONDE OCCULTE DES COMIC BOOKS DE DC COMICS À MARVEL
«Le rôle des comics américains Marvel se doit d'être épinglé en raison de leur action délétère sur la psyché de l'enfant.»
PRÉFACE DE PIERRE HILLARD
Les esprits révoltés se construisent un «messie de substitution»...

OMNIA VERITAS
OMNIA VERITAS LTD PRÉSENTE :
ORION
GEORGES VERMARD
LA TRILOGIE
L'Égypte Antique, lance un défi à notre monde contemporain

Omnia Veritas Ltd
présente :

Pierre-Antoine
Cousteau
Lucien Rebatet

Dialogues de "vaincus"

«Pour peu qu'on décortique un peu le système, on retrouve toujours la vieille loi de la jungle, c'est-à-dire le droit du plus fort.»

Le Droit et la Justice sont des constructions métaphysiques

Omnia Veritas Ltd présente :

Les décombres

Lucien Rebatet

Lucien
Rebatet

La France est gravement malade, de lésions profondes et purulentes. Ceux qui cherchent à les dissimuler, pour quelque raison que ce soit, sont des criminels.

Mais que vienne donc enfin le temps de l'action !

www.omnia-veritas.com

www.ingramcontent.com/pod-product-compliance
Lightning Source LLC
LaVergne TN
LVHW010050110826
845155LV00028B/277